단종의 비애 세종의 눈물

단종의 비애 세종의 눈물

초판 1쇄 인쇄 2020년 6월 15일
초판 1쇄 발행 2020년 6월 20일

지은이　유동완
펴낸이　金泰奉
펴낸곳　한솜미디어
등　록　제5-213호

편　집　박창서 김수정
마케팅　김명준
홍　보　김태일

주　소　05044 서울시 광진구 아차산로 413
　　　　(구의동 243-22)
전　화　02) 454-0492(代)
팩　스　02) 454-0493
이메일　hansom@hansom.co.kr
홈페이지　www.hansom.co.kr

값 18,000원
ISBN 978-89-5959-527-3　(03910)

* 잘못 만들어진 책은 구입하신 서점에서 바꿔드립니다.
* 이 책은 아모레퍼시픽의 아리따 글꼴을 사용하여 편집되었습니다.

단종의 비애 세종의 눈물

조선 왕실의 최대 비극

유동완 지음

한솜미디어

| 머 리 말 |

우리나라 왕실역사의 대표적 비극 사건 중 하나가 조선 제6대 왕 단종에 관련된 이야기라고 할 수 있다. 그는 작은아버지 세조에게 왕위를 빼앗기고 죽임을 당하였다. 충격적인 이 이야기는 시간성을 초월하여 지금도 빈번하게 회자된다. 이 이야기가 그토록 강한 생명력을 갖게 된 것은 단종에 대한 동정심, 세조에 대한 분노감뿐 아니라 사건 이후 전개된 상황이 우리 역사에 미친 영향을 저울질하기 때문이다. 따라서 이 이야기에는 역사적 사실과 더불어 이야기 참여자의 가치관이나 인생관 그리고 세계관 등이 포함되기 마련이다.

  단종 관련 이야기에 참여자의 주관적 관점이 작용하는 경우는 세조를 어떤 시각으로 보느냐로 귀착된다. 여기에는 도덕이 지도자의 가장 큰 덕목임을 내세워 그의 업적을 외면하려는 사람들이 있다. 반면 그가 단종에게 저지른 행위는 불가피한 것이었고 치적이 그런 행위를 충분히 상쇄시킨다는 믿음을 가진 사람들도 있다. 이 책은 전자

를 지지하고 있다. 인간을 행복하게 하는 요소 중 하나가 사회 구성원들이 합의한 규범이 제대로 작동하고 그것에 대한 기대감 또한 충족되는 가운데 생겨나기 때문이다.

이 책은 단종이 불행한 삶을 살게 된 원인을 찾아보았다. 그동안 생산된 대부분의 단종 관련 이야기는 그가 왜 그런 상황으로 내몰릴 수밖에 없었는지에 대한 언급이 별로 없었다. 따라서 저자는 나름대로 원인을 찾아내려는 시도를 했다. 그 결과 놀랍게도 그런 원인을 제공한 인물들이 세종과 문종임을 알았다. 물론 그들이 의도적으로 그렇게 행동한 것은 아니었다. 단지 국정운영 과정에서 시대가 요구하는 규범을 무시하거나 원칙을 외면했기 때문이다. 이런 사실은 이 시대의 정치지도자나 사회 지도자들에게도 들려줄 만한 이야기이다.

이 책은 단종 유배 길을 밝히고 있다. 단종 유배 길에 관련된 기록은 정사나 야사를 불문하고 그 어디에도 없다. 단지 지명설화 등에서 약간이나마 나타날 뿐이다. 따라서 저자는 수년간 여러 분야의 관련 문헌을 찾아보고, 유배 길로 추정되는 장소를 답사하면서 나름대로 확신이 가는 유배 길을 그려놓았다. 이 과정에서 유배 길 인근에 거주하시는 분들의 많은 도움을 받았다.

 이 책에는 단종이 왕으로 복위하는 과정을 기술하였다. 단종이 왕으로 복위하는 데 무려 241년이라는 세월이 흘렀다. 이유는 세조 이후 왕들이 단종 복위가 자신들의 왕권에 어떤 영향을 미칠 것인가에 대하여 아주 철저하게 계산했기 때문이다. 따라서 왕권에 부정적 영향을 미친다고 생각한 왕들은 복위를 강하게 반대하였다. 하지만 결국 자신의 왕권에 도움이 된다고 생각한 왕에 의해서 복위가 이루어졌다. 나아가 단종이 생물학적 삶을 마감하고 신적 존재로 승화한 것도 언급하였다.

 능력이 부족한 저자가 책을 완성한 것은 주변 사람들의 많은 도

움 덕분이다. 책을 집필하는 과정에서, 예상보다 더 많은 시간과 노력이 요구되었다. 물론 저자의 게으름과 능력 부재도 한몫했음을 부인하지 않겠다. 그럼에도 아내의 격려와 여러 가지 도움으로 탈고할 수 있었다. 이 과정에서 도움을 준 서원리의 안병화 선생님, 황둔리의 정혜숙 씨 그리고 책을 내느라 수고하신 한솜미디어 임직원들에게도 감사드린다.

| 차 례 |

머리말 _ 4

1. 원손에서 세자가 되기까지 이홍위의 삶 _ 12

1) 이홍위 탄생과 세종의 기대 _ 12
2) 세종의 즉위 과정과 왕위 정통성에 대한 콤플렉스 _ 16
3) 인턴 왕이 된 세종 _ 22
4) 세종의 치세에 도움을 준 태종의 인척 및 사돈 제거책 _ 27
5) 경연을 활성화한 세종 _ 29
6) 집현전을 활성화하고 의정부서사제를 실시한 세종 _ 31
7) 세종의 애민정신을 형상화한 공법 제정 _ 33
8) 이홍위를 불행에 빠뜨리게 한 세종의 국정운영방식 _ 42
9) 세종이 중국어 발음기호로 만들었던 한글 _ 48
10) 세자의 결혼 생활을 파탄 낸 세종 _ 53
11) 풍수지리 사상에 지배당한 세종 _ 61
12) 세자가 된 이홍위와 아버지 문종의 삶 _ 67

단 종 의 비 애 세 종 의 눈 물

2. 조선 제6대 왕과 상왕으로서 이홍위의 삶 _ 72

1) 조선 제6대 왕으로 즉위한 이홍위 _ 72
2) 정순왕후 송씨를 아내로 맞이한 이홍위 _ 77
3) 이홍위 즉위 초부터 야심을 드러낸 수양대군 _ 80
4) 야심을 이루기 위한 초석이 된 수양대군의 북경행 _ 83
5) 야심가들의 구심체가 된 수양대군 _ 87
6) 수양대군 야심의 중간단계 실현인 계유정난(계유사화) _ 91
7) 고급 한량 안평대군을 역모자로 몰아 죽인 수양대군 _ 98
8) 공신들 위에 조선을 입헌군주국화한 수양대군 _ 108
9) 공신 엄자치를 토사구팽한 수양대군의 의도 _ 115
10) 계유정난(계유사화) 이후 분열된 왕실 종친 _ 117
11) 수양대군의 왕위 찬탈 _ 120
12) 세조의 술판정치 _ 123
13) 의심 많은 세조 _ 131
14) 세조 제거와 이홍위 복위를 위한 거사 실패(병자사화) _ 134
15) 사육신의 탄생 _ 163
16) 금성대군을 역모자로 만든 신하들 _ 166
17) 이홍위 제거를 위해 송현수를 역모자로 만든 세조 _ 169
18) 의경세자를 위해 이홍위를 제거하려던 세조 _ 171

| 차 례 |

3. 노산군으로 강봉된 이홍위의 유배 생활 _ 174

1) 유배 여정 1일째(6월 22일, 화양정에서의 송별연) _ 179
2) 유배 여정 2일째(6월 23일, 광나루 → 도미나루) _ 186
3) 유배 여정 3일째(6월 24일, 도미나루 → 양근나루) _ 191
4) 유배 여정 4일째(6월 25일, 양근나루 → 이포나루) _ 193
5) 유배 여정 5일째(6월 26일, 이포나루 → 서원리 원골) _ 195
6) 유배 여정 6일째(6월 27일, 서원리 원골 → 흥원창) _ 204
7) 유배 여정 7일째(6월 28일, 흥원창에서 대기) _ 216
8) 유배 여정 8일째(6월 29일, 흥원창 → 뱃재) _ 219
9) 유배 여정 9일째(7월 1일, 뱃재 → 공순원) _ 225
10) 유배 여정 10일째(7월 2일, 공순원 → 청령포) _ 234
11) 청령포에서의 유배 생활 _ 245
12) 관풍헌에서의 유배 생활 _ 247
13) 노산군을 죽이도록 명분을 제공한 금성대군 역모설 _ 252
14) 노산군의 죽음 _ 258
15) 노산군의 주검을 지킨 엄홍도 _ 264
16) 영월 낙화암에 새겨진 충절 _ 268
17) 노산군을 불행으로 몰고 간 세종의 처첩 및 적서 차별 태도 _ 269

단 종 의 비 애 세 종 의 눈 물

4. 단종이 된 이홍위 _ 276

1) 사육신과 이홍위를 철저히 거부한 예종 대 _ 277
2) 정치적 홀로서기를 통해 송현수의 역모죄 굴레를 벗겨준 성종 _ 278
3) 사육신의 절의를 인정하고 최초로 이홍위 묘에 제사를 지낸 중종 _ 281
4) 사육신을 부정했지만 이홍위 묘에 제사를 지낸 선조 _ 284
5) 사육신 배향이 건의된 효종 대 _ 291
6) 이홍위 무덤을 왕실 종친 무덤 수준으로 대우한 현종 _ 293
7) 왕권 강화를 위해 사육신과 이홍위를 이용한 숙종 _ 294
8) 영월 장릉을 조성한 숙종 _ 305
9) 영월 장릉의 특징 _ 310
10) 이홍위를 영월로 떠나보낸 뒤 정순왕후의 삶 _ 317
11) 죽은 뒤 더 고달팠던 현덕왕후 _ 326

5. 신(神)이 된 이홍위 _ 333

각주 해설 _ 339

01 / 단종의 비애 세종의 눈물

원손에서 세자가 되기까지
이홍위의 삶

··· **1) 이홍위 탄생과 세종의 기대**

　한여름 사나운 햇살로 달궈진 근정전 앞의 박석은 궁궐 사람들의 접근조차 허락하지 않았다. 그들은 모두 회랑으로 숨어들려고만 하였다. 햇살은 경회루 연못물도 달구고 있었다. 물고기들도 못가 석축의 그림자로 숨어들려고만 하였다. 시간이 멈춘 듯한 정적을 깨는 것은 고목 속의 매미들뿐이었다. 이때 근정전 옆 동궁에서 탄생의 울음소리가 터져 나왔다. 그 소리는 회랑 속에 숨어든 사람들과 석축 그림자로 숨어든 물고기들을 긴장시키고 매미의 울음을 멈추게 했다. 세종의 손자 이홍위가 태어난 것이다. 1441년 7월 23일(양력 8월 9일)이었다. 경복궁 한가운데서 흘러나온 울음소리는 무더위에 지쳐 있던 만물에 힘을 불어넣어 주는 한 줄기 바람인 듯했다.
　이홍위 탄생은 유교적 통치이념을 정착시키려는 세종에게 큰 기쁨을 주었다. 그의 탄생을 알리는 울음소리가 들린 곳은 동궁전이라고도 불리는 자선당이었다. 이를 안 신하들은 세종에게 축하인사를 하며 기뻐하였다. 그러자 세종은 "세자의 연령이 이미 장년이 되었는데도, 후사가 없어서 내가 매우 염려하였다. 이제 적손嫡孫이 생겼으니 나의 마음이 기쁘기가 진실로 이와 같을 수 없다"라는 말로 화답하였다. 아울러 대사면령으로 많은 죄수들을 풀어주며 그들과도 기쁨을 나눴다. 세종의 기쁨은 세자의 후사가 생겼기 때문만은 아니었다. 주나라의 종법제도를 흡수한 유교적 통치이념에 따른 왕위계승 전통이 확립될 수 있는 계기가 마련되었다는 것도 있었다.[1] 그런데 이홍위 탄생이 주는 기쁨을 나누려는 세종의 대사면령 교지 읽기를 끝마치기 전에 전상殿上의 커다란 촛불이 갑자기 땅에 떨어졌다.

왕손을 낳은 기쁨도 누리지 못한 채 이홍위의 어머니는 숨을 거두었다. 이홍위는 아버지가 세자였을 때 태어났다. 어머니가 승휘(세자 첩)에서 양원을 거쳐 세자빈이 된 지 4년 반 정도 지날 즈음이었다. 이홍위는 세자빈이 낳은 적자이며 장자로서 세종의 왕권이 흘러갈 인물이었다. 따라서

경복궁 근정전. 이홍위는 근정전 옆 자선당에서 태어났다.

이홍위의 어머니 세자빈 권씨는 세종의 사랑을 한없이 받을 수 있는 기반을 마련해둔 것이나 다름없었다. 하지만 그녀는 이홍위를 낳고 사경을 헤맸다. 세종은 그녀를 두세 번 문병하였다. 그러나 세자빈 권씨는 끝내 숨을 거두었다. 여섯 살 먹은 평창군주(뒷날의 경혜공주)가 그녀 옆에서 목 놓아 울었다.

이홍위가 태어남으로써 원손이라는 이름은 사라졌다. 세종은 이홍위가 태어난 지 5일째 되는 날 "모든 사람의 원손이라고 이름하는 자는 모두 개명하도록 하라"는 명을 내렸다. 원손은 이홍위에게만 불리는 고유명사가 아니다. 왕의 세자가 낳은 큰아들에게 불리는 보통명사이다. 그럼에도 그는 다른 사람들이 원손으로 불리는 것조차 못마땅해하였다. 이런 것은 왕이나 황제 이름에 사용한 글자를 백성이 사용하지 못하도록 제한하는 피휘제도를 빌려 쓴 것이다. 그럴 정도로 세종은 이홍위를 얻은 것에 매우 흡족해하였다.

이홍위는 8살부터 본격적으로 왕이 되기 위한 교육에 들어섰다. 세종은 그가 8살 되던 해 초에 신하들에게 이홍위의 조회 위치에 대하여 물었다. 그를 조회에 참여시킴으로써 스스로 자신의 위상을 확인하고 국정운영방식을 느껴보도록 하기 위한 의도였다. 이 시기에 세종은 강서원講書院이라는 조선 최초의 세손 교육기관을 만들어 그를 교육시켰다. 이홍위가 왕세손임을 공식적으로 확인시켜 준 것이었다. 이후부터는 그가 대궐을 출입할 때마다 말을 탄 8명의 별시위가 좌우로 나누어 인도하였다. 왕세손으로 책봉된 지 약 5개월이 지나자 입학의를 거쳐 성균관에 입학하였다. 하지만 단 하루만 성균관 학생이었고 계속 강서원에서 공부하였다. 세종은 이홍위가 9살 때 칙서를 들고 온 명나라 사신들을 맞이하는 잔치를 그가 맡으면 어떻겠냐는 제의를 하기도 했다. 그를 외교무대에 데뷔시키려는 뜻이었다.

할머니 혜빈 양씨의 손길은 세자빈 권씨의 역할을 대신해주었다. 혜빈 양씨는 세종의 후궁으로 그와의 사이에서 한남군·수춘군·영풍군을 낳았다. 따라서 그녀는 이홍위의 할머니였다. 그런 그녀가 어머니 잃은 이홍위

이홍위는 세종의 후궁인 혜빈 양씨 손에 길러졌다.

의 일상생활을 보살폈다. 여기에는 세종의 뜻이 작용했다. 이홍위가 태어날 때 그녀의 막내아들 영풍군은 7살이었다. 영풍군 역시 혜빈 양씨의 손길을 필요로 하던 시기였다. 또 이홍위는 한때 한진이라는 사람의 집에서 생활하였다. 세종은 한진에게 고마움의 표시로 약간의 답례품을 주기도 하였다.

세종이 보듬은 이홍위의 삶에는 불행의 씨앗이 싹트고 있었다. 세종은 이홍위에 대하여 기대감 못지않게 측은지심도 가졌다. 따라서 이홍위는 항상 그의 머릿속에 머물러 있었다. 예컨대 4살이었던 이홍위가 세종의 여섯째 아들인 금성대군 집에 머무른 적이 있었다. 그때 세종은 나들이 중이었다. 그런 와중에도 그는 20명의 특수병을 동원해 이홍위를 지키도록 했다. 하지만 다소 파행적인 그의 국정운영방식에서 발아된 특정한 종친[2]의 야심은 또 다른 커다란 파행을 향해 질주하게끔 하였다. 그리고 그 종착지에 이홍위가 있었다. 즉 세종이 다양하게 국정운영에 개입시킨 아들 중 한 명은 자신의 야심을 키워가며 때를 기다리고 있었다. 그리고 이홍위가 고립무원 상태에 놓이자 야심을 드러내기 시작했다.

··· 2) 세종의 즉위 과정과 왕위 정통성에 대한 콤플렉스

세종은 정통성 논란이 없는 왕권이 후세에 이어지길 원했다. 세종 대는 조선이 창업기에서 수성기로 옮아가던 시기였다. 세종이 즉위할 때까지도 조선이 지향하던 유교통치이념대로 왕위가 계승되지 못했을 뿐 아니라 왕권 또한 안정되지 못했다. 유교통치이념이 지향하는 왕위계승방식은 적장자가 왕위를 이어받는 것이다. 따라서 유교의 한 갈래인 성리학이 사람들의 정신세계를 지배하던 조선시대에 적장자가 아닌 인물이 왕위를 물려받으면 마찰과 갈등이 생길 수 있었다. 이런 상황은 왕권을 약화시키거나 정통성 없는 왕권에 대한 거부감을 드러내는 세력에 의해 나라가 혼란에 빠질 수 있었다. 그러므로 왕들은 적장자에게 왕위를 물려주려 하고 신하들도 그런 것을 원했다. 그럼에도 제2대 왕인 정종부터 세종 자신에 이르기까지 적장자가 왕위를 물려받지 못했다. 이 과정에서 형제 사이에 피를 부르는 왕위 쟁탈전이 있었다. 이런 것을 잘 알고 있는 세종은 당연히 정통성 논란이 없는 적장자인 세자가 자신의 뒤를 잇고 세자의 적장자 이홍위가 그의 뒤를 이어가길 원했다.

세종도 왕위 정통성에 대한 콤플렉스를 가졌다. 세종의 아버지 태종은 부인이 20명, 자식이 29명 있었다. 그중 본부인 원경왕후 민씨와의 사이에서 태어난 아들들, 즉 왕위를 물려받을 수 있는 자식은 양녕대군·효령대군·충녕대군(뒷날의 세종)·성녕대군 등 4명이었다. 이들 중 장자가 양녕대군이었기에 당연히 그가 왕위를 물려받아야 했다. 따라서 태종은 그를 11세에 세자로 책봉하여 세자교육을 시키기 시작하였다. 하지만 양녕대군의 관심은 오로지 '주색잡기'에 있었다. 그뿐 아니라 미래 권력이었던 그의 주변에는 몰려드는 아부꾼들로 차고 넘쳤다. 이에 태종은 그를 나무

랐지만 그는 오히려 태종에게 글을 올려 공개적으로 대들기도 하였다.[3] 결국 개선의 희망이 보이지 않는 양녕대군은 폐세자되고 셋째 아들 충녕대군이 새로운 세자가 되었다. 이렇게 즉위한 그가 왕위 정통성에 콤플렉스를 갖는 것은 피할 수 없었다.

양녕대군의 일탈은 고질적이었다. 그는 17살 때 기생 봉지련을 몰래 궁중으로 불러들였다. 봉지련과의 일이 있은 지 3년 후에는 평양기생 소앵을 밤마다 궁궐로 오도록 했다. 다음 해에는 큰아버지 정종의 애첩이었던 초궁장이라는 기생을 가까이했다. 정종은 당시 상왕이었다. 3년 후 24살 때는 다른 사람에게 이불보를 지게 하고, 방유신이라는 사람의 집으로 쳐들어가서 그의 손녀와 자고 온 일도 있다. 이런 일에는 연산군 때 채홍사 같은 역할을 한 아부꾼들이 앞장서기도 했다. 이때는 양녕대군의 대표적 스캔들이라 할 수 있는, 어리라는 남의 첩을 궁궐로 데리고 와 함께 살던 시기였다.

폐세자 조치로도 양녕대군의 빗나간 행동을 막을 수 없었다. 폐세자

지덕사(서울시 동작구 상도4동). 지덕사는 양녕대군 이제의 사당과 묘이다.

가 된 다음 해, 쫓겨간 경기도 광주에서 다른 사람 집 담을 넘어 들어가 그 사람의 첩을 억지로 차지하려 하였다. 다음 해에는 객지에서 들어와 사는 사람의 밭을 빼앗아 경작하였다. 그뿐 아니라 다른 사람을 시켜 남의 집 개를 몰래 가져오게 한 일도 있다. 또 태종이 중국 사신과 연회 때 배석하도록 하였지만 창기에게 빠져 병을 핑계로 나가지 않았다. 그리고 어느 사람이 매를 진상하려 할 때, 다른 사람을 시켜 매를 바꿔치기도 했다. 태종이 세상을 떠난 지 겨우 20일 만에 경기도 이천 집에서 사람을 불러 밭에 김을 매게 하면서 농부가를 부르게 하고는 "즐겁다"고 하였다. 또 장례를 마치자마자 들판에 개를 놓아 노루와 여우를 쫓게 하고, 덫을 놓아 기러기와 따오기를 잡았다. 고을 백성을 동원해 집을 고치는 과정에서 사람들에게 술을 먹여 사람을 죽게 한 뒤 "나를 벌하면 나와 왕(세종) 사이가 소원해질 것"이라고 협박하기도 하였다. 44세 되던 해 단옷날에는 제도적으로 금지된 '돌 던지는 놀이'를 하도록 부추기고 말을 타고 다니며 지휘까지 하였다. 그 일로 부상자와 사망자가 나오기까지 하였다.

　양녕대군의 정도를 벗어난 행동은 세종의 즉위에 반사적 이익을 주었

숭례문. 숭례문 현판은 양녕대군의 친필로 알려져 있다.

다. 폐세자되기 약 20여 일 전, 양녕대군은 세종을 만났다. 이때 그는 세종에게 화를 내며 "어리의 일을 반드시 네가 (태종에게) 아뢰었을 것이다"라고 했지만 세종은 대답하지 않았다. 세종이 형의 잘못된 행실을 바로잡고자 고자질을 했다면 그를 비난할 수 없다. 하지만 순수하게 형이 걱정되어서 한 것인지 하는 의문이 든다. 더구나 세종이 권력욕이 강했음을 뒷받침해주는 이야기도 전해진다. 효령대군과 세종이 네다섯 살이었을 때 그들을 가르친 김과라는 신하가 "이 작은 왕자가 또한 장長을 다투는 마음이 있다"고 태종에게 말하였다. 즉 세종이 어려서부터 우두머리가 되고 싶어 하는 기질이 있었다는 것이다. 따라서 양녕대군의 일탈은 권력욕이 있었던 세종이 왕위를 계승하는 데 유리하게 작용한 것이다.

효령대군의 불교 사랑도 세종 즉위에 도움을 주었다. 양녕대군이 폐세자되기 4개월 전 14살이었던 성녕대군이 홍역으로 세상을 떠났다. 따라서 세자가 될 수 있는 인물은 효령대군과 충녕대군으로 압축되었다. 이 경우 조선의 통치이념인 유교 윤리대로라면 효령대군에게 우선권이 주어지는 것이 자연스럽다. 하지만 결정권자인 태종의 생각은 달랐다. 그는 세종을 택했다. 태종은 효령대군이 강단이 없을 뿐 아니라 일을 처리함에 있어서도 치밀하지 못하다고 판단했다. 나아가 효령대군이 술을 전혀 마시지 못하는 것도 세자가 될 수 없는 이유로 들었다. 즉 중국 사신을 대접할 때, 술을 마셔야 하는데 효령대군은 그러질 못하기 때문에 결례를 범할 수 있다는 것이다. 하지만 이런 주장들은 표면적인 이유이고 속내는 효령대군의 불교 사랑을 세자 결격사유로 삼은 듯하다.

효령대군은 불교적 삶을 산 인물이다. 그가 불교를 위해 한 일들을 대충 살펴보면, 지금의 경기도 과천시에 있는 관악사(관악산 연주암)를 다시 짓고 불상이나 석탑, 종 등을 만들었다. 『부모은중장수태골경합부』 같은 경문을 베껴서 지금의 충남 천안시에 있는 광덕사에 시주하였다. 또 『법화경』 등의 경전을 한글로 풀어 쓰거나 『원각경』 등의 경전을 교정하기도 하였다. 나아가 전남 강진의 만덕사에 전답 10결結[4]을 시주하기도 하였다. 효령대군의 이런 태도는 사대부들로부터 많은 비판을 받았다. 그가 경기도 양주의 회암사에 머물 때, 양녕대군은 자신이 사냥한 새와 짐승을 그곳으로 가져와 구워먹었다. 이를 본 그는 양녕대군에게 "지금 불공을 하는데 이렇게 하면 안 되지 않소"라고 격한 반응을 보였다. 이렇게 뼛속까지 불교에 심취한 효령대군의 모습이 태종에게 포착되지 않았을 리 없었다. 따라서 효령대군이 왕위를 계승하면 유교에 물든 신하들과의 불화는 불을 보듯 뻔할 뿐 아니라 조정이 어지러워질 수 있다고 태종은 판단했을 것이다.

    태종이 세종을 세자로 책봉하려는 의사를 내비친 시기는 양녕대군을 폐세자시키기 2년 전이었다. 양녕대군이 세자 자리에서 쫓겨나기 2년 전 어느 날 태종에게 "충녕은 용맹하지 못합니다"라고 했다. 이 말을 들은 태종은 "비록 용맹하지 못한 듯하나, 큰일에 임하여 대의大疑를 결단하는 데

효령대군 이보 묘역(서울 서초구 방배동). 효령대군 이보의 사당과 묘이다.

에는 당세에 더불어 견줄 사람이 없다"라고 맞받아쳤다. 이 말은 태종이 어느 정도 세종에 대하여 파악하고 있었음과 동시에 양녕대군을 대체할 인물로 그를 마음에 두고 있었음을 나타낸 것이다. 이래서 양녕대군이 글을 올려 태종에게 공개적으로 대든 지 3일 만에 그를 세자 자리에서 물러나게 하고 세종을 세자로 책봉할 수 있었던 것이다. 결국 양녕대군이 태종에게 공개적으로 대든 것은 세종을 세자로 책봉한 것에 대하여 신하들도 수용할 수밖에 없는 근거를 제공한 셈이다. 즉 '어진 사람을 세자로 세워야 한다'는 택현擇賢의 논리를 신하들이 거부할 수 없었던 것이다.

세종 즉위는 '운삼기칠運三技七'이 작용한 것이라고 할 수 있다. 사람이 살아가면서 일어나는 모든 일의 성패는 운에 달려 있는 것이지, 노력에 달려 있는 것이 아니라는 운칠기삼運七技三이라는 말이 있다. 앞에서 언급한 여러 가지 사정을 고려해보면 세종 즉위도 운 때문인 것으로 비쳐질 수 있다. 하지만 한 발짝 더 접근해보면 운보다는 노력이 더 크게 작용했음을 알 수 있다. 그런 노력 중에는 치열하게 공부한 점이 가장 크게 작용했다. 태종이 양녕대군을 폐세자시킬 수 있음을 드러낸 후에는 "너는 학문이 어째서 이만 못하냐?"라며 면박하였다. 이런 태종의 모습에서 학문 수준으로 자식들의 능력을 평가하고 있음을 알 수 있다. 태종이 이런 모습을 가질 수 있었던 이유는 그가 태조 이성계 집안의 유일한 과거시험 합격자로서 학문의 가치를 어느 정도 알기 때문이었다. 따라서 세종이 늘 열심히 공부하는 모습은 태종의 마음을 사로잡을 수 있는 요인으로 작용하였다. 이런 세종의 모습이 70% 정도 작용하고 운이 30% 정도 작용하여 즉위한 것으로 볼 수 있다.

3) 인턴 왕이 된 세종

세종은 인턴 왕으로 즉위하였다. 그는 세자로 책봉된 지 불과 2개월 만에 왕위를 물려받았다. 그가 세자로 책봉된 때가 1418년(태종 18년) 6월이었다. 그리고 왕위를 계승한 때가 그해 8월이므로 세자가 된 지 2개월 만에 왕이 되었다. 양녕대군이 15년에 걸쳐 세자교육을 받은 것에 비하면 세자교육 기간은 아주 짧았다. 하지만 세종이 왕이 되었다고 그가 국가 경영의 모든 최고 결정권을 가진 것은 아니었다. 왕이 된 후 거의 만 4년 동안은 상왕 자리에 있었던 태종의 간섭을 받았다. 여기에는 불안정한 정치 상황 속에 세종이 즉위하였음과 그에 대응하는 태종의 속내가 맞물려 있었던 것이다. 세종에게 일단 왕위를 물려준 후, 자신이 상왕으로 있으면서 세종을 지켜주고 왕의 자질에 필요한 교육을 시키겠다는 것이었다. 그런 사례를 확인할 수 있는 것 중 하나가 일본 대마도 정벌이다.

일본 대마도 정벌은 태종이 인턴 왕 세종을 교육시킨 대표적 사례이다.

세종대왕상. 세종은 즉위하고 거의 만 4년 동안 국정운영에서 태종의 간섭을 받았다.

세종이 왕위에 오른 지 불과 5개월 만에 조정은 대마도 정벌을 계획했다. 이런 계획을 즉위한 지 5개월밖에 안 될 뿐 아니라 군사적 식견이 부족한 왕이 추진한다는 것은 매우 어렵다.[5] 하지만 그의 뒤에는 국정운영에 노련한 태종이 있어 가능했다. 당시 대마도 정벌을 논의하는 조정의 모습이 『조선왕조실록』에 묘사되어 있다.

양상兩上이 유정현·박은·이원·허조들을 불러
"허술한 틈을 타서 대마도를 치는 것이 좋을까 어떨까"를 의논하니 모두 아뢰기를
"허술한 틈을 타는 것은 불가하고, 마땅히 적이 돌아오는 것을 기다려서 치는 것이 좋습니다"
하나 유독 조말생만이
"허술한 틈을 타서 쳐야 합니다"
하니 상왕이 말하기를
"금일의 의논이 전일에 계책한 것과 다르니 만일 물리치지 못하고 항상 침노만 받는다면 한漢나라가 흉노에게 욕을 당한 것과 무엇이 다르겠는가. 그러므로 허술한 틈을 타서 쳐부수는 것만 같지 못하였다. 그래서 그들의 처자식을 잡아오고 우리 군사는 거제도에 물러 있다가 적이 돌아옴을 기다려서 요격하여 그 배를 빼앗아 불사르고 장사하러 온 자와 배에 머물러 있는 자는 모두 구류拘留하고 만일 명을 어기는 자가 있으면 베어버리고, 구주九州에서 온 왜인만은 구류하여 경동驚動하는 일이 없게 하라. 또 우리가 약한 것을 보이는 것은 불가하니 후일의 환이 어찌 다함이 있으랴."[6]

여기서 등장하는 '양상'이란 태종과 세종을 말하고 상왕은 태종을 말한

다. 위에서 나타나듯이 대마도 정벌은 태종이 주도하였다. 하지만 우리 대다수는 세종이 추진한 것으로 알고 있듯이 공은 세종이 누렸다. 이렇듯 당시 세종은 '인턴 왕'으로서 실무교육을 받고 있었다. 대마도 정벌은 태종 자신에게는 익숙하지만 세종에게는 전혀 경험이 없는 군사통수권, 즉 병권兵權 행사를 학습시키려는 의도가 있었던 것이다. 그래서 둘이 있는 자리에 신하들을 불러놓고 자신만 의견을 개진한 것이었다.

　세종은 문안을 통하여 취약한 자신의 왕위 정통성을 보완하고 실무교육을 받았다. 세종은 수강궁(지금의 창경궁으로, 당시는 창덕궁 일부)에 거처하는 태종에게 거의 매일 문안했다. 세종은 창덕궁에 머물렀기 때문에 그러한 문안이 가능했다. 이전에 태종은 종묘 인근 연화방에, 세종은 경복궁 인근 장의동에 머물고 있었다.[7] 세종의 이런 행위는 태종으로 하여금 자신의 권력이 이전보다 더욱 강화되었을 뿐 아니라 위상도 더 높아지는 것을 느끼게 했을 것이다. 자식이지만 주상이라고 불리는 인물조차 자신에게 그처럼 복종적 태도를 보이니, 신하들이 그를 대하는 것에 이전보다 더 높은

창경궁 명정전. 세종은 즉위한 후 창경궁(당시 수강궁)에 거처한 상왕 태종에게 거의 매일 문안했다.

격식이 요구되었기 때문이다. 하지만 태종은 이런 상황에서 그저 자기도취에 빠져 지낼 인물이 아니다. 세종이 문안 올 때마다 국정운영에 필요한 노하우를 전수했을 것이란 짐작을 쉽게 할 수 있다. 이것이 세종에게 세자교육을 2개월만 시킨 후 즉위시킬 수 있었던 커다란 요인으로 작용한 것이다. 한편 세종은 당시 뿌리내리고 있던 유교적 윤리관인 '효孝'를 이용하여 자신의 취약한 정통성을 보완하려고 하였다. 즉 장자는 아니지만 장자보다 더 태종의 위업을 잘 계승할 수 있는 자세가 갖추어져 있음을 보여주려 한 것이었다.[8]

세종의 왕권은 견제된 왕권이었다. 짧은 세자 기간을 거친 세종을 즉위시킨 것은 태종이 상왕의 위치에서 추가적인 교육을 시키겠다는 것 외에 다른 의도도 있었다. 세자 기간이 길어질 경우 양녕대군처럼 미래 권력에 줄을 대려는 사람들이 몰려들어 친세자반왕세력親世子反王勢力이 형성될 것이라 판단했기 때문이다. 즉 신하들이 태종을 멀리하고 그에게만 붙으려는 상황이 벌어질 수 있다는 것이다. 따라서 카리스마 넘치고 권력욕

창덕궁 인정전. 세종은 즉위한 후 창경궁에 인접한 창덕궁에 머물렀다.

과 질투심이 강한 태종이 그런 상황을 방관할 리 없었다. 그는 왕위를 세종에게 물려주었지만 사실 병권 같은 알짜배기 권력은 자신이 갖고 있었다. 따라서 외형적으로는 투톱체제였지만 둘 사이에서도 권력 서열이 있었다. 이런 것을 확인시켜 준 것이 바로 '강상인의 옥獄'[9]이었다. 세종 즉위 후 15일 만에 벌어진 이 사건을 통해서 세종은 미래 권력은 될지언정 현재의 실제적 권력은 아니라는 것이 밝혀졌다. 이렇게 서열화된 투톱체제는 태종이 죽을 때까지 유지되었다.

태종의 병권 집착은 자신의 경험과 세종의 군부 장악력이 취약하다는 점을 고려한 것이었다. 세종이 즉위하기 전날 태종은 "주상이 장년이 되기 전에는 군사는 내가 친히 청단聽斷할 것이다"라고 하였다. 이때 세종의 나이가 22살이었으니, 앞으로 오랜 기간 태종 자신이 병권을 장악하고 있겠다는 뜻이다. 그가 이렇게 병권에 집착한 것은 자신의 사병을 이용해 '1차 왕자의 난'[10] 때 정도전 일파를 제거하였을 뿐 아니라 '2차 왕자의 난'[11]을 평정하고 즉위할 수 있었기 때문이다. 즉 권력을 쟁취하거나 유지하기 위해 절대적으로 필요한 것이 군사력이라는 것을 경험을 통해 잘 알고 있었던 것이다. 나아가 당시 세종의 장인 심온을 비롯해 실전경험이 많은 무신들이 군부에 포진해 있었지만 갓 즉위한 세종이 그들을 장악하기 쉽지 않을 것이란 판단도 작용한 것이었다. 이렇듯 병권은 태종의 존재감을 인식시키는 역할을 하였다. 그토록 오랫동안 손에서 놓고 싶지 않았던 병권도 세종이 즉위한 지 5년 되는 해 손에서 놓을 수밖에 없었다. 그 해 그가 죽은 것이다.

4) 세종의 치세에 도움을 준 태종의 인척 및 사돈 제거책

태종은 왕권 강화를 위해서는 외척도 제거해야 한다는 태도를 보였다. 그는 세종에게 왕위를 물려주기 전 자신의 처남들을 몰살시키는 '민무구의 옥獄'을 일으켰다. 이 '민무구의 옥'은 복합적인 요인이 작용해서 일어난 사건이다. 그는 후궁들과 관련된 문제로, 자신의 정권 창출에 많은 내조를 한 아내 원경왕후 민씨와 잦은 불화를 겪고 있었다. 그녀들 가운데는 원경왕후 민씨의 몸종이었던 효빈 김씨도 있었는데, 그녀는 '왕자 이비李裶의 참고慘苦사건'[12]의 주인공 이비를 낳았다. 이런 상황에서 민무구 같은 원경왕후 민씨의 남동생들이 경거망동하였다. 그들 역시 태종의 정권 창출에 지대한 공을 세워 1등 공신에 오르기도 했다. 더구나 양녕대군은 외갓집에서 성장하면서 그들과 친해져 있었다.

민무구 형제들을 중심으로 친세자반왕세력이 형성될 여지가 있었다. 영의정부사 이화 등은 다음과 같은 내용의 상소문을 통해 태종에게 그들과 관련해서 주의를 환기시켰다. 즉 1406년(태종 6년) 양녕대군이 세자였을 당시, 태종이 왕위를 그에게 물려주겠다는 뜻을 표명하였다. 그때 모든 백성이 반대를 하였음에도 유독 민무구 형제들만 기뻐하는 모습을 보였다고 했다. 그런데 태종이 왕위를 물려주겠다는 말을 철회하자 모든 백성이 기뻐했지만 유독 그들만 실망하는 모습을 보였다는 것이다. 나아가 어린 양녕대군을 끼고 권력을 잡으려 했다는 것이다. 이러한 여론에 밀려 결국 민무구·민무질 형제는 제주도로 유배를 떠나 그곳에서 스스로 목숨을 끊을 수밖에 없었다. 그리고 6년 후 나머지 처남 민무휼·민무희도 제거되었다. 따라서 '민무구의 옥'은 왕권 강화와 부부간의 갈등 때문에 미운털이 박힌 처갓집 식구들의 제거라는 복합적 요인이 작용한 것으로 볼 수 있다.

　태종은 세종의 외척도 제거하였다. 세종은 12살 때 2살 많은 심온의 딸 소헌왕후 심씨와 결혼하였다. 그는 그녀와의 사이에서 큰아들(뒷날의 문종)과 둘째 아들(뒷날의 세조)을 낳은 후 왕이 되었다. 세종이 왕이 되던 해, 명나라 황제가 세종에게 내린 임명장에 대한 감사를 표시하기 위해 심온이 고명사은사[13]로 명나라에 가게 되었다. 그가 떠나던 날 많은 사람들이 그를 배웅하려고 모여들었다는 보고는 태종을 긴장시켰다. 태종은 심온의 영향력이 커지면 세종이 그에 의해 조종당할 것이라고 생각하였던 것이다. 그는 심온을 강상인 사건의 주모자로 만들어 제거해야겠다는 생각을 하였다. 그래서 사은사 임무를 마치고 귀국하던 그를 평안도 의주에서 체포하여 경기도 수원으로 압송하였다. 그리고 독약을 내려 스스로 죽게 하였다. 이 사건의 밑바탕에는 세종의 왕권을 강화시켜 주고 강화된 왕권을 통해 자신의 국정운영방식이 이어지길 바랐을 뿐 아니라 국정 주도권에

태종상(강원도 횡성군 강림면 노구사당). 태종은 자신과 세종의 왕권 강화를 위해 자신의 처갓집 식구들은 물론 세종의 처갓집 식구들도 제거했다.

집착하는 태종의 심리기제가 작동하고 있었던 것이다.

··· 5) 경연을 활성화한 세종

세종은 즉위하자마자 자신이 공부할 것을 챙겼다. 조선시대에는 '경연'이라는 제도가 있었다. 경연이란 '경전經典을 공부하는 자리(筵)'라는 뜻이다.[14] 경전은 변치 않는 법식이나 도리, 성현의 가르침, 종교 교리 등을 말한다. 따라서 경연은 교훈으로 삼을 만한 것들을 배우는 자리라는 의미가 된다. 요즘 식으로 말하면 대통령이 참모나 장관들을 데리고 스터디그룹을 만들어 함께 공부하는 것이다. 나아가 그 자리에서 자연스럽게 국정 현안이 다뤄지기도 했다. 왕의 일과에 포함되는 경연은 왕의 성향에 따라 즐거움을 주기도 하고 괴로움을 주기도 하였다. 공부를 좋아하는 왕에게는 즐거운 시간이지만 공부를 싫어하는 왕에게는 괴로운 시간이었다. 세종은 즉위한 다음 날 바로 경연에 관해 손을 댔다. 즉 경연관으로 지경연 1인, 동지경연 1인, 시강관 1인을 더 두기로 하였다. 경연에 참석할 인원을 더 늘려서 활성화하겠다는 뜻이었다.

세종은 경연을 본궤도에 올려놓은 인물이다. 조선에서 경연제도에 대하여 최초로 언급한 인물은 태조 이성계로, 즉위교서를 통하여 경연관의 구성에 관한 구상을 발표하였다. 그랬음에도 불구하고 그는 경연에 소극적이었다. 전장을 뛰어다니며 호령하던 그가 어려운 공부를 하자니 의욕이 꺾였을 수 있다. 그나마 정종과 태종에 의해서 경연의 명맥은 유지되었지만 소극적 태도를 보인 것은 그들도 마찬가지였다. 그들 중에 정종이 좀 더 적극적이었다고 할 수 있다. 세종이 재위 32년 동안 경연을 연 기간은 20여 년 정도이다. 그 기간에 1,898회의 경연을 열었다. 1년에 95

회 정도를 열었던 것이다. 재위 25년 동안 9,229회를 연 '경연왕' 성종에 비하면 약 1/5 수준이지만 세종은 경연제도의 제 틀을 갖춰놓았다고 할 수 있다.[15]

세종은 국정운영을 위해 경연을 잘 활용하였다. 세종은 경연에서 다양한 방식으로 자신의 생각을 드러내며 신하들과 토론하였다. 나아가 그는 신하들을 가르치는 입장에서 강의 방법이나 강의 교재, 토론 의제의 우선순위를 정하기도 했다. 그러면서 당시 사대부들이 가장 큰 가치를 둔『경학』같은 유교 관련 교재를 뛰어넘어 역사 관련 서적 등도 교재로 삼으려 하였다. 당시 사대부들은 유교 관련 책만 읽는 독서편식을 하고 있었다. 그럼에도 유교가 지향하는 바를 실천하는 인물이 없었음을 세종은 아쉬워하였다. 이에 강의 교재와 토론 의제를 다양화하려 하였다. 이런 과정에서 세종은 자신과 신하들의 실력을 노출시키고 보완해가는 모습을 보였을 뿐 아니라 국정과 관련하여 서로의 생각을 교환하였다.

세종은 개방적 자세로 학문에 접근한 인물이다. 세종은 경연을 통해 풍수지리 사상에도 접근하려고 하였다. 그러나 신하들은 풍수지리 사상은 '잡된 술수 중에서도 가장 황당하고 난잡한 것'이라고 규정하며 경연에서 다루면 안 된다는 입장을 보였다. 이에 세종은 끄떡하지 않고 오히려 그러하더라도 풍수지리 사상이 주장하는 근원을 캐봐야 한다고 맞섰다. 그가 풍수지리 사상에 관심을 가진 것은 당시 나라를 뒤덮고 있는 사상의 실체를 알아보고자 했기 때문이다. 그때는 왕실의 무덤뿐 아니라 대다수 사대부 집안의 무덤 위치도 철저히 풍수지리적 시각에서 논의되었다. 풍수지리적 해석에 후손들 운명이 걸려 있다고 생각했기 때문이다. 그럼에도 사대부들은 그것을 천시하는 척하였다. 따라서 세종은 국정운영 차원에서 풍수지리 사상에 접근하려 한 것이다. 하지만 나중에 지나치게 풍수지리 사상에 지배당하여 국정운영을 하는 모습을 보이기도 했다.

6) 집현전을 활성화하고 의정부서사제를 실시한 세종

세종은 즉위 2년 후 유명무실한 집현전을 본궤도에 올려놓았다. '집현集賢'이란 '인재를 모은다'는 뜻이다. 따라서 집현전은 인재를 모아서 양성하는 곳이다. 이런 집현전은 인재양성의 기능은 물론 서적 수집과 편찬 기능, 왕을 위한 조언과 자문 기능도 갖고 있었다. 따라서 자연스럽게 세종의 공부와 정치를 보좌하는 기관으로서의 역할도 하게 된 것이다. 즉 집현전이 경연을 담당하였다. 세종이 걸출한 왕으로 평가받는 것도 집현전 같은 두뇌집단이 뒷받침해주었기 때문이다. 세종 때부터 활성화된 집현전은 세조가 폐지할 때까지 37년간 운영되었다.[16] 집현전에서 배출된 인재들은 세종이 안정적으로 국정운영을 하는 데 초석이 되었을 뿐 아니라 조선 전기의 학문과 정치를 주도하기도 하였다. 집현전은 명실상부한 세종의 최고 두뇌집단이었다.

세종은 집권 후반기에 의정부서사제를 실시하였다. 조선은 개국 초기에 고려 후기의 최고 정무기관인 도평의사사를 의정부로 개편하였다. 태종 대에는 의정부의 우두머리로 정1품의 영의정부사를 두었다. 그 후 영의정부사는 영의정으로 불리게 되고, 영의정은 동급의 품계를 가진 좌의정·우의정과 함께 의정부를 이끌었다. 형식적으로 의정부는 정2품 판서가 이끄는 6조보다 높은 기관이다. 따라서 6조의 우두머리인 판서는 자신이 담당하는 업무를 의정부에 보고하고 의정부가 그것을 다시 왕에게 보고하는 것이 의정부 설치 목적에 부합되는 것이었다. 즉 의정부서사제는 왕이 권력을 독점하지 않고 신하들과 공유하는 것으로, 왕과 신하들의 권력이 조화를 이루는 것이다. 따라서 신하들이 책임감을 갖고 자발적으로 국정운영에 참여하게끔 한다. 하지만 태종은 6조를 통해 국정에 관련된 사항을 직접 보고받고 6조에 직접 지시를 내렸다.[17] 집권 이후 18년간 6조직계제로 국정을 운영했던 세종이 의정부서사제를 실시한 것은, 소통을 중시하고 신하들로부터 들은 이야기를 국정에 반영하기 위한 것이었다. 단 이조와 병조의 관리에게 벼슬을 내리거나 군사를 쓰는 것은 해당부서가 직접 왕에게 보고하도록 하였다. 세종의 정무감각을 엿보게 하는 대목이다.

집현전 출신 관료들이 의정부서사제를 선호하는 것은 당연하다. 그들은 세습으로 왕위에 오른 인물들이 독단에 빠져 제멋대로 통치하지 못하도록 하기 위해서는 왕과 신하들의 권력이 조화를 이루는 통치구조에서 신하들의 간언이 필요하다고 생각했다. 이런 생각이 뼛속까지 스며든 인물들이 집현전 학사들과 집현전 출신 관료들이다. 그러므로 그들 입장에서 의정부서사제 수용은 당위성을 가지는 일이었다. 하지만 세종 대에 실시된 의정부서사제는 문종이 즉위하던 해, 전례前例가 있는 것은 왕에게 직접 보고하게 함으로써 부분적으로 6조직계제가 실시되기도 했다. 그후 이홍위가 즉위하자 다시 의정부서사제로 환원되었지만 세조가 집권하자 의정부서사제는 폐지되고 6조직계제로 돌아섰다.[18] 태종 못지않게 머리 좋고 권모술수가 뛰어난 세조가 강력한 왕권을 유지하기 위해 6조직계제에 군침 흘리는 것 또한 당연하였다. 즉 6조직계제는 세조가 즉위하면 반드시 택할 것으로 예약된 제도라고 할 수 있다.

7) 세종의 애민정신을 형상화한 공법 제정

세종은 새로운 세법을 제정하기 위해 과거시험을 이용했다. 우리 귀에 익숙한 전세田稅제도 가운데 하나가 '전분6등 · 연분9등제田分六等·年分九等制'이다. 이는 농지를 질에 따라 6등급으로 나누고 해마다 풍년과 흉년에 따라 9등급으로 나누어 세금을 매기는 전세제도이다. 이 제도가 바로 세종이 만든 세법인 '공법貢法'의 핵심요소이다. 세종이 이 법의 제정을 공식적으로 표면화한 것이 1427년(세종 9년) 3월에 실시한 과거시험이다. 세종은 그 시험에서 다음과 같은 문제를 출제했다. "어진 정치는 반드시 옳고 그름을 따져서 시작해야 하고, 백성이 먹고사는 것이 풍족하면 왕도 더할 나위 없이 기쁘다. 어떻게 하면 그렇게 되는가를 알고 싶다. 그에 관련된 조언을 과거시험의 답안지를 통해서라도 얻으려 한다." 이런 모습은 성군이라는 칭호를 듣기에 충분하다.

신하들은 미덥지 못한 세법 관련 의견을 제시하였다. 새로운 세법에 관련된 답안을 작성하도록 한 과거시험을 치른 후 3년이 지난 1430년(세종 12년) 3월, 호조는 약 2,000평 정도의 농사를 지으면 일률적으로 10말을 세금으로 내게 하고, 평안도와 함길도만은 7말을 내게끔 해달라는, 일종의 '정액세제안'을 제시하였다. 평안도와 함길도는 지역 특성상 농사 조건이 다른 곳에 비해 열악하고 국방의 요지라는 점을 고려한 것이다. 호조의 이러한 건의는 행정편의적 발상이나 탁상공론이라는 비난을 면키 어려웠을 것이다. 즉 농토에 따라 차이가 나는 비옥한 정도와 한 해의 풍작과 흉작을 고려하지 않았기 때문이다.

세종은 새로운 세법을 제정하기 위해 우리나라 최초로 국민투표를 실시하였다. 세종은 호조의 건의를 받자마자 앉아서 이러쿵저러쿵하지 말고 발로 뛰어서 민심을 알아보라는 식의 명령을 내렸다. 즉 공법에 대한 논의를 본격적으로 시작하면서 찬반 의사를 직접 백성에게 물은 것이다. 지금으로 말하자면, 새로운 제도를 도입하는 과정에서 국민투표를 실시한 것이다. 군주제를 초월하는 민주주의적 발상이라고 할 수 있다.

공법을 제정하려는 이유는 백성을 보호하기 위한 것이었다. 공법 제정을 위해 백성의 의견을 물어보도록 한 지 4개월이 지난 후, 호조는 다음과 같은 중간보고를 하였다. 즉 경상도 지역은 대체로 긍정적인 반응을 보인 반면, 함길·평안·황해·강원 지역은 모두 부정적인 반응을 보였다는 것이다. 이에 세종은 그 자리에서 다음과 같이 말하였다. "백성이 싫다면 공법을 시행할 수 없다. 하지만 세금을 걷기 위해 작황을 조사하는 과정에서, 관리들은 부유한 사람들로부터 편의를 받아 그들에게 유리한 판정을 내리는 반면, 가난한 사람들에게는 불리한 판정을 내려주는 사례가 있어 걱정스럽다." 여기서 세종이 얼마나 소통의 정치를 중시하고 백성을 걱정하고 있었는지 느낄 수 있다. 소통을 외쳐대며 당선되는 오늘날의 대통령들도 이런 모습을 보이기 어렵다.

지역에 따라 공법 제정 여부에 대한 호·불호가 갈렸다. 중간보고가 있었던 때로부터 약 1개월 후, 호조는 다음과 같은 국민투표 결과를 보고하였다. "찬성하는 사람은 98,657명이고, 반대하는 사람은 74,149명입니다." 총 172,806명에 대한 여론을 수렴한 것이다. 1432년(세종 14년) 『세종실록지리지』에 기록된 인구가 692,477명인 것을 고려한다면 인구의 4분의 1이 참여한 것이다.[19] 이렇듯 공법의 제정 여부를 확인하기 위해 무려 5개월이나 발로 뛰며 사전 작업을 했다. 또 공법 제정에 대하여 단순하게 찬반만을 묻는 폐쇄형조사가 아니라 답험손실법踏驗損實法[20]의 폐해나 시정방안 등도 묻고 듣는 개방형 여론조사이기도 했다. 이 결과를 통해서 찬성여론이 다소 많았지만 반대여론 역시 그에 못지않다는 것을 알았다. 찬성하는 측은 전라·경상도 지역이었다. 반면 함길·평안·황해·강원·충청도 같은 지역에서는 반대가 많았다.

공법 제정에 호의적 또는 비호의적 시각의 기준은 농토의 비옥도였다. 같은 면적이라 하더라도 토지가 비옥한 전라·경상도 지역의 수확량은 다른 지역보다 많다. 따라서 공법을 그대로 적용할 경우, 세금을 일률적으로 1결당 10말을 내게 되면 그 지역은 다른 지역보다 상대적으로 이득을 보게 된다. 반면 토지가 척박한 그 외의 지역은 손해 보게 된다. 이래서 많은 사람들은 공법이 비옥한 땅을 가진 사람들에게만 유리하다는 생각을 가지고 있었다. 이런 면에서 초기의 공법 제정단계가 행정편의적 발상이나 탁상공론 수준에서 이루어졌다는 것을 부인할 수 없을 것 같다. 그러므로 토지의 질과 작황 결과를 고려해 차등을 두어야 한다는 주장이 강한 설득력을 얻을 수 있었다. 결과적으로 볼 때, 공법 제정 과정 초기 3

세종은 새로운 세법인 공법을 제정하기 위해 과거시험을 이용하거나 우리나라 최초로 국민투표제를 실시하였다.

년간은 별 진전 없이 지나갔다. 이런 상황은 제대로 된 준비 없이 의욕만 앞섰던 세종과 쉽게 일을 처리하려 했던 신하들이 만들어낸 것이다. 이에 세종은 황희 등의 의논에 따르라고 명하였다.

다운탑 방식으로 공법 제정 문제가 다시 거론되었다. 공법 제정은 거론되기 시작한 지 3년 만에 좌초되고 그것과 관련된 말은 사라졌다. 그리고 다시 6년이라는 세월이 흘렀다. 그런데 이번에는 신하가 공법 문제를 제기하였다. 이전에 왕이 신하들에게 제기하던 탑다운 방식에서 다운탑 방식으로 전환된 것이다. 즉 1436년(세종 18년) 2월, 충청도감사 정인지가 상언上言을 통해 공법 문제를 제기함으로써 다시 수면 위로 떠올랐다. 그는 답험손실법의 그럴듯한 이상적 논리와 현실 사이의 괴리를 지적하였다. 과거시험을 통해 공법 제정을 공식적으로 표면화한 때로부터 무려 9년이라는 세월이 흘렀다.

정인지의 상언은 세종의 속내를 드러낸 것이다. 정인지의 상언을 접한 다음 날, 세종은 다시 공법 문제를 거론하였다. 이 대목에서 세종과 정인지가 '짜고 치는 고스톱'을 하고 있지 않나 하는 합리적 의심마저 들게끔 한다. 한편으로 세종이 얼마나 공법을 제정하여 시행하고 싶었는가 하는 안타까움마저 든다. 아울러 그의 애민정신도 진하게 느껴진다. 그런 그의 마음을 읽었는지 일부 신하들이 다음과 같이 거든다. "성상의 하교가 옳습니다. 근래 손실을 답험하는 법이 알맞지 못함이 더욱 심하니, 공법을 행하는 좋은 점과 같지 못합니다."

공법의 군불을 땐 뒤 9년이 지나서야 커다란 밑그림이 그려졌다. 신하들이 먼저 공론화하여 그들과 소통이 원활해진 상황에서 공법 제정은 좀 더 구체성을 띨 수 있었다. 따라서 이번에는 전국을 토지의 질에 따라 3개 권역으로 나눴다. 남부권역(경상·전라·충청도)은 질이 좋은 농토로, 중부권역(경기·강원·황해도)은 질이 중간 정도의 농토로, 북부권역(평안·함길도)은 질이 떨어지는 농토로 규정하였다. 그로부터 두 달이 채 안 된 윤6월에는 공법을 논의하기 위하여 임시기구인 공법상정소貢法詳定所를 두었다. 공법상정소를 설치한 지 4개월이 지난 후 의정부에서 호조의 자료를 토대로 토지의 등급을 나누어 세곡을 거둘 것을 세종에게 건의하였다. 각 권역의 농토를 다시 3등급으로 세분화해서 세금을 받아들이겠다는 것이다.

공법은 정교한 진화를 꾀하였다. 의정부는 경상·전라·충청도의 농토도 질이 좋은 곳은 1결에 18말, 중간 정도는 1결에 15말, 질이 떨어지는 농토는 1결에 13말의 세곡을 거둬들이겠다는 식의 기준안을 마련하였다. 따라서 남부지방의 질이 좋은 농토와 북부지방의 질이 떨어지는 농토와의 세곡 격차는 1결에 8말이 난다. 이러한 의정부의 건의는 1결마다 일률적으로 10말을 내게끔 하자는 처음의 호조 건의보다는 많이 진전된 것이다. 하지만 이 건의도 자연재해가 고려되지 않았다는 커다란 문제점을 안고 있었다. 따라서 이렇게 공법을 제정하였음에도 다음 해까지 시행하지 못했다. 그렇지만 수전水田과 한전旱田 등의 차이를 인정하여 세금을 내도록 하였다. 즉 수전은 쌀로, 한전은 콩으로 내도록 한 것이다. 이렇듯 공법은 좀 더 정교하게 진화해가고 있었다.

일선 관리들은 지속적으로 자연재해에 관련된 규정이 취약한 공법에 대한 폐해를 주장하였다. 세상 모든 일에는 변수가 있기 마련이고 농사도 예외는 아니다. 농사에서 자연재해가 변수가 아니라 상수라고 해도 지나친 말이 아니다. 하지만 공법은 이런 상황을 염두에 두지 않았다. 따라서 실제로 자연재해가 발생하여 피해를 본 지역의 지방관들은 공법을 원칙대로 시행하기 어렵다는 의견을 표출하였다. 심지어 공법의 시행여부를 다시 논의해달라는 요구도 있었다. 그러면서 "각 고을의 풍년이냐 흉년이냐를 보고, 공법의 차등을 보아서 조세를 거두소서"라는 차등과세도 요구하였다. 이에 세종도 농사에 자연재해가 늘 있는 것을 무시한 채 공법이 제정되었음을 인정했다. 공법 실시에 관해서 또 한 번의 좌절을 맛본 것이다. 하지만 따지고 보면 세종과 신하들이 민심을 존중한 것이었다. 그렇게 1437년(세종 19년) 한 해가 지나갔다.

공법 제정이 다시 원점으로 회귀하려는 모습도 보였다. 공법 제정이 활기를 띠는 듯하더니 자연재해라는 암초에 부딪쳐 교착상태에 빠졌다. 공법 이야기가 나온 지 10년이 지나가고 있던 시점이었다. 하지만 강산은 변해도 공법을 향한 세종의 마음은 변치 않았다. 그토록 공법에 집착하던 그는 1438년(세종 20년) 7월에 또 한 번 시도한다. 이때는 공법시행에 우호적인 경상·전라도만 택해서 시험적으로 실시한 후 보완책을 내놓으려는 모습을 보였다. 그럼에도 그런 지역에서조차 자연재해를 입은 경우에는 공법 시행에 회의적 태도를 보였다. 이런 경우 당연히 관리들이 현장을 방문해서 세금의 양을 정해주길 바랐을 것이다. 그러자면 다시 답험손실법으로 회귀하는 것이다. 그러자 세종은 중앙에서 해당지역으로 관리를 파견해서 일을 처리하도록 하였다. 그리고 또 2년이 흘렀다.

세종은 공법의 시험적 실시 결과를 토대로 공법의 보완에 관심을 기울였다. 그는 "내가 공법을 시행하고자 이미 경상·전라 두 도에 시험하였으나, 한 도내에도 땅의 기름지고 메마름이 같지 않은데 세를 거두는 것은 한결 같아서 백성이 병통으로 여기니 다시 자세하게 정하여 아뢰라"며 공법의 불합리성을 인정하고 그에 대한 보완을 지시하였다. 이후 신하들은 여러 가지의 보완책을 제시하였다. 세종이 공법이라는 미궁에서 헤어나오지 못할 것 같은 상황을 겪던 이 시기에 이홍위가 태어났다. 그의 탄생으로 활력을 얻었는지 몰라도 세종은 또다시 충청·전라·경상도에 공법의 시험실시를 단행하였다. 하지만 곧이어 신하들 역시 제동을 걸었다. 그런 모습을 『조선왕조실록』에서 확인할 수 있다.

"우리나라의 토지는 산과 냇물 사이에 끼어 있어서, 상·중의 전지田地가 적고 산기슭의 하등下等 토지가 많이 있으므로, 이 법의 실행을 기뻐하는 자가 적고 원망하는 자가 많사옵니다. 전지의 수확이 손損되는 것은 지품地品에 있는 것이 아니고, 혹은 수재水災나 한재旱災로, 혹은 바람이나 서리로, 혹은 황충蝗蟲으로 인한 때문입니다. 사흘도 안 되는 비로 인하여 침수되는 곳이 있는가 하면, 7일도 안 되는 가물로 인하여 말라버리는 곳도 또한 있사온데, 이런 것을 고려하지 아니하고 한결같이 중년中年의 액수를 받는 것이 옳겠습니까. …"[21]

이러한 주장은 충분한 일리가 있다. 지금같이 토목장비가 없던 그 시절은 자연지형을 그대로 이용해서 농토가 조성되었기 때문에 제대로 된 농토가 있을 리 없었다. 따라서 하등의 토지가 농지의 대부분을 차지하고 있었던 것이다. 여기에 설상가상으로 자연재해가 항상 덮쳤다. 그런데도 답험손실을 한답시고 관리들이 백성에게 거머리처럼 달라붙어 피를 빨아먹고 있었다. 이렇듯 대다수 백성은 농사에서도 삼중고를 겪으며 살고 있었다. 그런 그들에게 삶의 희망은 요원한 것이었다. 다만 그런 삶이라도 지속하기 위한 발버둥만 있었을 뿐이다. 따라서 백성을 생각하는 진정한 군주라면 이런 상황을 외면할 수 없었을 것이다.

세종은 공법의 전면적 시행에 자신감을 가졌다. 공법 제정의 닻을 올리고 항해를 시작한 지 16년이 지나면서 그는 여러 가지 문제점을 극복하였다. 이에 자신감을 가진 그는 공법을 실시할 것임을 백성에게 알리도록 했다. 이때 연분9등제를 실시할 것도 알렸다. 그는 작황을 9등급으로 세분화함으로써 백성의 불만도 많이 잠재울 수 있을 것으로 보았다. 토지는 질에 따라 다섯 등급으로 나누는 5등전품제五等田品制를 실시하려 하였다. 따라서 공법의 최종 골격이었던 전분6등 · 연분9등제에 거의 도달한 셈이다. 아울러 공법의 시행세칙을 정하고 토지를 측량하여 토지 등급을 책정하는 일을 맡은 임시관청인 전제상정소田制詳定所를 설치했다. 이 관청의 최고 책임자인 도제조로는 진양대군[22]이 임명되었다. 도제조는 당시 영의정 · 좌의정 · 우의정급의 임시직 벼슬이었다.

전제상정소는 공법을 완성시켰다. 전제상정소가 출범한 지 7개월이 지난 후인 1444년(세종 26년) 6월에는 같은 등급의 토지라도 생산되는 곡식의 많고 적음에 따라서 규모를 평가하겠다는 건의를 하였다. 이 말은 수확량을 단위로 하는 결부법[23]도 적용하겠다는 의미이다. 그로부터 20여 일 후에는 수확량 측정 방법에 대한 건의를 하였다. 전제상정소가 한 일 중 가장 의미 있는 것은 토지를 6등급으로, 각 토지가 한 해 수확한 곡물의 양에 따라 9등급으로 나누는 '전분6등 · 연분9등제'를 확정하여 세종에게 건의한 것이다. 즉 공법을 완성한 것이다. 이날이 1444년 11월 13일이었다. 이로써 17년이란 오랜 세월을 보내며 많은 어려움을 극복하고 공법이 탄생하였다. 세종의 애민정신이 형상화한 것이고 동시에 한 편의 대서사시가 창작된 것이다. 또 진양대군은 큰 것 한 건 올려서 세종으로부터 신임을 받음과 동시에 국정운영에 대한 자신감이 붙었을 것이다. 하지만 당시 4살이었던 이홍위의 운명에는 어두운 그림자가 드리우는 것이기도 했다.

공법은 세종이 가장 많은 정성과 시간을 들여 만든 제도이며 그의 애민정신을 엿볼 수 있는 제도이다. 세종의 치적은 많다. 앞서 밝힌 것처럼

공법은 세종이 가장 많은 정성과 시간을 들여 만든 제도로, 그의 애민정신을 엿볼 수 있다.

경연과 집현전을 본궤도에 올려놓았고, 의정부서사제를 실시했으며 공법을 제정하였다. 그 외에도 한글을 만들고 과학과 농업기술을 발전시켰으며 4군6진을 개척하고 유교를 정착시키는 데 공헌하였다. 이 중에 백성과 직접적인 관련이 있는 치적이 공법 제정과 한글 창제이다. 당시를 기준으로 했을 때 백성에게 현실적으로 더 많은 도움을 준 것은 한글 창제보다 공법이다. 공법을 완성하는 데는 앞서 살펴본 대로 많은 어려움이 있었다. 하지만 그런 어려움이 그의 의지를 꺾을 수 없었다. 그의 의지란 우리 실정에 맞는 합리적 제도를 만들고 관리들의 수탈을 막아줌으로써 백성의 삶을 좀 더 개선하고자 하는 것이었다. 따라서 진정한 애민정신이 없었으면 공법의 완성은 불가능했다. 공법은 진양대군, 즉 수양대군이 왕이 된 후 『경국대전』에도 실었지만 연산군 이후로는 실시가 흐지부지되었다.

8) 이홍위를 불행에 빠트리게 한 세종의 국정운영방식

세종이 전제상정소 도제조로 진양대군을 임명한 것은 이홍위의 불행을 예고하는 것이었다. 태종은 당시 대군이었던 세종이 똑똑한 것을 인정했음에도 "너는 할 일이 없으니 평안하게 즐기기나 할 뿐이다"라고 말하며 그가 국정에 참여할 수 없음을 분명히 밝혔다. 여기에는 '친친親親'과 '존존尊尊'의 논리가 바탕에 깔려 있었던 것이다. '친친의 논리'는 종친이 국정에 참여해서 문책을 받게 될 경우, 문책을 안 하게 되면 왕이 제정한 법을 스스로 저버리는 것이고, 문책하게 되면 왕이 사사로이 베풀 수 있는 은혜를 저버리게 된다는 것이다. 따라서 이러한 상황이 발생하게 되면 결국 종친의 안전이 위협받게 된다는 것이다. '존존의 논리'는 종친이 국정에 참여해서 관직을 받게 되면, 종친도 다른 신하들이 받는 계급에 귀속되기 때문에 왕의 친족을 중히 여기는 처사가 아니라는 것이다.[24] 이렇듯 세종은 태종을 통해서 종친이 국정에 참여할 수 없음을 알았다. 그럼에도 그는 진양대군을 전제상정소 도제조로 임명함으로써 스스로 그러한 원칙을 깨버렸다. 전제상정소 도제조로 임명된 진양대군은 그곳의 고유 업무만을 수행하지는 않았을 것이다. 경우에 따라서는 제한적이나마 왕의 비서실인 승정원 위에 군림하기도 했을 것이다. 그러는 과정에서 그는 권력의 단맛을 보았던 것이다.

종친이 세종을 친친의 논리에 빠트릴 경우 그는 규범을 외면하였다. 세종은 종친에 대하여 무한한 애정을 갖고 있었다. 그 애정은 모든 규범을 초월하기 때문에 종친들의 행위는 어떤 경우든 제재의 대상이 될 수 없었다. 다음의 내용은 그런 사실을 말해주고 있다.

효령대군이 자신의 며느릿감을 구하였다. 그 과정에서 두 명의 처녀를 간택하였다. 한 명은 부사직을 지낸 최윤용의 딸이고, 다른 한 명은 죽은 참판 조서강의 딸이었다. 효령대군은 먼저 최윤용의 딸을 자신의 집으로 오게 하여 그녀의 외모를 살펴보았다. 그러나 그녀의 외모가 효령대군의 마음에 들지 않자, 조서강의 딸을 오게 하였다. 조서강의 딸은 효령대군의 마음에 들었다. 그래서 그녀를 며느릿감으로 낙점하였다. 이때 조서강의 딸은 그의 아버지가 죽어서 상중에 있었다. 따라서 효령대군의 그런 행동은 다음과 같은 이유로 신하들의 반발을 샀다. 첫째, 효령대군이 대군이라 할지라도 신하임에도 불구하고 왕이 하는 방식을 따라 했기 때문에 군신의 명분을 범했다는 것이다. 둘째, 폐백도 받지 않은 남의 집 처녀를 마음대로 데리고 와 남녀의 분별을 문란케 했다는 것이다. 셋째, 상복을 입은 조서강의 딸을 간택함으로써 그녀가 강제로 상복을 벗고 길복[25]을 입게 해서 부자의 은혜를 저버리게 했다는 것이다. 한마디로 말해서 삼강오륜을 범하는 중대 범죄를 저질렀다는 것이다. 따라서 신하들은 세종의 면전이나 상소를 통해서 효령대군과 최씨·조씨의 죄상을 물을 것을 요구하였다. 하지만 세종은 오히려 화를 내며 수양대군(진양대군의 다른 호칭)을 시켜 자신의 뜻을 전달하게끔 하였다. 내용에는 "효령의 일은 고의로 범한 것이 아니고 과오인데, 대간이 여러 날 번갈아 청하여 혹은 분수에 넘친다 하고, 혹은 권세에 가깝다 하면서 반드시 이를 죄 주려고 하는데, 나의 우애에 있어서는 끝내 반드시 듣지 않을 것이다. 비록 공자나 맹자라도 반드시 나를 그르다고 여기지는 않을 것인데, 그대들이 굳이 청하니 어찌 인심의 비루함이 이처럼 극도에 이르렀는가"라는 것이 들어 있다. 이 말을 들은 신하가 수양대군에게 다시 세종에게 건의할 것을 요구하였다. 그러자 수양대군은 이미 내린 명령이니 그럴 수 없다며 내전으로 들어가 버렸다. 이런 광경에 대해서 사관은 '내인이 한 말도 하지 못하고 머리를 숙이고 땅만 긁을 뿐이었다'고 묘사하였다.

　이렇듯 효령대군은 세종을 친친의 논리에 빠트렸다. 즉 세종이 효령대군을 처벌하자니 형제간에 법을 적용하는 비정한 모습을 보이는 것이고, 그의 행태를 외면하자니 국가 존립의 근거가 되는 규범을 무시하는 꼴이 되는 것이다. 이런 경우 국법을 존중하는 군주라면 효령대군에게 그에 상응하는 처벌을 해야 했다. 하지만 세종은 효령대군의 행태에 눈을 감았다. 이런 모습은 유교통치이념을 정착시켰다는 왕이 한 행위라고 하기에는 믿어지지 않는다. 또 이를 대행한 수양대군은 유교적 통치이념은 한낱 백성에게 강요하기 위한 이데올로기일 뿐 왕족들은 그것으로부터 자유롭다고 생각했을 수도 있다.
　태종이 혈육에게 보여준 태도는 세종이 종친들에게 보여준 태도와는 확연한 차이를 보여준다. 다음은 야사에서 소개하고 있는 태종과 그의 외손자에 관련된 에피소드이다.

　권총(태종의 외손자)이 어릴 때 태종이 사랑하여 항상 무릎 위에 두었다. 그때 모시고 있는 신하 중에 수염이 긴 사람이 있었는데, 권총이 칼로 잘라버렸다. 여러 신하들이 죄 주기를 청하니 태종이 이르기를 "조정의 예절은 엄하게 하지 않을 수가 없으니, 권총의 죄는 죽어 마땅하다. 그러나 어려서 알지 못하여 그러한 것이니 공들에게 살려주기를 빌어볼까" 하므로 여러 신하들이 머리를 조아리며 사례하였다. 숭례문 밖에 감금하도록 명하여 한 해 남짓 되었는데 태종이 병환이 대단하다 하므로 여러 신하들이 들어가 문병하였더니 태종이 이르기를 "내 병은 이미 점점 심해져서 약으로 치료되지 아니할 것이니 공들과 며칠이나 서로 볼 수 있을지" 하였다. 여러 신하들이 모두 눈물을 흘리니 태종이 한숨을 쉬고 이르기를 "나의 외손 권총이 병중에 몹시 생각이 나지만 조정의 법도가 두려워 감히 보지 못한다" 하면서 눈물을 흘리니 여러 신하들이 머리를 조아리며 용서해주기를 청하였다. 태종이 온 세상을 마음대로 놀리는 것이 대개 이와 같았다.

- 『부계기문』[26]

당시 분경奔競금지[27]는 합리적 국가 운영을 위해 필요한 조치로 받아들였다. 예나 지금이나 많은 사람들이 권력자들과 가깝게 지내고 싶어 한다. 권력자를 통해 자신들의 사회적 욕구를 충족하려고 하기 때문이다. 즉 청탁이 오갈 수 있는 환경을 조성하려는 것이다. 조선시대 이런 청탁을 금지한 것이 바로 분경금지라고 할 수 있다. 분경금지는 정종에 의해 처음으로 실시되었다. 1399년(정종 1년) 8월 그는 분경을 금하는 하교를 내렸다. 당시만 해도 왕자나 공신들은 사병을 거느리고 있었다. 그들은 군사력을 등에 업고 왕에게 개인적으로 청탁을 하기도 하였다. 정종은 여기서 비롯되는 폐단을 잘 알고 있었다. 그래서 그는 분경을 금지하는 조치를 취하였다. 뒤를 이은 태종 역시 분경금지를 실시하였다.

세종의 분경금지 조치 해제는 수양대군으로 하여금 야심의 빗장을 풀도록 하였다. 태종의 분경금지는 대상에 포함된 인물들 집에 출입하는 사람들의 신원을 철저히 파악하도록 하였음은 물론 그들의 범위를 5세의 친속으로 제한할 정도로 강력하였다. 하지만 세종은 이런 조치를 없앴다. 그런 사실은 수양대군의 입을 통하여 확인할 수 있다. 이홍위가 왕으로 즉위하면서 내린 교서에는 대군들을 분경금지 대상에 포함시키는 내용이 들어 있었다. 이에 수양대군과 안평대군이 도승지 강맹경에게 따지면서 "분경의 법은 세종과 대행왕[28]이 일찍이 불가하게 여기었다"며 분경금지 철회를 요구하였다. 그들이 이런 태도를 보인 것은 자신들 주변으로 몰려드는 벼슬아치들이 분경금지 조치로 차단당할 것을 우려했기 때문이다. 이렇게 분경금지를 거부함으로써 불순한 인맥 형성의 차단막을 뚫은 수양대군은 1453년(단종 1년) 10월 10일 계유정난을 일으키고 다음 날 영의정부사가 되었다. 한 달 후에는 자신과 같은 의정부 당상의 집에 분경금지 조치를 내린 것을 철회하도록 하였다. 그는 이렇게 자신을 옭아맬 분경금지 조치를 풀고 세력을 불리며 왕위 찬탈을 위해 한 발짝씩 더 다가가고 있었던 것이다.

    세종의 무조건적 종친 보호도 자신과 왕실의 권위를 약화시켰을 것이다. 그가 양녕대군이나 효령대군에게 보인 우애는 남달랐다. 특히 양녕대군에 대한 우애는 효령대군에 비해 더 돈독해보였다. 그는 기회가 있을 때마다 양녕대군에게 술과 고기를 비롯하여 쌀과 생선 등을 챙겨주거나 잔치를 베풀어주었다. 하지만 양녕대군은 태종에 의해 경기도 이천으로 격리되어 생활하게끔 조치당한 인물이었기에 세종의 이런 태도에 신하들이 반발하였다. 즉 양녕대군이 한양으로 들어오도록 허락하는 것만으로도 세종은 태종의 명命을 무시하는 강상죄를 범하는 것이었다. 따라서 신하들은 태종의 뜻을 생각해서라도 그를 한양으로 불러들이지 말 것을 요구하였지만 세종에게는 소귀에 경 읽기였다. 세종은 한 술 더 떠 양녕대군이 한양에 집을 짓도록 하였을 뿐 아니라 그의 몰상식하고 도의에 어긋난 짓에 대하여 신하들이 처벌을 요구해도 끄떡하지 않았다. 신하들이 이렇게 거세게 반발하는 이면에는 양녕대군을 주축으로 하는 반세종세력의 결집을 우려하는 과도한 불안심리도 작용했으리라 생각한다. 하지만 자신들의 건의에 전혀 귀 기울이지 않는 세종의 태도를 접하는 신하들은 심한 좌절감을 느꼈을 것이다. 그런 그들이 진심으로 세종을 존경하고 복종하려는 마음을 가졌을지 의문이다.

세종의 무조건적 종친 보호 기저에는 왕실 자존심의 보호, 왕위 정통성에 대한 콤플렉스의 극복, 종법적 논리의 작용 등이 있었다. 세종은 한때 양녕대군의 거처를 이천에서 충청도 청주로 옮기도록 하는 강경책을 쓰기도 했다. 하지만 당시도 그에 대한 세종의 세세한 관심은 식을 줄 몰랐다. 여기에는 왕실 자존심을 보호하고 양녕대군과의 우애를 보여줌으로써 자신이 유교의 가장 큰 덕목인 '인仁'을 실천하는 인물임을 보여주려는 의도가 있었다. 그럼으로써 세종은 자신이 비록 적장자는 아니지만 '왕으로 어진 사람을 택해야 한다'는 택현론擇賢論에 근거해 왕이 된 인물임을 확인시켜 줄 수 있다는 고도의 정치술이 작용한 것이었다. 나아가 그는 그것을 이용해 유교가 강조하는 덕치德治를 행하고 있음을 보여줌으로써 신하들에게도 충성을 강조할 수 있었던 것이었다. 하지만 그의 그런 모습이 모든 종친에게 적용된 것은 아니었다. 예컨대 세종은 자신의 넷째 큰아버지 이방간(회안대군)이 태종과 권력다툼을 벌였던 것에 관련시켜 아들 이맹종을 특별한 이유 없이 죽인 것은 태종을 정점으로 하는 가계만을 정통으로 보려는 종법적 논리가 작용한 것이었다.

세종의 무조건적 종친 보호는 이홍위를 파멸시키려는 인물이 자기합리화를 할 수 있는 근거를 제공할 여지가 있었다. 앞서 언급했듯이 세종이 양녕대군에 관련된 일을 대하는 태도는 인을 실천하고 있음을 보여줄 뿐 아니라 어진 인물이 왕이 된다는 논리를 확인시켜 주기 위함이었다. 하지만 다른 시각으로 볼 때 그는 아버지의 말을 거역한 불효를 저지른 것이었다. 따라서 이러한 상황들을 목격한 세종의 자식들에게도 이 일은 일종의 학습효과로 나타났다. 즉 수양대군이 이홍위를 폐위시키고 왕위를 차지한 것이 대표적 사례라고 할 수 있다. 결국 세종은 이홍위를 잘 이

끌어주려고 하면서 동시에 자신도 모르게 그를 파멸시키는 환경을 만들어가고 있었던 것이다. 이런 상황은 이홍위의 운명에 복선으로 작용할 것임을 느낄 수 있게 한다.

9) 세종이 중국어 발음기호로 만들었던 한글

　　세종이 통치하던 시기에 우리 조상은 한자를 우리 식으로 변형하여 써보려고 안간힘을 쓰고 있었다. 세종이 한글[29]을 만들기 전까지 우리 글자는 없었다. 따라서 오랜 세월 동안 우리는 우리 글자로 우리의 생각을 나타내거나, 전달하거나, 기록할 수 없었고 남의 나라 글자가 그 역할을 하였다. 그렇게 빌려 쓴 글자가 한자이다. 자신들의 글자를 갖지 못했던 중국 주변국들도 대체로 우리처럼 한자를 빌려 썼다. 아울러 한자의 모양, 소리, 뜻을 이용하여 자신들의 언어를 표기하는 방법을 개발하였다. 예를 들어 우리나라의 향찰[30] 표기나, 이두[31] 표기, 구결[32] 등이 그러한 노력의 일환이었다.[33] 향찰은 고려 초까지, 이두는 조선말의 갑오경장 때까지, 구결은 한글이 만들어진 후에도 사용되었다.[34]

　　한글이 처음에 일종의 발음기호로 만들어졌다는 주장에 동의한다. 고려 전기까지는 사서오경四書五經[35]을 통해 배운 한문으로 중국인과 소통이 가능하였다고 한다. 하지만 몽골족이 세운 원나라 이후 북경의 중국어 발음은 우리의 전통 한자음과 매우 달라졌다고 한다. 예컨대 우리는 예전부터 '北京'을 '북경'이라고 발음해왔지만 원나라 이후 중국인들은 그것이 무슨 말인지 알아듣지 못했다는 식이다.[36] 즉 발음이 바뀌어 '베이징'이라고 해야 알아들었다는 식이다. 따라서 우리 전통 한자음으로는 당시 명나라 사람들과 소통할 수 없었다. 이에 세종은 우리의 한자음을 중국인과 의사소통이 가능하도록 고쳤다. '北京'을 '북경'이 아닌 '베이징'으로 발음하도록 고쳤다는 식이다.[37] 이런 식으로 고친 한자음들이 백성에게 가르쳐야 하는(훈민 : 訓民) 바른 한자음(정음 : 正音)[38]이므로, 한글은 처음에 발음기호로 만들어졌다는 것이다.[39] 즉 백성에게 가르쳐야 하는 개정된 한자음이 훈민정음이고 이때 사용한 발음기호가 훈민정음, 한글이었다는 것이다.[40]

한글은 발음기호로 만들어졌다가 우리말 표기로 확대되었다는 주장에도 동의한다. 우리 입장에서는 '大學之道在明明德在親民在止於至善'[41]이라는 글귀를 '大學之道는 在明明德하고 在親民하고 在止於至善이니라' 하는 식으로 토를 달아 읽을 때, 한문문장을 이해하기 쉽다. 즉 '-는, -하고, -이니라' 같은 토라는 우리말의 양념이 들어가야만 비교적 부담감을 덜 느끼며 머릿속으로 잘 들어간다. 이유는 우리말은 토가 발달한 교착어[42]이기 때문에 토가 필요 없는 고립어[43]인 중국어에 토를 달아야만 뜻을 파악하는데 편하기 때문이다. 이런 토의 대표적인 말들이 '-은,

한글은 처음에 중국어 발음기호로 만들어졌다.

-이, -ㅎ니, -이라' 등이다. 이것들 중 '-은'은 한자 '隱(은)'의 발음을, '-이'는 한자 '伊(이)'의 발음을 그대로 빌려 그 글자를 우리말 토로 썼다. 그리고 '-ㅎ니'는 '爲尼(위니)'로 썼는데 여기서 쓰인 爲(위)는 '하다'의 뜻을 빌렸기 때문에 'ㅎ'에 해당하고, 尼(니)는 발음만 빌렸기 때문에 '니'에 해당한다. 같은 원리로 '-이라'로 쓰였던 '是羅(시라)'도 是(시)는 '이'라는 뜻을 빌렸기 때문에 '이'에 해당하고, 羅(라)는 발음만 빌렸기 때문에 '라'에 해당한다. 이렇듯 '위爲'나 '시是'로 발음되는 한자를 우리말의 '-ㅎ'와 '-이'로 바꿔 토를 단 것과 같은 방법을 변음토착變音吐着이라고 한다. 즉 음을 바꿔서 토를 달았다는 것이다.[44] 이 과정에서 한글로 맘껏 토를 달 수 있다는 것을 알았다. 나아가 한글로 모든 우리말을 표기할 수 있다는 것도 알게 되었다.

한글은 파스파 문자의 영향을 받아 만들어졌다는 주장도 받아들인다. 파스파 문자는 원나라 말을 표기하기 위해, 쿠빌라이[45]의 명령을 받은 티베트 승려 파스파가 티베트 문자를 토대로 만들었다.[46] 원나라가 존재하던 당시 한반도에는 고려가 있었다. 따라서 원나라의 간섭을 받던 고려의 지식인들 또한 파스파 문자를 잘 알고 있었다. 특히 새로운 중국어의 한자음을 이해하기 위하여 발음기호로서 고려인들은 파스파 문자를 많이 이용하였다. 또 조선 초기까지도 고려의 전통을 이어받아 파스파 문자를 사용하였고 몽골어 역관들은 이를 배워 시험을 치러야 했다.[47] 그런 사실을 『조선왕조실록』에서 확인할 수 있다.

교수의 정원은 3인으로 하되, 그 가운데 한어漢語를 2명으로 하고, 몽골어를 1명으로 하여 후하게 봉급을 줄 것입니다. 생도의 정수는 한어와 몽골어를 나누어서 공부하게 하고 그 성적을 고사하여 상과 벌을 주게 하되, 상벌

은 교수들에게도 미치게 할 것.[48]

　윗글은 외국어를 번역·통역하고 교육시키기 위해 설치했던 기관인 사역원의 제조 설장수가 사역원의 시험 자격과 선발 등에 대해 건의한 내용 중 일부이다. 여기서도 나타나듯이 조선 초기에도 몽골어의 위상이 높았음을 알 수 있다. 따라서 세종이 한글을 만들 당시 조선에도 파스파 문자를 잘 알고 있는 사람들이 상당수 있었을 것으로 추정된다. 더구나 파스파 문자는 한글처럼 소리글자이고, 한글처럼 파스파 문자도 몽골인들의 한자 학습을 위한 발음기호 역할을 한 점에서 두 문자를 만든 취지가 같다. 그래서 한글을 만드는 데 참고가 되었을 개연성이 높다. 더구나 한글을 창제했다고 밝히면서 동시에 옛글자를 모방해 만들었다는 사실도 공개했다. 나아가 조선 후기 실학자인 이익이나 유희 등도 한글이 파스파 문자의 영향을 받았다는 주장을 하였다. 유희는 음운학자이다. 현재도 수십 년 전부터 이런 주장을 하는 외국학자들이 있다.[49]

　세종은 한글을 만드는 과정에 주로 자식들만 개입시켰다. 한글을 만드는 과정은 비공개적으로 추진되었고,[50] 이 과정에 세자를 비롯한 대군들과 공주 등이 핵심적 역할을 하였다. 그런 사실은 성삼문이 쓴 『직해동자습서』, 『죽산안씨대동보』[51] 그리고 『조선왕조실록』 등을 통해서도 추론이 가능하다. 『직해동자습서』에서 성삼문은 세종과 문종이 훈민정음을 지었다고 하였다. 『죽산안씨대동보』는 세종이 변음토착 문제를 해결하라고 세자와 대군들에게 지시하였으나 누나인 정의공주에게 부탁하여 이를 해결하였다고 전한다. 또 느닷없이 『조선왕조실록』은 1443년(세종 25년) 12월 30일 훈민정음이 창제되었다고 최초로 밝히고 있다. 50여 일 후에는 집현전의 실질적 우두머리인 부제학 최만리가 상소를 통하여 훈민정음 제정을 반대하였다. 이런 사실은 당시 가장 학구적 집단인 집현전 학사들도 세종이 한글을 만드는 것을 눈치채지 못했음을 알려주고 있다. 나아가 세종은 한글로 우리말을 기록할 수 있음을 깨닫고 수양대군 등을 시켜 『증수석가보』를 한글로 풀어쓰게 하여 『석보상절』을 만들게 하면서 한글의 우리말 표기를 시험하기도 하였다.[52] 그 이외에도 수양대군과 안평대군을 시켜 『운회』를 한글로 번역하도록 하였다.

한글의 탄생은 한반도에 사는 사람들에게 축복을 내려준 것이었다. 한글을 만든 동기와 그 과정에 대하여 일치하지 않는 이야기들이 존재한다. 그렇지만 세종의 주도하에 한글이 만들어졌다는 것에 대하여 부정하는 견해는 없다. 그럼에도 그는 한글을 보급하는 데 있어서는 공법을 제정할 때만큼의 열의를 보이지 않았다. 따라서 한글 창제 후에도 서당에서조차 "하늘 천, 따 지, …" 소리는 흘러나와도 "가, 갸, 거, 겨…" 같은 소리는 흘러나오지 않았다. 그러므로 국가의 중요문서는 갑오경장 때까지 여전히 한자나 이두가 쓰였다. 결국 한글은 백성이 자가 학습을 통해 습

안맹담과 정의공주 묘(서울시 도봉구 방학동). 세종의 둘째 딸 정의공주는 한글을 만드는 과정에서 변음토착 문제를 해결한 인물로 알려져 있다.

득하도록 방치되었던 것이다. 하지만 조선 후기에 이르러 한글은 드디어 민중의 글로 자리매김하였고 이제는 한글을 사용하는 것에 자부심을 가지게 되었다.

··· 10) 세자의 결혼 생활을 파탄 낸 세종

세종은 큰 며느릿감을 고르는 데 아주 각별하였다.[53] 첫 번째 세자빈을 고르기 시작하던 때인 1426년(세종 8년) 12월에는 일곱 번이나 세자빈 후보들에 대한 면접을 직접 보았다. 이 기간 동안 경나라 황제에게 바칠 처녀들도 네 번이나 면접을 보았다.[54] 또 다음 해 1월에 네 번, 2월에 한 번 더 면접을 보았다. 따라서 세자빈을 고르기 위해서 직접 12번이나 면접을 본 셈이다. 태종은 양녕대군이 세자였을 때 아주 간단하고 신속한 방법을 택해 세자빈을 골랐다. 태조 이성계의 이복동생 의안대군 이화와 지신사 황희를 보내 종묘에 나아가 시책蓍策[55]을 뽑아서 김한로의 딸을 세자빈으로 정하였다. 그에 반하여 세종은 큰며느리를 아주 꼼꼼하게 직접 골랐다.

세종은 자신이 고른 큰며느리를 자신이 내치는 일도 서슴없이 하였다. 문종이 14살 때 첫 혼례를 치른 휘빈 김씨는 세종이 12번이나 면접을 봐서 간택한 인물이었다. 하지만 그녀는 문종의 마음을 얻지 못했을 뿐 아니라 그가 다른 궁녀들과 놀아난다는 소문을 접하기도 했다. 따라서 그녀는 문종의 마음을 얻기 위해 여러 가지 노력을 하였다. 예컨대 문종이 좋아한다고 생각하는 궁녀들의 신발을 태워 재를 술에 타서 그에게 먹이려는 시도를 세 번이나 했지만 실패했다. 또 문종의 사랑을 받기 위해 교미 중인 수컷 뱀 정액을 수건에 묻혀서 차고 있기도 했다. 세종은 이렇게 부덕한 여자에게 조상의 제사를 맡길 수 없다며 휘빈 김씨를 쫓아냈다. 문종이 그녀를 아내로 맞아들인 지 2년이 조금 넘은 때였다.

세종은 첫 번째 큰며느리를 내친 그날 바로 두 번째 큰 며느릿감을 찾았다. 그는 휘빈 김씨를 폐빈시킨 바로 그날 가례색嘉禮色[56)]을 설치하고 전국에 있는 처녀들의 결혼을 금지시켰다. 즉 이씨 성을 가진 처녀들을 제외한 많은 처녀들이 왕족의 예비며느리로 대기하는 존재가 되었다. 가례색을 설치하고 약 20여 일이 지난 후 세종은 세자빈 간택 방식에 대해 신하들과 의논하였다. 그는 이 자리에서 세자빈의 집안과 덕행도 중요하지만 그에 못지않게 외모도 뛰어나야 한다는 말을 했다. 나아가 "이미 덕으로써 뽑을 수 없다면 또한 용모로써 뽑지 않을 수 있겠는가. 마땅히 처녀의 집을 찾아 돌아다니면서 좋다고 생각되는 자를 예선豫選해서, 다시 창덕궁에 모아놓고 뽑는 것이 좋겠다"라는 말도 덧붙였다. 지금의 방식대로 표현하면 창덕궁에서 '미스 조선 선발대회'를 개최하겠다는 것이다. 심사위원으로 시녀와 효령대군이 임명되었다. 당시는 일반 백성의 자식들뿐 아니라 왕족의 자식들도 자신들의 의지로 배우자를 선택하기 어려운 시절이었음을 보여준다.

세종은 문종의 자식이 생기지 않자 더 적극적인 조치를 취했다. 세종은 문종의 첫 번째 아내를 내쫓은 지 3개월 후에 순빈 봉씨를 그의 두 번째 아내로 들이도록 했다. 그럼에도 후사가 없자, 순빈 봉씨가 궁궐에 들어온 지 2년 반 정도 지난 후 3명의 세자 첩을 들이도록 했다. 그들은 권씨(뒷날의 현덕왕후)·정씨(뒷날의 소용 정씨)·홍씨(뒷날의 숙빈 홍씨)였다. 하지만 세종의 이러한 조치는 문종의 여인들 사이에서 거센 풍파를 불러일으키는 원인을 제공하였다.

세종이 문종의 후사를 잇기 위해 취한 조치는 심각한 갈등을 유발하였다. 그는 문종과 순빈 봉씨의 사이가 좋지 않음을 알고 있었다. 그래서 소헌왕후 심씨와 함께 그들을 늘 가르치고 타일렀다. 그럼에도 그들의 벌어진 사이를 좁히기에는 한계가 있었다. 그런 상황에서 권씨·정씨·홍씨를 문종의 여인으로 추가한 것이다. 여기서 네 사람들 간의 긴장관계가 형성되었다. 이런 상황에서 권씨가 임신하였다. 그러자 순빈 봉씨가 더욱 분개하고 원망하여 항상 궁녀에게 "권 승휘가 아들을 두게 되면 우리들은 쫓겨나야 할 거야" 하였다. 때로는 소리 너어 울기도 하였는데, 그 소리가 궁중까지 들렸다. 그래서 세종과 소헌왕후 심씨가 나서서 순빈 봉씨를 타이르며 "네가 매우 어리석다. 네가 세자의 빈이 되었는데도 아들이 없는데, 권 승휘가 다행히 아들을 두게 되었으니 인지상정으로서는 기뻐할 일인데 도리어 원망하는 마음이 있다니, 또한 괴이하지 않는가"라며 달랬다.

왕위 적장자 승계에 대한 세종의 강박증은 순빈 봉씨에게 거짓말을 강요하는 결과를 낳았다. 세종은 문종 곁에 3명의 여인을 더 데려다 놓고도 순빈 봉씨에게서 아들을 얻길 원하였다. 이러한 심정을 헤아린 문종은 순빈 봉씨를 좀 더 가까이하려는 모습을 보였다. 그러자 그녀는 "태기胎氣가 있다"는 말을 해서 궁중을 기쁘게 하였다. 그녀의 거처도 중궁으로 옮겨져 보호를 받았다. 하지만 그로부터 한 달 남짓 되던 어느 날, 그녀는 "낙태하였다"고 했다. 그러면서 "단단한 물건이 형체를 이루어 나왔는데 지금 이불 속에 있다"고도 했다. 그래서 늙은 궁궐 여종으로 하여금 가서 확인하게끔 하니 이불 속에는 아무것도 없었다. 임신했다는 말은 거짓이었다. 이렇듯 순빈 봉씨를 통해서 아들을 얻는 것은 세종 부부나 문종 부부의 염원이었지만 뜻대로 되지 않았다.

휘빈 김씨나 순빈 봉씨는 세종의 국정운영방식의 피해자일 수 있다. 휘빈 김씨를 세자빈으로 맞아들인 이듬해 세종은 대군 이하 종실宗室 자제들의 배움터인 종학宗學을 세웠다. 종학은 아버지를 닮아 공부를 좋아하는 문종이 즐겨 머물 만한 곳이었다. 그러므로 휘빈 김씨가 문종의 사랑을 얻기 위해 무던히 애를 쓰던 시기와 문종이 종학을 찾던 시기가 겹친다. 따라서 휘빈 김씨는 궁궐에서 쫓겨나기 전까지 1년 정도를 독수공방하고 지낸 셈이다. 결국 휘빈 김씨는 종학의 피해자였을 수 있다. 그녀뿐 아니라 순빈 봉씨 역시 종학의 피해자였을 수 있다. 즉 "지난해 세자가 종학에 옮겨 거처할 때 봉씨가 시녀들의 변소에 가서 벽 틈으로부터 외간 사람을 엿보았었다"라고 『조선왕조실록』은 기술하고 있다. 또 "항상 궁궐 여종에게 남자를 사모하는 노래를 부르게 했었다"라고도 기록하였다. 순빈 봉씨는 무정한 문종에게 부르고 싶은 세레나데를 다른 사람들을 통해서 부르게 한 것이 아닐까 한다.

순빈 봉씨의 외로움은 동성애로 눈을 돌리게 했다. 『조선왕조실록』에는 순빈 봉씨의 동성애 행각을 다음과 같이 기록하고 있다.

… 요사이 듣건대, 봉씨가 궁궐의 여종 소쌍이란 사람을 사랑하여 항상 그 곁을 떠나지 못하게 하니, 궁인들이 혹 서로 수군거리기를 "빈께서 소쌍과 항상 잠자리와 거처를 같이한다"고 하였다. 어느 날 소쌍이 궁궐 안에서 소제를 하고 있는데 세자가 갑자기 묻기를 "네가 정말 빈과 같이 자느냐"고 하니 소쌍이 깜짝 놀라서 대답하기를 "그러하옵니다" 하였다. 그 후에도 자주 듣건대 봉씨가 소쌍을 몹시 사랑하여 잠시라도 그 곁을 떠나기만 하면 원망하고 성을 내면서 말하기를 "나는 비록 너를 매우 사랑하나 너는 그다지 나를 사랑하지 않는구나" 하였고 소쌍도 다른 사람에게 늘 말하기를 "빈께서 나를 사랑하기를 보통보다 매우 다르게 하므로 나는 매우 무섭다" 하

였다. 소쌍이 또 권 승휘의 사비私婢 단지와 서로 좋아하여 혹시 함께 자기도 하였는데 봉씨가 사비 석가이를 시켜 항상 그 뒤를 따라다니게 하여 단지와 함께 놀지 못하게 하였다. 이 앞서는 봉씨가 새벽에 일어나면 항상 시중드는 여종들로 하여금 이불과 베개를 거두게 했는데 자기가 소쌍과 함께 동침하고 자리를 같이한 이후로는 다시는 시중드는 여종을 시키지 아니하고 자기가 이불과 베개를 거두었으며 또 몰래 그 여종에게 그 이불을 세탁하게 하였다. …⁵⁷⁾

이렇듯 순빈 봉씨가 여종 소쌍하고 애정 행각을 일삼는다는 소문은 이미 궁궐 안에 퍼져 있는 상황이었다. 더구나 그녀는 소쌍의 스토커가 되어 있었다.

순빈 봉씨의 동성애 행각은 적극적이고 대담하였다. 순빈 봉씨의 동성애 행각을 전해 들은 세종은 소헌왕후 심씨와 함께 여종 소쌍을 불러 확인했다. 그녀는 그들 앞에서 "지난해 동짓날에 빈께서 저를 불러 내전으로 들어오게 하셨는데 다른 여종들은 모두 지게끈 밖에 있었습니다. 저에게 같이 자기를 요구하므로 저는 이를 사양했으나 빈께서 윽박지르므로 마지못하여 옷을 한 반쯤 벗고 병풍 속에 들어갔더니 빈께서 저의 나머지 옷을 다 빼앗고 강제로 들어와 눕게 하여 남자의 교합하는 형상과 같이 서로 희롱하였습니다"라고 고백하였다.

세종은 순빈 봉씨의 동성애 행각은 궁녀들로부터 학습된 것으로 보았다. 당시 궁녀들 사이에는 동성애 행각이 만연하였다. 세종은 "내가 항상 듣건대 시녀와 종비從婢 등이 사사로이 서로 좋아하여 동침하고 자리를 같이한다고 하므로 이를 매우 미워하여 궁중에 금령을 엄하게 세워서 범하는 사람이 있으면 이를 살피는 여관이 아뢰어 곤장 70대를 집행하게 하였고 그래도 능히 금지하지 못하면 혹시 곤장 100대를 더 집행하기도 하였다. 그런 후에야 그 풍습이 조금 그쳐지게 되었다"라는 말을 했다. 이 말로 미루어볼 때 당시 궁녀들 사이의 동성애 행각은 공공연하게 이루어지고 있었음을 알 수 있다. 그리고 공권력이 그녀들의 사생활을 통제하려 했음도 알 수 있다. 따라서 순빈 봉씨의 동성애 행각은 타고난 성향에 의한 것이라기보다는 궁궐에 이미 만연한 풍조를 따라 한 것으로 볼 여지가 있다. 세종 역시 이런 시각에서 그녀의 동성애 행각을 바라보았다. 그는 "항상 그 일을 보고 부러워하게 되면 그 형세가 반드시 본받아 이를 하게 되는 것은 더욱 의심할 여지가 없다"고 하였다. 결국 순빈 봉씨도 세종에 의해 궁궐을 떠날 수밖에 없었다.

두 세자빈의 폐위에 대한 책임은 세종에게 있다. 첫 번째 세자빈 휘빈 김씨나 두 번째 세자빈 순빈 봉씨 둘 다 세종에 의해 간택되고 세종에 의해 폐빈되었다. 휘빈 김씨는 2년 3개월 정도, 순빈 봉씨는 7년 정도 세자빈의 위치에 있었다. 세종은 그녀들을 폐빈시킨 이유로 휘빈 김씨에게는 '주술을 썼다'는 것을, 순빈 봉씨에게는 '동성애'를 들었다. 하지만 세종은 그녀들이 그런 행위를 하게끔 하는 상황을 조장한 측면이 있다. 우선 문종의 시각이 아닌 세종 자신의 시각에서 세자빈을 간택했을 수 있다. 이것은 세종 자신이 태종이 죽으라면 죽는 시늉까지 하던 모습이 그대로 문종에게도 나타날 것이라는 믿음이 있었기에 가능했다. 즉 세종은 문종이 당연히 자신이 간택한 세자빈들에게 잘해줄 것으로 기대한 것이다. 다음으로는 종학 등을 설치해서 문종과 세자빈들이 멀어지는 상황을 만든 것이다. 따라서 두 세자빈 폐위에 대한 원죄는 세종의 극성스러운 자식 사랑에 있었다.

세 번째 큰며느리도 세종의 마음에 드는 인물로 골랐다. 세종은 순빈 봉씨를 폐빈시킨 후 한양과 지방의 명문가 딸 중에 몇을 골라 간택하려고 하였다. 그마저 여의치 않자 본래부터 궁중에 있던 승휘 중에서 간택하기로 마음먹었다. 그런 결정은 신하들의 조언을 따른 것이다. 세종은 승휘라는 것이 세자의 첩임을 들어 그녀들 가운데서 세자빈을 간택한다는 것에 대하여 다소 미적거렸다. 그러면서 중국에서 황후가 죽든지 폐위되었을 경우 어떤 방식으로 새로운 황후를 찾았는가를 알아보았다. 그런 경우 후궁의 귀인貴人[58]이나 비빈을 승진시켜 황후로 삼게 한 사례를 알게 되었고 그 방식에서 명분을 찾았다. 그러고 나서도 결정을 내리지 못하고 신하들에게 가부를 의논해보라고 말하며 그렇게 할 수 있다면 권씨와 홍씨 두 사람 중 한 명을 택하되 권씨가 적당하다는 말도 덧붙였다. 일종의 가이드라인을 제시한 것이다. 그런데 문제가 되는 것은 세종은 문종이 홍씨를 더 좋아하는 줄 알면서도 그런 가이드라인을 제시했던 것이다.

권씨는 세종의 강력한 지지를 받던 인물이었다. 세종이 승휘들 가운데서 세자빈을 고르려고 할 때 권씨는 양원良媛[59]으로 승진되어 있었다. 양

문종. 세종은 문종의 세 아내를 직접 골랐다. 그리고 그중 2명을 직접 내치기도 했다.

원은 승휘보다 품계가 한 단계 더 높다. 그래서 당시 그녀는 '권 양원'으로 불리고 있었다. 그런 사실을 통해 세종이 3명의 승휘 중 권씨를 가장 좋아했음을 알 수 있다. 하지만 그는 신하들이 홍씨를 세자빈으로 결정할 것이 우려되었는지 권씨에 대하여 다음과 같은 호의적인 이야기를 늘어놓은 것이 『조선왕조실록』에 기록되어 있다.

"옛날 사람이 말하기를 '나이가 같으면 덕으로써 하고, 덕이 같으면 용모로써 한다' 했는데 이 두 사람(홍씨와 권씨)의 덕과 용모는 모두 같은데 다만 권씨가 나이가 조금 많고 관직이 또 높다. 또 후일에 아들을 두고 두지 못할 것과 비록 아들을 두되 어질고 어질지 못할 것은 모두 알 수가 없지마는 그러나 권씨는 이미 딸[60]을 낳았으니 그러므로 의리상 마땅히 세자빈으로 세워야 될 것이다. 지금 이미 마지못하여 형편에 따라 변통하여 처리하면서도 또 의리상 마땅히 세워야 될 사람을 버리고 홍씨를 세웠다가 후일에 만약 화합하지 못하는 일이 있게 되고 또 능히 아들을 낳지 못한다면 그 후회가 작지 않을 것이니 이 두 사람 중에서 누가 가히 세울 만한 사람인가. 아울러 의논하여 오라."[61]

여기서 세종의 외모 우대주의를 느낄 수 있을 뿐 아니라 권씨가 세종이 강력하게 밀어붙이는 세자빈 후보였음을 알 수 있다. 이런 말을 듣고 홍씨를 세자빈으로 추천하겠다는 신하들은 없었을 것이다. 나아가 신하들의 입장에서는 미래 권력인 문종의 눈치를 안 볼 수도 없었다. 그래서 그들은 "신 등이 감히 정할 바는 아닙니다"라고 말하며 결정을 세종에게 미뤘다. 그리고 세종은 자신이 원하던 대로 권씨를 세자빈으로 삼았다. 결국 3명의 세자빈 모두 세종의 뜻에 따라 간택된 것이다. 여기에 문종의 불행이 싹트고 있었을 개연성이 높다.

세자빈 권씨는 문종의 후사를 잇게 하고 숨졌다. 권 승휘에서 권 양원으로 불리다 세자빈이 된 권씨는 세자빈이 된 지 4년 반 만에 이홍위를 낳았다. 이로써 문종은 후사를 잇게 되어 세종이 원하던 왕위 적장자 승계의 원칙을 세울 수 있는 기반을 마련하게 되었다. 하지만 세자빈 권씨는 이홍위를 낳은 다음 날 숨을 거두었다. 이로써 문종은 세 번이나 세자빈과의 이별을 겪게 되었다. 세종은 동궁터 때문에 문종이 이러한 처지가 되었다고 생각했다. 그는 '세자가 거처하는 궁에서 생이별한 빈이 둘이고, 사별한 빈이 하나이니 매우 상서롭지 못하다. 마땅히 헐어버려 다시 거기에 거처하지 말게 하자'는 여론이 있음을 밝히기도 하였다.

11) 풍수지리 사상에 지배당한 세종

세종이 지나치게 풍수지리 사상에 의존하게 된 것은 평탄치 못한 문종의 결혼 생활 때문이었다. 그는 세자빈 간택에 적극적으로 개입하였지만 두 명의 세자빈들이 불미스런 일로 폐위되었고, 한 명은 이홍위를 낳은 다음 날 숨졌다. 이런 일들은 그에게 커다란 수치심을 주었을 뿐 아니라 자신의 결정에도 확신을 갖기 어려웠다. 이런 상황에서 그가 돌파구로 찾은 것이 풍수지리 사상이었다. 즉 실패한 자신의 결정을 풍수지리 탓으로 돌림으로써 심리적 안정감을 찾을 수 있었기 때문이다. 그런 것이 고착화되어 풍수지리 사상에 철저히 의존하는 모습을 보이기까지 하였다.

세종의 지나친 풍수지리 사상 의존적 행위는 비상식적인 모습으로 표출되었다. 그는 숨을 거두기 한 해 전 경복궁을 벗어나 자신의 넷째 아들 임영대군 집으로 거처를 옮기려 하였다. 신하들은 그가 궁 안에 있으면 어떤 재앙을 당할 것이라는 막연한 두려움에 그렇게 행동하는 것으로 보았다. 따라서 그들은 그런 상황이 벌어진다 하더라도 세종이 근정전에 머무는 것을 피하는 정도로도 괜찮다며 그가 궁 밖으로 거처를 옮기게 되면 호위하는 군사들도 따라가야 하는 등 폐단이 많으므로 궁 안에 머물도록 설득하였다. 또 그런 폐단을 감수하더라도 상황이 그럴 수밖에 없다면 어쩔 수 없지만 지금은 그럴 만한 상황이 아니라는 것도 지적하였다. 더구나 자기 자신은 경복궁을 빠져나가고 세자가 궁 안으로 들어와 국정을 살피게 하려는 태도에 어이없어 하였다. 하지만 세종은 몇 년 전에 궁 밖으로 거처를 옮겼을 때도 대군들이 돌아가면서 궁에 머물렀다며 항변하였다. 당시도 아무 일이 일어나지 않았다는 것이다. 그는 사나운 꿈자리를 들먹거리며 자신의 태도를 굽히려 들지 않았다. 이에 신하들은 다시 한 번 그를 설득했지만 끝내 거절당했다. 이런 태도는 경복궁이 흉지凶地라고 인식했기 때문이다.

경복궁이 흉지라는 세종의 믿음은 그의 이율배반적인 처신을 드러내 주었다. 경복궁이 길지인가 흉지인가라는 논쟁이 활발하던 시기는 세종이 경연에서 풍수지리 사상을 다루려는 견해를 피력한 때였다. 당시 이양달·고중안·정앙 같은 신하들은 경복궁이 길지라는 의견을 제시한 반면, 최양선·이진 같은 신하들은 경복궁이 흉지라는 의견을 제시하였다. 따라서 세종은 직접 백악산 중봉에 올라서 삼각산(북한산) 내맥을 살펴본 후 그들의 견해를 들었다. 그러고 나서 이양달 등이 주장한 길지설에 동의하였다. 나아가 최양선을 '미치고 망령된 사람'이라고 혹평하였다. 하지만 세종의 마음 깊은 곳에는 흉지설이 자리 잡고 있었다. 그래서 그는 신하들의 만류에도 불구하고 그토록 경복궁을 벗어나려는 모습을 보인 것이다. 대다수 신하들 역시 자신들의 일에 관한 한 세종과 같은 모습을 보이기는 마찬가지였다.

　세종의 지나친 풍수지리 사상 의존적 행위는 비정상적 국정운영 모습을 보였다. 세종 말년에 그는 물론 신하들도 경복궁이 궁궐로서는 부적합하다는 인식이 있었다. 특히 세자가 거처하던 동궁에 대한 인식이 더 좋지 않았다. 그런 이유로 국정을 맡은 세자였던 문종도 그곳을 떠나 금성대군 집으로 거처를 옮길 정도였다. 따라서 신하들은 문종에게 문안할 때 이용하는 사무공간인 계조당조차 동궁과 가깝다는 이유로 꺼렸다. 이에 문종이 근정문[62] 동쪽에 앉아서 서쪽을 향하여 문안을 받는 것이 어떨까 하는 제안이 있었다. 하지만 그렇게 하는 것은 세종에게 하는 것과 별반 차이가 없음을 내세우며 반대하는 견해가 있었다.[63] 그러자 보루문[64]과 영제교[65] 서쪽 수각水閣을 문안장소로 추천하기도 했다. 하지만 세종은 보루문이 대궐을 등졌고, 수각은 물 위에 있다는 이유를 들어 반대했다. 이런 식의 갑론을박을 거쳐 문안장소를 근정문 밖 영제교 북쪽으로 확정 지었다. 그러면서 세종은 문종이 금성대군 집에 머무는 동안, 문안은 근정문의 외정外庭에서 받지만 정사는 금성대군 집에서 보라고 하였다. 이렇듯 세종의 풍수지리 사상에 기반을 둔 행위는 결국 신하들에게도 전이되었다.

　세종은 민간 속설에도 민감하였다. 그는 풍수지리 사상뿐 아니라 세간에 떠도는 이야기에도 지배당하고 있었다. 『조선왕조실록』에서 소개하는 다음과 같은 사례에서 그런 사실을 확인할 수 있다.

"내가 강녕전[66]에 나아갔더니 밤에 한 시녀가 와서 고하기를 '뱀이 궁전 안으로 들어와 기둥을 안고 재삼 오르내리더니 홀연 숨어버렸다'고 하기에 몹시 괴상히 여겨 내시와 시녀로 하여금 함께 이를 찾게 하였으나 발견하지 못했는지라 더욱 놀라서 일어나 궁전 문밖으로 나와 사람을 시켜 불을 밝혀 찾게 하였던바 그 뱀이 책상 위에 숨어 있었다. 내가 이를 세밀히 분석하건대 금년에는 한기旱氣가 너무 심하고 재변이 누차 나타나는 것으로 보아 반드시 하늘의 견책譴責이 있을 것으로 본다. 옛사람은 방위를 피하여 화를 면한 일도 있었으니 나는 진양대군 집으로 이어移御하려고 한다."[67)]

여기서 알 수 있듯이 세종은 생태계에서 자연스럽게 일어나는 일에도 부정적 의미를 부여하였다. 이런 모습은 당시 사람들의 보편적 행태일 수 있다. 그리고 정치를 잘못해서 하늘이 보내는 경고로 받아들여 이런 경우 군주는 자신의 행동을 돌아봐야 한다는 사회적 정서도 있었다. 하지만 세종의 태도는 성군으로 불리며 과학을 부흥시켰다고 찬사를 받는 군주의 이미지와는 너무 동떨어져 있을 뿐 아니라 자신을 스스로 왜소하게 만드는 모습이었다. 그의 믿음이 사실이라 할지라도 국정운영의 중심지인 궁

간의(경기도 여주시 능서면의 영릉에 전시). 간의는 세종 대에 제작한 천문관측기기이다. 이렇게 과학을 발전시킨 세종이 지나치리만큼 풍수지리 사상에 의존하거나 민간 속설에 민감하였다는 것이 믿어지지 않는다.

궐을 벗어나 자신의 둘째 아들 집으로 거처를 옮겨 자신만의 안위를 도모하려는 행태는 진정한 군주의 모습이 아니다. 세종은 그의 말대로 3일 후에 진양대군, 즉 수양대군 집으로 거처를 옮겼다. 이홍위도 이러한 세종의 정서 속에 성장하였다.

세종의 지나친 풍수지리 사상 의존적 행위로 인해 그와 왕비는 궁궐 밖에서 숨을 거두었다. 세종은 집권 후반기에 종친이나 신하들 집으로 자주 거처를 옮기며 생활하였다. 예컨대 이홍위가 태어나기 7년 전 그는 소헌왕후 심씨와 세자를 데리고 넷째 아들 임영대군 집으로 거처를 옮긴 것을 비롯해 이후 20여 차례 이상 종친이나 신하들 집으로 거처를 옮겼다. 경복궁에 있으면 어떤 재앙을 당할지도 모른다는 두려움에 떨고 있었기 때문이다. 그런 탓에 세종 자신이나 소헌왕후 심씨도 결국 궁궐 밖에서 숨을 거두었다. 소헌왕후 심씨는 수양대군 집에서 숨을 거두었다. 그날도 세종은 판예빈시사 신자근의 집으로 갔다가 다시 효령대군 집으로 거처

영응대군 집터(서울시 종로구 안국동). '안동별궁 터'로 불리는 이곳에 영응대군 집이 있었다. 세종은 경복궁과 창덕궁을 외면하고 영응대군 집에서 지내다 숨을 거두었다.

를 옮겼다. 그 역시 소헌왕후 심씨가 숨을 거둔 지 4년 후인 1450년 2월 17일 막내아들 영응대군 집에서 숨을 거두었다. 세종이 거처를 옮긴 지 13일 만이다. 영응대군이 집을 지을 때 세종은 그 집 동편에 자신을 위해 한 채 더 지었다.

세종의 지나친 풍수지리 사상 의존적 행위에 반발하는 신하도 있었다. 세종의 총애를 받았던 집현전교리 어효첨은 상소를 통해 다음과 같은 논리로 그의 지나친 풍수지리 정서를 비난하였다. 즉 군주가 풍수지리 사상에 의존하게 되면 후세 사람들은 풍수지리 사상 의존적 태도를 벗어날 수 없다는 것이다. 따라서 세상 사람들도 모든 세상사가 풍수에 달렸다는 의식을 갖게 된다고 하였다. 이럴 경우 세상은 풍수지리 논리를 내세우며 세 치 혀로 사람들을 속이려는 자들이 이러쿵저러쿵하는 말에 의해 어지러워질 수밖에 없다는 것이다.

세종은 모든 사람들이 풍수지리 사상에 의존한다고 생각하였다. 어효첨이 상소를 통하여 세종의 지나친 풍수지리 사상 의존적 행위를 비판하였지만 세종은 오히려 그를 의심의 눈초리로 바라보았다. 세종의 그런 모습을 야사에서 확인할 수 있다.

공(어효첨)이 일찍이 풍수설의 잘못된 점을 논하여 임금에게 글을 올렸는데 의논이 명백 정대하였다. 세종이 정인지에게 "어효첨의 의논은 옳다. 그러나 저의 부모의 장사에도 능히 풍수의 법을 쓰지 아니하였을까" 하고 물었더니 정인지는 "예전에 사명을 받들고 함안에 이르러 어효첨이 그 아버지를 집안의 동산에 장사해둔 것을 보았는데 풍수설에 현혹되지 않은 것처럼 보였습니다"고 대답하였다. 뒤에 공은 어머니를 장사 지낼 때도 아버지의 무덤 옆에 장사하였고 공이 죽으매 아들 세겸·세공이 광나루 가에 장사 지내면서 또한 좋은 땅을 가리지 아니하였으니 가법이 이와 같았다.

– 『필원잡기』[68)]

이렇듯 시류에 무조건 따라가지 않고 자신의 방식대로 살아가는 사람들이 당시에도 있었다. 하지만 풍수지리 사상에 흠뻑 젖은 세종은 그들을 인정하려 들지 않았다.

세종의 지나친 풍수지리 사상 의존적 형위는 자신과 왕실의 권위를 약화시켰을 것이다. 앞서 언급한 것들에는 일반인들의 평균 의식수준 이하에서나 벌어질 수 있는 것들도 있다. 따라서 신하들의 저항을 받기도 했다. 그럼에도 의지가 꺾인 적이 거의 없었다. 절대군주였기 때문에 가능했던 것이다. 이런 측면에서 그를 바라보면 그가 실시했던 의정부서사제 같은 통치시스템이 무슨 의미가 있을까 하는 생각도 든다. 이렇게 지나친 풍수지리 사상 의존적 행위는 세종 자신은 물론 왕실 권위에도 손상을 주었다. 따라서 이홍위에 대한 세종의 각별한 애정이나 기대도 일부 사람들의 머릿속에 크게 각인되지 않았을 것이다. 그런 면은 이홍위의 삶을 불행하게 만드는 또 하나의 요인으로 작용했으리라 생각한다.

⋯ 12) 세자가 된 이홍위와 아버지 문종의 삶

이홍위는 10살에 세자가 되었다. 세종이 세상을 뜬 지 5일 후 문종이 즉위하였다. 그로부터 5개월 후 이홍위가 세자로 책봉되었다. 그동안 세종에 의해서 길러지다시피 한 그는 문종의 손으로 넘어갔다. 따라서 세자 책봉도 문종에 의해 이루어졌다. 문종은 이홍위를 왕세자로 책봉하는 이유와 그에 대한 바람을 다음과 같이 밝혔다. "이홍위는 원래 온화하고 총명하며 어질고 효심이 깊을 뿐 아니라 스승들을 높이 받들어 학문이 날로 진취하였다. 그리고 세종의 사랑과 돌봄 속에 적장자로서 세손이 되었기에 그를 세자로 삼는다. 따라서 올바른 삶 속에 나라를 잘 이끌기 바란다"고 하였다. 이때부터 이홍위는 본격적으로 사신을 접견하는 의식을 익히기도 하였다. 또 예조에서는 그가 조하朝賀[69] 받는 의식을 알리기도 하였다.

이홍위는 세자로 책봉된 지 2개월 후부터 본격적인 세자교육을 받았다. 조선시대는 세자교육을 위해 서연書筵이라는 제도가 있었다. 서연은 경연의 전 단계라고 할 수 있다. 따라서 서연에서 학습하는 과목은 경연보다 수준이 낮았다. 서연에서는 『천자문』·『소학』·『동몽선습』등을 주로 다뤘다. 하지만 문종은 경연을 담당하는 관리가 서연의 강론도 맡도록 하였다. 이런 점은 문종도 세종 못지않게 이홍위의 교육에 깊은 관심을 갖고 있었음을 말해준다. 또 그의 철저한 교육이 이루어지기 위해 "세종 · 소헌왕후 · 현덕왕후의 기신일忌晨日에는 재계齋戒와 제사하는 두 날에 강학을 정지하고, 나머지 기일에는 제삿날에만 강학을 정지하게 하라"고 하였다. 또 무더위에는 장소를 바꿔 학습하기도 했다. 이렇듯 그역시 아주 철저한 세자교육을 받았다.

문종은 이홍위의 세자빈을 찾으려고 많은 노력을 하였다. 이홍위가 12살 되던 해 2월에는 가례색을 설치하고 전국의 처녀들이 결혼하는 것을 금지시켰다. 그리고 20여 일 후부터 3일간 이홍위의 배필이 될 만한 처녀들을 직접 면접하였지만 뜻을 이루지 못했다. 그로부터 한 달 후 그의 배필을 찾기 위한 문종의 노력이 다시 시작되었다. 이때는 환관을 여러 도에 보내어 처녀를 뽑아보려고도 하였다. 그러면서 두 차례나 더 처녀들을 직접 면접하였다. 이렇듯 문종도 세종만큼이나 자식의 혼사에 아주 적극적이었다. 하지만 세자빈 간택이 쉽지 않았다. 문종이 내전에서 마지막 세자빈 간택에 개입한 지 채 한 달도 되지 않아 끝내 이홍위의 혼례를 보지 못하고 숨을 거두었다.

문종은 이홍위를 홀로 남겨둔 채 숨을 거두었다.[70] 그는 즉위한 지 3년 만인 39살, 이홍위가 12살 때 숨을 거두었다. 문종은 세자 때부터 종기로 고생했다. 즉위하기 약 8개월 전부터 또 종기가 그를 심하게 괴롭혔다. 그럼에도 그는 세종을 대신해 국정에 관여하였다. 하지만 즉위한 지 약 2년 정도 지난 후에는 일체의 정무를 정지시킬 정도로 악화되었다. 따라서 안평대군 등을 여러 기도처에 보내 기도하도록 하였다. 이 과정에서 문종의 치료를 맡았던 내의內醫 전순의가 "임금의 종기 난 곳이 매우 아프셨으나 저녁에 이르러 조금 덜하고 농즙濃汁이 흘러나왔으므로 콩죽을 드렸더니 임금이 기뻐하면서 말하기를 '음식 맛을 조금 알겠다'"고 전했다. 그러자 신하들이 이홍위가 서명한 축문을 가지고 가까운 기도처를 찾아 기도하였다. 이로부터 이틀 후, 전순의는 "임금의 종기가 난 곳은 농즙이 흘러나와서 지침紙針이 저절로 뽑혔으므로 오늘부터 처음으로 찌른 듯이 아프지 아니하여 평일과 같습니다"라는 말을 하여 신하들을 안심시켰다. 이때도 기도는 여러 곳에서 계속 이루어졌다. 하지만 그는 1452년 5월 14일 경복궁 강녕전에서 숨을 거두었다.

문종이 숨을 거둔 후, 이홍위 주변에는 혜빈 양씨와 경혜공주 그리고 외척 몇이 있었다. 원래 왕이 죽으면 후궁은 궁궐을 나가야 했다. 하지만 혜빈 양씨는 이홍위를 돌보기 때문에 세종이 죽은 후에도 궁궐에서 생활할 수 있었다. 이때 이홍위의 누나 경혜공주는 17살이었다. 그녀는 세종이 숨을 거두기 두 달 전에 결혼하였다. 그녀의 남편이 영양위 정종이다. 또 외할머니 아지와 외삼촌 권자신, 이모부 윤영손 등이 있었다. 외할아버지 권전은 이홍위가 태어나던 해 죽었다.

　문종은 의료사고로 숨겼다는 주장이 있다. 이홍위가 즉위한 지 1년 정도 될 때 대사헌 기건 등이 상소를 올려 전순의의 처벌을 요구하였다. 전순의는 등창에 금하는 꿩고기 구이를 문종이 먹게끔 하고 등창을 침으로 찔러 독을 더하게 함으로써 숨지게 했다는 것이다. 그런데도 수양대군은 왕이 된 후 그를 원종공신 1등에 책봉하였다.

　문종은 살아생전 소헌왕후 심씨의 한을 풀어주었다. 앞서 언급하였듯이 소헌왕후 심씨의 아버지 심온은 그녀의 시아버지 태종에 의해 죽임을 당했다. 그녀 자신도 태종의 신하들로부터 왕비 자리에서 물러날 것을 요구받기도 했다. 문종이나 신하들도 한 많은 그녀의 삶을 잘 알고 있었다. 따라서 그가 즉위한 후 심온의 명예회복에 관한 문제가 자연스럽게 수면 위로 떠올랐다. 사헌부에서 "심온이 선왕에게 죄를 얻었는데, 이제 직첩職牒을 도로 준다는 것은 의리에 어떠하겠습니까?" 하고 문종에게 물었다. 이에 문종은 자신이 결정한 일이 아니라고 답함으로써 심온의 명예회복이 정당함을 간접적으로 드러냈다. 이후 심온의 직첩을 돌려주고 안효공安孝公이란 시호를 내려주어 소헌왕후 심씨의 한을 풀어주었다. 그는 그녀가 숨을 거두기 며칠 전부터 한 숟가락의 음식도 들지 아니하고 밤을 새우며 다른 형제들보다 앞서서 팔을 불에 태우면서 기도한 효자이기도 하다. 이러한 태도 때문에 그의 건강이 더 악화되었을 수 있다.

　문종은 세종의 아들 중 그의 정서를 가장 많이 공유하였다. 세종이 학문을 좋아하고 경연에 적극적이었듯이 문종도 학문을 좋아하고 경연에 적극적이었다. 반면 무예武藝 등 동적 활동에 참여하는 것은 소극적이었다. 예컨대 수양대군은 명사수로서 말도 아주 잘 탄 것으로 알려져 있지만 문종은 직접 활 쏘는 것보다는 다른 사람들이 활 쏘는 것을 즐겨 구경하였다. 이러한 문종의 태도는 신하들의 눈에 못마땅하게 비쳐졌다. 즉 활 쏘는 것을 자주 구경함으로써 병사들 또한 그것에 맞춰 빈번하게 억지로 무예 연습을 하게 된다는 것이다. 이 말을 들은 그는 세종도 활 쏘는 것을 즐겨 구경했다며, 신하들의 입을 막으려고 했다. 이렇듯 세종과 문종의 정서가 비슷했다. 그러나 문제는 세종의 부정적인 모습도 그대로 이어받은 면이 있다. 대표적인 것이 지나치게 풍수지리 사상에 의존하려는 태도와 종친을 등용하고 종친들의 안위를 우선시하는 태도였다. 그중 종친을 등용한 행위는 이홍위가 불행에 빠지는 원인을 만들었다.

02 단종의 비애 세종의 눈물

조선 제6대 왕과
상왕으로서 이홍위의 삶

··· 1) 조선 제6대 왕으로 즉위한 이홍위

　　세종의 정치적 토양 위에 이홍위가 즉위하였다. 문종이 숨을 거둔 지 4일 후 조선 제6대 왕으로 즉위하였다. 하지만 12살 소년인 그가 주도적으로 국정을 운영하기에는 역부족이었다. 물론 그보다 더 적은 나이인 8살에 즉위한 제24대 왕 헌종[1]도 있다. 헌종 역시 국정을 주도적으로 운영할 수 없었지만 그에게는 외척들이 있었다. 헌종을 등에 업어야만 권력을 휘두를 수 있었던 외척들은 그를 적극 보호했다. 반면 이홍위는 그럴 만한 외척세력도 없었다. 주변을 둘러싸고 있었던 인물들의 대부분은 세종 대에 등장한 신하들과 세종의 아들들이었다. 따라서 신하들이 비록 문종 대를 거쳤을지라도 그 기간도 세종의 통치방식이나 정책의 연장선 위에 있었던 것이나 마찬가지였다.

　　이홍위의 즉위교서에는 신하들과 대군들 간의 갈등을 예고하는 내용이 들어 있었다. 그는 1452년 5월 18일 경복궁의 근정문에서 즉위식을 갖고 즉위교서를 발표하였다. 즉위교서에는 국정운영의 지표로 삼을 24개의 항목이 열거되어 있었다. 그중에는 관리들의 인사人事에 신하들의 개입을 허용하는 조항과 관직을 얻거나 청탁을 하기 위해 하급관리가 상급관리나 대군들의 집을 방문하지 못하도록 하는 조항이 들어 있었다. 전자의 경우 국정을 장악한 황보인이나 김종서 등에 의한 인사전횡이 이루어질 수 있기 때문에 그들로부터 소외된 사람들이 탄발할 수 있었다. 세력을 키우려는 수양대군이 불만을 품는 것은 불을 보듯 뻔했다. 후자의 경우도 자기 자신이 대군이기 때문에 관직을 가진 사람들과 일체 만날 수 없게 되자 당연히 불만을 가질 수밖에 없었다. 따라서 이홍위의 즉위교서는 황보인·김종서와 수양대군 간의 대립을 공개적으로 예고해주고 있었다.

황보인·김종서의 인사전횡이 황표를 통해 이루어졌다. 이홍위가 즉위한 후 한 달 반 정도가 지난 뒤 의정부 및 이조·병조의 당상관들이 인사에 개입하였다. 그들은 언론권과 인사권을 쥐고 있는 노른자위 부서인

이홍위는 경복궁 근정문에서 조선 제6대 왕으로 즉위했다. 왕이 아닌 그가 왕의 전용공간인 근정전을 이용할 수 없다는 관념이 작용한 것이었다.

대간[2]과 정조政曹[3] 그리고 국경지역의 장수와 수령에 앉힐 만한 인물을 이홍위에게 추천하였다. 그 과정에서 각각의 관직 후보 3명씩을 그에게 올렸다. 이렇게 3배수의 후보를 추천하는 것을 '3망三望'이라고 하는데 이런 방식은 태종 때부터 시행되었다.[4] 그런데 황보인·김종서가 행한 3망 방식은 형식에 불과한 것이고 실제로는 1인 추천제와 같았다. 그들은 두 명을 들러리로 세우고 한 명의 이름 밑에 붓으로 누런 빛깔의 표식을 해서 올렸다. 그러면 표식을 한 인물에게 이홍위가 관직을 내려주었다. 따라서 사람들은 황보인·김종서의 이런 행위를 '황표정사黃標政事'라 불렀다. 그들이 이렇게 한 이유는 당시 이홍위가 12살로 인사권을 제대로 행사하기 어려웠기 때문이다.

황표정사는 대다수 사람들에게 소외감과 적대감을 심어줄 여지가 있었다. 황표정사는 어린 이홍위가 제대로 된 관직을 내리기 어렵기 때문에 행한 것이다. 따라서 추천자들이 사심을 버리고 공정한 판단을 한다면 형식과 목적에 충실한 국정운영방식이 될 수 있었다. 하지만 인사추천을 독

이홍위. 12살 소년 왕이 주도적으로 국정운영을 하기에는 역부족이었다.

점한 추천자들은 코드가 맞는 인물들을 가까이하거나 끌어주고 싶었을 것이다. 그러므로 그들과 코드가 맞지 않는 대다수 인물들은 당연히 소외감과 적대감을 가질 수밖에 없었다. 더구나 왕권을 넘보는 야심가인 수양대군의 눈에는 황보인이나 김종서 등이 눈엣가시였을 것이다. 이런 식으로 간다면 점점 그들과 가까운 신하들로 조정이 채워질 것이고, 그에 따라 자신의 야심을 달성하기 어려워질 것이라는 생각이 들었기 때문이다. 결국 수양대군은 황보인·김종서가 황표정사를 시작한 뒤 약 1년 조금 지나서 계유정난을 일으켰다.

황보인·김종서가 행한 깊숙한 국정 개입의 정당성은 문종의 유지遺志에서 찾을 수 있다. 야사에는 "문종이 승하할 때 세자는 어리고 종실은 강성한 것을 염려하여 황보인·김종서에게 특히 명하여 '유명遺命을 받아 어린 임금을 보필하라' 하였다"고 말한다. 여기서 나타나듯 문종은 혈육들을 경계하고 신하들로부터 이홍위가 보호받기를 원했다. 그리고 그것은 유교적 통치이념에도 맞는 생각이었다. 이렇듯 황보인이나 김종서 등은 문종의 유지를 받들어 수행하였던 고명대신顧命大臣[5]들이었다. 따라서 그들의 행위는 자신들의 독단에 의한 것이 아니고 선왕의 뜻을 따른 것이라고 할 수 있다. 나아가 그들의 행위는 문종 대에 부분적으로 부활한 6조 직계제가 완전한 의정부서사제로 돌아선 것으로 볼 수도 있다.

이홍위의 경연 태도는 세종과 문종을 닮았다. 세종과 문종이 경연에 임하던 태도가 적극적이었듯이 이홍위도 그들과 같았다. 즉위하고 약 4개월 정도가 지난 후 몸이 아팠던 그에게 신하들과 수양대군 등이 문안하였다. 그 자리에서 신하들은 궁궐 안에서라도 산보나 말을 타는 식의 운동이라도 할 것을 권하였다. 수양대군은 이홍위가 경연에 지나치게 부지런해서 병이 난 것이라고 하였다. 그리고 하루에 세 번씩 경연을 여는 것은 무리니 한 번은 줄이라고 권하기도 하였다. 또 고위관리들과 함께 국정을 논하는 조계朝啓도 너무 일찍 열기 때문에 몸에 무리가 올 수 있으니 좀 더 늦은 시간에 열도록 권하였다. 이런 모습을 통해서 볼 때, 이홍위는 왕으로서의 자질을 충분히 갖추었다고 할 수 있다.

　세종과 문종 그리고 이홍위는 취미도 같았다. 앞서 밝혔듯이 세종과 문종 역시 활쏘기 구경을 좋아했다. 이와 똑같은 상황이 이홍위에게도 벌어졌다. 그는 활쏘기 구경을 즐기느라 경연을 열지 않는 경우도 있었다. 따라서 이홍위도 신하들로부터 활쏘기 구경 때문에 경연을 빼먹으면 안 된다는 내용의 지적을 우회적으로 받았다.

　세종이 궁궐을 벗어나 생활하던 모습을 이홍위도 따라 했다. 그는 즉위하던 해에 지금의 창경궁에 있었던 수강궁으로 들어갔다. 다음 해 봄에는 작은할아버지 효령대군 집으로 옮겨 생활하였다. 그로부터 보름 정도 지난 후에는 매형 정종의 집으로 옮겨갔다. 이로부터 4개월이 지난 후 신하들은 그에게 수강궁으로 돌아갈 것을 건의하였다. 하지만 이홍위는 "여기 있으니 심신이 함께 편하다. 하지만 대신이 건의하였으니 의정부에서 의논할 것이다"라며 거부 의사를 나타냈다. 그러자 신하들은 "정종의 집이 편안하다면 8월 이후를 기다려서 다시 의논하여 아뢰겠다"고 하면서 뒤로 물러났다. 이런 상황은 이홍위 자신도 세종을 통해서 이미 목격한 것이다. 세종과 이홍위의 차이가 있다면 세종은 풍수지리 사상을 신뢰했기 때문이지만 이홍위는 세종을 따라 한 것이다. 또 이홍위는 주변에 부모나 아내도 없었기 때문에 그로부터 오는 외로움도 작용했을 것이란 추측을 할 수 있다.

⋯ 2) 정순왕후 송씨를 아내로 맞이한 이홍위

 수양대군은 이홍위가 혼인하도록 설득하는 데 주도적 역할을 하였다. 이홍위가 13살 되던 해, 즉위한 지 1년이 되었을 때 수양대군이 양녕대군 등 종친들과 함께 그의 혼인에 대하여 입을 열었다. 하지만 이홍위는 난색을 표명하였다. 그들이 재차 거론하자 잘 생각해보겠다는 말로 응대하였다. 3일 후 똑같은 상황이 벌어지자 이번에는 상중喪中이라 들어줄 수 없다는 말로 응대하였다. 일주일 후에는 방법을 바꿔 설득을 시도하였다. 즉 수양대군을 비롯한 여러 종친들이 글로 설득했다. 이 글에는 이홍위가 결혼을 해야 하는 여러 가지 이유가 구구절절 담겨 있었다. 하지만 이번에도 "내가 만약 이를 들어주려 하였다면 처음에 어찌 들어주지 않았겠는가? 결단코 들어줄 이유가 없다"라는 글을 내려주며 맞섰다. 이후 4개월이 좀 지나서 수양대군은 계유정난을 일으켰다.

 수양대군은 이홍위의 혼인을 위해 간택이라는 초강수를 두기도 했다. 수양대군은 계유정난을 마무리 짓자마자 효령대군·좌의정 정인지·우의정 한확 등과 함께 창덕궁에서 처녀를 간택하였다. 나아가 이씨가 아닌 8세에서부터 16세에 이르는 전국 처녀들의 결혼을 금지시켰다. 한편 수양대군이 중심이 되어 종친과 문무백관 등이 또다시 긴 글을 올렸지만 역시 거절당했다. 그러자 그들은 이홍위에게 몰려가 날이 저물도록 선 채로 떼를 썼다. 그럼에도 그는 "어찌 경들이 오래 머무른다고 하여 따를 수 있겠는가?"라는 말로 맞섰다. 그날 다른 신하들과 사간원 등도 똑같은 내용의 청을 연달아 하였지만 그는 일관되게 거부 의사를 드러냈다. 그가 14살 되는 해 첫날도 수양대군이 신하들과 더불어 왕비 맞아들이기를 청하였다. 하지만 그는 "국론이 이미 이와 같을지라도 끝내 내 마음을 움직이지는 못할 것이다"라는 말로 버텼다. 참으로 당돌한 모습으로, 그의 인물됨을 보여준다. 수양대군은 이런 상황에서도 창덕궁에서 처녀 간택을 계속하였다.

이홍위는 송현수의 딸을 왕비로 맞아들였다. 수양대군이 처음으로 이홍위에게 혼인 이야기를 꺼낸 때로부터 8개월이 지난 시점에 송현수의 딸을 왕비로 특정하여 혼인할 것을 건의하였다. 이때 이홍위는 14살이었고 그녀는 15살이었다. 그렇게 버텼던 그도 결국 1454년(단종 2년) 1월 송씨와 혼인하였다. 그런데 여기서 왜 수양대군은 이홍위의 혼인에 그토록 적극적이었나 하는 점에 의문을 갖게 된다. 우선 중전中殿이 텅 비었고, 후사를 잇는 것이 중요하기 때문이라는 시각이 있을 수 있다. 하지만 수양대군의 태도는 야심과 무관하지 않다. 즉 혼인하지 않은 이홍위로부터 왕위를 찬탈하면 그에 대한 동정여론이 들끓을 것이다. 따라서 그런 동정여론 때문에 저항세력이 형성되고 그들로부터 거센 공격을 받을 수 있다는 계산을 하고 있었던 것이다. 나아가 이홍위의 처갓집도 자신의 세력권에

이홍위는 14살 때 수양대군의 친구인 송현수의 딸과 혼인하였다.

끌어들이려 하였던 것이다. 송현수는 자신의 친구이며, 자신에게 우호적인 막냇동생 영응대군의 첫 번째 아내가 바로 송현수의 여동생인 대방부인이었기 때문이다. 그녀는 병이 있다는 이유로 시아버지 세종에 의해 강제 이혼당했다. 하지만 그녀를 잊지 못한 영응대군은 그 후 그녀와의 사이에 두 딸을 두기도 했다.

이홍위가 왕비를 맞아들일 때는 사냥과 경연에 적극적이었다. 이홍위가 혼례를 치를 당시 그는 사냥에 푹 빠져 있었다. 신하들의 눈에는 너무 지나치다 싶을 정도였다. 따라서 그들이 "지금 전하께서 어리시니 자주 사냥하심은 옳지 않습니다. … 청컨대 이를 정지하소서"라고 제동을 걸었다. 그러자 이홍위는 생각해보겠다고 하였다. 하지만 이후에도 사냥 사랑은 식지 않았다. 그러면서도 가끔은 세종을 생각하며 감성적인 모습을 보여주기도 했다. 그는 세종이 왕래하던 경복궁의 자미당 창가의 난간을 보면서 "세종께서 살아 계시다면 나에 대한 사랑이 어찌 적겠는가?"라는 말을 하여 주변 사람들의 눈시울을 적시게 하였다. 아울러 그는 건강상

이홍위의 아내가 된 정순왕후 송씨는 이홍위보다 한 살 위인 15살이었다.

경연 횟수를 줄이는 것이 좋겠다는 수양대군의 조언을 들을 만큼 공부도 열심히 하였다.

3) 이홍위 즉위 초부터 야심을 드러낸 수양대군

분경금지 대상에 대군들을 포함시키는 것은 수양대군의 야심을 접도록 강요하는 것과 같았다. 앞서 말했듯이 이홍위의 즉위교서에는 분경금지 대상에 대군들을 포함하였다.[6] 그러자 수양대군과 안평대군은 도승지 강맹경에게 따졌다. 자신들이 분경금지 대상에 들어간 것은 자신들을 의심하기 때문이 아니냐는 것이라든가, 그렇게 하면 어떻게 얼굴을 들고 세상을 살아가겠냐는 식의 감성에 호소하는 항의를 하였다. 아울러 세종과 문종도 분경금지를 실시하지 않았음을 들어 자신들의 주장에 대한 정당성을 찾으려 하였다. 수양대군이 분경금지 조치에 대하여 이렇게 민감하고 신속하게 반응한 것은 자신의 세력을 모으는 데 방해가 되기 때문이

광릉(경기도 남양주시 진접읍). 광릉은 세조와 아내 정희왕후 윤씨 무덤이다. 세조는 수양대군 시절부터 이홍위의 왕위를 찬탈하려는 모습을 보였다.

었다. 세력을 확장하지 못한다는 것은 결국 자신의 야심을 버려야 한다는 것을 의미한다.

 대군을 분경금지 대상에서 제외시킨 것은 수양대군이 왕위를 찬탈할 수 있는 기반을 마련해준 것이었다. 수양대군이 감성에 호소하거나 선왕들의 조치를 들먹거리며 대군들을 분경금지 대상에서 빼줄 것을 요구하자 관리들이 이를 받아들였다. 수양대군은 이후부터 본격적으로 사람들을 모으기 시작하였다. 다음은 수양대군이 신숙주를 끌어들이는 장면을 묘사한 『조선왕조실록』 기사이다.

 정수충이 세조의 집에 가니, 세조가 그와 더불어 서서 이야기를 하는데 마침 집현전직제학 신숙주가 문 앞으로 지나갔다. 세조가 부르기를

"신 수찬申修撰!"[7]

하니 신숙주가 곧 말에서 내려 뵈었다. 세조가 웃으면서 말하기를

"어찌 과문불입過門不入[8]하는가?"

하고 이끌고 들어가서 함께 술을 마시면서 농담으로 말하기를

"옛 친구를 어찌 찾아와 보지 않는가? 이야기하고 싶은 지 오래였다. 사람이 비록 죽지 않을지라도 사직에는 죽을 일이다"

하니 신숙주가 대답하기를

"장부가 편안히 아녀자의 수중에서 죽는다면 그것은 '재가부지在家不知'라고 할 만하겠습니다"

하므로 세조가 즉시 말하기를

"그렇다면 중국으로나 가라"

하였다.[9]

신숙주 묘(경기도 의정부시 고산동). 수양대군은 고명사은사로 중국 북경을 방문할 때 신숙주를 서장관으로 데리고 갔다. 이때부터 그들의 관계는 긴밀해졌다.

    수양대군은 신숙주에게 친구 운운하며 친밀감을 높이려 하였다. 사실 둘은 동갑이었고 그들도 그 사실을 알고 있었을 것이다. 그렇기 때문에 수양대군이 신숙주에게 사적으로 쉽게 접근할 수 있었다. 그러면서 수양대군은 신숙주에게 국가를 위해서 목숨을 던질 수 있어야 한다고 말하며 살짝 의중을 떠보았다. 그러자 신숙주도 편히 죽는 것은 집에 있으면서 세상 돌아가는 것을 모르는 것과 같다는 식으로 응대하였다. 이 말에서 신숙주가 현실참여를 좋아하는 인물임을 느낄 수 있다. 둘의 대화에서 호연지기로 포장한 말 속에 음흉한 눈짓이 오고 감을 느낄 수 있다. 여기서 수양대군이 '중국으로 가라'고 한 말은 이홍위가 왕으로 즉위한 것을 승인받으러 명나라로 갈 때 신숙주를 데리고 가겠다는 의미로 받아들일 수 있다. 수양대군이 내 사람 만들기의 첫발을 내디딘 것이었다.

4) 야심을 이루기 위한 초석이 된 수양대군의 북경행

　수양대군의 왕위 찬탈을 위한 시나리오는 그가 이홍위의 고명사은사를 자처함으로써 구체화되었다. 그는 고명사은사직을 수행하면서 뒷날을 위해 국제무대에서 인맥을 구축하려 하였다. 즉 나중에 자신이 정변을 일으켜 왕위를 찬탈하더라도 명나라 조정의 낯익은 인물들을 통해 명나라의 반발을 무마시킬 수 있기 때문이다. 그는 문종이 죽자마자 이러한 생각을 품었다. 수양대군이 신숙주에게 '중국으로 가라'고 하면서 고명사은사 일행에 신숙주를 포함시켜 주겠다는 뉘앙스로 말을 할 때가 문종이 숨을 거둔 지 3개월도 채 안 된 때였다. 수양대군의 입장에서는 아주 좋은 기회를 접한 것이다. 그러므로 그는 반드시 고명사은사로 명나라를 방문해야만 했다.

　고명사신을 선발하는 과정에서 수양대군과 다른 신하들 간의 갈등이 표출되었다. 이홍위가 즉위하고 약 4개월 정도 지난 후, 명나라에 고명사은사로 갈 인물들을 선발하였다. 이 과정에서 수양대군은 자신이 가겠다고 나섰다. 하지만 황보인·김종서 등이 안평대군을 추천하면서 수양대군과 그들 간의 갈등이 표면화되었다. 황보인은 수양대군이 종실의 어른이기 때문에 먼 길을 떠나는 것은 어렵다는 뜻을 나타내며 안평대군을 추천하였다. 이에 수양대군은 자신은 관직이 없는 사람이라 마땅히 할 일도 없어 먼 길을 떠난다 해도 문제 될 것이 없다고 맞섰다. 나아가 종실을 대표할 수 있는 자신과 같은 인물이 감으로써 오히려 명나라의 체면도 세워줄 수 있다고도 하였다. 조정이 이런 주장을 수용함으로써 결국 수양대군은 고명사은사가 되었다.

　수양대군은 고명사은사로 선발되는 과정에서 허세를 부리기도 했다.

그가 고명사은사로 북경을 가는 것에 강한 집착을 보이는 데 반해, 측근인 권람은 그의 북경행을 반대하였다. 그는 수양대군의 북경행에 대하여 "큰일을 놓칠 터인데 어찌하여 생각지 못하심이 이토록 심합니까?"라며 우려를 표명하였다. 그러자 수양대군이 웃으며 "안평이 나의 적수가 아니고, 황보인·김종서도 또한 호걸이 아니니 어찌 감히 움직이겠는가? 임금만을 보호하면 무사할 것이다"라고 하며 그를 안심시켰다. 즉 권람은 수양대군이 북경으로 간 사이에 안평대군이나 황보인·김종서 등이 큰일을 벌일 수 있다며 그가 가는 것을 반대하였다. 하지만 수양대군은 허세를 보이며 별 탈이 없을 것이란 말로 그를 안심시켰다. 이런 태도가 허세였다는 것이 금방 밝혀졌다.

　수양대군은 인질을 데리고 고명사은사의 길을 떠났다. 고명사은사 일행의 '빅3'는 정사와 부사 그리고 서장관이라고 할 수 있다. 정사는 자청에 의해 수양대군으로 결정되었고, 서장관도 집현전직제학인 신숙주로 결정되었다.[10] 또 신숙주를 서장관으로 삼기 4일 전 병조판서 민신을 부사로 삼았지만 한 달쯤 지난 뒤 병을 이유로 못 가겠다는 의사를 표하였다. 그러자 부사를 민신 대신 우참찬 허후로 바꿔달라고 했지만 그 역시 늙은 어머니와 『세종실록』을 만드는 일 때문에 갈 수 없다고 하였다. 이때 그는 여정 중에 해를 입을지도 모른다는 생각에 잔뜩 겁을 먹었다. 그래서 생각해낸 것이 인질이다. 사실 이런 생각은 고명사은사를 자청할 때 이미 마음에 품고 있었던 것이기도 하다. 그가 인질로 삼은 인물은 황보인의 아들 황보석과 김종서의 아들 김승규였다. 결국 공조판서 이사철을 부사로, 신숙주를 서장관으로 삼고 인질 황보석과 김승규를 데리고 북경으로 떠났다.

　수양대군은 인질로도 불안감을 잠재울 수 없었다. 그는 북경으로 떠나기 일주일 전 최측근인 권람과 한명회에게 황보인 등을 염탐하도록 시켰다. 다음은 그런 사실을 묘사한 『조선왕조실록』 기사이다.

세조가 권람에게 말하기를
"그대가 한명회와 더불어 나에게 북경에 가지 말라 하지만 내가 깊이 생각해보니 저들의 간사한 계략이 이미 이루어졌는데 나는 홀몸으로 후원하는 사람이 없다. 저들이 만약 난을 일으키면 장차 묶여서 사로잡히게 될 것이니 비록 여기에 있다 하여도 무슨 이익 됨이 있겠는가? 그러나 만약 하늘이 우리 종묘와 사직을 도운다면 몇 달 사이에 무슨 일이야 있겠는가? 하물며 전에 생각했던 바와 같이 황보석·김승규 등이 이미 나를 따라가는데 황보인 등이 반드시 즐겨 따르지 않는다 하더라도 염려할 것은 없을 것이다. 그러나 저들이 거리낌이 없어서 장차 더욱 방자할 것이다. 그대는 한명회와 함께 비밀히 그 종적을 염탐하라"[11]
하였다.

수양대군은 이렇게 의심이 많은 인물이다.
수양대군의 고명사은사 여정은 불안감으로 이어진 길이었다. 명나라로 떠나기 전에 그의 아내[12]는 매일 몰래 울었다고 한다. 출발하기 전날 밤에는 그도 비통하게 울면서 "나의 충성을 하늘이 알아주길 바란다"는 말을 하였다. 그는 그런 심정을 시로 드러냈다. 다음 시는 그가 고명사은사로 북경을 향해 가던 중 막냇동생 영응대군에게 지어 보낸 것이다.

오가는 사이에 세월은 더딘데 그지없는 정은 꿈으로만 생각되네.
나라 일은 비록 든든하지 못하지만 어려운 일에는 형제가 앞서네.

내가 한번 강남江南으로 떠나가면 내가 무슨 일을 하는지를 알리니.
사직社稷을 보존할 원대한 계책, 살신성인殺身成仁하여 나라의 위태로움을
붙들리라.
돌아보니 고향 산천은 멀기만 한데, 뻐국새만 뽕나무 가지 위를 날고 있네.
다만 나라에 충성하려는 마음뿐인데, 어찌 잠시의 이별이야 염려하겠는가?
다행히도 그대의 소식을 받으니, 애오라지 한 수의 시라도 보낼까 하네.
만일에 목숨이 보전된다면, 심중의 이야기는 후일을 기약하리.[13]

  수양대군은 마치 자신이 순수한 의도로 나라에 도움을 주는 것처럼 말하고 있다. 그러면서 자신의 목숨을 보전하는 것조차 확신하지 못할 만큼 불안감에 사로잡혀 있었다. 그런데도 그가 북경행을 선택한 것은 당시 동아시아의 중심지인 북경에서 자신의 존재를 부각시키려 한 것 외에도 여러 가지 이유가 더 있었다.
  수양대군의 고명사은사 수행에는 세력 확장을 위한 포석도 깔려 있었다. 그는 1452년(단종 즉위년) 10월 중순경에 북경을 향해 출발하여 다음 해 2월 하순에 돌아왔다. 이렇듯 세조가 고명사은사로 한양을 떠났다가 돌아오기까지는 무려 4개월 이상이 걸렸다. 이 긴 시간 동안 그는 동행한 인물들과 많은 이야기를 나눴을 것이다. 특히 자신을 기꺼이 따라온 신숙주는 물론이거니와 부사로 따라간 이사철[14] 등과는 속마음을 털어놓으며 은밀한 이야기를 많이 주고받았을 것이다. 이사철은 북경으로 떠나기 전에는 수양대군과 가까운 인물이 아니었다. 그는 원래 문종의 고명을 받들어 이홍위를 보필하였던 인물이다. 그런 그가 사은사의 부사가 되어 수양대군과 함께 명나라에 다녀온 후 돌변하였다. 수양대군이 계유정난을 일으키자 정변에 적극 가담하여 정난공신 1등에 올랐다. 이렇듯 수양대군은

수개월이 걸리는 사은사 임무를 수행하는 과정에서 이사철과 신숙주 같은 인물들을 포섭하여 세력을 확장하려는 의도를 갖고 있었다.

수양대군의 고명사은사 수행에는 자신의 야심을 감추려는 의도도 있었다. 외톨이 이홍위가 왕위에 올랐을 때 왕실 종친은 사람들의 주목을 받을 수밖에 없었다. 만약 이홍위에게 어떤 유고가 있어 누군가 왕위를 계승한다면 그들이 물려받기 때문이다. 이런 것은 왕실 종친만이 누릴 수 있는 특권이었다. 따라서 수양대군이나 안평대군 등은 정치 성향이 없더라도 사람들의 이목을 받는 위치에 있었다. 그러므로 정치 성향이 강한 수양대군의 태도는 다른 사람들의 경계심을 높임과 동시에 그를 추종하는 인물들에게 기대감을 주어 강하게 결속하도록 하였다. 그는 일단 작전상 후퇴를 할 필요가 있었다. 그래서 선택한 것이 북경행이었다. 즉 이홍위의 왕위를 넘본다는 시각을 잠재우기 위한 것이었다. 나아가 그 과정에서 왕위를 찬탈할 구체적인 전략을 짤 시간을 갖고자 한 것으로도 볼 수 있다.

5) 야심가들의 구심체가 된 수양대군

수양대군은 비교적 개방적 안목을 통하여 세력을 형성해나갔다. 수양대군에게 많은 도움을 준 인물 중에는 신숙주와 한명회가 있다. 그중 신숙주가 제도권에서 인정받은 인물이었다면, 한명회는 야인 같은 인물이었다. 신숙주는 22살 때 생원·진사시를 동시어 합격했고, 이듬해 문과에서 3등으로 합격하였다. 그는 뛰어난 능력을 바탕으로 많은 업적을 이룬 인물로 유명하다. 반면 한명회는 수양대군을 만났을 당시 38세로, 경기도 개성의 경덕궁[15]지기 출신이었다. 지금으로 치자면, 대통령을 지낸 뒤 죽은 인물의 사저 관리인이었던 셈이다. 그를 수양대군에게 소개한 인물이 권람이다. 권람은 한명회를 수양대군에게 소개하면서 한명회는 능력과 야심이 있지만 팔자에도 없는 하위직 생활을 하고 있다며 수양대군이 큰일을 도모하려면 반드시 그의 도움이 필요할 것이라고 하였다. 이에 수양대군은 "영웅도 흠이 있거늘 능력이 있는데 지위가 낮은들 무슨 문제가 되겠느냐. 듣자 하니 뛰어난 인재라는 생각이 들었다"고 말했다. 이런 수양대군의 개방적 안목이 계유정난을 성공시킬 수 있었던 비결이었고, 그의 매력이라고 할 수 있다.

　수양대군이 사람들을 활용하는 방식은 세종과 유사하였다. 세종 대 과학자로 널리 알려진 장영실은 동래현 관노비였다. 그럼에도 세종이 그의 능력을 인정하고 포용했기 때문에 빛을 발할 수 있었다. 이런 면이 수양대군에게서도 나타난다. 그는 계유정난의 가장 핵심적인 일이라고 할 수 있는 김종서 제거에 자신의 하인 임어을운을 이용하였다. 따라서 계유정난은 경덕궁지기 출신의 한명회가 기획하고[16] 하인 임어을운이 핵심적인 일을 실행한 것이다. 이렇듯 수양대군은 제도권·비제도권 출신 인물은 물론 하인들까지도 수용하였다. 아버지 인재채용방식을 그대로 따른 것이다.

　권람은 야인에서 제도권 인물로 변신한 수양대군의 최측근이었다. 그는 어릴 때부터 글 읽기를 좋아해서 해박하였다. 그는 큰 뜻을 품었을 뿐 아니라 남들이 흔히 생각할 수 없는 기묘한 꾀를 내기도 하였다. 그는 책을 싣고 명산 고적을 찾아다니면서 한명회와 함께 책을 읽고 글을 지으면서 회포를 나누었다. 한명회와는 "남자로 태어나 변방에서 무공을 세우지 못할 바에는 만 권의 책을 읽어 불후의 이름을 남기자"고 약속하기도 했다. 35세가 되도록 유람만 일삼던 그는 주변 사람들이 과거를 보라고 권하자 비로소 과거에 응시했다. 그리고 향시·회시에서 장원을 차지하고 전시에서는 4등을 하였다. 그러나 전시에서 장원을 한 김의정의 집안이 가난하고 변변치 못하다는 이유로 그를 장원으로 합격시킨다는 것이 마땅치 않다는 여론이 들끓었다. 그러자 문종이 권람의 답안지를 읽어보고 그를 장원으로 만들어주었다. 그래서 결과적으로 권람은 한꺼번에 3개의 과거시험에서 장원을 차지하게 되었다. 결국 그는 김의정에 대한 사회적 편견에서 온 반사적 이익을 톡톡히 본 것이다.[17]

권람을 수양대군에게 연결시켜 준 인물은 문종이라고 할 수 있다. 권람은 화려하게 제도권으로 들어왔다. 그는 제도권으로 들어오자마자 사헌부감찰이 되었고, 이듬해 집현전교리가 되었다. 이 시기에 문종이 『역대병요』의 음(音)에 대한 주(註)를 보완하도록 시켰는데 수양대군이 지휘한 이 작업에 권람이 참여하였다. 여기서부터 둘은 동지가 되었다. 결국 문종이 종친인 수양대군을 국정에 참여시킴으로써 수양대군과 권람이 연결되었다. 이를 기반으로 권람이 수양대군에게 한명회를 연결시켜 주었다. 이렇듯 문종은 이홍위를 파멸시킬 핵심적 인물들에게 원칙과 규범을 무시한 특혜를 주었을 뿐 아니라 그들이 결합할 수 있는 상황까지 만들어준 셈이다. 참으로 아이러니컬한 모습이 연출된 것이다.

수양대군과 권람을 강하게 결속시킨 것은 정서적 유사성이었다. 수양대군이 계유정난을 일으키는 과정에서 추종자 중 일부가 그를 만류하였다. 그러자 그는 "너희들은 모두 가서 고발하라" 하고 활을 집어 들고 일어나 말리는 자를 발로 차면서 "나는 너를 강제로 잡지 아니한다. 따르지 않을 자는 가라. 장부가 죽으면 사직을 위해 죽어야 한다. 나는 혼자 가겠다. 만약 어리석은 고집으로 기회를 그르치는 자가 있으면 마땅히 먼저 죽이리라"고 하였다. 이렇듯 수양대군의 삶을 지배하는 의식 중 하나가 자기 최면화하는 거창한 모토였다. 이런 모습은 권람에게서도 보인다. 즉 그가 한명회와 "남자로 태어나 변방에서 무공을 세우지 못할 바에는 만 권의 책을 읽어 불후의 이름을 남기자"고 약속한 말에서도 그런 모습이 나타난다. 또 수양대군이 고명사은사로 명나라를 갈 때 수양대군과 권람은 안평대군 등에 대하여 자기중심적 왜곡을 하며 불필요한 긴장을 하였다. 이렇듯 둘은 정서적 유사성으로 인해 아주 밀접하게 결합할 수밖에 없었다.

수양대군과 권람의 정서적 유사성은 일상생활에도 영향을 미쳤다. 수양대군과 권람은 계유정난을 도모하기 위해 자주 접촉하였다. 하지만 둘의 정서가 같거나 비슷하지 않았다면 사무적 접촉으로 진행되었을 것이다. 그럴 경우 만나더라도 같은 공간에서 긴 시간을 보내지 않았을 것이 확실하다. 하지만 야사『동각잡기』에서 말하는 둘의 모습은 반대였다.

노산魯山[18]이 어려서 왕위를 이어받았는데 8대군[19]이 강성하므로 인심이 불안하게 여겼다. 세조가 혁제革除할 뜻이 있었는데 권람이 그의 집에 드나들어 심히 친밀하였다. 매양 들어가 뵐 때면 해가 늦도록 물러가지 아니하여 밥상을 제때에 올리지 못하므로 그 집 하인들이 권람이 오는 것을 보면 "국 식히는 서방님이 또 왔군" 하였다. 즉위한 뒤에 권람을 내전에 불러들여 잔치를 베풀어 위로하고 정희왕후를 돌아보며 말하기를 "이분이 전일에 국을 식히던 서방님이오" 하였다.[20]

이렇듯 수양대군과 권람은 계유정난 이전에는 붙어살다시피 하였다.

··· 6) 수양대군 야심의 중간단계 실현인 계유정난(계유사화)

　수양대군과 추종자들의 야심은 쿠데타를 통해 구체화되었다. 이홍위가 즉위하고 약 1년 5개월 정도 지났을 때, 수양대군은 안평대군이 황보인·김종서 등과 결탁해 이홍위를 몰아내고 집권하려는 음모를 꾸미기 때문에 이를 저지하기 위해 거사한다는 명분을 내세우며 쿠데타를 일으켰다. 그들 스스로 '계유정난'[21]이라고 부르는 이 쿠데타는 사실상 이홍위 폐위와 수양대군의 즉위를 예고하는 것이었다. 당시 상황이 『단종실록』에 기록되어 있다. 사실 『단종실록』은 세조 대에 만들어졌기 때문에 객관성을 담보하기는 어렵다.[22] 하지만 그것을 통하여 당시 상황을 어느 정도 추론할 수 있다. 『단종실록』을 통해 추론할 수 있는 것은 쿠데타의 실행을 이미 알고 있었던 인물들은 권람·한명회·홍달손 등 소수에 불과했다는 것이다. 따라서 다른 추종자들 중 일부는 쿠데타 당일에도 어찌할 바를 몰라 했다. 권람은 이날 어찌할 바를 몰라 하는 사람들에게 쿠데타 참여를 설득하기도 하였다.

　수양대군 최측근들의 격려가 거사의 추진체 역할을 했다. 수양대군은 이홍위에게 알리지도 않고 일을 벌였다. 따라서 그런 사실을 안 추종자들의 심리적 동요가 일어났다. 그리고 집단을 이탈하려는 자들까지 나타났다. 이를 목격한 수양대군은 의외로 겁에 질려 있었을 뿐 아니라 우유부단한 모습까지 보였다. 반면 한명회나 홍윤성 같은 인물들은 비교적 침착한 모습을 보였다. 이때 그들은 "길옆에 집을 지으면 3년이 되어도 이루지 못하는 것입니다"라는 말로 그를 격려하였다. 만약 이런 상황에서 한명회 같은 인물들이 없었다면 쿠데타는 그저 모의단계에 머물렀을 것이다. 여기에 한 술 더 뜬 인물이 자성왕비로도 불렸던 정희왕후 윤씨였다.

그녀는 거사를 위해 발길을 떼는 남편 수양대군에게 갑옷을 입혀주었다.

수양대군 일당은 김종서의 제거를 쿠데타의 핵심 성공요인으로 보았다. 수양대군은 "설사 계획이 누설되더라도 저편에 모의하는 자가 9인도 못 된다. 그중 김종서가 가장 교활하니 먼저 이 사람만 죽이면 나머지 적은 없애기가 쉽다"고 하였다. 이 말을 통해서 알 수 있는 것은 그들이 주모자로 몰았던 안평대군이나 그와 결탁했다고 주장하는 황보인 등에게는 전혀 부담을 갖지 않았다는 것이다. 그리고 상대편 인원이 아주 소수였음을 스스로 실토하였다. 수양대군이 인정하였듯이 김종서는 지략이 많아 당시 사람들은 그를 대호大虎, 즉 '큰 호랑이'라고 평하였다. 또 그는 거대한 무력을 동원할 수 있는 인적 네트워크를 형성하고 있었다. 이런저런 이유로 그는 제거대상 0순위였다. 따라서 계유정난은 결국 김종서 제거로 귀착시킬 수 있다.

김종서는 무방비상태에서 세조 측의 기습 공격을 받아 무너졌다. 수양대군이 김종서를 기습 공격하여 무너뜨리는 과정이 『조선왕조실록』에 비교적 상세하게 묘사되어 있다.

양정은 칼을 차고 유서는 궁전弓箭을 차고 왔다. 세조가 양정으로 하여금 칼을 품에 감추게 하고 유서를 정지시키면서 김종서의 집에 이르니 김승규가 문 앞에 앉아 신사면·윤광은과 얘기하고 있었다. 김승규가 세조를 보고 맞이하였다. 세조가 그 아비를 보기를 청하니 김승규가 들어가서 고하였다. 김종서가 한참 만에 나와 세조가 멀찍이 서서 앞으로 나오지 않는 것을 보고 들어오기를 청하니 세조가 말하기를

"해가 저물었으니 문에는 들어가지 못하겠고 다만 한 가지 일을 청하려고 왔습니다"

하였다. 김종서가 두세 번 들어오기를 청하였으나 세조가 굳이 거절하니 김종서가 부득이하여 앞으로 나왔다. 김종서가 나오기 전에 세조는 사모紗帽 뿔이 떨어져 잃어버린 것을 깨달았다. 세조가 웃으며 말하기를

"정승의 사모뿔을 빌립시다"

하니 김종서가 창황히 사모뿔을 빼어주었다. 세조가 말하기를

"종부시宗簿寺에서 영응대군 부인의 일을 탄핵하고자 하는데 정승이 지휘하십니까? 정승은 누대累代 조정의 훈로勳老이시니 정승이 편을 들지 않으면 어느 곳에 부탁하겠습니까?"

하였다. 이때 임어을운이 나오니 세조가 꾸짖어 물리쳤다. 김종서가 하늘을 우러러보며 한참 말이 없었다. 윤광은·신사면이 굳게 앉아 물러가지 않으니 세조가 말하기를

"비밀한 청이 있으니 너희들은 물러가라"

하였으나 오히려 멀리 피하지 않았다. 세조가 김종서에게 이르기를

"또 청을 드리는 편지가 있습니다"

하고 종자從者를 불러 가져오게 하였다. 양정이 미처 나오기 전에 세조가 임어을운을 꾸짖어 말하기를

"그 편지 한 통이 어디 갔느냐?"

하였다. 지부知部의 것을 바치니 김종서가 편지를 받아 물러서서 달에 비춰보는데 세조가 재촉하니 임어을운이 철퇴로 김종서를 쳐서 땅에 쓰러뜨렸다. 김승규가 놀라서 그 위에 엎드리니 양정이 칼을 뽑아 쳤다. 세조가 천천히 양정 등으로 하여금 말고삐를 흔들게 하여 돌아와서 돈의문에 들어가 권언 등을 시켜 지키게 하였다.[23]

이 대목은 계유정난 과정의 하이라이트로 수양대군 측의 성공을 예단

하도록 한다. 김종서는 한양도성 밖, 돈의문 인근에 살았다. 따라서 수양대군 측은 그를 제거하기 위하여 돈의문을 통해 한양도성을 벗어나야만 했다. 이런 상황도 그들에게는 부담으로 작용했을 것이다. 그럼에도 그들은 김종서의 경계심을 낮추기 위해서 4명만 그의 집으로 갔다. 그 4명 중 가장 결정적 역할을 한 인물은 세조의 하인이었던 임어을운이었다. 이렇듯 당대 최고의 지략가로 알려진 김종서가 일개 하인의 손에 치명타를 입게 된 것이다. 하지만 이러한 묘사는 김종서의 죽음을 폄하하기 위해 수양대군 측이 조작했을 개연성을 배제할 수 없다. 김종서도 일격에 무너지는 모습을 보이지 않으려고 혼신의 노력을 다했지만 승리의 여신은 수양대군에게 미소를 보냈다. 다음은 그런 모습을 묘사한 내용이다.

김종서가 다시 깨어나서 원구를 시켜 돈의문을 지키는 자에게 달려가 고하기를

"내가 밤에 어떤 사람에게 상처를 입어 죽게 되었으니 빨리 의정부에 고하여 의원으로 하여금 약을 싸 가지고 와서 구제하게 하고 또 속히 안평대군에게 고하고 아뢰어 내금위를 보내라. 내가 나를 상하게 한 자를 잡으려 한다"

하였으나 문 지키는 자가 듣지 않았다. 김종서가 상처를 싸매고 여복女服을 입고서 가마를 타고 돈의문·서소문·숭례문 세 문을 거쳐 이르렀으나 모두 들어가지 못하고 돌아와 그 아들 김승벽의 처가에 숨었다. 이튿날 아침에 이명민도 또한 다시 깨어나서 들것에 실려 도망하였는데 어떤 사람이 홍달손에게 고하니 호군 박제함을 보내어 베었다. 세조가 인하여 여러 적이 다시 깨어날 것을 염려하여 양정과 의금부진무 이흥상을 보내어 가서 보게 하고 김종서를 찾아 김승벽의 처가에 이르러 군사가 들어가 잡으니 김종서가

갇히는 것이라 생각하여 말하기를

"내가 어떻게 걸어가겠느냐? 초헌輜軒을 가져오라"

하니 끌어내다가 베었다.[24]

이렇게 김종서가 살아남으려고 발버둥을 치는 사이에 수양대군 일당은 이홍위를 찾아가 거짓 보고를 하였다. 그리고 잔인한 방법으로 다른 고위관료들을 죽였다. 그런 상황이 야사『동각잡기』에 묘사되어 있다.

… 드디어 그 군사를 거느리고 노산의 시어소時御所로 갔다. 이때 노산이 대궐에서 나와 향교동에 있는 영양위 정종의 집에서 거처하고 있었다. 세조가 대문 틈으로 승정원에 고하기를

"김종서가 반역을 도모하였는데 일이 급하여 미처 아뢰지도 못하고 이미 베어 죽였으니 직접 그 연유를 아뢰겠습니다"

하니 승지 최항이 문을 열고 맞아들였다. 세조가 그의 손을 이끌고 함께 들어갔다. 노산이 나이 어리므로 놀라 일어나며

"숙부, 나를 살려주오"

하였다. 세조가 말하기를

"그것은 어렵지 아니하니 신이 알아서 처리하겠습니다"

하고 곧 명패命牌를 내어 모든 재상을 부르고, 금군禁軍을 부서部署를 나누어 각 곳에 파수把守하게 하고 또 사람으로 세겹 문을 만들어 한명회로 하여금 생살부를 가지고 문 안에 앉았다가 재상들이 첫 문에 들어오면 따르는 하인을 떼게 하고 둘째 문에 들어오면 이름이 살부殺簿에 있는 사람은 무사를 시켜 철퇴로 쳐 죽였는데 황보인 및 이조판서 조극관 등 죽은 사람이 매우 많았다.[25]

이때 이홍위는 창덕궁 인근 향교동에 있는 경혜공주 집에 머무르고 있었다. 그래서 그곳이 '시어소'가 된 것이다. 이 집은 문종이 30여 채의 민가를 헐어 지어준 것이다. 이홍위가 이 집으로 옮겨 거처한 지 7개월이나 지난 때였다. 그는 경혜공주의 세심한 배려 속에 평온한 생활을 이어가고 있었다. 그런 상황에서 수양대군이 한밤중에 들이닥쳐 난데없이 누구를 베어 죽였다는 등의 이야기를 하니 그로서는 겁먹을 수밖에 없었다. 수양대군은 이렇듯 협박조로 형식상의 보고를 일단 끝냈다. 이렇게 함으로써 그는 자신이 한 행위에 대한 정당성과 합법성을 부여받고 추종하는 자들의 이탈을 막을 수 있었던 것이다. 그리고 다음 단계의 계획을 실행하였다. 모든 고위관료들을 호출한 다음 이미 죽이기로 마음먹은 관료들을 잔인하게 죽였다. 이 사건으로 이홍위를 보필하던 고명대신들은 다 죽었다.

계유정난은 수양대군의 야심을 이루는 과정이었으며 동시에 왕실 자존심의 회복이었다. 수양대군은 김종서 측에 치명타를 가하고 돌아와서는 웃으며 권람에게 "김종서·김승규를 이미 죽였다"고 말했다. 이 대목에서 왜 그가 김종서와 아들을 죽인 것을 그토록 통쾌하게 여겼는지 생각하게 한다. 그는 왕실 종친으로 명예와 부를 누릴 수 있었고, 비정상적인 왕위계승이 이루어질 경우 왕이 될 수도 있는 인물이었다. 하지만 대다수 종친들은 실질적으로 국정을 운영하는 관료들의 견제 속에 호의호식하며 살아갈 뿐이었다. 심하게 말하면 그저 사육당하고 있을 뿐이었다. 만약 그들 중 누군가가 수양대군처럼 정치적 야심이 가슴속에서 꿈틀거리더라도 그것을 철저히 숨기고 살아야 하는 존재들이었다. 이런 상황에서 종친들은 심한 좌절감을 느끼고 자존심이 상했을 것이다. 그러므로 수양대군은 관료들보다 우월적 지위에 있는 종친들을 견제하던 관료들의 실질적

수장인 김종서를 죽인 것을 왕실 자존심의 회복으로 생각했던 것이다.

계유정난은 수양대군의 기만성과 잔인성을 적나라하게 드러내 주었다. 수양대군은 김종서와 아들에게 치명타를 가한 후 도성 안으로 들어왔다. 그리고 이홍위에게 황보인·김종서 등이 안평대군과 함께 정변을 일으키려고 하였기에 김종서를 먼저 제거하고 나머지 인물들도 제거하려 한다고 알렸다. 이렇게 먼저 조치를 취하고 나중에 보고를 하는 것은 시간적 여유가 없었기 때문이라는 것도 보고 내용에 들어간다. 그의 기만성을 느끼게 하는 대목이다. 더구나 그의 기만행위는 다수가 조직적으로 협력한 것이다. 그리고 그와 추종자들은 자신들이 제거하려고 한 인물들을 골라서 철퇴로 때려 죽였다. 이때 한명회가 이승에서 염라대왕 대리인 역할을 하였다. 나아가 궁궐로 들어올 수 없었던 고위관료들은 그들의 집이나 머물던 곳까지 찾아가 죽였다. 이때 죽은 사람들의 흘린 피를 덮기 위해 경복궁과 창덕궁 사이 마을 사람들이 집 안에 있던 재(灰, 灰)를 가지고 나와 뿌렸다고 해서 '재동'이라는 마을 이름이 생겨날 정도였다. 여기서

김종서 장군 묘(세종특별자치시 장군면). 계유정난은 김종서 제거로 귀착된다.

수양대군의 잔인성을 느낄 수 있다. 그의 잔인성으로 인해 김종서나 황보인 등 여러 고명대신들이 죽었기 때문에 이를 계유사화癸酉士禍라고도 부른다. 그의 잔인성은 집권 후에도 이어졌다.

⋯ 7) 고급 한량 안평대군을 역모자로 몰아 죽인 수양대군

수양대군은 안평대군이나 황보인·김종서 등이 정변을 꾀했다는 억지 주장을 일삼았다. 그는 안평대군이 황보인·김종서 등과 결탁해 이홍위를 몰아내고 집권하려는 음모를 꾸미기 때문에 이를 막기 위해 그들을 처단했다고 주장했다. 이런 주장은 수양대군의 야심, 자기중심적 왜곡 그리고 의심이 만들어낸 창작물이다. 예를 들어 수양대군 일당이 제시한 다음과 같은 증거를 통해 그런 정서를 확인할 수 있다.

> 큰 하늘이 본래 적료寂寥하니, 현모한 조화를 누구에게 물으랴!
> 사람의 일이 진실로 어그러지지 않으면, 비 오고 볕 나는 것이 이로 말미암아 순응한다.
> 바람을 따라 도리桃李에 부딪히면, 작작灼灼하게 화신花信을 재촉하고,
> 축축하게 젖는 것이 보리밭에 미치면, 온 지역이 고루 윤택하여진다.[26)]

이 시는 계유정난이 일어나기 약 1년 반 전 김종서가 써서 안평대군에게 준 것이다. 즉 김종서가 시 짓기를 좋아하는 안평대군에게 호감을 드러내기 위해 그에게 보낸 것이다. 다소 철학적이고 서정적 색채를 띠는 이 시도 정치적 의도를 갖고 바라보면 일종의 목적시로도 보일 여지가 있다. 즉 누군가 일을 도모하고 그 일이 올바르다면 많은 사람들이 동조한

다는 것으로도 이해될 수 있다. 나아가 이 시에 등장하는 '도리'는 복숭아와 자두를 말하는 것으로 자두 꽃은 조선왕실을 상징하는 꽃문양이다. 이런 개념으로 접근하면 이 시는 누군가 반란을 도모하면 많은 사람들이 지지해서 성공할 것이고 그 후에는 태평성대를 이룰 수 있다는 식으로 받아들여질 수 있다. 그런데 이 시를 이런 식으로 이해한 인물들이 수양대군 일당이다. 그래서 세조 대 만들어진 『단종실록』에서 사관은 '이것은 김종서가 비밀히 이용[27]더러 인심을 수습하여 반역을 꾀하라고 재촉한 것이다'라는 견해를 밝히고 있다.

안평대군은 예술적 성향이 강한 인물이었다. 조선 중기 성현이 지은 『용재총화』에 실린 안평대군의 인물평도 그러하다. 즉 그는 학문을 좋아하고 시문을 잘하였으며 글씨체는 천하제일이었다. 또 그림 그리기와 거문고 타는 재주도 뛰어났지만 언행은 허황된 면이 있다고도 하였다. 그는 경치 좋은 곳을 찾기 좋아하고, 책 욕심이 많았으며, 글 잘하는 사람들과 어울리기를 좋아했다고 한다. 아울러 바둑·장기 두는 것과 풍류를 즐겼다고 한다. 거기에다 인심도 후해서 다양한 부류의 사람들이 그에게 모여들었다. 한 마디로 표현하자면 고급 한량이었다. 따라서 안평대군에게는 좀 어수선하고 들뜬 분위기가 조성될 여지도 많았다. 그런 측면은 그의 정서를 지배하여 가끔은 환상적 분위기에 빠져들어 멋진 복숭아밭을 거니는 꿈을 꾸었던 것이다. 그것이 안견에 의해 재현된 '몽유도원도'이다.

수양대군은 야심을 구체화하는 과정에서 끊임없이 안평대군에 대한 부정적 여론을 조성하였다. 그는 계유정난을 통해서 자신의 야심을 이루기 위한 튼튼한 발판을 마련했다. 그는 이 단계에 이르기까지 적지 않은 세월 동안 아주 치밀하고 조직적으로 행동했다. 그 과정에서 그는 안평대군을 지나치게 의식하였다. 특히 사람들과 어울리기 좋아하는 안평대군

주변으로 몰려드는 사람들에 대하여 과민반응을 보였다. 안평대군이 그들과 역모를 꾀할 것으로 착각했기 때문이다. 이렇듯 망상에 빠져 자신의 강력한 정치적 라이벌로 만들어놓은 안평대군을 무력화하기 위해 그는 다양한 방법을 사용하였다. 대표적인 방법으로 그가 역모를 꾀한다고 직접적으로 몰아붙이는 것을 비롯하여 교만하다거나 불성실하다고 소문내고, 스캔들을 공개하며 망신 주는 것 등이었다. 수양대군의 이런 행태는 명나라에 고명사은사로 가기 전부터 이루어졌다. 이런 것으로 봐서 그가 얼마나 안평대군을 자기중심적으로 왜곡하고 있었는지 알 수 있다.

 수양대군은 안평대군이 역모를 꾀한다고 몰아붙였다. 수양대군은 앞서 언급한 김종서의 시 외에도 여러 가지 사실을 왜곡하여 안평대군이 역모를 꾀한다는 주장을 하였다. 그런 주장은 대체로 다음과 같다. 안평대군의 주변에 이런저런 사람들이 모여드는 것을 보고, 그가 높은 벼슬아치들과 어울려 자신의 위상을 높이고 소인배들을 불러 모아 역모를 꾀한다고 했다. 그와 김종서가 밤을 틈타 서로 내왕한다고 하였다. 나아가 혜빈 양씨도 그가 반역을 꾀한다는 글을 이홍위에게 올렸다고 했다.[28] 안평대군의 책사인 이현로는 장차 그가 왕이 될 것 같다는 뉘앙스의 꿈을 꾼 것을 편지에 써서 그에게 보냈다고 했다. 김종서·황보인 등이 그를 옹립하려 한다고도 했다.[29] 이렇듯 안평대군이 역모를 꾀했다고 주장하는 내용은 그의 정서를 교묘하게 이용한 측면이 있다. 즉 한량 기질로 인해 자연스럽게 이루어진 상황을 역모를 꾀하기 위한 정황으로 몰아붙였으며, 그런 상황에 김종서나 황보인 등이 출현하게끔 구성하였다.

 수양대군은 안평대군이 교만하고 불성실하다고 소문냈다. 안평대군이 문종 때부터 내시의 일을 관장하는 내시부와 불교 사원의 관리나 법회의 집행 등에 관여하는 승직을 독차지했다고 하였다. 또 관청에 편지를 보내서 사람들에게 벼슬을 주기도 했다고 하겠다. 교만해진 그에게 아부꾼들이 들러붙었는데, 평안도도사 조충손 같은 인물은 자신을 그의 하인인 양 한껏 낮추면서 그를 '상전'이라고 부르기도 했다는 것이다.[30] 당시 그는 매일 정릉동에 있는 창녀를 만나기도 했다는 것이다. 고양현감도 그 앞에서는 마치 하인처럼 행세했다고 하였다. 수양대군이 고명사은사로 북경으로 떠나면서 "내가 돌아올 때 너희 형제가 의주나 평양으로 와서 주상 전하의 자세한 안부를 전하도록 하라"고 했기 때문에 안평대군이 평양으로 간 적이 있었는데, 도중에 기생들과 어울려 놀려고 말에서 떨어져 못 간다는 핑계를 대기도 했다는 것이다. 그리고 사냥과 술에 빠져 지내며 언젠가 권력을 장악하면 벼슬자리를 나눠주겠다는 뉘앙스의 말을 했다고 하였다.

  안평대군은 수양대군으로부터 톡톡히 망신을 당하기도 했다. 수양대군 측은 항간에 황보인이 안평대군으로부터 뇌물을 받았다는 말이 떠돈다는 근거 없는 주장을 하였다. 안평대군이 노비를 시켜 수양대군을 감시하였지만 아주 의연한 모습을 보여주었다면서 안평대군을 폄하하고 수양대군을 치켜세우기도 했다. 안평대군이 일행 65명과 함께 황해도 해주로 가서 관청의 곡식을 축내고 말도 사적으로 사용했다고 하였다. 그러면서 관직에 있는 사람들로부터 융성한 대접과 많은 뇌물을 받았음은 물론 군인들을 동원해 사냥을 즐기고, 자신이 좋아하는 기생과 염문을 뿌렸다고 하였다. 안평대군의 부인 정씨는 남편으로부터 푸대접을 받으며 7~8년간 서로 보지도 않고 지내다 죽었는데, 안평대군과 아들 이우직은 그녀를 거들떠보지도 않았을 뿐 아니라 다른 사람들과 어울려 놀기만 하였다고 했다. 그리고 불교에 적극적이던 그였지만 소헌왕후, 세종, 문종이 잇달아 죽고 아들 이우량과 부인 정씨가 죽은 걸 보니 불교도 별 도움이 되지 않는다고 불평하며, 이제는 전처럼 불교를 대하지 않겠다는 말을 했다고 하였다. 이렇듯 수양대군 측은 안평대군의 신앙심도 폄하하였다.

『단종실록』의 안평대군에 관한 글은 대다수 왜곡되었을 개연성이 높다. 앞서 언급한 안평대군에 관한 이야기는 전부 『단종실록』에 실려 있는 것들이다. 『단종실록』은 수양대군이 죽은 뒤 편찬된 것으로 추정한다. 왜냐하면 『단종실록』에서 그를 수양대군으로 불러야 할 상황에서도 세조로 부르고 있기 때문이다. 따라서 『단종실록』의 특정부분 특히 계유정난이나 안평대군 등에 관련된 부분에서는 심하게 왜곡되었을 개연성이 아주 높다. 이러한 왜곡의 기본적 취지는 뒷날 세조로 불리게 되는 수양대군의 행위에 대한 미화와 과장을 통해 수양대군의 왕위 찬탈을 정당화하려는 것이었다. 이런 취지가 작동하려면 왕위 찬탈 과정에서 수양대군에게 희생된 인물들에 대한 부정적 이미지의 연출이 필연적이다. 나아가 『세조실록』 총서에는 그가 39세에 등극할 징조라고 무당이 말했다는 내용을 집어넣어 그의 즉위를 당연시하게끔 하였다. 또 세종이 문종과 그에게 유교遺敎를 내렸다거나, 꿈속에 지은 태평시대의 시를 들려주었다는 내용을 집어넣은 것은 그의 왕통이 문종과 이홍위를 이은 것이 아니라 세종의 뒤를 이은 것이라고 주장하기 위한 의도가 숨어 있다.

안평대군은 계유정난이 일어난 지 8일 만에 죽임을 당하였다. 그는 계유정난이 일어나자마자 이우직과 함께 지금의 인천시 강화도로 유배 보내졌다. 계유정난이 일어나던 날 안평대군은 양어머니인 성녕대군 부인 성씨 집에 있었다. 그녀 입장에서 안평대군은 자신의 양아들이면서 조카이다. 성녕대군 부인 성씨 집에서 체포된 안평대군은 이우직과 함께 일단 강화도로 보내졌다가 며칠 후 인근에 있는 교동도로 다시 옮겨졌다. 당시 안평대군 거처는 한양도성을 지키던 군사 100여 명이 지켰다. 그런 상황에서도 신하들과 종친들은 연일 안평대군에게 벌줄 것을 요구하였다. 유배자에게 벌을 주라는 것은 곧 죽이라는 것이다. 성화에 못 이겨 이홍위는 "억지로라도 청하는 것을 따르겠다"고 하며 사약을 내려 그를 죽게 하였다. 이우직은 전라도 진도로 유배지를 옮기도록 하였다. 또 안평대군의 첩과 이우직의 아내는 관비로 보내졌다.

수양대군은 안평대군을 죽이는 과정에서 교활함의 극치를 보여주었다. 이홍위가 안평대군을 죽이도록 허락한 날, 정인지·한확 등이 안평대군과 이우직에게 죄를 주라고 졸라댔다. 하지만 이홍위는 그들의 요구를 거부하였다. 이 대목은 이홍위도 안평대군이 역모자가 아니라는 것을 알고 있었다는 것을 의미한다. 이홍위의 거부 의사를 확인한 후 수양대군을 포함한 신하들이 다시 경회루에서 이홍위를 만나게 되었다. 이때 신하들은 재차 안평대군과 이우직의 처벌을 요구하였지만 이홍위 역시 또 거부하였다. 이 상황에서 수양대군은 최항을 시켜 자신은 안평대군을 지켜주고 싶다는 뜻을 이홍위에게 전했다. 그러자 이홍위는 수양대군의 뜻을

성녕대군 묘(경기도 고양시 덕양구 대자동). 안평대군은 작은아버지 성녕대군의 양자가 되었다. 수양대군 측은 그가 성녕대군 부인과 간통하였다고 주장하였다.

내세워 신하들의 요구를 계속 거부하였다. 이에 정인지가 수양대군을 설득하려 들자 자신이 한 말은 사사로이 베푸는 은혜일 뿐 신하들의 요구는 공론이기 때문에 자신도 반대하지 않는다고 말을 바꿨다. 이 말을 들은 신하들은 수양대군의 말을 내세워 결국 안평대군을 죽이도록 하는 명령을 받아냈다. 이렇게 수양대군은 동생을 죽이는 일에도 위선적 태도를 보였다. 『조선왕조실록』은 안평대군을 죽이도록 요구한 신하들 중 훗날 수양대군을 제거하려 했던 박중림·박팽년·권자신·성삼문 등이 동조한 것으로 기록하였다. 이들은 당시 안평대군과 관련된 일의 내막을 정확히 모르거나 수양대군 측 주장에 속은 것으로 보인다.

안평대군이 죽은 지 일주일 후 의정부에서 안평대군의 범죄사실을 공표하였다. 25개에 달하는 범죄사실이 공표되었는데, 그중 눈에 들어오는 내용은 다음과 같다. 그는 오래전부터 역모를 꾀했다고 하였다.[31] 맹인 지화가 이홍위의 나이와 이우직의 팔자를 비교하여 점을 쳤다고 하였다.[32] 성녕대군의 양자가 되었음에도 부인 성씨와 간통하였을 뿐 아니라 궁궐 밖의 계집종들은 물론 남의 아내나 첩들과도 간음했다고 주장했다. 선비들은 물론 소인배들에게도 후한 인심을 베풀어가며 지지세력을 구축하였다고 했다. 황보인·김종서·정분·이양·민신 등과 자주 모임을 가지면서 군사조직을 만들어 거사를 준비했다고 하였다. 마치 왕이 행차하듯 규모를 갖춰 돌아다니며 대접을 받았다고 하였다. 지지세력이 나라에 가득 찼을 뿐 아니라 사냥으로 위장해서 군사동원 여부를 확인했다고 주장하였다. 황보인·김종서·이양 등이 뇌물을 받고 지난해 가을 함길도에서 군대를 일으켜 그를 추대하고자 했다는 내용도 있었다. 황보인·김종서 등은 왕이 어리다고 무시하고 황표정사를 했다는 내용도 들어 있다. 의정부의 공표문 내용은 이미 귀에 익숙했던 것들로, 형식상 공적으로 확인시켜 주는 역할만 했을 뿐이다.

　의정부에서 밝힌 안평대군의 죄목은 수양대군이 불러주는 대로 받아 적은 것이나 마찬가지였다. 수양대군은 계유정난을 통해 정권을 장악하였다. 그는 계유정난 다음 날 영의정부사로 임명되어 의정부를 좌지우지하는 위치에 올랐다. 더구나 당시는 의정부서사제가 운영되었기 때문에 영의정부사는 모든 국정을 장악할 수 있었다. 따라서 의정부에서 밝힌 안평대군의 죄목은 수양대군 측의 의중이 전적으로 반영됐다고 할 수 있다. 그래서 안평대군의 비윤리적이고 문란한 사생활을 지적하는 대목은 도덕성에 치명타를 가하기 위한 의도로 부풀리거나 조작했을 수 있다. 나아가 안평대군이 이런저런 사람들에게 후한 인심을 베풀어 지지세력을 구축하였다는 식으로 말하며, 김종서 등과 연결하여 역모를 꾀하려고 했다는 주장도 조작된 것이었다. 이렇듯 수양대군 측은 자신들이 벌인 쿠데타에 대한 명분과 정당성을 찾기 위한 방편으로 의정부를 이용한 것이다. 즉 그는 왕권을 탈취하기 위해 이렇게 의정부서사제를 이용했다. 그런 그가 왕권을 탈취한 후 왕권 강화를 위해 신하들의 반대를 무릅쓰고 그 제도를 폐지하는 교활함을 보여주었다.

　의정부에서 밝힌 안평대군 죄목에는 손상된 수양대군의 자존심도 나타나 있다. 안평대군이 생일잔치를 마포강(마포 지역을 흐르는 한강) 정자에서 한 적이 있다. 이때 수양대군이 사람을 보내 문안하는 척하며 염탐하였다. 그런데 안평대군이 조정 신하들과 격의 없이 어울린다는 소리를 듣고 수양대군은 무척 불쾌해하였다. 즉 왕실 종친의 권위가 추락됐다고 생각한 것이다. 더구나 그 자리에 모인 30여 명의 조정 신하들은 우두머리로 안평대군의 책사 이현로를 뽑았다. 그는 전부터 수양대군과 감정적 대립각을 세우고 있던 인물이었다. 의정부에서 밝힌 안평대군의 죄목에는 이현로가 안평대군을 꾀어 나라를 위태롭게 하는 일을 꾸미기에 법적 조치를 취하려 하였지만 황보인·김종서·안평대군이 결탁해서 무마했다고 하였다. 이렇듯 의정부에서 밝힌 안평대군의 죄상에 이현로가 포함된 것은 무너진 왕실 자존심을 세워보려는 수양대군의 의지가 드러난 것이라고 할 수 있다. 즉 왕실 종친을 가볍게 대하지 말라는 일종의 경고였던 셈이다.

안평대군은 사대부들이 선호하는 재능을 가졌던 인물이다. 안평대군은 학문을 좋아하고 시문을 잘하였으며 글씨체는 천하제일이었다. 그는 송설체라고 불리는 조맹부[33]체의 대가로 조선 전기 최고 명필로 꼽힌다. 더구나 조선은 문文을 무武보다 중시하는 국가였기에 그의 능력은 더욱 빛났다. 반면 수양대군은 그에 비해 말 타기나 활쏘기 등의 무예는 뛰어났지만, 시를 짓는 능력이나 필적은 그에 비해 뒤떨어졌다. 따라서 많은 사대부들은 수양대군의 재능보다는 안평대군의 재능에 더 호감을 가졌다. 이에 수양대군은 소외감과 열등감을 가질 수밖에 없었다. 이런 심리기제가 안평대군에 대한 증오심으로 바뀌면서 그를 역모자로 만들어 죽이는 데 한몫하였다. 그럼으로써 그는 조선판 카인[34]이 되었던 것이다. 따라서 수양대군의 야심, 자기중심적 왜곡, 의심, 열등의식이 그의 정치 동력이었다고 할 수 있다.

안평대군은 자신의 주변 인물들을 정치세력화하려는 의지는 물론 정무 감각도 없었다. 안평대군이 자신의 주변 인물들을 정치세력화하려면 필연적으로 수양대군을 정적으로 생각해야 한다. 따라서 수양대군과 대립각을 세우며 긴장관계를 유지했어야 한다. 하지만 수양대군이 명나라에 고명사은사로 다녀올 때 안평대군은 그를 영접하러 기꺼이 평양에 가겠다고 자청하였다. 이런 모습은 긴장관계에서 나올 수 없다. 또 수양대군이 안평대군을 역모 주동자로 몰아 죽이기 두 달 전까지 그는 아내 장례에만 신경을 쓰고 있었다. 안평대군의 아내 정씨는 1453년(단종 1년) 4월에 죽었다. 그리고 10여 일 후 의정부에서 예장禮葬[35] 하도록 하였다. 두 달 후에는 경기도 남양[36]에 있는 권손의 무덤을 옮기고 그곳에 아내를 장사 지내려고 이홍위에게 청하였지만 받아들여지지 않았다. 그러자 아내를 장사 지낼 땅을 보겠다고 충청도로 떠났다. 충청도에서 돌아와서는 "충청도에는 장지가 없고, 오직 경기 여흥부[37]에 호군을 지낸 윤제의 집 북쪽이 쓸 만하니 청컨대 죽은 아내를 장사하게 하소서"라고 하였다. 이때가 계유정난이 일어나기 두 달 전이다. 따라서 안평대군이 죽은 아내를 거들떠보지 않고 다른 사람들과 어울려 놀았다는 말은 사실이 아니다. 나아가 주변 사람들을 정치세력화하려는 의지를 보이거나 정무 감각도 없었다.

계유정난을 전후해서 사람들의 이목을 집중시킨 3개의 그룹이 있었다. 첫 번째 그룹은 김종서 등이 중심이 된 그룹이다. 이 그룹의 구성원들은 기존 체제 속에서 자신들의 세력을 확장하여 정국을 주도해나가려 했다. 따라서 그들은 실권이 신하에 있다는 군약신강君弱臣强의 유교적 정치 이데올로기를 성취하려고 하였다. 두 번째 그룹은 안평대군이 중심이 된 그룹

안평대군은 주변 인물들을 정치세력화하려는 의지는 물론 정무 감각도 없었다. 단지 사람들과 어울리는 것을 좋아한 인물이었다.

으로 그의 후한 인심과 풍류에 매료된 인물들로 이루어졌다. 그런 사실은 고전소설『운영전』[38]에서도 확인할 수 있다. 세 번째 그룹은 앞선 두 그룹에 비해 소수의 구성원으로 이루어진 수양대군이 중심이 된 그룹이다. 이들의 머리와 가슴은 오직 권력쟁취를 위한 야심으로 가득 차 있었다. 여기에 사물에 대한 자기중심적 왜곡, 의심, 열등감 그리고 왕실 자존심이 작동하여 계유정난을 성공시킨 강력한 동력이 만들어졌다.

8) 공신들 위에 조선을 입헌군주국화한 수양대군

계유정난의 성공은 조선을 입헌군주국화하였다. 계유정난 당일 이홍위는 군사와 국정에 관한 일을 모두 수양대군에게 맡겼다. 다음 날 그는 영의정부사 · 영경영서운관사 · 겸판이병조사의 관직을 받았다. 이것은 왕 다음으로 국정운영의 결정권을 갖는 영의정, 왕의 학문을 지도하는 경연관의 총책임자, 관리들의 인사권을 행사하는 이조의 우두머리 그리고 군사 관련 업무를 총괄하던 병조의 우두머리가 된 것이다. 보름 후에는 중외병마도통사의 관직도 얻는다. 즉 전국의 군사를 거느리는 위치에 오른 것이다. 따라서 핵심권력은 그가 싹쓸이하다시피 했다. 이것은 그가 실질적으로 왕권을 행사하는 위치에 도달했음을 의미한다. 나아가 공식적으로 드러내놓고 권력행사를 할 수 있음을 의미하기도 한다. 결국 이홍위가 모든 권력을 수양대군에 위임하는 방식으로 국정이 운영된 것이다. 이홍위는 일종의 입헌군주가 되어버렸다.

수양대군은 공신책봉을 통해 권력기반을 다졌다. 계유정난이 일어난 지 한 달이 다 되어갈 무렵 '정난공신'이라고 부르는 공신책봉이 이루어졌다. 공신책봉은 형식상 이홍위에 의해 이루어졌지만 사실은 수양대군이 주도한 것이다. 공신은 모두 43명으로, 1등 공신은 수양대군 자신과 정인지·한확·박종우·김효성·이사철·이계전·박중손·최항·홍달손·권람·한명회 등 12명이다. 이들이 "충성을 떨쳐 계책을 결정하고, 그 기미를 밝혀 안평대군·황보인·김종서 등을 제거하였다"고 주장하였다. 2등 공신은 권준·신숙주·윤사균·양정·유수·유하·봉석주·홍윤성·곽연성·엄자치·전윤 등 11명이다. 이들이 "함께 도모하고 의논에 참여하여 대사大事를 도와 이루었다"고 주장하였다. 3등 공신은 이흥상·이예장·성삼문·김처의·권언·설계조·유사·강곤·임자번·유자황·권경·송익손·홍순손·최윤·유서·안경손·한명진·한서구·이몽가·홍순로 등 20명이다. 이들이 "마음을 같이하여 모책謀策을 도와 분주히 힘을 바쳤다"고 주장하였다. 1·2·3등 공신 모두에게 전각을 세워 초상을 그려 붙이고, 비를 세워 공을 기록하도록 하였다. 또 그들에게 준 특권 등을 본처의 맏아들이나 손자가 세습하도록 하였을 뿐 아니라 자손들이 죄를 범하더라도 영구히 용서하도록 하였다.[39] 이런 것은 명분이 취약한 쿠데타에 대한 백성의 저항을 공신세력들이 막아주도록 한 장치로 수양대군 자신의 권력기반을 강화하기 위한 전략이기도 하였다.

수양대군은 공신책봉에도 잔꾀를 부렸다. 소위 정난공신의 책봉에는 계유정난 과정에서 별다른 존재감을 나타내지 않은 인물들도 포함되어 있는데 대표적인 인물이 1등 공신에 책봉된 정인지이다. 그런 사실은 수양대군이 왕이 된 후 술판에서 한 다음과 같은 이야기를 통해서 확인할 수 있다. 그가 왕위를 차지한 후, 술을 마시며 담론하는 상황에서 정인지가 그를 얕보는 듯한 모습을 보였다. 이에 그는 자신을 무시하는 정인지에 대하여 심한 불쾌감을 드러내며, 그를 대우해주는 것은 단지 원로로서 대접할 뿐이지, 자신에게는 아무런 도움도 주지 못한 인물이라고 했다.

그리고 그가 너무 일찍 출세해서 그 모양이 되었다는 평가도 덧붙였다. 여기서 아무런 도움도 받지 않았던 그를 1등 정난공신으로 책봉한 수양대군의 의도를 쉽게 알아차릴 수 있다. 즉 백성에게 잘 알려진 인물을 1등 공신의 반열에 올려놓음으로써 계유정난을 정당화와 합리화하려고 하였다. 그런 의도는 3등 공신에 책봉한 성삼문에게도 나타난다. 하지만 성삼문 같은 경우는 황보인·김종서 등이 행한 황표정사에 대한 거부감의 표시로 소극적으로 협조했을 가능성을 배제할 수 없다.[40]

성삼문의 정난공신 책봉은 황보인·김종서 등이 행한 황표정사에 대한 거부감의 표시가 반영되었을 수 있다. 공신책봉이 있은 지 열흘 정도 흐른 후 성삼문 등은 상소를 올려서 황보인·김종서가 자식들이나 정분 같은 주변 인물들의 벼슬자리를 올려주었다고 지적하였다. 나아가 정분은 안평대군과 결탁하여 뇌물을 받고 안평대군의 심복들에게 벼슬자리를 주거나 정부 물자를 빼돌려 안평대군에게 주었다는 주장을 펼치며 그에게 무거운 벌을 줄 것을 요구하였다. 전자는 그의 주장이 맞다. 하지만 후자는 자신이 밝혔듯이 수양대군 측이 작성한 보고서에 의한 것이었다. 따라서 "안평대군의 아들 이우직은 마땅히 베어야 합니다. 무릇 역적은 수종首從을 가리지 아니하고, 그 아들까지 베는 것이 당연한 것입니다"라는 과격한 그의 주장은 수양대군 측의 교묘한 여론조작에 말려든 것으로, 황표정사에 불만을 품은 그의 정서가 극대화된 것으로 볼 수 있다. 또 어찌 보면 이때까지도 성삼문 등은 수양대군의 의도를 제대로 파악하지 못한 것으로 볼 수도 있다. 여기서 수양대군은 성삼문이 자신의 집안과 아주 가까운 사이인 안평대군의 아들에 대한 처형을 요구하는 모습에서 그의 순수함을 읽었을 수도 있다.

수양대군의 공신책봉에 잔꾀가 들어 있다는 것은 신하들도 인정하였다. 정난공신을 책봉한 지 4일 만에 사헌부는 이홍위에게 다음과 같은 주장을 하며 공신책봉을 다시 논하자는 요구를 하였다. 계유정난을 주도한 인물들은 수양대군과 홍달손·권람·한명회였다는 것이다. 나머지는 별다른 공도 없이 공신에 책봉되었다고 하였다. 다 사헌 권준은 심지어 계유정난에 대하여 잘 알지도 못하면서 공신에 책봉된 사례도 있다고 지적하였다. 그럼에도 이게 웬 떡이냐는 듯 공신작위를 받아들여 공신 인플레이션을 유발하였다는 식의 주장을 펼쳤다. 따라서 논공행상을 다시 해야 한다고 주장했다. 며칠 후 권준 등이 이홍위에게 올린 글에 따르면, 환관 엄자치와 전균 같은 인물들은 계유정난 당시 왕명을 전달하고 호위한 것에 불과하다고 밝혔다. 이렇듯 계유정난에 적극적으로 참여한 인물들은 소수였고 대다수는 자신들도 모르는 사이에 공신이 된 것이다. 이는 공신의 수를 늘려 자신의 지지기반을 확장하려던 수양대군의 꼼수라고 할 수 있다.

　수양대군의 공신우대정책은 공신들의 부패마저 보호해줬다. 앞서 언급하였듯이 공신들에게 주어진 특혜와 특권이 세습되도록 한 것은 시간 개념이 배제된 것이었다. 여기서 그들이 자신의 영원한 권력기반이 되어주기를 바라는 수양대군의 마음을 느낄 수 있다. 하지만 특혜와 특권 가운데는 공신들과 그 자손들의 부패를 전제로 하는 것도 있다. 즉 자손들이 범죄를 저질러도 영구히 용서한다는 것이 그것이다. 그런 상황이 공신들에 의해 실제로 일어났지만, 수양대군은 왕위에 오른 후에도 적극적으로 그들을 보호해주었다.

　홍윤성은 부패한 정난공신의 대명사이다. 계유정난 당시 겁에 질려 우유부단한 모습을 보이는 수양대군에게 홍윤성은 이렇게 말했다. "군사를 쓰는 데 있어 해가 되는 것은 이럴까 저럴까 결단 못 하는 것이 가장 큽니다. 지금 사기事機가 심히 급박하니, 만일 여러 사람의 의논을 따른다면 일은 다 틀릴 것입니다." 이러한 그의 격려에 힘입어 수양대군은 거사를 단행하였다. 그리고 그는 정난 2등 공신에 책봉되었다. 그러나 그는 온갖 패악질로 백성의 원성을 샀을 뿐 아니라 공포에 떨게 했다. 야사에서는 그가 매관매직이나 남의 재산을 강탈하는 등의 수법으로 부정축재를 하였으며, 남의 딸을 강제로 빼앗고, 자신의 비위를 건드리는 사람들을 함부로 죽였다고 전한다. '살인마 정승'이라는 별명이 이러한 악행을 함의하고 있다. 정인지나 최항 등도 속물이라는 평가를 받기는 매한가지였다.

　수양대군은 왕이 된 후에도 홍윤성의 편을 들어주거나 보호해주었다. 홍윤성은 어머니가 돌아가신 지 1년 정도 된 시점에 자기가 결혼하기를 원했던 여자 집에 가서 잠을 잤다. 지금은 아무런 문제가 되지 않겠지만, 당시는 유교적 예법에 따라 3년상이 강조되던 때라 큰 문제로 부각되었다. 하지만 홍윤성은 그런 불효죄, 즉 강상죄를 저질렀음에도 불구하고 시종일관 변명만 했다. 따라서 신하들은 끊임없이 죄줄 것을 왕에게 청하였다. 하지만 왕은 그를 감싸고돌았을 뿐 아니라 그에게 벌주기를 요구하는 신하들을 오히려 어리석은 인물들로 몰아갔다. 그리고 얼마 후 지중추원사인 그를 예조판서로 승진시켰다. 이렇듯 수양대군은 왕이 된 후에도 공신들의 범죄에 대한 면책특권을 철저히 지켜주었다. 그렇게 왕의 비호를 받던 홍윤성도 발에 난 종기 때문에 성종 때 죽고 말았다.

　수양대군은 태종이 공신들을 대하는 태도를 따르지 않았다. 이숙번은 제1차 왕자의 난 때, 태종을 도와 정사공신 2등에, 제2차 왕자의 난을 진압하고 좌명공신 1등에 책봉되었던 인물이다. 하지만 자신의 공을 믿고 교만하게 행동하고 사치스런 생활을 하였다. 이에 곤장을 맞고 경상도 함양으로 귀양 갔다. 이숙번처럼 정사공신 2등에 책봉되었던 정탁도 "간사하고 탐하며 교만하고 방종하여 불법한 짓을 자행하였습니다. 전하께서 공신이기 때문에 법을 굽히어 죄주지 않으시었는데, 지금 또 죄 없는 사람을 죽였으니 청컨대, 직첩을 거두고 율(律)에 의하여 시행하소서"라는 사헌부 상소를 접한 후, 관리 임명장을 빼앗고 지금의 경북 영덕군인 영해부로 귀양 보냈다. 태종에 의해 죽임을 당한 민무구 형제나 심온도 공신이거나 공신 집안 출신이었다. 그의 이런 모습을 수양대군은 왕이 된 후 외면했던 것이다.

세종의 종친우대주의가 변질된 것이 수양대군의 공신중심주의라고 할 수 있다. 세종에게 종친은 초법적 지위를 가진 인물들이었다. 수양대군은 세종의 그런 행위를 보고 자란 인물로, 그의 입장에서는 세종의 종친우대주의가 큰 비난의 대상이 아니라는 인식을 가졌을 수 있다. 따라서 그는 세종이 종친에게 대하던 방식을 자신의 공신들에게 적용한 것이다. 그가 공신을 대하던 방식을 뜯어보면 그러한 기조가 있었음을 알 수 있다. 다만 세종과 차이가 있다면 세종의 종친들은 혈연관계지만 그와 공신들은 거래관계로 엮어 있었다. 그는 자신에게 동조하는 공신들에게 반드시 보상을 해줘야만 했다. 홍윤성처럼 그의 보호를 이용해서 이권을 챙기거나 처벌을 피해가는 것은 그러한 거래관계를 최대한 이용한 것으로 볼 수 있다. 그러므로 그의 공신들은 수양대군의 적극적인 보호 아래 부패할 수밖에 없었다. 그리고 그들은 똘똘 뭉쳐 기득권 세력이 되었다. 우리가 흔히 말하는 '훈구파'[41]가 그들이다. 결국 따지고 보면 세종의 종친우대주의는 훈구파가 발아하는 원점이었다.

정난공신들은 회맹의식을 통하여 혈연관계처럼 되도록 강요받았다. 지금의 서울 청와대 본관 자리는 조선시대 회맹 의식을 행하던 회맹단[42]이 있었던 곳이다. 그곳에서 이루어진 회맹의식은 왕이 공신들과 함께 산

짐승을 잡아 하늘에 제사 지내고 짐승의 피를 서로 나누어 마시거나 입에 바르며 단결과 충성을 맹세하던 의식이었다. 이러한 의식을 '삽혈歃血'이라고도 한다. 이런 회맹의식은 중국 고대부터 이어졌다. 조선시대는 수양대군이 국정의 실권을 장악하기 이전에도 여러 차례 회맹의식이 있었다. 태종은 무려 다섯 번이나 공신들과 회맹의식을 가졌다. 수양대군은 계유정난을 일으킨 지 40여 일 후에 회맹의식을 가졌다. 겉으로 보기에는 신하들이 이홍위와 함께 짐승의 피를 나누어 마시며 단결과 충성을 서약한 모습이지만, 사실은 수양대군이 계유정난을 성공시킨 부하들에게 단결과 충성을 강요한 것이었다. 따라서 이날의 회맹의식은 비혈연관계의 정난공신들이 혈연관계로 전환하기를 강요받은 것이라고 할 수 있다. 이런 것은 정당한 명분 없는 쿠데타를 일으켜 정권을 잡은 자들이 하는 정형화된 행태이다. 즉 정통성이 결여된 권력자들은 언제든지 다른 세력에 의해 제거될 수 있기 때문에 자신들끼리 똘똘 뭉쳐 권력을 유지해야만 했다. 한 마디로 자신들만의 패거리를 형성할 수밖에 없었던 것이다.

청와대 본관. 청와대 본관 자리는 조선시대 회맹의식을 행하던 회맹단이 있던 곳이다. 수양대군은 계유정난을 일으킨 지 40여 일 후 이곳에서 정난공신들과 회맹의식을 가졌다.

9) 공신 엄자치를 토사구팽한 수양대군의 의도

사대부 신하들은 환관들이 정난공신에 책봉된 것에 반발하였다. 정난 2등 공신에 오른 인물 가운데는 엄자치와 전균 같은 환관들도 있었다. 엄자치에게는 영성군, 전균에게는 강천군 작위가 내려졌다. 하지만 공신으로 책봉된 지 채 보름도 지나지 않은 때부터 이들이 받은 작위를 철회해 줄 것을 요구하는 상소가 있었다.[43] 환관은 아무리 공이 있더라도 환관에 불과할 뿐이지 군 작위를 받을 만한 인물이 아니라는 것이다. 또 공을 세웠다고 총애하게 되면 교만 방자해져 나중에 화를 입게 된다는 것이다. 심지어 '환관은 사람과 가까이할 수 없다'는 극언까지 서슴지 않았다. 이홍위가 사대부 신하들의 이러한 요구를 받아들이지 않자 그들의 요구는 점점 더 거세졌다. 그들의 요구는 특히 엄자치를 표적으로 삼았다. 그가 국정에 관여하여 조정을 능멸하고, 도둑질을 하고, 관리들을 마음대로 구타했다는 식으로도 몰고 갔다. 이런 상황은 사대부들의 추악한 시기심이 작동한 것이다.

사대부 신하들의 시기심은 엄자치를 유배 도중 길에서 죽게 만들었다. 그들의 거센 반발을 받아들인 이홍위는 그를 감옥에 가두었다가 유배 보냈다. 그의 작위를 철회해달라는 요구가 시작된 때부터 4개월 정도 흐른 시점이다. 그러나 사대부 신하들은 여기에 만족하지 않았다. 따라서 이홍위는 그의 임명장을 빼앗고, 정난공신에서 그를 빼버렸으며, 재산까지 몰수하였다. 그러나 그들은 그 정도로도 만족하지 않았다. 심지어 왕실 종친들은 그를 죽이라고까지 요구하였다. 하지만 이홍위는 의정부와 상의해서 그를 제주도 관노로 보냈다. 그는 제주도로 가던 중 길에서 죽었다. 이런 사실을 모르는 일부 사대부 신하들은 그를 처벌하라고 상소하는 해

프닝도 있었다. 이런 사대부들 입에서 인·의·예·지·신이 나온다는 것이 가소로울 뿐이다.

수양대군은 자신의 권력기반을 강화하기 위해 엄자치를 희생양으로 삼았다. 엄자치를 궁궐에서 내쫓으라고 요구하는 사대부 신하들 중에는 그와 함께 정난공신으로 책봉된 인물들도 있었다. 따라서 수양대군은 딜레마에 빠졌다. 그들의 요구를 이홍위가 수용할 경우, 정난공신들은 수양대군에 대한 불신감을 가질 수 있었다. 반면 그들의 요구를 이홍위가 거부할 경우, 수양대군의 권력기반이 되는 공신들의 이탈도 있을 수 있었다. 계유정난 이후 국정운영은 사실상 수양대군이 주도했기 때문이다. 그러므로 엄자치를 궁궐에서 내쫓으라는 사대부들의 요구를 여러 차례 거부했던 이홍위의 태도도 사실은 수양대군의 의지였다. 결국 수양대군은 이홍위를 내세워 엄자치를 궁궐에서 내쫓고 사대부들의 마음을 달래는 쪽을 택했다. 그래야만 자신이 왕위를 찬탈한 후 안정적으로 국정을 운영할 수 있었기 때문이다. 엄자치는 수양대군을 한없이 원망하며 죽어갔을 것이다. 그는 수양대군이 왕에 오르기 약 두 달 반 전 길에서 죽었다.

환관 전균에 대한 사대부 신하들의 공격이 사라진 것은 수양대군의 공작이라고 할 수 있다. 그들이 격렬하게 엄자치와 전균에 대한 공격이 이루어지던 시기에 이홍위가 왕비를 맞아들였다. 따라서 엄자치와 전균에 대한 사대부들의 공격도 한풀 꺾일 수밖에 없었다. 그러나 이홍위가 혼례를 치른 지 한 달 정도 지난 다음부터 그들의 공격은 다시 시작되었다. 그런데 공격 내용이나 대상에 변화가 있었다. 엄자치에게 내린 영성군과 전균에게 내려진 강천군의 작위 철회 타령은 사라지고 그들의 인격이나 자질을 문제 삼았다. 나아가 공격 대상에서 전균은 빠졌다. 이런 사대부 신하들의 태도 변화는 수양대군의 공작이었다. 당시 사대부들의 태도를 바꿀 수 있는 인물은 수양대군밖에 없었기 때문이다. 더구나 그는 이홍위에게 "환시宦寺인 사람들은 다만 쇄소灑掃에 대비하고 사령使令에 응할 뿐인데, 지금 엄자치 등은 교만하고 횡포하니, 이들을 제거하여 조정을 바로잡지 않을 수 없습니다"라며 엄자치에게 벌줄 것을 요구하였다.

수양대군은 왕위 찬탈을 위한 포석의 일환으로 환관 전균을 보호했다. 이홍위가 혼례를 치른 때부터 약 1년 반 뒤 수양대군은 왕위를 찬탈하였다. 그가 의도한 대로 거사가 순조롭게 이루어졌다. 여기에는 전균도 한 몫했다. 왜냐하면 이홍위의 침실을 들락거리는 상궁들이나 시녀들을 가장 가까이 접하면서 그에 대한 정보를 수집하고 동태를 파악할 수 있는 위치에 있는 인물이 환관들이었기 때문이다. 따라서 수양대군의 눈에 들어 정난공신 2등이 되어 군 작위까지 받고 수양대군의 보호까지 받았던 전균은 당연히 그런 일에 적격이었다. 이런 합리적 의심은 수양대군이 왕위를 찬탈한 후 그를 좌익공신 2등에 책봉한 것에서도 확인할 수 있다.

··· 10) 계유정난(계유사화) 이후 분열된 왕실 종친

계유정난이 일어난 지 상당한 시간이 흘렀음에도 민심은 안정되지 않았다. 계유정난이 일어난 지 1년 반 정도 지난 후 이홍위는 다음과 같은 말을 하였다. 수양대군이 군사들을 시켜 백성을 다 죽인다거나 자신에게 해를 끼칠 것이라는 등의 흉흉한 소문들이 퍼져 시국이 어수선하다는 것이다. 그러면서 이런 현상은 안평대군 · 황보인 · 김종서 등을 추종하던 무리 중 일부가 만들어낸 가짜 뉴스 때문에 나타난 것이라고 하였다. 즉 그들은 난을 일으킬 능력이 없으니까 자신과 신하들을 이간질해 나라를 혼란에 빠뜨리기 위해 한 짓이라는 것이다. 따라서 이러한 소문을 퍼트리는 자를 잡아서 신고하면 큰 상을 주겠노라고 하였다. 이렇듯 계유정난이 일어난 지 비교적 오랜 시간이 흘렀음에도 후유증이 남아 있었다. 이런 주장도 수양대군이 이홍위의 입을 빌려 말한 것임은 두말할 나위 없다.

계유정난 이후 왕실은 분열되었다. 수양대군이 계유정난으로 정권을 장악하자 종친 중에는 자신들에게 유리한 쪽을 택해 적극적으로 그의 편에 선 인물들이 있었다. 대표적인 인물들로는 수양대군의 동복형제 임영대군·영응대군, 이복형제 계양군·익현군, 상침 송씨의 딸 정현옹주의 남편 윤사로 등이었다. 당시 광평대군과 평원대군은 이미 세상을 떠난 뒤였다. 반면 수양대군의 넷째 동생 금성대군, 세종의 후궁 영빈 강씨의 아들 화의군, 혜빈 양씨의 아들 한남군과 영풍군, 이홍위의 매형 정종, 외삼촌 권자신, 이모부 윤영손 등은 수양대군의 행태에 불만을 품었다. 하지만 계유정난 직후 그들이 분열된 것은 아니었다. 권자신 등은 계유정난 당시 안평대군을 죽이도록 요구했듯이 수양대군에게 우호적이었다. 따라서 그 후 수양대군의 왕위 찬탈 의도를 감지하면서 권자신처럼 수양대군에게 불만을 품은 인물들이 등장한 것으로 볼 수 있다.

민심을 불안하게 만든다는 인물들 중심에 종친들이 있었다. 민심을 안정시키기 위해 이홍위가 담화를 발표하였음에도 집권세력을 불안하게 하는 왕실 종친에 관한 이야기가 나돌기 시작하였다. 이 이야기 중심에 금성대군이 있었다. 그가 의심스러운 행동을 한다는 것이었다. 그리고 그런 이야기는 시간이 지남에 따라 구체화되어 갔다. 무사들이 그의 집에 모여 활쏘기 내기를 하면서 잔치를 벌였다는 등의 이야기로 바뀐 것이었다. 그런 이야기에는 추문이 동반되었다. 처음에는 "문종의 상喪이 있을 때 그가 안평대군·화의군·의창군 등과 풍악을 울리며 연회를 베풀었다"고 하였다. 다음에는 "화의군은 평원대군의 첩 초요갱[44]과 간통하였다"고 하였다.

 금성대군의 인정 많은 심성도 구설수를 불러왔다. 그는 많은 재산을 가지고 있었지만 경우가 바르고 남들에게 베풀기 좋아했다. 예컨대 70살이 된 태종의 후궁 의빈 권씨가 병이 들어 궁궐 밖의 질병가疾病家[45]에 머물고 있었다. 그녀는 그를 키운 인물이었다. 따라서 그는 그녀를 자신의 집에 데려다 봉양하려고 이홍위에게 청하였다. 하지만 이홍위는 그의 청을 받아들이지 않았다. 이미 궁궐을 나간 자는 다시 들어오게 할 수 없다는 이유를 들었다. 이렇듯 경우가 바른 그는 물건이나 노비들을 남에게 주는 것도 좋아했다. 예컨대 그는 이홍위의 매형 정종에게 금대金帶를 주고, 상궁 박씨에게 계집종을 주었다. 또 혜빈 양씨의 아들 수춘군이 병이 나자 그를 위해 기도해주고 병이 낫자 말을 주기도 했다. 하지만 사람들은 그가 불순한 의도를 갖고 한 행위로 규정하였다. 그들 가운데 윤사로가 있었다.

 금성대군과 안평대군은 비슷한 정서를 공유하였다. 앞서 밝혔듯이 안평대군도 남에게 베풀기 좋아하는 성격이었다. 따라서 주변에 이런저런 사람들이 많이 몰려들었다. 금성대군도 남에게 베풀기 좋아하는 성격으로, 당연히 사람들이 그를 따랐다. 둘 사이에 차이가 있다면 안평대군은 예술적 성향이 강했지만 금성대군은 호탕했다. 따라서 안평대군 주변으로 몰려드는 사람들이 대체로 예술을 좋아하는 문사文士들이었다면, 금성대군 주변에는 무사武士들이 있었다.

 금성대군이 무사들을 가까이한 것이 그에게 영원한 역모자의 굴레를 씌웠다. 그가 활쏘기 내기를 하던 자리에는 화의군과 당시 최고의 명사수였던 최영손, 김옥겸 등이 있었다. 이에 신하들은 그런 사실을 숨겼다는 이유를 들어 금성대군의 임명장을 거두도록 건의하였고 이홍위는 그들의 건의에 따랐다. 아울러 금성대군과 가까이 지냈던 수십 명의 신하들도 처벌하였다. 이때 화의군을 유배 보냈다. 이에 장령 이승소 같은 신하는 금성대군과 화의군 등에 대한 죄명을 명확히 알고자 하였다. 하지만 이홍위는 화의군의 죄는 초요갱과 간통한 사실이라고 하였지만 "금성대군은 죄가 없다"는 말을 하였다. 이런 태도로 볼 때, 금성대군은 신하들이 주장하는 어떤 죄도 짓지 않았음을 알 수 있다. 그럼에도 금성대군이 무사들을 가까이한 일은 그가 죽을 때까지 따라다닌 역모자 꼬리표 역할을 하였다. 이런 상황은 금성대군과 대척점에 있었던 종친들과 정난공신들이 만든 것이었다.

11) 수양대군의 왕위 찬탈

수양대군은 결국 이홍위의 왕위를 찬탈하였다. 1455년(단종 3년) 윤6월 11일, 이홍위는 왕위를 세조에게 물려주었다. 그는 자신이 나이가 어리고 국정에 관련된 일을 잘 알지 못한 탓에 민심이 안정되지 않아 왕의 자리를 수양대군에게 물려주어 그가 국정운영을 하도록 하겠다고 하였다. 이 말을 한확 등에게 전한 인물이 환관 전균이다. 이에 신하들이 '수양대군이 이미 국정을 다 총괄하고 있는 상황에서 그에게 왕위를 물려주는 것이 무슨 의미가 있겠느냐'는 식의 반응을 보이며 그의 결정을 철회할 것을 요구하였다. 수양대군도 눈물을 흘리며 사양하였다. 전균은 이홍위가 대보[46]를 가져올 것을 지시했다고 신하들에게 전했다. 이에 동부승지 성삼문이 그것을 가지고 와서 전균에게 경회루 아래로 가서 바치게 하였다. 이홍위가 경회루 아래로 와서 수양대군을 부르니, 그가 달려 들어가고 승지와 사관 또한 뒤를 따랐다. 이홍위가 일어나니, 그가 엎드려 울면서 사양하였다. 이홍위가 손으로 대보를 잡아 그에게 전해주니 더 사양하지 않고 받았다. 이홍위는 신하들에게 계속 엎드려 있는 수양대군을 부축해서 데리고 나가도록 했다. 이 상황에서 보인 수양대군과 일부 신하들의 모습은 다 각본에 따라 연기한 것임은 두말할 필요가 없다. 수양대군은 이홍위가 즉위한 지 3년 만에 왕위를 찬탈하였다. 당시 이홍위는 15살이었고, 수양대군은 37살이었다.

  수양대군의 왕위 찬탈을 위한 각본에는 명나라 사신도 포함되어 있었다. 수양대군이 왕위를 찬탈하던 시기에 명나라 사신들이 한양에 도착하였다. 4월 하순에 도착하였으니 그가 왕위를 찬탈한 날로부터 약 두 달 보름 전이었다. 왕위를 찬탈당한 날, 이홍위는 사신들에게 "계유정난 이후로도 역모를 꾀하는 자들이 있지만 내 능력으로는 해결하기 어려워 수양대군에게 왕위를 물려주었다"고 말했다. 그러자 그들도 수양대군이 왕위를 물려받은 것을 기쁘게 생각한다는 식으로 맞장구쳤다. 이렇듯 수양대군은 왕위 찬탈에 명나라 사신들도 끌어들였다. 이렇게 명나라 사신들을 끌어들인 이유는 쉽게 추론할 수 있다. 혹시나 있을지도 모르는 수양대군의 즉위에 대한 명나라 조정의 거부감을 사전에 차단하기 위함이었

경복궁 경회루. 수양대군은 이곳에서 선위를 가장한 왕위 찬탈을 하였다.

다. 즉 그들로 하여금 자신들의 행위를 명나라 황제에게 잘 말해달라고 부탁한 것이었다.

　수양대군은 이홍위의 마지막 통치행위까지 이용해가며 이홍위 스스로 자신의 보호세력을 차단하도록 하였다. 수양대군은 왕위를 찬탈하던 날 신하들을 모아놓고 혜빈 양씨·상궁 박씨·금성대군 등에 관한 일을 거론하였다. 이에 신하들은 이홍위에게 그들을 처벌해줄 것을 요구하였다. 만약 이홍위가 신하들의 요구를 무시한 상황에서 수양대군이 왕위를 물려받으면 그 문제는 수양대군이 처리해야 한다. 하지만 이홍위가 그 문제를 처리하면 수양대군 입장에서는 큰 부담을 덜 수 있었다. 혜빈 양씨는 작은어머니이고, 금성대군은 친동생이기 때문에 패륜 행위로 비쳐질 수 있었기 때문이다. 따라서 수양대군은 이홍위의 마지막 통치행위를 이용해 자신에게 껄끄러운 일마저 해치우려 한 것이다. 결국 이홍위는 자신을 키워준 할머니 혜빈 양씨를 포함한 그들을 모두 유배 보냈다. 이러한 상황에 처한 이홍위는 수양대군이야말로 자신의 힘으로는 절대 극복할 수 없는 공포의 벽으로 느꼈을 것이다.

　세조[47]는 좌익공신 책봉에도 잔꾀를 부렸다. 세조가 조선 제7대 왕으로 즉위한 날부터 3개월 정도 흐른 후 좌익공신 책봉이 이루어졌다. 1등은 자신의 이복동생 계양군과 익현군을 포함해 한확·윤사로·권람·신숙주·한명회 등 7명이었다. 자신의 편에 선 종친 3명과 최측근 4명이 들어갔다. 2등은 정인지·이사철·윤암·이계린·이계전·최항·전균·홍달손·양정·권반 등 12명이었다. 3등은 권공·이징석·정창손·황수신·박강·권자신·박원형·구치관·윤사균·성삼문·조석문·이예장·원효연·한종손·이휘·황효원·윤자운·이극배·이극감·권개·최유·조효문·한계미·정수충·조득림·홍윤성 등 25명이었다.

앞서 정난공신 책봉 때, 자신들을 공신 명단에서 빼달라고 요구했던 신숙주·최항·성삼문이 각각 1·2·3등 공신으로 다시 책봉되었다. 이 명단을 통해 신숙주는 세조의 왕위 찬탈에 적극적으로 개입했음을 알 수 있다. 반면 성삼문·이휘·권자신 등 3명은 왕위 찬탈을 합리화하기 위해서 일부러 끼워 넣었을 개연성이 높다.[48] 이들은 다음 해 세조를 제거하고 이홍위 복위를 꾀했던 인물들이었다. 그리고 정난공신 책봉 후 사대부 신하들로부터 곤욕을 치른 환관 전균이 이번에도 2등으로 책봉되었다. 이를 통해서 세조가 엄자치를 희생양으로 삼고, 전균을 살려냈다는 것을 재차 확인할 수 있다.

　이홍위는 상왕이 되었다. 이홍위가 왕위에서 물러남으로써 전前왕이 15살, 현現왕은 37살인 기이한 상황이 벌어졌다. 이런 상황은 그때가 정치적으로 불안정했음을 보여주는 것이다. 아무튼 이홍위는 현왕인 세조에 비해 22살이나 어린 상왕이 되었다. 따라서 이홍위는 경복궁을 떠나 창덕궁으로 거처를 옮겼고 경복궁에는 세조가 들어왔다. 세조는 "매월 2일·12일·22일에는 상왕께 친히 문안하겠다"고 공언하였다. 이홍위는 상왕으로서 명나라 사신들에게 베푸는 잔치에 참석하기도 하였다. 세조는 그에게 '공의온문상태왕恭懿溫文上太王', 부인 송씨에게는 '의덕왕대비懿德王大妃'라는 작위를 주었다. 병 주고 약 주는 식의 모습을 보인 것이다. 하지만 이홍위에게는 모든 것을 내려놓은 이때가 계유정난 이후 가장 평온한 시기였는지도 모른다.

··· 12) 세조의 술판정치

　세조는 온 궁궐을 술판으로 만들었다. 세조는 왕이 되자 술판을 통해서 종친이나 신하들과 친목을 다진 것은 물론이거니와 국정운영도 했다. 즉 '술판정치'를 한 것이다. 그 과정에서 주량이 약한 신하들은 실수를 하여 곤경에 처하기도 했다. 또 술판에서 벌주罰酒를 남발하였을 뿐 아니라 술판에서 벌어진 일을 문제 삼아 신하들을 죽이기도 하였다. 다음과 같은 몇 가지 사례를 통해서 그런 사실을 확인할 수 있다.

세조는 즉위한 후 5개월 정도 지났을 때, 경복궁 사정전에서 정사를 보면서 조그만 술자리를 만들었다. 이때 집의 이예가 술이 취해 왕이 앉는 자리에 올라가 금성대군의 처벌을 요구하는 추태를 보였다. 사정전이 진지하게 국정을 논하는 장소가 아니라 저잣거리의 주막 같은 장소로 바뀐 것이다. 그럼에도 세조는 이 자리에서 국가의 술 관리를 체계적으로 하지 못했다는 이유를 들어 담당 관리들을 문책하기도 하였다.

영의정 정인지가 술이 취해 세조를 '너'라고 부른 일도 있었다. 당시 정인지는 세조보다 22살이나 많았지만 지존에게 반말을 한 것이다. 더구나 당시는 피휘제도를 엄격히 지키던 시절이었다. 즉 왕의 이름으로 쓰인 글자는 어떤 경우에도 쓸 수 없었거니와 꼭 써야 될 경우 획의 일부를 생략하거나 뜻이 통하는 다른 글자로 대치하던 때였다. 그러니 난리가 날 만도 하다. 영중추원사 이계전 같은 인물은 "그를 베어 죽이소서"라고 할 정도였다. 하여튼 이 사건은 술과 관련된 역사적 사건으로는 아주 인기 높은 화젯거리이다. 이 이야기의 결론은 세조가 너그러이 눈감아준 것으로 끝난다. 그렇다고 세조를 호탕한 인물로 생각하면 큰 착각이다. 정인지는 세조 자신이 이용해먹을 만한 조건을 갖춘 인물이기 때문에 눈감아준 것이다. 앞서 밝혔듯이 그를 이용해 계유정난이나 왕위 찬탈을 정당화하고 다른 원로 신하들에게 자신의 좋은 이미지를 줄 수 있기 때문이다. 그런 이유로 그를 정난공신 1등, 좌익공신 2등에 포함시켜 상을 내리기도

한 것으로 볼 수 있다.

세조가 벌인 술판에서 신하들의 인격은 존재하지 않았다. 그가 왕위를 찬탈한 지 약 두 달 정도가 지나갈 무렵, 창덕궁에서 공신들이 자신들의 맹세문과 이름을 적어 만든 족자를 이홍위와 그에게 바쳤다. 이어 술판이 벌어졌다. 거나하게 취해 신하들과 어울려 춤판까지 벌였던 세조는 막냇동생 영응대군 집에 들렀다 경복궁으로 들어와 사정전으로 갔다. 한 마디로 왕이 술이 취해 이 궁궐을 나와 저 궁궐로 가면서 중간에 동생 집에 들러 2차를 한 후 자신의 집무장소에 나타난 것이었다. 이때 병조판서 이계전은 그에게 술이 과한 것 같으니 거처로 들어가길 권했다. 그러자 세조는 "나의 몸가짐은 내 마음대로 하는데, 네가 어찌 나를 가르치려고 하느냐?"며 이계전의 관冠을 벗게 하고 그의 직속부하인 병조참판 홍달손을 시켜 머리채를 움켜쥐고 뜰로 끌고 내려가 곤장을 치도록 하였다. 그러더니 "내 평일에 너를 사랑하기를 비할 바가 없었는데, 너는 어찌하여 내 마음을 헤아리지 못하느냐?"는 쌩뚱맞은 소리를 하면서 그를 달랬다. 세조

영응대군 묘(경기도 시흥시 군자동). 이곳에는 영응대군과 3명의 아내들이 잠들어 있다. 그녀들 중 대방부인 송씨는 정순왕후의 친고모이다. 그녀는 세종에 의해 강제 이혼당했다. 하지만 그녀를 잊지 못한 영응대군은 그 후 그녀와의 사이에서 두 딸을 두었다.

가 분노조절장애를 일으킬 때마다 앞뒤 안 가리고 하는 대표적 행태가 신하들의 머리채를 잡은 채로 끌고 가 두들겨 패도록 하는 것이었다. 하위지도 똑같은 방식으로 당했다.

세조는 술판에서 논쟁하던 신하도 죽였다. 경복궁 후원의 충순당이라는 전각에서 신하들과 술을 마시던 세조는 취로정 연못가로 나아가 서강·임원준 등에게 명하여 병서兵書·『장자』·『노자』·당나라 한유의 글 등을 강의하도록 시켰다. 이 상황에서 세조와 서강 간에 불교에 대하여 논쟁이 붙었다. 이때 세조는 서강이 잘 모르는 것을 아는 체한다고 생각하면서, 그의 마음을 떠보려고 연거푸 여러 잔의 술을 마시도록 하였다. 그러나 서강은 취하지 않았다고 하면서 주장을 굽히지 않았다. 세조가 화를 내며 거듭 되물어도 서강의 태도는 변하지 않았다. 그러자 세조는 자신이 반역자로 인식하고 있는 하위지를 들먹이며 그를 "하위지 같은 무리이다"라고 하며 꾸짖었다. 그런데도 서강은 이런 식으로 신하를 대하는 것은 옳지 않다고 대들었다. 세조는 서강에게 곤장을 때리도록 하였다. 그럼에도 서강은 집에서도 항상 불교 공부를 한다면서 자신의 주장을 굽히지 않았다. 세조는 곤장을 더 때리도록 한 다음 그를 그곳에 묶어두도록 해서 죽였다. 한때 세조에 의해 원종공신[49] 1등에 책봉되기도 했던 그였지만 술판에서 두들겨 맞고 묶인 채 얼어 죽었다.

세조는 술판에서 한 말도로 장수를 죽이거나 술로 장수들을 벌주었다. 세조를 도와 정난공신 2등에 책봉되고, 오랫동안 변방지역에서 근무했던 양정이 술판에서 "전하께서 임어臨御하신 지 이미 오래되었으니, 오로지 한가하게 안일하심이 마땅할 것입니다"라는 말을 하였다. 즉 왕의 자리에 있을 만큼 있었으니 이제는 왕위를 물려주고 편히 쉬라고 한 것이다. 이 말을 들은 신하들이 처벌을 요구하자 목을 베어 죽였다. 당시 사관은 양정이 정난공신임에도 불구하고 변방에서만 근무시킨 것에 대한 불만을 이렇게 불손한 행동으로 표출한 것이라고 기록하였다. 그런데 세조는 이런 일이 있던 때부터 약 2년 후 왕위를 세자에게 물려주고 다음 날 죽었다. 따라서 양정이 한 말은 진심으로 세조를 위한 말이었을 수 있다. 또 군사훈련에서 군율을 어긴 위장 심안의 등 4명의 투구를 벗긴 채 뜰 아래 꿇어앉히고 벌주를 마시게 한 적도 있었다.

세조는 신하들의 술주정으로 국제적 망신을 당하기도 하였다. 세조가 즉위한 다음 해, 즉위를 승인하는 고명을 들고 명나라 사신들이 한양에 왔다. 이날 세조는 그들을 위해 지금의 서울시 중구 서소문동에 있었던 태평관에서 하마연[50]을 베풀었다. 이 자리에서 세조 즉위에 공을 세워 원종공신 1등에 책봉된 겸사복 민발이 술주정을 했다. 세조가 술주정을 막느라 그의 손을 잡고 타이르기도 하였다. 하지단 그는 아랑곳하지 않고 막무가내로 행동했다. 이런 민발의 태도는 세조의 술판정서가 외국 사신들을 위한 잔치판으로까지 옮겨간 것이라고 할 수 있다.

세조는 궁궐에서 한 달에 3번은 술판을 벌였다. 술판을 벌여 국정을 논하고, 공적인 일로 신하들을 꾸짖는 것도 술로 하던 인물이 세조다. 따라서 그는 궁궐을 온통 이성을 잃고 얼굴이 뻘게가지고 돌아다니는 신하들이 넘쳐나는 공간으로 만들었다. '술자리'를 『세조실록』으로 한정해서 검색하면 무려 467회나 나온다. 재위기간이 약 13년 정도임을 감안할 때 1년에 약 36회, 1달에 3회 정도의 술판을 벌인 셈이다. 그에 비해 '술자리'를 『세종실록』으로 한정해서 검색하면 86회 나온다. 세종 재위기간이 약 32년임을 감안하면, 1년에 3회도 안 되는 수치이다. 세조는 군사들의 동상 예방에도 사용할 정도로 술을 애용하였다.

세조의 술판정치를 우려하는 신하들의 목소리가 즉위한 지 반년이 지난 시기부터 나왔다. 세조가 즉위한 지 7개월 정도 지났을 때, 세조는 신하들과 아침 조회를 끝내고 술자리를 가졌다. 살인사건 용의자로 지목되는 민발에 대한 이야기가 오고 간 후 본격적인 술판이 벌어졌다. 이 자리에서 그는 신하들에게 일어나 춤을 추게 하였다. 이렇게 술판이 한창 무르익을 무렵 도착한 신하들에게는 마음에 품은 바를 말하도록 하였다. 이 때 집현전직제학 양성지가 신하들을 위해 자주 술자리를 만드는 것도 좋지만 왕의 건강을 위해 술자리를 줄여달라는 말을 했다. 이 말을 들은 세조는 "오직 너만이 나를 사랑하는구나"라고 하며 양성지의 관작(계급) 1자급을 더하여 주었다. 그로부터 4개월 후 양성지는 경연에서 또다시 밤에 공신들과 술자리 갖는 것을 자제해달라는 건의를 하였다. 그러자 세조는 "공신들과 밤에 연회하는 것이 무슨 해가 되겠는가?"라고 맞받아쳤다. 이에 같은 자리에 있던 좌승지 구치관도 "신도 한명회와 함께 또한 아뢰려고 하였는데, 양성지의 말이 옳습니다"라며 그의 편을 들어주었다. 하지만 신하들의 말은 소귀에 경 읽기에 불과했다. 세조의 술판정치는 재위기간 내내 벌어졌다. 그는 죽기 20여 일 전까지 종친 및 신하들과 어울려 경복궁 보경당 뒤뜰에서 술자리를 가졌다.

 세조는 술판에서 즉흥적으로 인사를 단행하기도 하였다. 앞서 언급한 것처럼 양성지가 자신의 건강을 염려해준다고 생각한 세조는 술판에서 즉흥적으로 그의 관작을 올려주었다. 그뿐이 아니다. 이조참의였던 어효첨은 취중에도 실수하지 않는다고 이조판서로 승진시켰다. 더구나 그에게 "어느 조曹를 하려 하느냐?"고 묻기도 하였다. 지금으로 말하자면 차관보에서 단번에 장관으로 승진시켜 주고 부서마저 선택하라는 것이었다. 세조가 집권했던 시기의 조선은 '이게 나라냐?'라는 생각이 들게끔 한다. 아무리 치적을 인정한다 할지라도 그는 왕이 될 만한 품격을 갖추지 못한 인물이었다. 그리고 그러한 치적은 세종이 길러낸 인재들에 의해 이루어진 것으로, 세조의 치적이라기보다 세종 치적의 연장이었다. 나아가 세조의 이러한 모습은 매사 즉흥적인 자신에 비해 늘 이성적인 태도를 보이는 어효첨에게 일종의 콤플렉스를 느꼈던 것으로, 그가 안평대군에게 가졌던 감정과 유사하다고 할 수 있다.

세조의 6조직계제 부활은 자신의 잘못된 처신을 덮으려는 의도도 내포되어 있다. 그가 6조직계제를 선호한 것은 문종·이홍위 대를 거치면서 약화된 왕권을 강화하고 추락한 왕실 자존심을 회복하기 위함이었다. 표면적으로 드러나지 않았지만, 술판정치는 그의 품격도 추락시켰을 것이다. 나아가 그런 상황은 자연스럽게 왕권에도 영향을 미쳤을 것이다. 따라서 의정부서사제를 계속 시행할 경우, 추락한 왕권이 의정부 권한에 잠식하게 될 것이 뻔하다. 그러면 앞서 언급한 것처럼 술판에서 내키는 대로 신하들에게 벌주를 내리거나, 처벌하거나, 인사를 단행할 수 없었을 것이다. 세조가 이를 모를 리 없다. 따라서 6조직계제 부활은 자신의 잘못된 처신이 가져오는 왕권 약화를 막으려는 의도도 있다고 보인다.

세조는 술판을 좋아한 반면 여자들을 가까이하지 않았다. 태조 이성계는 정비 신의왕후 한씨 외에 5명의 후궁을 두었다. 정종은 정비 정안왕후 김씨 외에 10명의 후궁을 두었다. 태종은 정비 민경왕후 민씨 외에 무려 19명의 후궁을 두었다. 세종은 소헌왕후 심씨 외에 9명의 후궁을 두었다. 문종도 정비 현덕왕후 권씨 외에 9명의 후궁을 두었다. 어린 이홍위도 정비 정순왕후 송씨 외에 2명의 후궁이 있었다. 세조는 52살까지 살았고, 재위기간이 13년이었음에도 정비 정희왕후 윤씨 외에 3명의 후궁이 있었다. 이전 왕들에 비해서 비교적 후궁이 적은 편이다. 이에 신하들이 후궁 들일 것을 재촉하면 그는 손수 쓴 글을 통해서 "제후 한 사람이 아홉 여자를 취하는 것은 후사를 넓히려는 것이니 그 뜻이 은미하다. 지금 아뢴 말이 매우 의義에 합당하나, 내가 본래 색色을 좋아하지 아니하고, 또 임금으로서 나를 모시는 여자가 없음을 걱정하지 아니하니 경 등은 다시 말하지 말라"고 답하였다.

세조도 왕실 스캔들에서 자유로울 수 없었다. 앞서 밝혔듯이 세조는 3명의 후궁을 두었다. 그녀들 가운데 근빈 박씨와의 사이에서 2명의 아들을 가졌으니 덕원군과 창원군이다. 반면 나머지 2명의 후궁 소용 박씨와 숙원 신씨 사이에는 자식이 없었다. 그런데 소용 박씨가 왕실을 발칵 뒤집어놓을 만한 스캔들을 만들어놓았다. 덕중으로 불리는 그녀가 내시 송중, 세조의 친동생 임영대군의 아들 귀성군[51]과 스캔들을 뿌린 것이다. 이에 세조는 송중과의 일에 대하여는 눈감아주었지만 조카와의 일에 대하여는 그녀를 죽이도록 하였다. 물론 이 이야기는 호사가들이 만들어낸 픽션에 불과하다. 당시 귀성군의 정치적 위상이 대단하였기에 호사가들의 표적이 될 만하였다.

세조는 술판을 좋아하면서도 검소한 생활을 하였다. 그가 지방 연회 때 사용하는 대자리가 지나치게 화려하다는 말을 들은 것 같다. 따라서 다음과 같은 내용의 글을 승정원을 통하여 전달하였다.

"자리는 비록 본국에서 생산하는 것이나 거두어 쓰는 데에는 반드시 백성에게 의뢰하게 되는 것이니 참으로 함부로 소비해서는 안 되는 것이다. 듣건대 제도諸道와 주州·군郡의 연석筵席이 극히 화려하다고 하는데 나는 침실에서 언제나 헌 자리를 깔고 앉아 있다. 빨리 이 사실을 알려라."[52]

그의 검소한 생활을 느낄 수 있는 대목이다. 하지만 진짜 검소한 생활을 하려면 지나친 술판을 삼가야 한다는 것을 알아야 했다.

··· 13) 의심 많은 세조

의심 많은 세조의 성향은 최측근들도 인정하고 있었다. 다음의 에피소드는 세조의 그런 면을 잘 보여주고 있다.

공(한명회)은 계책이 보통 사람보다 뛰어났다. 일찍이 신숙주와 함께 궁중에서 세조를 모시고 잔치할 때 술이 취하자 세조가 숙주의 팔을 잡고 많이 마시면서 이르기를 "경도 역시 나의 팔을 잡으렷다" 하니 숙주가 심히 취해서 소매 속으로 손을 넣어서 세조의 팔을 잡으니 세조가 "아파, 아파" 하였다. 그때 예종(세조의 둘째 아들)이 곁에 있다가 얼굴빛이 변하였다. 세조가 예종의 이름을 부르며 "나는 가하지만 너는 불가하다" 하고는 극히 흥겨워하며 헤어졌다. 공이 집에 돌아와서 청지기에게 이르기를 "범옹(신숙주의 자)이 평일에 많이 취했더라도 술이 조금 깨면 반드시 일어나 등불을 켜고 글을 열람한 뒤에 취침하나 오늘은 그렇게 행동해서는 안 된다. 네가 가서 내 말을 전하여 중지하게 하라" 하였다. 청지기가 가서 보니 과연 공의 말과 같았다. 밤중이 되자 세조가 술이 깨자 내시를 시켜 숙주의 집에 가서 살펴보게 하니 숙주가 취침하였더라 하였다.

- 『소문쇄록』[53)]

이 이야기는 세조와 신숙주를 함께 언급할 때 단골로 등장하는 에피소드이다. 세조는 신숙주가 의도적으로 자신의 팔을 세게 잡았다면 자신에 대한 충성심이 변한 것이라고 생각했다. 반면 자신의 팔을 세게 잡은 것이 술김에 의한 것이라면 단순한 실수라고 생각했다.

세조의 최측근들도 세조를 경계하고 있었다. 다음은 한명회·신숙주·권람 세 사람이 사돈관계를 맺는 것조차 세조의 눈치를 보던 모습이다.

공(한명회)이 숙주 집안과 연달아서 혼사관계를 맺었다. 권람도 공의 집안과 혼사관계를 맺으려 하니 공이 거절하기가 어려워서 숙주에게 물었더니 숙주가 말하기를 "이건 쉬운 일이오. '우리 세 사람은 공로가 같으니 신(申)의 집안과 혼인하고 또 그대의 집안과 혼인한다면 임금이 혹시 우리 세 사람이 지나치게 가깝다고 여겨 의심하지 않으리오' 하면 되지 않겠소" 하였다. 곧 신숙주의 말처럼 답하니 권람이 흔연히 말하기를 "나의 생각이 미처 이르지 못하였소" 하였다.

― 『소문쇄록』[54)]

세조는 술자리에서 좋게 한 말도 의심하는 인물이었다. 세조가 6조직계제를 부활하려고 할 때 정면으로 반발한 대표적 인물이 하위지였다. 세조는 그를 처벌하려다 그만두면서 다음과 같은 말을 하였다. "지난날 내가 영의정이 되어 바야흐로 충성을 다해 나라를 돕고 있는데도 하위지가 나에게 이르기를 '영상(領相)은 문종의 자자손손을 마음을 다해 보필하기를 원합니다' 하였다. 이것이 비록 취중의 말이라 할지라도, 실상 나를 의심한 것이다." 수양대군 시절 그가 왕위를 찬탈하지 않는다는 것을 전제로 할 때, 하위지가 한 말은 좋은 뜻이다. 하지만 도둑이 제 발 저리다고 술자리에서 한 말도 의심이 가득 찬 마음으로 받아들였다.

세조의 의심 앞에는 어떤 신뢰관계도 존재하지 못했다. 1467년(세조 13년) 함경도 호족 이시애가 세조의 정책에 반대하여 반란을 일으켰다.[55)] 당시 한명회와 신숙주 등이 이시애 측과 내통하였다는 말이 떠돌았다. 이에 세조는 즉각 군사를 거느리고 가서 신숙주와 아들들을 잡아다 의금부에 가두도록 명령을 내렸다. 또 병이 나서 잡아오지 못한 한명회는 군사들로 하여금 그의 집을 지키도록 하고 아들과 사위 역시 의금부에 가두게 하였다. 물론 한명회와 신숙주 등이 이시애 측과 내통했다는 것은 사실이 아니었다. 따라서 그들은 한 달 뒤 석방되었다. 그때 세조는 내전 뜰로 그들을 불러서 눈물을 흘리며 후회하였다고 한다. 세조의 의심 앞에는 공신들도 한순간에 사라질 수 있음을 느끼게 하는 대목이다. 세조의 의심 많은 모습은 대군시절 고명사은사로 북경으로 갈 때 황보석과 김승규를 인질로 데리고 가면서도 측근들에게 황보인 등을 염탐하도록 한 것에서 이미 느꼈던 바이다.

세조는 의심이 많았을 뿐 아니라 과시욕도 강했다. 그가 자신을 과시하는 데 주로 사용한 것 중 하나가 활쏘기였다. 다음은 그런 사례를 보여주는 『조선왕조실록』 기사이다.

세조가 현릉顯陵[56]에 가서 비석을 보고 감역관 안지귀·홍일동과 같이 활을 쏘았는데 강곤과 홍순로도 왔다. 세조가 1백 50보의 표적을 쏘아 백발백중하니 안지귀가 탄복하여 말하기를 "비록 큰일이 있더라도, 죽어도 따르겠습니다" 하였다.[57]

세조는 대군시절 지금의 경기도 구리시 동구릉에 있는 문종의 무덤으로 가서 활을 쏘았다. 여기서도 나타나듯이 그는 다른 사람들이 탄복할 만큼 활을 잘 쏘았다. 아울러 그는 활쏘기를 이용해서 자신의 능력을 과시하였다. 나아가 그러한 능력 과시를 세력 형성에 이용했던 것이다. 이로부터 70여 일 후 계유정난이 일어났다.

14) 세조 제거와 이홍위 복위를 위한 거사 실패(병자사화)

집현전 학사 출신의 일부 신하들은 세조를 제거하고 이홍위를 복위시키려 하였다. 1456년(세조 2년) 6월 2일(양력 7월 4일) 한여름이었다. 성균사예 김질이 장인 의정부우찬성 정창손과 함께 세조를 찾아와 "비밀히 아뢸 것이 있습니다"라고 하였다. 세조는 경복궁 사정전에서 그들을 맞이하였다. 그러자 김질은 『조선왕조실록』에 실린 다음과 같은 충격적인 이야기를 털어놓았다.

"… 성삼문이 말하기를 '좌의정은 북경에 가서 아직 돌아오지 아니하였고 우의정은 본래부터 결단성이 없으니 윤사로·신숙주·권람·한명회 같은 무리를 먼저 제거해야 마땅하다. 그대의 장인은 사람들이 다 정직하다고 하니 이러한 때에 창의(唱義)하여 상왕을 다시 세운다면 누가 따르지 않겠는가? 신숙주는 나와 서로 좋은 사이지만 그러나 죽어야 마땅하다' 하였습니다. 신이 처음에 더불어 말할 때에는 성삼문은 본래 언사(言辭)가 너무 높은 사람이므로 이 말도 역시 우연히 하는 말로 여겼는데 이 말을 듣고 나서는 놀랍고도 의심스러워서 다그쳐 묻기를 '역시 그대의 뜻과 같은 사람이 또 있는가?' 하니 성삼문이 말하기를 '이개·하위지·유응부도 알고 있다' 하였습니다."[58]

김질에 의해 모의자로 거명된 성삼문·이개·하위지는 모두 세종 대 과거시험에 합격한 집현전 학사 출신이었다. 유응부만 세종 대에 무과에 합격한 인물이다.

집현전 출신 신하들이 세조를 제거하려 했던 첫 번째 이유는 선왕들과의 신의를 지키며 유교적 통치이념을 확립하기 위한 것이었다. 세조 제거를 주도한 핵심인물들은 세종에 의해 길러져서 문종·이홍위를 거쳐 세조 대에 이른 인물들이었다. 그들은 대체로 세종 중후반기부터 세종 말년을 전후하여 집현전에서 관직 생활을 하였다. 그 시기에 집현전이 가장 활성화되었고, 이홍위도 이때 태어났다. 따라서 그들은 세종의 이홍위에 대한 깊은 애정은 물론 이홍위를 통해 적장자 왕위계승 원칙을 정착시키려 했던 굳은 의지를 목격하였다. 더구나 세종은 집현전에 근무하는 신하들에게 자신이 죽은 뒤 이홍위를 보호해달라는 부탁까지 했다. 그런 사실이 야사『동각잡기』에 다음과 같은 내용으로 나타난다. 거사가 김질의 밀고로 드러나서 성삼문이 고문을 당할 때 신숙주도 같은 자리에 있었다. 이때 성삼문은 신숙주를 향해 "전일에 너와 더불어 집현전에 같이 당직할 때, 세종께서 원손을 안으시고 뜰에 거닐면서 말씀하시기를 '과인이 죽은 뒤에 너희들이 모름지기 이 아이를 보호하라' 하셨는데, 그 말씀이 아직도 귀에 남아 있거늘 너는 잊었느냐?"고 하였다. 이렇듯 성삼문의 말에서 세종에 대한 믿음을 저버리지 않으려는 태도와 세종이 추구하였던 적장자 왕위계승의 원칙을 지켜주려는 모습을 읽을 수 있다.

집현전 출신 신하들이 세조를 제거하려 했던 두 번째 이유는 왕권王權과 신권臣權의 조화를 유지하려고 했기 때문이다. 세조는 즉위한 지 50여 일 만에 나랏일은 의정부를 거치지 말고 6조의 판서가 왕에게 직접 보고하고 왕으로부터 직접 지시를 받으라고 했다. 이 말을 들은 신하들은 의정부서사제를 유지시켜 달라며 반발하였다. 그들 중에는 병조판서 이계전·호조판서 이인손·형조판서 권준 등 판서들도 있었다. 또 예조참판 하위지도 그들 중 한 명이었다. 하지만 세조는 6조직계제를 밀고 나갈 것이니 싫으면 벼슬을 그만두라는 식으로 나왔다. 이에 하위지는 중국 고대 국가인 주나라의 제도를 예로 들며, 의정부서사제를 폐지하지 말아달라고 하였다.[59] 그의 주장에는 신하들을 대표하는 의정부의 견해에 왕도 따라야 한다는 것이 함축되어 있었다. 하지만 세조는 대신에게 왕권을 위임하는 것은 왕이 죽었을 때나 하는 짓이라면서 격분하였다. 그리고 하위지에게 곤장을 치도록 하였다. 다른 신하가 이를 말리자 하위지의 머리채를 잡아 끌고 가 의금부에 가두게 하였다. 앞서 소개했듯이, 이계전이 하위지처럼 당한 것도 사실은 그가 하위지에게 동조했던 것이 근본적인 이유였다. 또 "이달 10일에 하위지를 시가지에서 목 베어서 후일에 두 마음을 품는 자들을 경계하라"고도 하였다. 하위지가 이렇게 목숨 걸고 의정부서사제를 지키려고 한 것은 태조 대에 정도전이 구상했던 재상 중심의 정치를 지향한 것이다. 다시 말해서 왕과 신하의 권력이 조화를 이루는 통치이념을 유지시키려고 한 것이다. 하지만 세조가 왕위에 있는 한 그것이 불가능하다고 판단했기 때문에 그를 제거하려고 하였다. 이렇게 의정부서사제를 유지하기 위해 저항한 신하들의 모습은 왕과 신하들 간의 권력 다툼으로 비쳐질 여지도 있다.

대다수의 집현전 출신 신하들은 현실을 수용하였다. 앞서 언급한 것처럼 하위지 같은 소수의 집현전 출신 신하들은 목숨을 걸고 의정부서사제를 유지하려고 하였지만 대다수는 냉소적이었다. 세조와 하위지가 충돌한 것에 대하여 집현전 출신 사관 이승소는 다음과 같이 평하였다. 하위지는 이상주의자라는 것이다. 이홍위가 왕위에 있을 때는 왕권을 황보인·김종서 등에게 주었기 때문에 왕은 옴짝달싹 못 하였고 다른 신하들은 알아서 그들에게 복종하였다는 것이다. 즉 이홍위가 그들이 국정을 농단하게끔 원인을 제공하였다는 것이다. 따라서 그들의 막강한 권세에 가려져 백성은 왕이 있는지조차 모를 정도였다는 것이다. 하지만 세조가 즉위하여 왕권을 확립하였기 때문에 조정이 안정되었다는 것이다. 나아가 그 후부터 비로소 왕과 신하 사이에 지켜야 할 직분과 의리도 이루어졌다고 하였다. 이러한 이승소의 견해는 재상 중심의 정치체제보다 왕권 우위의 6조직계제를 옹호하는 것이었다. 이러한 태도는 사대부로서 유교이념에 충실하기보다는 현실적 실리를 챙기려는 것이었다.

집현전 출신 신하들이 세조를 제거하려 했던 세 번째 이유는 세조가 집권하는 한 조정은 측근들에 의해 장악될 것이라고 우려했기 때문이다. 세조 측의 핵심인물인 권람은 1450년(문종 즉위년) 문과에 급제하였다. 그가 정5품의 집현전교리였을 때, 박팽년은 종3품의 사헌부집의였고, 이개는 종4품의 집현전응교였다. 또 성삼문과 하위지는 정4품인 집현전직전이었다. 하지만 권람은 세조가 즉위한 해에 종2품인 이조참판이 되었다. 이 시기에 박팽년은 형조참판, 하위지는 예조참판이 되어 권람과 같은 품계에 올랐다. 성삼문·박팽년·이개·하위지·유성원 중 세조가 즉위하던 해에 권람과 같은 품계에 오른 인물은 박팽년과 하위지 2명이었다. 세조가 즉위한 다음 해에는 권람이 이조판서, 신숙주가 병조판서가 되어 정2품의 품계에 올랐다. 이렇듯 권람은 성삼문 같은 인물들에 비해 뒤늦게 과거에 급제하였지만 순식간에 그들보다 높은 위치에 올랐고 신숙주 역시 그들보다 높은 품계에 올랐다. 이런 상황을 접하면서 그들은 상대적 박탈감과 소외감을 느끼고 불만을 갖지 않을 수 없었을 것이다.

집현전 출신 신하들이 세조를 제거하려 했던 네 번째 이유는 세조 때문에 자신들 가문의 위상이 추락했다고 생각했기 때문이다. 성삼문은 안평대군과 친척이었다. 안평대군의 양어머니 성녕대군 부인 성씨는 성억의 딸이고, 성억은 성삼문의 할아버지 성달생의 사촌동생이다. 따라서 성녕대군 부인 성씨는 성삼문에게 고모뻘이 된다. 그러므로 성삼문의 고모뻘 되는 인물의 양자가 안평대군인 것이다. 그리고 성삼문의 아버지 성승이 평안도 의주목사로 있을 때, 무고에 관련된 일을 접한 적이 있었다. 이때 화가 난 그가 무고한 자를 지나치게 매질하여 6일 만에 죽었기 때문에 처벌을 받게 되었다. 이런 상황에서 안평대

성삼문상(충청남도 홍성군 홍성읍 홍주성). 성삼문 등 집현전 학사 출신 일부 신하들은 세조를 제거하고 이홍위를 복위시키려 하였다.

군이 발 벗고 나서서 처벌을 면할 수 있도록 도와주었다. 이렇듯 안평대군과 성삼문 집안은 아주 가깝게 지내고 있었다. 하지만 안평대군이 세조에 의해 죽임을 당하여 성삼문 집안이 외연을 확장시키는 데 커다란 역할을 해줄 수 있는 인물이 사라진 것이다. 박팽년은 금성대군과 함께 역모를 꾀했다는 이유로 유배된 영풍군의 장인이다. 영풍군은 세종의 서자이므로 박팽년과 세종은 사돈지간인 셈이다. 따라서 영풍군의 어머니 혜빈 양씨가 이홍위를 길렀으므로 결국 그는 박팽년의 사돈이 기른 셈이다. 더구나 그는 영풍군의 딸인 외손녀를 돌보다 발각되어 세조의 눈총을 받고 있었다. 박팽년의 아버지 박중림의 외가는 김종서와 같은 선산 김씨이기도 하다. 한때 박중림이 노비에 관련된 송사에 연루되었을 때, 김종서가 세종에게 그를 옹호해줬다. 또 이홍위가 왕위에 있었을 때, 김종서는 박중림을 대사헌에 천거하기도 하였다. 결국 박팽년 집안의 위상도 세조에 의해 많이 위축되었다고 할 수 있다. 하지만 계유정난 당시 박중림·박팽

년·성삼문 등이 안평대군을 죽이는 것에 동조한 것은 앞서 밝혔듯이 안평대군의 일에 대해 정확히 모르거나 수양대군 측 주장을 순진하게 받아들인 것으로 보인다.

이홍위도 세조 제거계획을 알고 있었다. 세조 제거계획에 참여한 이홍위의 외삼촌 권자신이 자신의 어머니이자 이홍위의 외할머니 아지를 통해 거사계획을 이홍위에게 알렸다. 그 후에도 권자신과 윤영손이 계속 이홍위에게 거사계획과 일정을 알려주었다. 윤영손은 이홍위의 이모부이다. 그리고 거사를 치르려던 당일 아침에 이홍위는 권자신에게 큰 칼을 내려주었다. 칼을 준 이유는 거사가 성공하기를 바라는 의미라고 할 수 있다. 이런 상황을 통해 알 수 있는 것은, 이홍의는 왕위를 스스로 세조에게 물려준 것이 아니라는 것이다. 또 이홍위 외가 사람들이 적극적으로 거사에 개입했음도 알 수 있다. 이런 계획은 적어도 발각되기 6개월 전부터 세워졌다.『조선왕조실록』에는 "박팽년·유성원·허조 등이 지난해 겨울부터 성삼문·이개·하위지·성승·유응두·권자신과 함께 당파를 맺어 반역을 도모하였으니…"라는 의금부 주장이 나온다.

세조 제거를 위한 거사일 선택은 복합적 요인이 작용하였다. 첫째, 명나라 사신이 왔을 때 거사를 실행함으로써 명나라에 거사에 대한 정당성을 확인시켜 줄 수 있다는 계산이 깔려 있었다. 둘째, 이홍위가 세조 측 인물들에 의해 피해를 입을 수 있다는 불안감 때문에 가급적 빨리 거사를 실행해야 한다는 압박감이 작용하였다. 셋째, 혜성이 빈번하게 나타나는 특이한 자연현상을 정치적 의미로 해석함으로써 거사의 정당성을 찾고 성공을 확신하였다.

명나라 사신을 위해 연회를 베푸는 날 세조 측근들을 제거하기로 하였다. 명나라 사신들이 세조의 즉위를 승인하는 고명을 들고 서울에 도착한 날이 1456년(세조 2년) 4월 20일이었다. 그날로부터 약 40여 일 후인 6월 1일 창덕궁에서 연회를 베풀었다. 이날 세조는 이홍위와 함께 참석하였다. 집현전 출신 신하들은 이 상황을 이용해 거사를 치르기로 한 것이다. 이홍위와 명나라 사신들 앞에서 세조와 측근들을 제거함으로써 그들에게 이홍위도 거사를 인정했다는 것을 보여주기 위한 것이었다. 즉 거사의 정당성을 확보할 수 있었다. 더구나 명나라 사신 중 윤봉은 성삼문 집안 사람들과 비교적 친숙한 인물이었다. 성삼문의 할아버지 성달생은 세종 때 조선을 방문한 그를 의주까지 호송해주었던 사신반송사(使臣伴送使) 역할을 하였다. 그 후 성달생의 딸이 진헌녀로 뽑혀 다른 처녀들과 함께 명나라로 갈 때, 그는 윤봉과 함께 그녀들을 인솔하기도 하였다. 성달생 부녀 입장에서는 참으로 얄궂은 운명의 장난이라 하겠다. 따라서 거사가 성공할 경우, 윤봉과의 친분을 통해 명나라 조정에 자신들의 의도가 잘 전달되리라는 기대를 했을 수 있다.

이홍위의 신변을 우려해서 가급적 빨리 거사를 실행해야 한다는 압박감도 작용하였다. 김질이 세조에게 거사계획을 밀고하는 과정에서 다음과 같은 말을 털어놓았다. 당시 이홍위가 창덕궁 북쪽 담장 문을 통해 금성대군 옛집에 들락거렸는데, 성삼문은 이를 한명회의 잔꾀에 의한 것으로 본 것이다. 즉 한명회가 이홍위를 금성대군 옛집에 가두고 사람들을 시켜 죽이려 한다고 생각했던 것이다. 금성대군은 세조가 왕위를 찬탈하던 날 지금의 경기도 연천과 강원도 철원 일부 지역인 삭녕으로 유배를 떠난 후 유배지를 옮겨 다니느라 한양에 없었다.

세조도 성삼문이 이홍위의 신변에 대한 불안감을 가지고 있었음을 인정하였다. 세조는 김질의 밀고를 듣고 거사 참여자들을 끌고 와서 심문을 했다. 그 과정에서 그는 다음과 같은 말을 하였다. 전에 금성대군 집 정자를 이홍위에게 바치려고 할 때 성삼문이 말렸다는 것이다. 이홍위가 그곳에 들락거리게 되면 그를 헐뜯고 이간질하는 사람들이 생겨날 수 있다는 것이었다. 그때는 성삼문의 말이 신중하지 못하다고 생각했는데, 생각해보니 그가 이홍위의 신변안전을 우려하고 있었다는 것이다. 이때 성삼문은 한명회나 한확 등 세조 최측근들의 의도를 어느 정도 읽고 있었던 것이다. 당시 이미 세조와 사돈관계를 맺고 있었던 한확을 비롯한 세조의 최측근들은 그에게 착 달라붙어 권력을 지속적으로 유지하고 싶어 했다. 따라서 아무 탈 없이 권력을 유지하려면 이후에도 이홍위라는 존재가 없어져야만 했다. 따라서 이런 사실을 눈치챈 성삼문 등은 이홍위의 신변보호를 위해서 빨리 거사를 실행해야 한다는 압박감을 가질 수밖에 없었다.

특이한 자연현상을 유교적으로 해석하면서 거사의 정당성을 찾고 성공을 확신하였다. 한나라 유학자인 동중서는 "군주가 정치를 잘못하면 하늘이 노해서 여러 가지 재해를 내린다"고 하였다. 이러한 주장을 '천인감응설'이라고 한다. 시각에 따라서 하늘의 권위를 이용해 황제의 권위를 정당화하려는 의도가 있다고 보거나 오히려 제한하려는 의도가 있다고 보는 이 이론에 대입시킬 수 있는 대표적인 자연현상이 혜성의 출현이라고 할 수 있다. 따라서 혜성이 나타나면 하늘이 군주에게 올바른 정치를 요구한다고 볼 수 있다. 아울러 '햇무리나 달무리가 지면 비가 온다'는 속설이 있기 때문에 사람들은 그런 자연현상을 희망적 시각에서 바라봤을 수 있다. 『조선왕조실록』에 의하면, 거사 예정일 전달인 5월 4일부터 5월 27일까지 11번이나 혜성이 나타났다. 그리고 5월 3일에는 '동방에 베필 모양의 흰 기운이 나타나다'라는 기사가, 5월 9일에는 '햇무리하다'라는 기사도 실려 있다. 특히 5월 4일부터 5월 7일까지 연속적으로 4일간이나 혜성이 나타났다. 그러므로 5월 3일부터 5월 9일까지 단 하루만 빼고 거의 일주일 동안 특이한 자연현상이 나타난 것이다. 더구나 그 시기는 모내기철인데도 불구하고 가뭄이 들었다. 성삼문 등 거사 주동자들은 이런 자연현상을 정치적 의미로 해석하고 자신들의 거사가 정당하고 성공할 것이라는 신념을 가진 것이다. 이런 주장은 성삼문의 말이 뒷받침해 주고 있다. 즉 김질이 성삼문의 집에 갔을 때, 성삼문이 "근일에 혜성이 나타나고, 사옹방司饔房[60)]의 시루가 저절로 울었다니, 장차 무슨 일이 있을 것인가?"라는 말을 하였다.

    세조 제거를 위한 거사가 실패한 이유는 거사 주동자들의 준비 부족이다. 거사를 실행하지 못한 상황을 야사『추강집』과『해동야언』은 다음과 같이 전한다.

    세조가 창덕궁 상왕 어전에서 명나라 사신을 청하여 잔치하기로 하였다. 박팽년·성삼문 등은 성승과 유응부로 하여금 운검雲劍[61)]을 삼아서 잔치가 한창 벌어진 때에 일을 시작하여 성문을 꼭 닫고 세조의 우익羽翼[62)]을 베면 상왕을 복위하기는 손바닥을 뒤집는 것처럼 쉬울 것이라 하였다. 유응부가 말하기를 "임금과 세자는 내가 맡을 것이니 나머지는 자네들이 처치하라" 하였다. 성삼문이 말하기를 "신숙주는 나의 평생 친구이지만 죄가 무거우니 베지 않을 수 없다" 하였다. 그런데 한명회가 세조에게 창덕궁 광연전이 좁고 또 찌는 듯이 더우니 세자와 운검이 들어오지 못하도록 요청하였다. 세조는 한명회의 말을 따랐다. 유응부가 그래도 거사하려고 하니 박팽년과 성삼문이 굳이 말리며 말하기를 "지금 세자가 본궁에 있고 공의 운검을 쓰지 못하게 된 것은 하늘의 뜻입니다. 만약 여기서 거사하였다가 혹시 세자가 변고를 듣고 경복궁에서 군사를 일으킨다면 성패를 알 수 없게 될 것이니 다른 날을 기다리는 것만 못합니다" 하였다. 유응부가 달하기를 "일이란 신속함을 귀하게 여기니 만약 지체한다면 누설될까 두렵소. 지금 세자가 비록 오지 않았지만 측근들이 모두 여기에 있소. 오늘 만약 이들을 모두 죽이고 상왕을 호위하여 호령한다면 이는 천재일우의 기회이니 이때를 놓쳐서는 안 될 것이오" 하였다. 박팽년과 성삼문이 굳이 불가하다고 하며 말하기를 "아주 안전하고 완전한 계책이 아닙니다" 하여 드디어 그만두었다.[63]

이렇듯 거사를 실행하지 못하게 된 것은 예고 없이 연회장 출입자를 제한하였기 때문이다. 하지만 거사 주동자들도 다양한 변수를 염두에 둔 여러 가지 시나리오를 구상하지 않았다. 이런 것은 거사 주동자들의 준비 부족이라고 할 수 있다. 이런 주장을 뒷받침할 만한 이야기를 유응부가 하였다. 거사가 발각되어 심문받을 때, 유응부는 성삼문 등을 향해서 "그대들은 사람이면서 계책이 없으니 어찌 축생畜生과 다르겠는가"라고 했다. 실제 상황이 예정된 시나리오와 어긋났더라도 그의 말을 따랐다면 성공했을 수도 있다. 결국 이후의 상황은 유응부의 말대로 흘러갔다. 즉 "만약 지체한다면 누설될까 두렵소"라고 한 말처럼, 김질에 의해 누설된 것이다.

자신을 제거할 거사가 계획되었음을 안 세조는 신속하고 강경하게 대응하였다. 그는 김질의 밀고를 들은 당일 거사 주동자들을 직접 심문하고 거사계획의 전체 내용을 파악하였다. 다음 날 유배지에 있는 금성대군을 비롯하여 화의군·한남군·영풍군·정종 등의 거처를 철저히 지키고 다른 사람들의 출입을 통제하도록 하였다. 이들이 동요할 것을 우려한 것이다. 3일 후에는 거사에 연루된 인물들에 대한 처벌 기준을 내렸다. 의금부에서는 대명률[64]에 의거해서 거사 참여자 모두를 능지처사凌遲處死

⁶⁵⁾하고, 그들의 아버지와 16세 이상 아들들은 모두 교형絞刑에 처하며, 15세 이하 아들, 어머니, 딸, 아내와 첩, 할아버지와 손자, 자매 그리고 아들의 아내와 첩들은 공신 집에 주어서 종을 삼고, 재산은 모두 관가에 몰수하게 하였다. 하지만 세조는 의금부에서 제시한 형벌보다 조금 완화된 형벌을 내렸다. 거사 참여자의 아들 중 16살 이상을 교형에 처하도록 한 것을 감옥에 가두도록 한 것이다. 4일 후에는 이 일을 '반역'으로 규정하고, 8도 관찰사를 통하여 백성이 놀라지 않도록 하였다. 아울러 집현전을 폐쇄하고 경연을 중단시켰다. 나아가 집현전에서 소장하고 있던 책들을 예문관으로 옮기도록 했다. 거사 주동자 대부분이 집현전 학사 출신인 것에 대한 보복조치라고 할 수 있다. 이로써 당시 조선에서 가장 뛰어난 두뇌집단이 형성되어 학문 발전과 문화부흥에 중추적 역할을 하였던 곳이 역사 속으로 사라졌다. 5일 후부터는 거사 참여자들에 대한 처형이 본격적으로 시작되었다.

　1차 처형자는 박팽년·유성원·허조였다. 세조 제거를 위한 거사에 참여한 인물들에 대한 처형은 약 두 달에 걸쳐 9차례나 있었다. 그중 제일 먼저 처형된 인물이 박팽년·유성원·허조였다. 엄밀히 말해, 그들은 처형된 것이 아니라 자살하거나 고문 후유증으로 죽었다. 유성원은 거사가 발각되었다는 이야기를 듣고 칼로 목을 찔러 자결하였다. 이개의 매부 허조도 6일 칼로 목을 찔러 자결하였다. 박팽년도 옥중에서 죽었다. 그럼에도 세조는 이미 죽은 이들의 시신에도 처벌을 가하였다. 즉 이들의 시신을 거열車裂⁶⁶⁾하고, 목은 효수梟首⁶⁷⁾하였으며, 훼손된 시신은 8도에 보내 사람들이 보게끔 하였다. 세조는 이 정도로도 만족하지 않고 불과 이틀 전에 자신이 내린 처벌 기준마저 바꾸 버렸다. 이틀 전에는 거사 참여자의 아들 중 16살 이상은 감옥에 가두도록 하였지만 이번에는 친자식들은 모두 교형에 처하도록 하였다. 태도가 강경하게 돌변한 것은 이홍위도 거사 계획을 알고 있었을 뿐 아니라 권자신에게 칼을 내려주기도 하였다는 성삼문과 권자신의 말을 들었기 때문으로 생각한다.

박팽년은 세조를 철저히 거부하였다. 야사 『추강록』은 박팽년이 그를 대하던 모습을 다음과 같이 전하고 있다.

> 공사供辭[68]에서 자복自服[69]하자 임금이 그의 재주를 사랑하여 은밀히 유시諭 示하기를 "그대가 나에게 돌아와서 처음의 모의를 숨긴다면 살 수 있을 것이다" 하니 박팽년이 웃으며 대답하지 않았고 임금을 일컬을 때에 반드시 '나리'라 하였다. 임금이 그 입을 닥치도록 하며 말하기를 "그대가 이미 나에게 신하라고 일컬었으니 지금 비록 일컫지 않더라도 소용이 없다" 하니 대답하기를 "저는 상왕의 신하이니 어찌 나리의 신하가 되겠습니까. 일찍이 충청감사로 있던 1년 동안 무릇 장계와 문서에 일찍이 신하라고 일컬은 적이 없었습니다" 하였다. 사람을 시켜 그 계목啓目을 살펴보게 했더니 과연 신하라는 글자가 하나도 없었다.[70]

세조가 이홍위의 왕위를 찬탈할 때 박팽년은 경복궁 경회루 연못에 스스로 떨어져 죽으려 하였다. 그때 성삼문이 "지금 왕위는 비록 옮겨갔지만 아직 상왕이 계시니, 우리들이 죽지 않아야 장차 뒷일을 도모할 수 있을 것이오. 도모하다가 이루지 못한다면 그때 죽더라도 늦지 않을 것이니, 오늘의 죽음은 국가에 무익한 것이오"라며 말리기도 하였다.

박팽년은 멸문지화 속에서도 여종의 기지로 대를 이을 수 있었다. 세조 제거를 위한 거사에 박팽년은 아버지 박중림과 함께 참여하였다. 따라서 그 둘뿐 아니라 형제들과 아들들도 모두 죽임을 당할 수밖에 없었다.

형제들 중 박기년은 6월 18일, 또 다른 형제 박인년과 박대년은 6월 21일 처형되었다. 그때 아들 3형제 중 둘째 아들 박순의 아내 이씨는 임신 중이었다. 그녀는 당시 경상도 대구 교동현감 이일근의 딸이었다. 그녀는 자청해서 친정 인근의 대구 관비로 갔다. 세조는 그녀가 아들을 낳거든 죽이라고 했다. 당시 박팽년의 여종도 임신 중이었다. 여종은 '주인이 딸을 낳으면 다행이요, 나와 똑같이 아들을 낳더라도 종이 낳은 자식으로 대신 죽게 하리라'고 생각하고 있었다. 그리고 출산하니 주인은 아들을 낳고 종은 딸을 낳았다. 그래서 서로 자식을 바꾸었다. 이래서 여종이 박팽년의 손자를 키우게 되었다. 박비朴婢로 불리던 아이는 장성한 뒤, 이모부 이극균이 경상도 감사로 부임했을 때 만나게 되었다. 이극균은 눈물을 흘리며 "네가 이미 장성하였는데, 왜 자수하지 않고 끝내 조정에 숨기는가"라고 말하며 자수시켰다. 그러자 왕이 그를 특별히 용서하고 이름을 일산壹珊으로 고쳤다. 박순의 부인 이씨는 이렇게 자신의 아들이 살아남도록 해서 박팽년의 혈통을 잇게 했다.

세조는 박팽년의 충절을 높이 평가하였다. 제12대 왕 인종 때 경연관 한주가 "세조가 박팽년 등을 마음으로는 가상히 여기나, 위태롭게 의심하는 시기에 죄를 주지 않을 수 없으므로 일찍이 하교하기를 '너희들은 당대에는 난신이요 후세에는 충신이라' 하였으니, 후세에 그 자취가 없어질까 두려워 이 말씀을 하여서 자손을 깨우쳐주신 것입니다"고 하였다. 즉 세조도 박팽년의 충절을 높이 평가하였지만, 당시의 상황에서는 어쩔 수 없이 처형했다는 말이다. 그러면서 현재는 난신 취급을 당하지만 나중에는 충신으로 불릴 것이라고 하였다. 나아가 후세 사람들이 그런 사실을 꼭 기억해주길 바라는 마음도 있었다는 것이다. 특히 '너희들은 당대에는 난신이요 후세에는 충신이라'는 말은 후세 왕이 거사 주동자들을 복권하고 이홍위를 복위하는 데 결정적 기여를 하였다.

박팽년의 충절은 세종을 향한 신의였다. 박팽년은 성삼문 등과 함께 집현전에서 세종이 따라주는 술을 마신 후 취해 쓰러진 적이 있었다. 이때 세종이 비단 남빛 옷을 벗어 그에게 덮어주었다. 그가 죽은 뒤 그의 자손이 이 옷을 여러 대에 걸쳐 전하였는데, 임진왜란 때 옷과 신주를 함께 땅에 묻었다가 왜적이 물러간 뒤 파내어 보니, 신주는 완전하나 옷은 썩었다고 한다. 이 이야기의 진위여부를 떠나서 박팽년의 충절이 누구를 향한 것인가를 알 수 있다. 그의 충절은 세종을 향한 것이다. 따라서 그가 거사 주동자가 된 것은 세종이 원하던 통치방식과 유교적 통치이념을 지켜주기 위한 것이라고 할 수 있다. 즉 세종 대에 확립된 의정부서사제나 왕위 적장자 계승 등을 지키려고 한 것이다.

2차 처형자는 성삼문·이개·하위지·유응부·성승·박쟁·박중림·김문기·윤영손·권자신·송석동·불덕·아가지·석을중 등 14명이었다. 이들의 처형은 1차 처형 다음 날 이루어졌다. 이날의 처형에는 성승·성삼문 부자가 있었고 전날 처형된 박팽년의 아버지 박중림도 있었다. 또 성승과 함께 별운검으로 세우려던 유응부와 박쟁도 있었다. 권자신은 이홍위의 외삼촌이다. 아가지는 이홍위의 유모로, 봉보부인[71]으로 책봉되었던 여종이다. 불덕은 이홍위 외할머니의 여종이었다. 두 여성은 이홍위와 권자신의 연락책이었던 것으로 추측된다. 그녀들은 주인의 말을 거부할 수 없었던 위치에 있었던 것이다. 세조도 이런 점을 고려했는지 그녀들은 연좌시키지 말라고 했다. 석을중은 아가지의 남편 이오가 내상고[72]에서 훔친 칼을 받아 권자신에게 전달하였다. 이홍위의 이모부 윤영손은 거사일에 신숙주를 죽이기로 하였다. 김문기는 거사일에 연회장 밖에서 군사를 거느리고 대기하려 했던 인물이다. 처형 당일 세조는 모든 벼슬아치들을 군기감[73] 앞으로 불러 모았다. 그들로 하여금 끌려나온 성삼문 등 처형대상자들을 둘러싸게 하였다. 그리고 수레에 찢기어 고통 속에 죽임당하는 그들의 모습을 지켜보도록 했다. 벼슬아치들 속에는 한때 집현전에서 동고동락하며 우정을 나눴던 신숙주, 밀고자 김질, 김질을 데리고 세조 앞으로 간 정창손 등도 있었을 것이다. 처형당한 사람들의 베어진 목은 3일 동안 저잣거리에 높이 매달려 있었다. 조선이 『조선왕조실록』이나 『승정원일기』 같은 뛰어난 기록문화를 가졌던 문명국가였다고 하지만, 이런 식의 처형은 그런 주장을 무색하게 만든다. 이런 처형방식을 통해 당시 국가 폭력의 야만성과 광기를 느낄 수 있다. 야만성과 광기가 만들어놓은 이 모습을 병자사화丙子士禍라고 부른다.

　세조는 성삼문 등을 처형하는 과정에서 보여준 야만적 행태에 대하여 큰 죄의식이나 부담감을 느끼지 않았을 것이다. 세종 대 상습적으로 도둑질한 백성들의 처벌에 관한 신하들의 건의가 있었다. 즉 두 번 도둑질하

군기감(군기시) 터. 지금의 서울시청사 인근은 군기감 터였다. 조선시대는 군기감 앞에서 중죄인들의 처벌이 이루어지기도 했다.

고 용서받았음에도 다시 저지르거나 한 번 도둑질하였지만 용서받은 후 다시 두 번 저지른 사람들의 한쪽 팔의 힘줄을 끊도록 하자는 건의가 있었다. 그러자 세종은 이를 받아들였다(세종 18년). 그럼에도 도둑이 줄지 않자 3년 뒤에는 왼발 앞부분 힘줄을 끊어보자는 신하들의 건의도 받아들였다. 세조가 23살 때였다. 그런 세종의 국정운영방식을 목격한 세조는 즉위 후 처음 도둑질한 사람이라도 창고 쌀 40말 이상을 훔친다든가 하면 손의 힘줄을 끊으라고 지시하였다. 세조의 지시는 시행되지 않았지만 별 부담 없이 죄에 비해 그토록 잔인한 형벌을 시행하려 하였다. 세종 집권기에 세조가 성삼문 등을 죽인 것과 같은 수준의 방식으로 목숨을 잃은 죄인들이 60명(능지처사 51명, 능지처참 7명, 거열 2명)이었다. 그런데 세종이 그런 식으로 극형에 처한 죄인들 대다수는 부모나 남편 또는 주인 등을 죽인 인물들이었다.[74] 세종은 잔인한 극형을 이용해 유교적 사회질서 확립을 강조하면서 동시에 왕권을 강화하려는 속셈을 가진 것이었다. 결국 그러한 징벌은 자신의 지시에 따라 만든 『삼강행실도』 등을 따르지 않을 경우 어떤 일이 벌어지는지 보여준 사례라 할 수 있다. 반면 세조가 성삼문 등에 행한 징벌에는 보복과 경고 또는 예방의 속셈이 있었다. 하지만 세조의 잔인한 극형 방식은 세종의 방식을 물려받은 것이었다.

성삼문 등의 아내와 딸들은 마치 시루떡 돌리듯 세조 측근들의 노비로 보내졌다. 우리 조상들은 집안의 안녕을 위해 집안에서 섬기는 신(神)에게 고사를 지냈다. 이 의례에 차려진 음식물 중 하나가 시루떡이었다. 고사를 지낸 후에는 시루떡을 이웃에 돌려 나눠먹었다. 성삼문 등의 아내와 딸들도 마치 시루떡 같은 처지가 되었다. 즉 박팽년의 아내 옥금은 영의정 정인지에게 주었다. 성삼문의 아내 차산과 딸 효옥은 운성부원군 박종우에게 주었다. 이개의 아내 가지는 우참찬 강맹경에게 주었다. 성승의 아내, 즉 성삼문의 어머니 미치는 계림군 이흥상에게 주었다. 유성원의 아내 미치[75]와 딸 백대는 좌승지 한명회에게 주었다. 하위지의 아내 귀금과 딸 목금은 지병조사 권언에게 주었다. 유응부의 아내 약비는 예빈시윤 권반에게 주었다. 성삼문이 형장으로 끌려갈 때, 대여섯 살쯤 된 딸이 수레를 따라가면서 울며 뛰었다. 이때 성삼문이 돌아보며 말하기를 "사내 자식은 다 죽을 것이고, 너는 딸이니까 살 것이다" 하였다. 그가 말했듯이 그들의 아내와 딸들은 목숨은 건졌지만 노비가 되었다.

성삼문 등의 아내와 딸들이 당한 수모에서 치졸한 조선시대 사대부들의 의식을 엿볼 수 있다. 세조는 그녀들을 측근들에게 주었다. 이런 행태가 감정에 의한 것이든, 규범에 의한 것이든 불문하고 성삼문 등에게 행하는 보복의 연장선상에서 이루어진 것임을 부인할 수 없다. 당시 조선의 모든 여성들은 아닐지라도 적어도 사대부 집안 여성들은 가부장제하에서 남성들의 지배를 받으며 살아온 가련한 존재들이었다. 세조는 이런 존재

조선시대 여성들은 대체로 가부장제 사회에서 남성들의 지배를 받으며 살았다. 그럼에도 그녀들의 가문 중 남성들이 중죄인 취급을 당하면 그녀들은 시루떡 돌리듯 다른 집 노비로 보내졌다.

들에게까지 분풀이를 한 것이다. 더 문제가 되는 것은 입만 열면 인륜을 떠들어대던 사대부라는 인물들은 패가망신한 동료 아내와 딸들을 덥석 받아 챙겼다. 그뿐 아니라 자신들이 챙긴 그녀들 남편과 아버지의 사회적 지위나 그녀들의 수에 따라 자신들의 위상을 가늠하기도 했다. 그런 생각을 뒷받침해줄 만한 다음과 같은 내용을 담은 야사가 있다.

세조가 나라를 얻으니 신숙주가 공신으로서 노산군의 왕비를 받아서 여종을 삼았다 하는데 이 말은 한강寒岡 정구가 하였다.
- 『파수편』

노산의 왕비 송씨가 관비가 되니 숙주가 공신비功臣婢를 삼아서 자기가 받으려 하였다. 그러나 세조가 그의 청을 듣지 아니하고 얼마 후에 정미수[76]를 궁중에서 기르라 명하였다.
- 『월정만필』[77]

세조 제거를 꾀하던 인물들과 정치적 대척점에 있던 신숙주가 이홍위의 아내 정순왕후 송씨를 받아서 자신의 종으로 삼았거나 삼으려는 시도를 하였다는 것이다. 이런 이야기는 사실이 아니다. 따라서 변절자의 대명사로 불리는 신숙주를 더 폄하하기 위한 것으로 볼 수 있다. 하지만 기저에는 다른 집 아내가 누군가의 종이 될 때, 그녀 남편의 사회적 지위도 자신에게 복속된다는 심리기제가 작동한 것으로 볼 수 있다. 즉 자신들과 경쟁, 대립, 또는 자신들을 지배하던 관계에 있던 인물들이 패가망신했을 때, 그들의 아내와 딸들을 소유하게 됨으로써 그들 위에 군림하게 됐다는 생각을 한 것이다. 참으로 치졸한 조선시대 사대부들의 모습이다. 그들의 행태를 통해서 당시 여인들의 삶에는 전혀 자신들의 의지가 반영될 수 없었음을 다시 한 번 확인할 수 있다.

성삼문은 세조 제거를 위한 거사의 핵심인물이었다. 그가 거사의 핵심인물이었음이 당시 공조참의였던 이휘의 말에서 나타난다. 이휘는 거사 계획이 발각되었다는 이야기를 듣고 승정원으로 달려왔다. 당시 그가 한 말이 『조선왕조실록』에 실려 있다.

"신이 전일에 성삼문의 집에 갔더니 마침 권자신·박팽년·이개·하위지·유성원이 모여서 술을 마시고 있었습니다. 성삼문이 말하기를 '자네는 시사時事를 알고 있는가?' 하고 묻기에 신이 '내가 어찌 알겠나?' 하였더니 성삼문이 좌중을 눈짓하면서 말하기를 '자네가 잘 생각하여 보게나. 어찌 모르겠는가?' 하였습니다. 신이 묻기를 '그 의논을 아는 사람이 몇 사람이나 되는가?' 하였더니 성삼문이 대답하기를 '박중림과 박쟁 등도 역시 알고 있다' 하기에 신이 곧 먼저 나와서 즉시 아뢰고자 하였으나 아직 그 사실을 알지 못하였기 때문에 감히 즉시 아뢰지 못하였습니다" 하니 임금이 사정전으로 나아가서 이휘를 인견하고 다시 성삼문 등을 끌어들이고 또 박팽년 등을 잡아와서 친히 국문하였다.[78]

이렇듯 성삼문은 거사의 핵심인물이었고 그의 집은 거사를 위한 아지트였다. 그는 밀고한 김질뿐 아니라 심신·이유기·이의영·이정상·이지영 등 여러 명을 끌어들였다. 심지어 자신의 아버지도 끌어들였다. 그가 세조 앞으로 제일 먼저 끌려와 심문을 당한 사실을 통해서도 거사에서 그의 위상을 느낄 수 있다. 세조는 제일 먼저 밀고한 김질을 좌익공신 3등에 책봉하는 등 후한 대접을 하였다. 반면 나중에 거사계획을 털어놓은 이휘는 40여 일 후 처형되었다. 그는 사실 김질보다 먼저 거사계획을 흘린 인물이다. 즉 김질이 밀고하기 하루 전날 신숙주에게 "근일에 고론高論하는 말이 있습니다"라고 하며 거사계획을 살짝 흘렸다. 만약 거사가 드러나도 자신은 이미 신숙주에게 알렸다는 식으로 항변하며 빠져나가려고 했던 것이다. 하지만 세조 입장에서는 아무리 생각해도 괘씸했던 모양이다. 더구나 그는 민발이 용의자로 지목된 살인사건을 담당하면서 세조의 의중을 거스르는 모습을 보여 세조의 분노를 산 적도 있다.

성삼문은 장렬하게 죽음을 맞이한 인물의 대명사이다. 성삼문은 지금의 충남 홍성군 홍북면 노은리에 있는 그의 외가에서 태어났다. 그가 태어날 때 공중에서 "났느냐." 소리가 3번 들렸기 때문에 삼문三門으로 이름 지었다고 한다. 그는 겉으로 보기에는 주장이 없는 것 같으나 속뜻은 단단하고 확고하여 빼앗을 수 없는 뜻이 있었다고 한다. 거사가 발각되어 세조가 직접 심문하면서 꾸짖기를 "그대들은 어찌하여 나를 배반하였는가?" 하니, 그가 소리치며 말하기를 "옛 임금을 복위시키려 했을 뿐입니다. 천하에 그 누가 자기 임금을 사랑하지 않는 자가 있겠습니까. 제 마음은 나라 사람들이 모두 아는 바이거늘 어찌 배반이라 하십니까. 나리는 평소에 걸핏하면 주공周公[79]을 끌어댔는데 주공에게 또한 이런 일이 있었습니까. 삼문이 이렇게 한 것은 하늘에 2개의 해가 없고 백성에게 두 임금이 없기 때문입니다" 하였다. 이때 쇳조각을 불에 달구어 성삼문의 배꼽 밑에 놓으니 기름이 끓으며 불이 붙어 탔다. 그러나 그는 안색도 변하지 않고, 쇳조각이 식기를 기다리며 "다시 뜨겁게 달구어 오너라"고 했다. 또한 그의 팔을 끊으니 천천히 말하기를 "나으리의 형벌이 참혹하오"라고 하였다. 성삼문은 수레에 실려 문을 나올 때도 안색이 태연자약하였다. 좌우를 돌아보며 말하기를 "너희들은 어진 임금을 도와서 태평성대를 이루어라. 삼문은 돌아가 지하에서 옛 임금을 뵙겠다" 하였고, 감형관 김명중에게 웃으며 말하기를 "이게 무슨 꼴이란 말인가"라고 하였다. 김명중은 성삼문 등과 함께 『세종실록』을 편찬한 인물이었다.[80] 그는 형장으로 실려가면서 다음과 같은 시를 지었다.

북 소리 울려 인명을 재촉하는데
돌아보니 해가 저물려 하는구나
황천에 주점 하나도 없다고 하는데
오늘은 뉘 집에서 묵을까[81]

죽은 뒤 그의 가산을 적몰해보니, 을해년(1455, 세조 1년) 이후의 봉록은 따로 한 방에 쌓아두고 '어느 달의 녹'이라 적어놓았다. 집 안에 남은 것이 없었고, 잠자는 방에는 오직 거적자리만 있을 뿐이었다. 이런 이야기들은 다소 과장되거나 왜곡된 측면이 있다. 하지만 그런 측면은 성삼문의 강직함과 의연함 등을 강조하기 위한 것이 분명하다.

성삼문은 거사에 연루된 예조참의 강희안을 변호해 죽음을 면하게 해주었다. 성삼문이 처형당한 후, 신하들은 세조에게 거사와 관련해 강희안을 처벌하라고 요구하였다. 그들은 "이개의 '인심이 흉흉하다'는 말을 듣고서도 못 들은 체하고 피하여 갔을 뿐이요, 즉시 아뢰지 않았습니다. 또 성승의 집에서 박팽년과 하위지가 함께 술 마시는 것을 보았는데도 어찌 알지 못했다고 하겠습니까?"라며 강희안도 거사 참여자임을 강조하였다. 세조도 이런 의심을 하고 있었다. 하지만 세조가 20여 일 전에 성삼문을 직접 심문하면서 그에게 묻기를 "강희안이 그 역모를 아느냐" 하니, 그가 대답하기를 "실지로 알지 못한다. 나으리가 선조先朝의 명사를 다 죽이고 이 사람만 남았는데 모의에 참여하지 않았으니 아직 남겨두어서 쓰게 하라. 이 사람은 진실로 어진 사람이다" 하여 강희안은 죄를 면하였다. 즉 세조는 성삼문의 주장을 받아들여 신하들의 요구를 묵살한 것이다.

거사가 발각되는 바람에 성삼문의 집안은 대가 끊어졌다. 성삼문이 처형당한 지 약 2주일 후 동생들 중 성삼고·성삼성도 똑같은 방식으로 처형당했다. 그리고 나머지 동생들과 그의 아들들도 모조리 처형당했음을 추측할 수 있는 기록들이 있다. 1차 처형하던 날 세조는 친자식들은 모조리 교형에 처하도록 지시했다. 따라서 상삼문의 자식들인 성맹첨·성맹년·성맹종 등도 죽음을 면치 못했다. 이런 사실은 성삼문의 동생과 아들들의 아내와 딸들이 세조 측근들의 노비로 보내진 것을 통해서 확인할 수 있다. 즉 동생 성삼고의 아내 사금과 한 살 된 딸은 우찬성 정창손에게 주었고, 다른 동생 성삼성의 아내 명수는 병조참판 홍달손에게 주었으며, 또 다른 동생 성삼빙의 아내 의정은 판종부시사 권개에게 주었다. 그리고 아들 성맹첨의 아내 현비는 판내시부사 전균에게 주었다. 앞서 말했듯이 전균은 환관으로서 계유정난에 참여해 강천군이라는 작위까지 받은 인물이다. 그 일로 인해 한때 성삼문·이개 등으로부터 심한 수모를 당했다. 그런 인물의 집에 성삼문의 며느리가 노비로 가게 된 것이 세조의 뜻인지, 전균의 뜻인지 모르겠지만, 그녀가 어떤 삶을 살아갔는지 쉽게 추측할 수 있다.[82] 이렇듯 성삼문 집안 사람들은 모두 죽임을 당하거나 노비로 끌려가 아무도 남지 않았다.

박팽년과 성삼문 집안은 세대를 초월하여 세종에 대한 충절을 지키려한 집안들이다. 자식이 아무리 옳은 일을 하려 해도 자식의 안위에 관련되면 머리로는 이해하지만 가슴으로는 받아들이지 못하는 것이 대다수 부모들이다. 그런 통념을 깬 인물이 박중림과 성승이다. 박중림은 세종

조선 제6대 왕과 상왕으로서 이홍위의 삶 **155**

대 과거에 합격한 집현전 출신 관료였다. 세조 제거를 위한 거사가 발각되기 10여 일 전, 예문관대제학이라는 정2품 고위관직에 오르기도 했다. 같은 날 아들 박팽년도 정3품 중추원부사에 올랐다. 그만한 벼슬이면 조정에서는 최상위 그룹이라고 해도 과언이 아니다. 성승도 무과에 합격한 후 세조 대에 종2품 지중추원사에 오른 인물이었다. 성승 역시 최상위 그룹에 속하는 인물이었다. 그런 그들이 자식들을 따라 거사에 참여했다가 자식들과 함께 죽었다. 박중림이 처형당할 때 다른 아들들이 울며 "임금에게 충성하려 하니, 효도에 어긋납니다"라고 하였다. 그는 웃으며 "임금을 섬기는 데 충성하지 못한 것은 효가 아니니라"고 하였다. 아들들이 말하는 임금은 세조를 말하는 것이었다. 따라서 세조를 따르자니 아버지를 외면해야 한다는 것이다. 하지만 박중림은 의연하게 세조를 따르도록 하였다. 세조가 왕위를 찬탈하던 날, 성승은 궁궐로 들어가던 중 말을 재촉하여 집으로 돌아가 병을 핑계로 방에 누워서 일어나지 않았다. 오직 성삼문이 오면 좌우 사람들을 물리치고 함께 얘기를 나누었다. 이렇듯 박중림과 성승은 세조를 왕으로 인정하지 않았다. 그들의 왕은 세종·문종·이홍위였다. 나아가 이홍위를 복위시켜 주는 것이 문종을 따르는 것이며 아울러 세종의 통치이념과 철학을 지켜주는 것이라고 생각했다.

 성삼문의 장렬한 죽음은 세종에 대한 충절의 표현이다. 성삼문에게도 왕은 세종·문종·이홍위였다. 그에게 있어서 이홍위에 대한 보호와 문종에 대한 충절은 세종에 대한 충절의 외연적 확장이었다. 그가 형장으로 끌려가면서 지은 다음과 같은 또 다른 시에서 그런 정서를 느낄 수 있다.

 임이 주신 밥을 먹고, 임 주신 옷 입었으니
 일평생 한 마음이 어길 줄 있었으랴

한 번 죽음이 충의인 줄 알았으니

현릉의 송백松柏[83]이 꿈속에 아른아른[84]

여기서 '임'과 '현릉'은 문종을 말한다. 따라서 '현릉의 송백'은 문종을 향한 굳은 절개를 의미한다. 문종이 준 녹을 먹으며 문종이 내려준 관직으로 살아온 그로서는 문종의 뜻을 따라야 한다는 것이다. 이 시에서 성삼문은 지조를 지킨 자기 자신을 스스로 대견해하고 있다. 하지만 한 발짝 더 나아가면, 문종의 뜻을 지키는 것이 세종에 대한 충절의 외연적 확장임을 알 수 있다. 그는 세종의 신하로 12년 정도 살아왔다. 그에 비해 문종의 신하로는 2년 정도밖에 살지 않았다. 그리고 문종을 보필하는 것이 세종의 뜻이라는 것도 잘 알고 있었다. 나아가 세종과 문종의 시선이 함께 머무는 곳에 이홍위가 있다는 것을 그는 잘 알고 있었다.

이개의 충절의식은 자신의 허약한 몸을 압도하였다. 이개는 고려 말의 대학자이며 정치가였던 이색[85]의 증손자이다. 이개도 세종 대의 과거에 합격한 인물이다. 그는 허약한 체질이었음에도 거사에 참여했다. 박팽년과 성삼문이 대궐 뜰에 묶여서 작형灼刑[86]을 당할 때 이개가 천천히 말하기를 "이것은 무슨 형벌인가?" 하였다. 그는 야위고 약했으나 엄한 형벌 아래서도 낯빛이 변하지 않으니 사람들이 모두 장하게 여겼다. 그는 성삼문과 같은 날 죽었다. 그의 아내 가지는 우참찬 강맹경에게 주었다. 그리고 전라도 임피의 땅은 이계전(당시 판원사)에게 주었다. 이계전은 이개의 작은아버지이다. 수레에 실려나갈 때 그는 다음과 같은 시를 남겼다.

우 임금의 솥이 무거울 때엔 삶 또한 컸거니와

홍모[87]처럼 가벼운 곳엔 죽음이 오히려 영광일세

날이 새도록 잠 못 이루다가 성문을 나가니
현릉의 소나무와 잣나무가 꿈속에서 푸르네[88]

여기서 나오는 '우 임금의 솥'이란 중국 전설 속의 나라인 하나라의 시조 우禹 임금이 구주九州의 금을 모아 만든 9개의 솥인 구정九鼎을 말한다. 구정은 중국 황실 제사 때 쓰이는 것으로 천자의 권위를 상징하기도 한다. 따라서 '우 임금의 솥'이란 아주 소중한 존재를 의미하는 것이다. 그러므로 '우 임금의 솥'처럼 사람을 귀하게 여기는 세상에서는 살 만한 가치가 있지만, 사람을 '기러기 털'처럼 여기는 세상에서는 죽는 것이 오히려 낫다는 것이다. 이 시에도 문종이 언급된다. 이개도 세조를 외면하고픈 마음이 컸던 것이다.

하위지는 군자 모습을 보인 인물이었다. 하위지도 세종 대 과거에 합격한 집현전 출신 신하였다. 사람됨이 침착하고 과묵하며 도리에 어긋난 말이 없었다. 공손하고 예의가 있어 대궐을 지날 때 반드시 말에서 내렸고 빗물이 고였더라도 길을 피한 적이 없었다. 일찍이 집현전에 있으면서 경연에서 시강侍講하였다. 그는 문종이 죽자 사직하고 고향인 지금의 경북 구미시 선산읍으로 돌아갔다. 그 후 이홍위가 왕이 되자 복귀하였다가 성삼문 등이 주도한 거사에 참여했던 것이다. 세조가 그의 재주를 애석하게 여겨 은밀히 타이르기를 "네가 만약 처음 음모에 참여한 것을 숨긴다면 면할 수 있다" 하였으나 그는 웃고 대답하지 아니하였다. 국문을 받을 때, 그가 대답하기를 "신하로서 이미 역적이란 이름을 썼으니 그 죄가 응당 죽을 것인데, 다시 무엇을 물을 것이 있습니까?" 하였다. 세조의 노기가 풀려 유독 그에게는 단근질을 시행하지 않았다. "세종이 인재를 양성하여 이때에 한창이었는데, 모두 하위지를 첫 손가락으로 꼽았다"는 말도 있다. 그 역시 성삼문과 같은 날 죽었다. 앞서 밝혔듯이, 하위지는 의정부서사제 폐지를 반대하다 머리채를 잡혀 끌려나가는 수모를 당하기도 했다.

하위지의 자식들도 유교이념에 철저한 모습을 보여주었다. 하위지의 아내와 두 아들들이 일선−善[89]에 있었는데, 금부도사가 그의 아들들을 잡으러 왔다. 첫째 아들의 이름은 호琥이고, 둘째 아들의 이름은 박珀이었다. 박은 나이 이십밖에 되지 않았지만 조금도 두려운 빛 없이 도사에게 말하기를 "원컨대 조금만 늦추어주시오. 어머니에게 고할 말이 있소" 하였다. 도사가 허락하자, 박이 문안에 들어가 꿇어앉아 어머니께 고하기를 "죽는 것은 어렵지 않습니다. 아버지가 이미 죽었으니 자식이 어찌 홀로 살겠습니까. 비록 조정의 명령이 없더라도 자결하여야 합니다. 다만 누이동생이 장차 출가할 나이가 되었으니, 천한 종이 되더라도 부인의 의리로 마땅히 한 사람을 따를 것이요, 개와 돼지 같은 행실은 하지 말아야 합니다"라고 말한 후 두 번 절하고 나와서 조용히 죽으니 사람들이 모두 과연 하위지의 아들이라고 말하였다. 이렇듯 그들의 삶은 부모 삶 속에서만 가치가 있었다. 그런 가치를 '효'라고 한다. 또 여동생이 일부종사−夫從事하기를 바랐다. 그런 정서는 당시 뿌리를 내리고 있던 유교이념에 철저한 태도라고 할 수 있다. 그렇게 걱정하던 여동생 목금은 어머니 귀금과 함께 지병조사 권언에게 보내졌다.

유성원은 세조에게 죽임당하는 것조차 거부하였다. 유성원도 세종 대 과거에 합격하고 집현전에서 관직 생활을 하였다. 그는 문종 대 서연관으로 선발되어 이홍위가 10살 때 그를 지도하였다. 그로부터 3년 후, 수양대군이 계유정난을 일으켰다. 수양대군은 집현전에 명하여 계유정난을 정당화하기 위한 교서의 초안을 잡아달라고 요구하였다. 이때 다른 집현전 학사들은 모두 도망가고 교리였던 유성원만 혼자 남아 있었다. 따라서 그는 마지못해 교서 초안을 작성해주고 집으로 돌아와서 통곡하였다.[90] 거사가 발각되어 성삼문을 잡아갈 때, 유성원은 성균관에 있었다. 여러 학생들이 성삼문의 일을 그에게 알리자, 즉시 수레를 타고 집으로 돌아왔다. 그리고 아내와 이별주를 마시고, 사당에 올라가서 칼로 목을 찔러 자결하였다. 얼마 뒤 관리가 시체를 가져가 책형磔刑[91]을 가하였다. 이렇듯 유성원은 세조가 권력을 장악한 순간부터 그를 인정하고 싶지 않았던 것이다. 거사가 발각되면 세조에게 죽임당할 것을 잘 알고 있었다. 하지만 그는 자신이 인정하고 싶지 않은 인물에 의해 죽임당하는 것조차 거부하였다. 세조는 그의 몸을 찢어 각 도에 보내고 잘린 목은 높은 곳에 매달아 사람들이 보게끔 하였다. 그리고 아내 미치와 딸 백대를 한명회에게 주었다.

유성원에 관련된 설화는 수양대군의 왕위 찬탈을 예고하고 있었다. 그런 내용을 담은 다음과 같은 설화가 있다.

집현전 남쪽에 큰 버드나무가 있었다. 기사년과 경오년 사이에 흰 까치가 와서 둥지를 틀었는데 새끼들도 모두 흰 빛이었다. 수년 사이에 현요직顯要職에 포열된 관원들이 모두 집현전에서 배출되었다. 또 박중림·박팽년·하위지·성삼문·이개·유성원도 한때는 현달하였다. 계유년과 갑술년 사이에 버드나무가 모두 말라 죽으니 어떤 사람이 장난삼아 유성원에게 이르기를 "화禍가 반드시 유柳로부터 시작될 것이다" 하였는데 성원이 패하였으니 말이 과연 징험이 있었다. 집현전도 얼마 후에 혁파되었다.

-『필원잡기』[92]

여기서 나오는 "계유년과 갑술년 사이에 버드나무가 모두 말라 죽으니"라는 말에서 버드나무는 유성원의 성씨인 '버들 유'를 의미하는 것이다. 따라서 "화가 반드시 유로부터 시작될 것이다"라는 말에서 '화'는 거사 참여자들의 죽음을, '유'는 유성원을 뜻한다고 할 수 있다. 즉 유성원으로 인해 거사가 시작되고 거사 참여자들이 죽게 된다는 것이다. 그간의 과정을 그 말에 맞춰보면 다음과 같다. 유성원이 작성해준, 계유정난을 정당화하려는 내용의 교서 초안은 수양대군의 권력 장악을 인정하는 것이다. 그리고 권력 장악은 왕위 찬탈로 이어졌다. 그로 인해 왕위 찬탈에 저항하는 거사를 계획하게 된다. 그러나 거사가 실패로 돌아가 참여자들이 죽게 되었다. 아울러 집현전도 폐쇄되었다.

유응부는 대장부의 기개를 갖춘 인물이었다. 다음은 그의 인물됨을 묘사하고 있는 이야기이다.

병자년(1456, 세조 2년)에 일이 발각되어 대궐 뜰로 잡혀왔다. 임금이 묻기를 "그대는 무엇을 하려 했는가?" 하니 대답하기를 "사신을 청하여 연회하던 날에 일척一尺의 검으로 족하[93]를 폐하고 옛 임금을 복위하려 했으나 불행히도 간사한 사람에게 고발당했으니 응부가 다시 무엇을 하겠습니까. 족하는 속히 나를 죽이시오" 하였다. 세조가 노하여 꾸짖기를 "그대는 상왕을 명분으로 삼고서 사직을 도모코자 한 것이다" 하고 무사로 하여금 살갗을 벗기도록 하며 그 정상情狀을 물었으나 죄상을 인정하지 않고 성삼문 등을 돌아보며 말하기를 "사람들이 이르기를 '서생書生[94]과는 함께 모의할 것이 못 된다' 하더니 과연 그렇구나. 지난번 사신을 청하여 연회하던 날에 내가 칼을 시험하려 했으나 그대들이 굳이 저지하며 말하기를 '만전의 계책이 아니다' 하여 오늘의 화를 불러들였다. 그대들은 사람이면서 계책이 없으니 어찌 축생과 다르겠는가" 하고 임금에게 말하기를 "만약 정상 밖의 일을 듣고자 한다면 저 더벅머리 유자儒者들에게 물어보시오" 하고는 입을 닫고 대답하지 않았다. 임금이 더욱 노하여 불에 달군 쇠를 배 아래에 놓아두기를 명하니 기름과 불이 함께 지글거렸으나 낯빛이 변하지 않았다. 천천히 쇠가 식기를 기다렸다 쇠를 집어 땅에 던지며 말하기를 "이 쇠가 식었으니 다시 달구어 오라" 하고 끝내 죄상을 인정하지 않고 죽었다.

- 『추강집』95)

　이렇듯 유응부는 씩씩한 사내의 기상과 굳은 절개가 있었다. 그러한 기상과 절개는 세조는 물론이고 성삼문조차 왜소하게 만들었다. "그대들은 사람이면서 계책이 없으니 어찌 축생과 다르겠는가"라는 말을 통해 성삼문 등 거사 주동자들의 준비 부족을 근엄하게 꾸짖었다.

　유응부는 효심이 깊고 가난한 생활을 한 인물로도 알려져 있다. 그는 동생 유응신과 함께 사냥의 명수로, 새나 짐승을 만났을 때 쏘아서 맞히지 못한 적이 없었다. 그는 어머니를 위해 기꺼이 활 솜씨를 보이기도 하였다. 하루는 어머니를 모시고 경기도 포천에 있는 논밭을 갔었다. 길을 가던 중, 그가 말 위에서 몸을 뒤집어 공중에 활을 쏘자 기러기가 활시위 소리에 응하듯이 떨어졌다. 이를 본 어머니가 대단히 기뻐하였다고 한다. 그는 집안이 가난하여 한 항아리의 곡식도 쌓인 것이 없었으나 어머니를 봉양하는 일에는 일찍이 넉넉하지 않음이 없었다. 그가 죽던 날 아내가 울며 말하기를 "살아서는 평안한 적이 없고, 죽을 때는 큰 화를 얻었다" 하니, 길 가는 사람이 눈물을 뿌리지 않는 이가 없었다. 관리들이 그의 가산을 몰수하는데, 방 안에는 떨어진 짚자리만 있었다. 유응부 아내의 한탄은 그가 살아온 삶이 오로지 이타적이었음을 말해주는 것이다. 그에게 거사 참여는 필연이었음을 느끼게 하는 대목이다. 남편의 죽음을 안타까워했던 아내 약비는 예빈시윤 권반에게 보내졌다.

··· 15) 사육신의 탄생

남효온[96]은 세조 제거와 이홍위 복위를 위한 거사 주동자들의 행적을 밝혔다. 세조의 손자인 제9대 왕 성종은 자연재난을 타개하고자 신하들의 의견을 수렴하려고 하였다. 이때 남효온은 상소를 통하여 혼인, 수령의 선발, 내수사의 폐지 등 여덟 가지 항목에 대하여 장문의 상소를 올렸다. 그 항목들의 맨 마지막에 이홍위의 어머니 현덕왕후 권씨 무덤에 관련된 문제도 언급하였다. 현덕왕후 권씨 무덤인 소릉昭陵은 이홍위를 유배 보낸 시점에 세조에 의해 파헤쳐졌다. 따라서 그녀의 혼령이 저주를 퍼부어 세조의 첫째 아들이자 성종의 아버지인 의경세자가 죽었다는 소리까지 나돌았다. 남효온은 "소릉을 폐한 것은 사람의 마음에 순응하지 아니한 것이니, 하늘의 마음에도 아니한 바인 것을 따라서 알 수 있습니다"라며 세조의 행위가 부당했음을 지적하였다. 어찌 보면 역린을 건드린 것이다. 이에 당시 도승지였던 임사홍 등이 그의 처벌을 강력히 주장하였다. 남효온의 생각은 필연적으로 세조 제거와 이홍위 복위를 위한 거사 참여자들에 닿아 있었다. 그는 그들 중 6명을 추려『육신전』이라는 책을 지었다. 6명은 앞서 기술한 박팽년 · 성삼문 · 이개 · 하위지 · 유성원 · 유응부이다. 그는 여기에 세조 제거와 이홍위 복위를 위해 그들이 어떻게 행동하였는가를 그려주었다.

『육신전』은 사육신을 잉태하였다. 세조 제거와 이홍위 복위를 위한 거사에는 주동자와 협조자 등 수십 명이 참여하였다. 그럼에도 강렬하게 우리에게 다가오는 인물은 6명에 불과하다. 우리는 그들을 '사육신'이라고 부른다. 남효온이 송나라 정치가이자 문인인 구양수가 편찬한 『신오대사』에 실려 있는 『당육신전』을 모방해 거사 핵심인물들을 6명으로 제한했기 때문이다.[97] 사육신은 보통 사람들이 흉내 낼 수조차 없는 충절을 보인 인물들로 각인되어 있다. 이런 현상도 남효온이 지은 『육신전』의 영향 때문이다. 그는 『육신전』에서 "누군들 신하가 되지 않겠는가마는 육신六臣의 신하 됨은 지극하기도 하다. 누군들 죽음이 있지 않겠는가마는 육신의 죽음은 참으로 장대하다"라며 그들의 충절을 높이 평가하였다. 『육신전』은 한 개인의 입장에서 서술된 것으로, 당시 항간에 떠도는 이야기를 바탕으로 했을 것이란 추측을 부정할 수 없다. 따라서 『육신전』은 민간의 구전에 의존한 기록물이라고 할 수 있다. 구전 과정에서 사육신은 필연적으로 공론화 대상이 되었다. 그리고 공론화 속에 그들의 행위에 대한 평가가 수반되었던 것이다. 지금도 그런 상황은 진행 중이라고 할 수 있다. 따라서 사육신에 대한 긍정적 평가는 남효온 개인의 평가

사육신 묘(서울시 동작구 노량진동)

라고만 할 수 없다.

『육신전』은 사육신의 충절을 신성불가침한 것으로 만들고 다른 거사 참여자들을 소외시키기도 하였다. 사육신이 거사를 계획한 것은 순수한 충절의식 때문이라고 생각할 수만은 없는 상황들도 있다. 그럼에도 그들의 행위에 다른 이유를 첨가한다는 것은 그들의 행위를 훼손하는 것처럼 비춰질 수 있다는 것이 우리 사회의 정서이다. 하지만 세조는 그들의 행위를 개인적 불만에서 온 일탈로 보았다. 다음은 그런 사실을 확인시켜 주는 『조선왕조실록』 기사이다.

… 성삼문은 성격이 출세에 조급하여 스스로 중시(中試)[98]에 장원하여 이름은 남의 앞에 있으나 오래도록 제학과 참의에 머물러 있다고 생각하였다. … 박팽년은 사위 이전(李琠)[99]의 연고로 항상 화가 미칠까 두려워하였다. 하위지는 일찍이 (세조에게) 견책을 받았으므로 원한을 품었었고 이개와 유성원은 품질品秩[100]이 낮은 것에 불평 불만하여 진달進達하려는 생각에서 마침내 서로 깊이 결탁하여 급급히 왕래하였는데 정적情迹이 이상하여 남들이 모두 이상하게 여겼다. …[101]

이렇듯 세조는 성삼문처럼 자신들이 제대로 된 대접을 받지 못했다고 생각하거나, 박팽년처럼 반역자로 지목된 사위의 딸인 외손녀를 돌봐주고 있었던 것이 발각된 것에 대한 두려움, 하위지처럼 6조직계제를 반대했기 때문에 곤장을 맞고 머리채를 잡혀 끌려나간 것에 대한 원한, 이개와 유성원처럼 진급하지 못한 것에 대한 불만 등이 작용하여 자신을 제거하려 했다고 믿었다. 이런 세조의 주장도 그들이 거사를 추진하는 데 있어서 작은 요인으로 작용하였으리라 생각한다. 하지만 우리 사회는 그들이 오직 충절만을 위해서 거사를 추진한 것으로만 믿고 싶어 한다. 이것은 『육신전』의 영향 때문이라고 할 수 있다. 나아가 사육신과 대등한 위치에서 거사에 참여했던 인물들을 소외시킨 경우도 있다. 그 대표적인 인물이 김문기라고 할 수 있다. 그런 사실은 『조선왕조실록』의 기사로도 확인할 수 있다.

김문기는 박팽년과 족친族親[102]이 되었고 또 친밀히 교제하였는데 그때 김문기가 도진무가 되었으므로 박팽년·성삼문과 함께 모의하기를 "그대들은 안에서 일이 성공되도록 하라. 나는 밖에서 군사를 거느리고 있으니 비록 거역하는 자가 있다 한들 그들을 제재하는 데 무엇이 어렵겠는가?" 하였다.[103]

김문기도 사육신과 대등한 위치에서 큰 역할을 담당하려 했다. 하지만 『육신전』에서 제외되었기 때문에 중요한 거사 참여자로 인식되지 못한다.[104] 다시 언급하지만 사육신 외에 더 많은 거사 참여자들이 있었음에도 우리는 그들을 기억하지 못한다. 『육신전』이 가져온 폐해라고 할 수 있다.

··· 16) 금성대군을 역모자로 만든 신하들

이홍위가 신하들의 요구에 의해 금성대군의 임명장을 빼앗았던 일은 그를 역모자로 만드는 빌미가 되었다. 앞서 밝혔듯이, 이홍위가 왕이었을 때 금성대군의 임명장을 회수하였다가 돌려준 적이 있었다. 신하들은 이러한 조치를 근거로 끊임없이 금성대군에 대한 철저한 조사를 요구하였다. 이미 이홍위가 금성대군이 죄가 없다고 밝혔음에도 불구하고 그들은 죄가 없었다면 왜 처음에 임명장을 빼앗았냐고 따진 것이다.

　금성대군 주변 인물들의 출중한 무예와 용맹성 그리고 높은 지위도 그를 역모자로 만드는 빌미를 제공하였다. 금성대군 집에서 활쏘기 내기를 한 무사 최영손과 김옥겸은 무예가 뛰어나고 용맹하기로 잘 알려져 있었다. 또 홍약과 홍해(태조 이성계의 사위로 숙신옹주 남편)는 고위직 무신이었다. 그래서 신하들은 그들이 하루아침에 우연히 모인 것이 아니라 평소에 음모와 간사한 흉계를 꾸미던 사이라고 보았다. 신하들의 이런 태도는 수양대군에 불만을 품은 금성대군을 무사들과 무리하게 연결시킨 것이었다. 나아가 수양대군이 조작한 안평대군의 역모설이 금성대군에게 부활한 것이라고 할 수 있다. 이렇게 금성대군의 역모설을 주장하는 신하들 가운데는 수양대군 측에 선 계양군이나 윤사로를 비롯해 태종의 후궁 신빈 신씨의 딸 숙경옹주와 결혼한 파평위 윤암 등 왕실 종친들과 계유정난에 개입한 신하들이 있었다.

　세조는 이홍위를 강제 퇴위시키면서 금성대군처럼 자신에게 반감을 품은 종친들을 유배 보내고 재산을 몰수함으로써 그들을 고립시키려고 하였다. 그 과정에서 특히 한명회는 금성대군을 표적 삼아 그에게 강력한 조치를 취할 것을 요구하였다. 하지만 세조는 오히려 유배지 수령에게 그를 후히 대접하고 잘 보살펴주도록 하였다. 이런 세조의 모습에 신하들은 더 거세고 빈번하게 금성대군에 대한 처벌을 요구하였다. 이런 와중에 경혜공주가 아프다는 이유로 이홍위의 매형 정종을 한양으로 돌아오게 하였다. 또 금성대군의 유배지도 삭녕에서 지금의 경기도 광주로 옮겨주었다. 이에 신하들이 빗발치듯 거센 항의를 하였지만 세조는 끄떡도 하지 않았다. 이런 모습은 세종의 모습과 일치한다. 그 후 잊을 만하니까 신하들이 다시 금성대군의 처벌과 정종을 유배지로 돌려보내도록 요구하였다. 따라서 정종은 수원으로 유배 보내고 금성대군·화의군·한남군·영풍군 등의 재산을 몰수하기도 하였다. 신하들은 이 정도의 조치에 만족하지 않았다. 그들은 또다시 금성대군과 혜빈 양씨 등의 강력한 처벌을 요구하였다. 신하들의 이러한 태도는 그들이 세조정권에 위협을 가할 수 있는 집단을 형성할 수 있는 구심점이 될 수 있다는 우려 때문이었다.

이홍위 복위운동이 실패한 후 종친들에 대한 경계가 강화되었다. 세조는 자신을 제거하고 이홍위를 복위시키려던 일이 발각된 다음 날 유배지에 있는 종친들의 거처를 철저히 지키도록 하였다. 보름 후에는 그들의 거처를 관할하는 지방관들에게 그들을 잘 감시하고 보고서를 작성하도록 시켰다. 또 며칠 후에는 금성대군에게 음식물을 후하게 바치고 왕골자리를 주라고 하였다. 하지만 그로부터 4일 후에는 태도가 급선회하였다. 금성대군을 비롯한 종친들의 재산을 빼앗고 유배지를 멀리 옮기도록 하였다. 따라서 금성대군은 지금의 경북 영주시 순흥면으로 보내기로 했다. 한남군은 지금의 경남 함양군으로, 화의군은 지금의 충남 금산군[105]으로, 영풍군은 지금의 전북 임실군으로, 정종은 지금의 광주광역시로 보내기로 하였다. 그러면서 난간·담장과 문호門戶를 될 수 있는 대로 높고 견고하게 하고, 사람들로 하여금 교대로 지키게 하여 외부 사람들과 서로 왕래하지 못하도록 했다.

세조는 유배 보낸 종친들에 대하여 납득하기 어려운 예우를 하였다. 종친들의 유배지를 옮기도록 조치한 날, 그들이 그곳이 유배지인지 휴양지인지 분간하기 어려울 정도의 예우를 하도록 시켰다. 또 정종을 따라가는 경혜공주는 가마를 타고 가도록 배려하였다. 가을이 깊어가는 3개월 후에는 그들의 유배지를 관할하는 관찰사에게 그들에게 옷과 버선 등을 지어주도록 하였다. 이듬해 초여름에는 여름옷을 보내기도 하였다. 이 시기는 전국적으로 가뭄이 들어 백성이 농사일에서 손을 놓고 있던 때였다. 따라서 세조도 매일 하늘을 쳐다보느라 다른 생각을 할 겨를이 없었다. 이를 통해 금성대군을 비롯한 종친들은 유배를 보낼 만큼의 죄를 짓지 않았을 뿐 아니라 세종이 죄인들에게 배려한 모습을 세조가 따라 했다는 것을 느낄 수 있다. 즉 세종은 죄인들이 지나가는 각 고을 수령들로 하여금 그들에게 식량과 의복을 두둑이 공급하라고 지시하거나 그들 가족이 정착하는 고을은 토지를 주어 생업을 도우라는 지시를 내리기도 했다.[106]

17) 이홍위 제거를 위해 송현수를 역모자로 만든 세조

이홍위의 처족도 경계 대상이었다. 이홍위의 장인 송현수도 이홍위 복위운동 관련 인물로 의심을 받았다. 하지만 세조가 방패막이해준 덕에 무사할 수 있었다. 그런 사실을 『조선왕조실록』에서 확인할 수 있다.

"근일에 경의 마음의 움직임을 다 말할 수 있겠는가? 조정에서 모두 경이 참여하여 들었으리라고 의심하였으나 내 굳게 고집하여 듣지 아니한 것은 경이 나의 옛 친구인 까닭이다."[107]

세조의 말대로 신하들은 송현수가 이홍위 복위운동에 관련되어 있다는 생각을 하였다. 그러나 세조가 두둔해준 덕에 살아남을 수 있었다. 세조의 말대로라면, 옛 우정이 그를 살려낸 것이다. 하지만 1년 후 그는 반역자가 되어버렸다.

송현수는 반역자로 조작되었음이 확실하다. 송현수가 반역자로 된 것은 김정수라는 사람이 예문제학을 지낸 윤사윤에게 "판돈녕부사 송현수와 행돈녕부판관 권완이 반역을 도모합니다"라고 말했기 때문이다. 성삼문 등에 의한 이홍위 복위운동이 발각된 지 1년이 조금 지난 뒤였다. 하지만 이것은 여러모로 볼 때 조작 냄새가 짙게 풍긴다. 이유는 다음과 같다. 불과 1년 전 발각된 이홍위 복위운동은 군사력이 동원되지 않은 소수의 문신들에 의해 계획된 것이었다. 그리고 그들은 완전히 궤멸되었다. 더구나 대다수 신하들은 성삼문 등의 처형 장면을 직접 목격하고 강한 공포에 사로잡혀 있었을 것이다. 이런 상황에서 새로운 참여자들이 나온다는 것은 현실적으로 불가능하다. 또 송현수를 반역자로 옭아매는 방식이 세조가 대군시절 계유정난을 일으키고 안평대군·황보인·김종서를 제거하던 방식과 유사하였다. 당시에도 황보인의 종이 권람의 종에게 김종서가 여러 재상들과 어울려 역모를 꾀한다고 말한 것을 계유정난의 명분으로 삼았다. 송현수의 경우도 송현수와 권완의 여종들을 심문하니, 그들이 역모를 꾀한다고 실토하였다는 것이다.

　세조가 이홍위의 유배를 결정한 과정은 지나친 논리적 취약성을 보였다. 송현수와 권완이 역모를 꾀했다는 것을 명분 삼아 이홍위의 유배를 결정한 날이 1457년(세조 3년) 6월 21일이었다. 그리고 다음 날 그들의 여종들을 심문해서 자백을 받아냈다고 하였다. 즉 이홍위를 유배 보내면서 동시에 심문을 한 것이다. 더구나 그녀들의 자백을 역모의 구체적 증거로 제시하였음에도 불구하고 자백 내용에 대해서는 일체 밝히지 않았다. 나아가 사간원에서는 송현수·권완과 관련된 인물로 지목한 김사우를 단지 관직에서 물러나게 하는 수준의 건의를 하였다. 계유정난을 일으킬 때나 이홍위 복위운동이 발각되었을 때와는 사뭇 다른 모습을 보였다. 계유정난이나 이홍위 복위운동 당시의 야만성이나 폭력성이 전혀 보이지 않았던 것이다. 이런 사실로 유추해볼 때, 송현수와 권완이 역모를 꾀했다는 것은 이미 결정된 이홍위 유배에 정당성을 부여받으려는 꼼수에 불과한 것이었다.

송현수 등을 반역자로 뒤집어씌운 것은 이홍위를 철저히 고립시킨 상태에서 제거하기 위한 전략의 일환이다. 송현수·권완·김사우의 공통점은 그들의 딸들이 이홍위의 정비이거나 후궁으로, 그의 여인들이었다. 그녀들이 『조선왕조실록』에 처음으로 등장한 것은 세조가 이홍위에게 혼인을 강요하던 시기로, 이홍위가 14살 되던 해의 정월이었다. 정월 초순, 세조는 종친과 신하 등 무려 16명이나 되는 사람들을 거느리고 창덕궁에서 처녀들 선을 보았다. 그리고 그 자리에서 그녀들이 뽑혔던 것이다. 3명을 뽑은 것으로 봐서 이날은 재간택이었다. 그중에 송현수의 딸이 왕비로 간택되었다. 즉 삼간택에서 그녀가 낙점된 것이다. 나머지 2명인 권완과 김사우의 딸들은 후궁이 되었다.[108] 그녀들이 바로 '숙의 권씨'와 '숙의 김씨'이다. 이홍위와 가장 가까이할 수 있었던 그녀들의 아버지를 반역자로 처단함으로써 그녀들은 자동적으로 이홍위 곁을 떠날 수밖에 없었다. 나아가 그녀들 가운데 권완의 딸은 노비로 전락시켜 공신에게 주기도 하였다.[109] 따라서 세조는 혼자 된 이홍위를 별 부담 없이 제거할 수 있는 상황을 만들었다.

··· 18) 의경세자를 위해 이홍위를 제거하려던 세조

이홍위의 유배는 의경세자를 위한 포석의 일환이기도 했다. 의경세자는 1438년(세종 20년)에 세조와 정희왕후 윤씨 사이에서 태어났다. 그는 세종 때 도원군에 봉해지고, 세조가 즉위하던 해 세자로 책봉되었다. 그는 이홍위보다 3살 더 먹은 사촌형이다. 세조는 그가 왕이 되더라도 이홍위가 있는 한 왕위를 지키는 것이 쉽지 않다는 판단을 했을 수 있다. 이런 사실은 이홍위 복위운동에 대한 심문 과정에서도 나타났다. 김질이 세조에게 이홍위 복위운동에 대한 계획을 밀고한 날, 성삼문이 "상왕과 세자는 모두 어린 임금이다. 만약 왕위에 오르기를 다투게 된다면 상왕을 보필하는 것이 정도正道이다"라고 말했다는 것을 밝혔다. 즉 세조 유고 시 왕위를 놓고 이홍위와 의경세자가 다투게 된다면 이홍위를 옹립해야 한다는 것이다. 이 말은 세조와 측근들의 간담을 서늘하게 만들었다. 따라서 어떻게 해서든 이홍위를 제거하려고 했을 것이다. 그런 계획의 1단계가 바로 그를 유배 보내는 것이라고 할 수 있다.

이홍위의 유배는 사실상 약 6개월 전부터 기획되었다. 이홍위가 유배를 떠나기 약 6개월 전 정인지 · 정창손 · 강맹경 · 신숙주 · 황수신 등이 세조에게 상왕 이홍위에 관련된 건의를 하였다. 내용은 이홍위와 세조의 지위가 같으므로 신하들 사이에서도 받드는 왕이 다를 수 있다는 것이다. 즉 신하들이 이홍위 파와 세조 파로 나누어진다는 것이다. 그래서 성삼문

경릉(경기도 고양시 덕양구 용두동 서오릉 내). 세자로 책봉되었으나 왕위에 오르지 못한 채 세상을 떠난 후 왕으로 추존된 의경세자와 아내 소혜왕후 한씨(인수대비) 무덤이다.

같은 인물들이 이홍위를 받들어 복위운동을 하였다는 것이다. 따라서 그를 멀리 떨어트려놓아야 한다고 주장하였다. 그들의 솔직한 속내는 이홍위를 받드는 새로운 세력들에 의해 해를 입을까 두려워한 것이다. 그들의 이러한 주장은 약 2개월 동안 계속되었다. 이 상황은 세조와 한명회 등에 의해 기획되었을 것이라는 합리적 의심을 지을 수 없다. 세조는 별 탈 없이 왕위가 자신의 맏아들 의경세자에게 이어지길 바란 것이다.[110] 나아가 한명회도 그 흐름을 타면서 자신의 권력을 지속적으로 확장하고 싶었다. 한명회는 자신의 의도대로 그 후 예종과 성종의 장인이 되었다. 세조는 그런 한명회와 자신이 일심이체-心異體임을 밝힌 적이 있다. 세조는 이홍위의 유배를 기획하기 4개월 전에 한명회에게 몰래 민심을 살펴보도록 하였다. 그러면서 "경은 나와 마음을 같이하고 덕을 같이하는 일체-體의 사람이다"라고 말하기도 하였다.

세조는 이홍위가 유배 떠나기 6개월 전부터 그를 금성대군 집으로 보내려 하였다. 이홍위가 상왕이었을 때, 대사헌 윈효원과 우사간 김종순이 그의 신변에 관해 세조에게 물었다. 세조는 봄에 이홍위를 금성대군 집으로 옮길 것이라고 답했다. 하지만 신하들은 한양도성 밖으로 옮겨야 한다고 주장하였다. 3개월 후에도 신하들과 세조의 이러한 모습은 재방송하듯 똑같이 나타났다. 이 시점에 양녕대군과 정인지도 종친들을 데리고 와 이홍위의 거취에 관하여 세조에게 물었다. 이에 세조는 금성대군 집을 수리해서 그를 그곳으로 옮기겠다는 의사를 드러냈다. 따라서 이홍위의 유배는 그를 제거하기 위한 1단계 조치로, 유배지는 사실상 제거를 실행하기 위한 장소였다.

03 단종의 비애 세종의 눈물

노산군으로 강봉된
이홍위의 유배 생활

　이홍위는 군君으로 강봉된 조선 최초의 왕이다. 조선시대 군으로 강봉된 왕은 이홍위를 비롯하여 제10대 왕 연산군과 제15대 왕 광해군이 있다. 조선시대 군이라는 작위는 대체로 후궁이 낳은 왕자, 왕위를 물려받을 왕세자의 정실부인이 낳은 아들(정2품), 왕세자의 후궁이 낳은 아들(종2품)을 비롯하여 1·2품 종친 등에게 주어졌다. 또 공신에게도 내려졌다. 그리고 왕비의 아버지를 부원군(정1품)이라고 하였다.[1] 나아가 대가 끊긴 왕의 친척 중에서 왕위를 물려받은 경우, 새 왕의 아버지를 대원군이라고 하였다. 하지만 이홍위가 상왕에서 노산군[2]으로 강봉된 것은 원래 격이 후궁이 낳은 왕자 수준으로 낮춰진 것을 의미하는 것은 아니었다. 단지 그처럼 폐위된 왕을 낮춰 부르는 호칭이었을 뿐이다.[3] 그런데 이홍위 복위 과정에서는 그가 후궁이 낳은 왕자 수준으로 격하된 것으로 인식하고 있었다. 이렇듯 이홍위는 하루아침에 상왕에서 군으로 추락한 조선의 유일무이한 왕이 되어 유배 길에 올랐다.

　노산군의 유배지를 청령포로 선정한 것은 양성지와 정척으로 추정된다. 이홍위가 유배 가기 3년 전에 이미 『세종실록지리지』가 완성되었다. 그것은 『세종실록』 제148권에서 제155권까지의 8권에 실려 있는 전국 지리지였다. 그중 제148권의 '경기' 중 한강에 관련된 다음과 같은 내용의 글이 나온다.

 대천大川으로 말하면 한강은 그 근원이 강원도 오대산으로부터 나와 영월군 서쪽에 이르러 여러 내를 합하여 가근동진加斤同津⁴⁾이 되고 충청도 충주의 연천을 지나서 한결같이 서쪽으로 흘러 여흥을 지나 여강이 되고, 천녕에서 이포가 되며 양근에서 대탄이 되고 또 사포와 용진이 되었으며 한 줄기는 인제현이 이포소로부터 나와 춘천에 이르러 소양강이 되고 남쪽으로 흘러 가평현 동쪽에서 안판탄이 되고 양근 북쪽에서 입석진이 되며 또 양근 남쪽에서 용진도가 되고 사포로 들어가서 두 물이 합하여 흘러 광주 경계에 이르러서 도미진이 되고 다음에 광나루가 되었으며…

 큰 틀에서 한강을 잘 설명하고 있다. 글 전반부에 나타나는 지명들을 사포와 용진부터 시작해서 역逆으로 배열하면 지금의 양평군에서 강원도 청령포 인근에 이르는 수로가 확인된다. 따라서 『세종실록지리지』를 통해서 노산군의 유배 길에 관련된 수로에 관한 대충의 정보를 얻을 수 있었다. 나아가 153권 '영월군' 편에서는 육로에 관해서 좀 더 구체적인 정보를 얻을 수 있었다.

 관풍루(객사 동쪽에 있다.) 금강정(군 동쪽에 있다.) 역이 둘이니 연평·양연이다.(본래 정양과 온산 2역이 있었는데, 고려 공양왕 2년에 합쳐서 하나로 하여 양등소에 옮겨두고, 이름을 양연으로 고쳤다.)

하지만 이 정도 정보로 청령포를 알기란 어려웠을 것이다. 그러므로 누군가의 도움이 필요했던 것이다. 당시 양성지와 정척은 지리에 밝은 인물로 평가받고 있었다. 그 시기의 지리서는 거의 양성지를 통해서 나왔다고 해도 과언이 아닐 정도이다. 또 정척은 양성지와 함께 세조의 지시에 따라 『동국지도』[5]를 완성한 인물이다. 따라서 그들이 노산군 유배지로 청령포를 추천했을 개연성이 아주 높다.

노산군 유배 일행은 64명이었다. 세조는 첨지중추원사 어득해에게 명하여 군사 50명을 거느리고 노산군을 호송하게 하였다. 어득해가 첨지중추원사로 임명된 것은 유배 일행 호송 책임자가 되기 40여 일 전이었다. 첨지중추원사는 정3품 고위직이었다. 어득해 외에 군자감정 김자행·판내시부사 홍득경도 따라갔다. 군자감정도 정3품 관직이었으며, 판내시부사는 정2품 관직이었다. 당상관급 고위직들이 동행한 것이다. 이런 것을 통해서 볼 때, 세조가 노산군 유배를 아주 비중 있게 생각하고 있었음을 알 수 있다. 김자행은 세조가 강원도 관찰사 김광수에게 내리는 은밀한 지시사항을 전달하려고 따라간 것이었다. 그리고 판내시부사가 따라갔다는 것은 시녀들도 동행했음을 의미한다. 따라서 유배 일행은 노산군·어득해·김자행·홍득경과 군사 50명, 시녀 10명으로 이루어졌다.[6]

노산군의 유배는 다음과 같은 특징을 보였다. 첫째, 원래 모든 유배 길을 수로로 택했다. 이것은 노산군의 유배를 노출시키지 않으려는 의도였다. 둘째, 유배 여정에서 노산군에게 극진한 대우를 하려고 하였다. 유배 일행에 판내시부사 홍득경과 시녀 10명이 포함된 것은 유배 여정에서도 그를 극진하게 대우하려던 세조의 의도가 반영된 것이었다. 이런 모습은 세종이 종친을 극진히 대하던 정서를 세조가 공유한 것으로 볼 수 있다. 셋째, 유배 길을 될 수 있는 대로 멀게 느껴지도록 하였다. 이것은 유배 길의 거리에 비례해서 죄의 경중을 인식하던 당시의 사회적 정서를 반영한 것이었다.

노산군이 유배 길에 오르던 해는 유난히 가뭄이 심했다. 그해 4월부터 기우제 이야기가 나왔다. 전라도 관찰사는 4월 말경 기우제에 쓸 향과 축문 등을 조정에 요청하였다. 5월에 들어서는 상황이 더욱 심해졌다. 따라서 충청도와 경기도에 사람을 보내 구황과 파종에 대해 살피게 하였다. 경상도 관찰사는 흉년 때문에 식량이 떨어진 염부鹽夫 등이 힘이 없어 소금을 굽지 못한다고 보고하였다. 예조에서는 기우제 지낼 것을 건의하기도 하였다. 신하들은 가뭄인데도 상황을 제대로 인식하지 못하고 술을 마시는 사람들에게 금주령을 내려줄 것을 건의하기도 하였다. 우헌납 윤효손은 "가뭄이 너무 심하니, 청컨대 예전부터의 관례에 의거하여 시장을 옮기고, 남문을 닫고, 석척기우제蜥蜴祈雨祭[7]를 행하게 하소서"라고 건의하였다. 이에 세조가 사헌부에 내린 명령 내용이 『조선왕조실록』에 있다.

"가뭄이 심하니 마땅히 경계하고 조심하며 자신을 반성하고 수양할 시기인데도 미혹迷惑한 소민小民이 술병을 가지고 교외에 나가서 마음대로 마시면서 방자하게 놀고 있으니 금년 5월 21일부터 집에 있으면서 술을 마신 것 이외에 술병을 가지고 가는 사람을 일체 금지시키다."[8]

또 가뭄으로 인한 민심 이탈을 막기 위해 중죄인을 제외한 잡범들을 모두 풀어주었다. 심지어 죄인을 사형시키는 것과 짐승을 잡아 죽이는 것도 금지시켰다. 이런 와중에 불교 사찰에서 기우제 지낸 후 비가 오자 기우제 지낸 승려들에게 상을 주기도 하였다. 이런 시기에 노산군이 유배를 떠나게 되었을 뿐 아니라 명나라 사신이 한양에 도착하였다. 노산군이 유배를 떠나고 명나라 사신이 한양에 도착하는 때가 일치하는 것을 우연이라고 보기에 석연치 않은 점이 있다. 어찌 계유정난을 일으킬 때, 왕위를 물려받을 때, 유배 보낼 때를 맞춰 명나라 사신들이 한양을 방문했을까 하는 점이다. 더구나 백성에게는 금주령을 내리고 금주령을 내린 자신들은 하루가 멀다 하고 사신들과 술잔치를 벌였다.

노산군 유배 일행은 열흘 걸려 청령포에 도착하였다. 노산군 유배 일행이 창덕궁을 나선 때가 6월 22일이었다. 그가 창덕궁으로 거처를 옮긴 지 2년 정도 지난 때였다. 그들은 한양도성의 사대문 중 하나인 흥인지문(동대문)을 지나 영도교를 건너 화양정에 도착하였다(1일째). 화양정 인근의 광나루에서 배를 타고 한강을 거슬러 올라가다 지금의 경기도 여주시 이포나루에서 내렸다(4일째). 이포나루부터는 육로를 이용해 동쪽으로 갔다. 그리고 지금의 여주시 북내면 서원리에 도착하였다(5일째). 그곳에서 금당천변을 따라 남쪽으로 이동해 다시 한강변에 도착하였다. 그곳은 이포나루보다 좀 더 한강의 상류지역으로, 금당천이 한강과 합수하는 지점이었다.

노산군의 유배 길

그곳에서 동쪽으로 이동해, 지금의 여주시와 강원도 원주시의 경계를 이루는 섬강에 다다랐다. 섬강을 건너 지금의 원주시 부론면 노림리를 거쳐 흥원창에 도착하였다(6일째). 조창인 흥원창은 한강과 섬강이 합수하는 지점에 있었다. 흥원창에서 남쪽으로 이동해 단강리를 거쳐 동쪽으로 갔다. 그렇게 지금의 원주시 남부지역과 충북 제천시 북부지역을 지나간 노산군 유배 일행은 원주 동남쪽 지역인 신림면에 도착하였다. 신림면은 지금의 강원도 영월군과 접한 곳이다. 그들은 그곳을 거쳐 강원도 영월군으로 진입하였다(9일째). 그리고 계속 동남쪽으로 이등하여 청령포에 도착하였다(10일째). 그 기간이 열흘로 추산된다. 근거는 『조선왕조실록』의 기사 내용을 비롯하여, 유배 길에 얽힌 설화나 자연 환경 및 당시의 여러 가지 정치 상황 등을 고려하여 추론한 것이다.

1) 유배 여정 1일째(6월 22일, 화양정에서의 송별연)

『조선왕조실록』에는 노산군 유배 일행이 한양을 떠난 날을 알려주는 기사가 있다. 『세조실록』 1457년(세조 3년) 6월 22일 자 기사에 "노산군이 영월로 떠나가니, 임금이 환관 안노에게 명하여 화양정에서 전송하게 하였다"라는 내용이 있다. 이날은 양력으로 7월 13일, 한여름이었다. 군사 4명이 멘 가마를 탄 노산군, 말을 탄 어득해·김자행·홍득경을 비롯한 관리들, 말을 타거나 걸어가는 군사 46명과 시녀 10명이 한 무리를 이뤘다. 그들 중 붉거나 푸른색의 깃발을 든 군사들은 걸어갔다. 또 짐 보따리를 메고 걸어가는 군사들과 시녀들 모습도 눈에 띄었다. 노산군이 탔던 가마는 사인교四人轎[9]로 추측된다. 왕이 타는 가마로 연輦이 있지만, 노산군으로 강봉되어 유배를 떠나는 이홍위에게 그런 가마를 내줄 리 없었거니와 유배 길에는 부적합하였다. 연은 구슬을 꿰어 만든 발이 치렁치렁 늘어져 있어 화려하지만 좁은 길을 다니기에 불편했기 때문이다. 이렇듯 64명이나 되는 인원이 노산군 유배 일행을 형성해서 6월 22일 창덕궁 돈화문을 벗어났다.

 세조는 노산군과 정순왕후 송씨가 생이별하도록 하였다. 세조는 자신의 동복형제 금성대군이나 이복형제 화의군·한남군·영풍군은 물론 노산군의 매형 정종도 유배지에서 가족들과 함께 모여 살도록 배려하였다. 하지만 노산군에게는 아내 정순왕후 송씨조차 따라가지 못하도록 하였다. 이 대목에서, 세조는 처음부터 유배지에서 노산군을 죽이려는 의도를 가졌을 것이라는 합리적인 의심이 들게 한다. 따라서 노산군과 정순왕후 송씨의 영원한 이별은 죽음에 의한 것이 아니라 세조에 의한 것이었다.

 그녀가 노산군을 마지막으로 본 장소는 두 곳으로 전한다. 그중 한 곳이 지금의 서울시 종로구 숭인동과 중구 황학동을 갈라놓고 흐르는 청계천에 놓인 영도교[10]이다. 이 다리는 흥인지문을 나선 사람들이 왕십리·뚝섬·광나루 쪽으로 가기 위해 건너다닌 다리였다. 당시 이 다리는 왕십

평대교라고 불렸다. 노산군 유배 일행도 광나루로 가기 위해서 이 다리를 건넜다. 다리는 동네 어귀나 고개처럼 하나의 공간적 경계를 넘나드는 곳으로 인식된다. 따라서 동네 어귀·고개·다리 등에는 이별을 품은 설화들이 있기 마련이다. 영도교도 그런 설화를 품은 곳이다. 정순왕후 송씨가 노산군 유배 일행을 따라 이곳까지 와서 영영 이별하였기에 '영이별다리'·'영이별교'·'영영 건넌 다리' 등으로 불렀다고 한다.

노산군 유배 일행은 살곶이벌에 도착하였다. 영도교를 건넌 노산군 유

흥인지문. 노산군 유배 일행은 흥인지문을 통해 한양도성을 벗어났다.

영도교(서울시 종로구 숭인동과 중구 황학동 사이 청계천). 정순왕후 송씨가 노산군 유배 일행을 따라 이곳까지 와서 영영 이별하였다는 이야기를 간직한 다리이다.

노산군으로 강봉된 이홍위의 유배 생활

배 일행은 지금의 서울시 성동구 행당동에 위치한 한양대학교 옆을 흐르는 중랑천[11]을 건너 살곶이벌에 도착하였다. 그들이 중랑천을 건널 때, 천에는 놓다 만 돌다리가 있었다. 살곶이다리[12]이다. 살곶이다리는 당시 영도교를 건너 경기도 광주·이천·여주·충청도·경상도 등지로 가려는 사람들과 그곳에서 한양도성 쪽으로 오려는 사람들이 주로 이용하는 길목에 있었다. 하지만 세종 때부터 시작한 살곶이다리 공사는 노산군이 유배 가던 당시까지도 중단된 채 남아 있었다.[13] 그곳을 여러 차례 지나쳐 간 그에게는 그런 광경이 눈에 익었다. 왕으로서 그곳을 지나칠 때는 빨리 공사를 마무리해야겠다는 의무감이나 부담감을 가지고 바라보았지만 이제는 남의 일처럼 느껴졌을 것이다. 그들은 그런 광경을 멀리하고 살곶이벌에 도착하였다.

살곶이벌은 당시 왕들의 놀이동산, 열병식장 그리고 화기火器시험장 역할을 하였다. 지금의 서울시 성동구 성수동, 광진구 자양동·구의동 일대가 살곶이벌로 불리던 지역이다. 흔히 뚝섬으로 불렸던 이 지명도 열병식

살곶이다리(서울시 성동구 성수동). 노산군이 유배 가던 당시는 완공되지 않은 상태였다.

에서 유래하였다.[14] 이곳은 당시 태종을 필두로 해서 조선 왕들이 매사냥을 즐겨 구경했던 장소였다. 그리고 많은 열병식이 이곳에서 이루어졌다. 물론 노산군도 이곳에서 사냥 구경을 하였고 열병식도 참석했다. 그가 열병식에 참석했을 때 식에 참가한 군사가 3,541명, 훈도訓導가 189명, 시위 군사가 850명이었다. 무려 4,600여 명이나 참가한 것이다. 또한 화포火砲 등의 화기시험을 하기도 하였다. 노산군은 이곳에 도착해서 여러 가지 추억을 떠올리며 심한 수치심을 느꼈을 수도 있다. 즉 열병식에 참가해 자신으로부터 평가를 받던 군사들 중 일부가 지금은 자신을 둘러싸고 있는지도 모른다는 생각을 떨칠 수 없었기 때문이다.

살곶이벌은 태종이 사랑한 곳이다. 태종은 살곶이벌을 자주 드나들며 매사냥을 구경하였을 뿐 아니라 말 목장을 만들었다. 말 목장을 조성한 것은 군사훈련 목적의 사냥대회를 개최하고 유사시 사용하려고 했기 때문이다. 그는 여기에 행궁을 짓기도 했다. 다음은 그런 사실을 알려주는 『조선왕조실록』의 기사이다.

상왕(태종)은 노상왕(정종)과 더불어 동쪽 교외에 나아가 매사냥을 하는데 임금(세종)도 따라가 드디어 대산臺山[15]의 신정新亭[16]에서 잔치하고 저물녘에 돌아왔다. 대산은 살곶이벌의 동쪽에 있어 한강에 다다르고 형상이 시루를 엎어놓은 듯하여 혹은 증산甑山이라고도 한다. 상왕은 지난겨울부터 그 아래에 궁을 건축하고 그 위에 정자를 짓게 하여 이제야 낙성식을 하므로 박은에게 명하여 이름을 짓게 하니 박은은 낙천樂天[17]으로 명명할 것을 주청하므로 그대로 따랐다.[18]

이 상황은 전·현직 왕 3명이 함께 매사냥 구경을 간 것이다. 이때 그들은 새로 지은 정자 '낙천정'에서 잔치를 하고 돌아왔다. 정자 아래는 지난겨울부터 지은 행궁이 있었다. 지금의 서울시 광진구 자양동 잠실대교 근처이다. 태종은 이 행궁으로 거처를 옮길 만큼 아주 좋아했던 것으로 알려졌다.

살곶이벌의 화양정에서 노산군은 송별연을 가졌다. 화양정은 지금의 서울시 광진구 화양동 주민센터 인근에 있다. 화양정은 비교적 높은 곳에 있었기 때문에 살곶이벌에서 방목하던 말을 지켜볼 수 있었다. 또 왕이 군사훈련을 검열하거나 군사훈련의 사냥대회를 지켜보던 곳이기도 하다. 화양정에 쓰인 '화양'은 『주서』의 '귀마우화산지양歸馬于華山之陽'이란 문장에서 고른 것이다. 이 문장은 '주나라 무왕이 은殷나라를 멸망시키고 전쟁에 쓰인 말을 화산의 남쪽으로 돌려보낸다'는 뜻이다. 즉 다시 싸움을 하지 않을 것을 알리는 말이었다. 상황에 따라 화양정은 사람들을 맞이하던 장소로 쓰이기도 했다.[19] 그래서 노산군도 이곳에서 송별연을 갖게 된 것이다.

화양정 터(서울시 광진구 화양동). 노산군은 이곳에서 송별연을 가졌다.

노산군은 성삼문 등으로 인해 유배 가게 되었다고 인식하였다. 환관 안노가 화양정에서 그를 전송하는 자리에서, "성삼문의 역모를 나도 알고 있었으나 아뢰지 못하였다. 이것이 나의 죄이다"라고 하였다. 이 대목을 통해서 알 수 있는 것은 노산군의 유배 명분을 세조와 노산군이 서로 다르게 내세우거나 인식하고 있었다는 것이다. 세조는 노산군의 장인 송현수 등이 반역을 도모하였다는 명분을 내세워 상왕 이홍위를 노산군으로 강봉하여 유배를 보냈다. 반면 노산군은 1년 전 성삼문 등이 주도한 복위 운동 여파로 유배를 가게 된 것으로 인식하고 있었다. 따라서 송현수 등이 반역을 도모하였다는 세조 측 주장은 날조된 것이라고 할 수 있다. 노산군은 그날 밤 낙천정 아래 있는 태종의 행궁으로 가서 하룻밤을 묵었다. 화양정에서 직선거리로 약 2.5km가 된다. 노산군도 한때는 태종의 행궁에서 신하들로부터 극진한 대접을 받았다. 그러나 당시 노산군은 훗날 자신이 그곳에서 한양에서의 마지막 밤을 보낼 것이라는 것은 꿈도 꾸지 않았을 것이다.

화양정 역시 노산군과 정순왕후 송씨의 이별을 품은 이야기가 있다. 그녀는 노산군 유배 일행을 따라서 이곳까지 왔다는 또 다른 이별 이야기가 전한다. 이곳에서 그녀와 하룻밤을 보낸 노산군은 강원도 영월로 떠나면서 '화양정, 화양정' 하고 되뇌었다고 한다. 즉 이 길이 다시 돌아올 수 있는 '회행回行의 길'이 되기를 바란 것이다. 이 대목에서 어린 그가 가졌던 절망감과 두려움이 어떠했는지 느낄 수 있다. 또 이를 들은 사람들은 그가 영월에서 돌아오기를 바라는 뜻에서 화양정을 회행정으로 불렀다고 한다.

2) 유배 여정 2일째 (6월 23일, 광나루 → 도미나루)

　　노산군 유배 일행이 본격적인 유배 여정을 시작한 날은 6월 23일이었다. 세조는 환관 안노에게 노산군을 전송하도록 시킨 다음 날 내시부 우승직 김정으로 하여금 그에게 문안하도록 하였다. 이런 사실을 통해서, 노산군 유배 일행은 6월 22일 창덕궁을 떠났지만 어디에선가 하룻밤을 묵고 23일 본격적으로 유배 길에 올랐음을 알 수 있다. 그렇기 때문에 김정이 이날 노산군에게 문안할 수 있었다. 그리고 그 어딘가는 낙천정 아래 있는 행궁이 유력하다. 이렇게 그들이 살곶이벌에서 하루를 묵은 것은 송별연도 송별연이지만 그들이 타고 갈 배들이 미처 준비가 안 되었던 탓이다. 그래서 그들은 배들이 광나루로 올 때까지 기다렸다.

　　노산군 유배 일행은 일부 구간에서 한강 수로를 이용하였다. 경기도 양평군 양서면 양수리로 유입되는 2개의 큰 물줄기는 남한강과 북한강으로 불린다. 그중 강원도 영월군에서 시작하여 그곳으로 흘러 들어오는 물줄기를 남한강이라고 부른다. 그리고 강원도 화천군 화천읍에서 시작하여 그곳으로 흘러 들어오는 물줄기를 북한강이라고 부른다. 남한강의 발원 지점은 강원도 태백산이고 북한강은 금강산 부근이다. 대체로 한강은 '백두대간에서 발원하여 강원도 · 충청북도 · 경기도 · 서울시를 동서로 흘러 서해로 흘러 들어가는 강'으로 규정된다. 따라서 남한강이 한강의 본류이고 북한강은 지류인 셈이다. 육로가 발달하지 않은 시기에, 이렇게 큰 물줄기들은 지금의 고속도로 같은 역할을 한 교통로였다. 노산군 유배 일행도 이런 수로를 이용하려고 했었다. 만약 그들이 육로를 이용하려고 했다면, 흥인지문을 나서서 영도교 쪽으로 가면 안 되었고 계속 직진해서 관동로[20]를 이용해야 했다. 하지만 그들은 광나루부터 수로를 이용하기 위해 영도교를 건너 화양정 방향으로 갔다. 긴심을 자극하지 않으려고 수로를 택한 것이다.

조선시대는 고려시대의 간선도로망을 이어받아 한양을 결절점結節點으로 하는 X자형 간선도로들을 구축하였다. 그중 하나가 지금의 서울시에서 경상북도 울진군 평해읍에 이르는 관동로(평해로, 관동대로)였다. 관동로 중간지점에 강원도 원주(당시는 원주목)가 있고 그곳부터는 지선인 평구도를 따라 영월에 쉽게 도착할 수 있었다. 이렇게 관동로와 평구로를 이용한다면, 청령포까지는 걸어서 5일 정도 걸린다. 하지만 이런 방식은 노산군 유배 일행이 많은 사람들에게 노출될 가능성이 있었다. 그리고 이런 장면을 목격한 사람들의 입을 통하여 소문이 급속히 번져나갈 수 있었다. 이럴 경우 노산군에 대한 동정여론이 일어날 수 있다고 세조와 측근들은 판단했을 개연성이 높다. 그래서 불가피하게 수로를 택한 것으로 추론할 수 있다. 명분이 취약한 유배 때문에 수로를 택할 수밖에 없었던 그들은 낙천정 인근의 행궁에서 약 3km 조금 넘는 광나루에서 배를 탔다.

당시 한강하류에는 두 종류의 조운선들이 돌아다녔다. 고려나 조선시

대에는 지방에서 세금으로 거둬들인 곡식·면포·특산물 등을 일시적으로 모아두는 '조창漕倉'이라는 창고들이 있었다.[21] 조창은 주로 강변이나 해안가에 설치되었다. 그리고 그곳에 모아둔 물품들은 중앙으로 운송하여 나라 살림에 충당하였다. 조선시대에는 한양에 있는 군자감, 광흥창 그리고 풍저창 같은 경창으로 운반되었다. 따라서 해안가에 설치된 조창의 물품은 바닷길을 통해서 경창으로 보내고 내륙의 강변에 설치된 조창의 물품은 수로를 통해 경창으로 보냈다. 이때 바닷길을 다니던 조운선은 배 밑바닥이 V자 형태인 첨저선尖底船이었다. 거친 파도를 이겨내고 물의 마찰저항을 줄이면서 보다 빠르게 물품을 운반하기 위한 선택이었다. 반면 수로를 다니던 조운선은 배 밑바닥이 평평한 평저선平底船이었다. 강의 상류지역은 수심이 얕고 바닥에 자갈 같은 돌들이 많기 때문에 배가 물에 잠기는 부분(흘수)이 적고 돌들이 많은 곳을 잘 헤쳐 나갈 수 있도록 밑바닥을 평평하게 만든 것이다.[22]

 초마선은 첨저선의 일종이었다. 한국의 전통 배는 평저선이라는 것이 일반적인 견해이다. 하지만 신라시대 장보고가 해상무역에 이용한 배가 첨저선이었다는 주장은 그러한 견해에 의심을 품게 한다. 또 장보고 이후 조선 전기에도 첨저선 형태의 초마선이 강에서 돌아다녔다는 기록이 있다. "… 초마선에 가득 싣고 강물을 따라 올라갔었으나, 초마선 배 바닥이 넓지 못해 마침내 가지 못했었습니다.…"라는 기사가 『중종실록』에 나타난다. 짐을 가득 실은 초마선이 강의 수심이 얕은 지역을 지나면서 좌초된 것이었다. 즉 배 밑바닥이 뾰족하므로 수심이 얕은 지역에서 강바닥의 진흙이나 돌에 걸린 것이다. 평저선같이 배 밑바닥이 넓으면 그런 현상이 나타나지 않았다는 것이다. 이를 통해 초마선은 일종의 첨저선이었다고 추론할 수 있다.

광나루 터(서울시 광진구 광장동). 노산군 유배 일행은 이곳에서 배를 타고 유배지로 출발하였다.

노산군 유배 일행은 2척의 초마선을 타고 광나루를 떠났다. 초마선은 평저선에 비해 물의 저항이 적어 속도가 빠른 편이다. 하지만 그들이 초마선을 택한 이유는 속도가 아니라 승선 시 안정감을 고려한 것이었다. 초마선은 평저선보다 배의 아랫부분이 더 많이 물에 잠긴다. 따라서 무게 중심이 낮아 아무래도 평저선보다는 안정감을 줄 수 있다. 그러므로 초마선은 노산군에게 편안함을 주고 그들이 가지고 간 가마나 기타 여러 가지 물품들도 안전하게 운송할 수 있었다. 또 유배 여정에서도 노산군을 극진히 대하려는 세조의 의지가 초마선을 선택하게끔 했다. 그리고 초마선은 한 척에 50명이 승선할 수 있었다. 그러한 사실은 고려 말, 조선 초 문신이었던 이첨이 쓴 『상정상국서』에도 나타난다.

… 대선大船 37척은 1척에 원칙으로 마땅히 150인을 쓰고 중맹선中猛船 10척은 1척에 80인이요 초마선哨馬船 30척은 1척에 50인이니…[23]

그래서 2척의 배 중 한 척은 노산군과 홍득경 그리고 시녀 10명과 뱃일을 하는 군사 등이 타고 다른 한 척에는 어득해, 김자행과 나머지 군사들이 타고 떠났다.

세조는 노산군 유배 길 전 구간에 수로를 이용하려 했다. 앞서 언급하였듯이, 노산군의 유배 명분이 취약했기 때문에 가급적 사람들의 눈을 피할 필요가 있었다. 따라서 광나루에서 청령포까지 유배 길 전 구간을 한강 수로를 이용하려 했다. 그래서 수로만으로도 도착할 수 있는 청령포를 유배지로 택한 것이다. 그리고 이런 의도를 인솔자 어득해에게 강조했을 것이다. 어득해 또한 세조의 명령을 따르려 하였다. 따라서 비록 초마선의 운항 가능 구간이 제한되지만 노산군 유배 일행도 초마선의 승선인원을 참고해서 60명 정도로 제한한 것으로 추정된다. 즉 그들이 소지한 짐들도 고려했기 때문이다.

노산군 유배 일행은 6월 23일 지금의 경기도 하남시 배알미동 인근에 있었던 도미나루[24]에 도착했다. 광나루에서 그곳까지 수로로 약 20km 정도 된다. 그 정도의 거리는 배가 한강을 거슬러 하루에 갈 수 있는 거리이다. 이렇게 강을 거슬러 올라가는 것을 소강溯江이라고 한다. 소강은 강 상류에서 하류로 내려가는 하강의 반 정도밖에 나아갈 수 없었다. 그래서 노산군 유배 일행은 그날 도미나루까지만 갈 수 있었다. 그들이 계속 소강으로 청령포까지 갔다면 약 20여 일 이상 걸렸을 것이다. 왜냐하면 광나루에서 영월에 이르기까지의 수로가 약 260km 정도로[25] 하루 소강 거리가 20여km인 점과 강바닥 곳곳에 있는 여울을 헤쳐 나가야 하기 때문이다. 그것도 강물의 양 등 배가 운항하는 데 필요한 조건이 충족된다는 것을 전제로 한 것이다.

그들은 도미나루에서 밤을 보냈다. 그곳에는 도미원이라는 원院이 있었다. 원은 관리들이 공무수행을 위해 돌아다닐 때 숙식을 제공받던 시설로 나라에서 운영하였다. 그런 원은 주로 도로나 인가가 드문 곳에 설치되었다. 따라서 공무수행 중인 어득해의 입장에서는 굳이 민폐를 끼치지 않고 이용할 수 있는 곳이 원이었다. 하지만 그들은 비교적 인원이 많았으므로 인근에 있는 민가도 이용했을 것이다.

3) 유배 여정 3일째 (6월 24일, 도미나루 → 양근나루)

도미나루 인근에는 노산군 유배 일행이 지나갔음을 알려주는 설화가 있다. 도미나루 인근에 배알미동이 있다. '배알미拜謁尾'라는 말은 '뒤쪽에 대고 절한다'라는 의미이다. 즉 노산군 유배 일행을 태운 배가 지나갈 때, 사람들이 호송군졸의 눈을 피해 배의 뒤쪽에 대고 절하였기 때문에 이런 말이 생겨났다고 한다. 그 밖에 한양을 떠나가는 관리가 왕에게 마지막 인사를 했던 곳이기 때문에 생긴 말이라는 이야기도 있다. 이런 이야기들은 도미나루 인근지역의 지명설화가 되었다.

배알미동. 노산군 유배 일행을 태운 배가 이곳을 지나갈 때, 사람들이 호송군졸의 눈을 피해 배의 뒤쪽에 대고 절하였기 때문에 이런 지명이 생겨났다고 한다.

도미나루를 출발한 노산군 유배 일행은 양근나루를 향해 출발하였다. 다시 초마선에 올라탄 그들은 도미나루를 출발해 약 5~6km를 갔다. 그곳에서는 강물이 둘로 나눠진다. 앞으로 계속 나아가면 북한강 줄기로 들어서게 된다. 반면 우측으로 뱃머리를 돌리면 남한강 줄기로 들어선다. 그들이 탄 배는 우측으로 뱃머리를 돌려 남한강 줄기로 들어섰다. 그곳부터 약 17~18km 강물을 계속 거슬러 올라가 양근나루에 도착하였다. 도착했을 때는 날이 제법 어두워지고 있었다. 만약 겨울철이었다면 배들이 나루터를 찾지 못할 상황이었다.

양근나루는 노산군 유배 일행이 하룻밤을 머물 수 있을 만한 여건이 갖추어져 있었다. 남한강 위에 놓여 있는 양근대교와 양평교 사이로, 지금의 양평군청 가까이에 양근나루가 있었다. 그곳부터 직선으로 약 4km 정도 떨어져 있는 건모산 아래 관아가 있었다. 또 그곳부터 약 2km 정도 떨어진 곳에 평구도에 속하는 오빈역이 있었다. 지금의 경의중앙선 오빈역 인근으로 오빈교차로가 있는 곳이다. 평구도상에서 오빈역을 지나가는 길은 중간 폭으로, 역의 규모 또한 중간 정도였다.[26] 조선 후기 각 읍에서

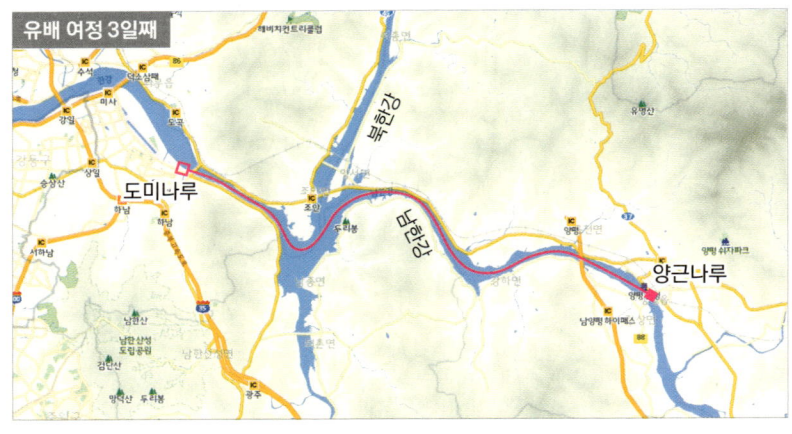

편찬한 읍지를 모아 엮은 지리서 『여지도서』에 의하면, 오빈역에는 말이 13마리, 역에 속한 관리가 55명, 남자 종이 22명 그리고 여자 종이 4명이나 있었다. 따라서 어득해 등의 지시를 받고 윤로로 먼저 그곳에 도착한 관리들은 관아는 물론 오빈역 관리나 노비들에게 노산군 유배 일행에게 숙식을 제공하도록 요구했을 것이다.

⋯ 4) 유배 여정 4일째 (6월 25일, 양근나루 → 이포나루)

노산군 유배 일행은 남한강 수로를 이용해 3일 걸려 이포나루에 도착하였다. 수로상 광나루에서 이포나루까지의 거리는 약 55km이다. 광나루에서 배를 타고 한강 물줄기를 거슬러 이포나루까지 가는 데 약 3일 정도 걸린다.[27] 양근나루에서 배를 탄 노산군 유배 일행은 약 12~13km를 올라와 이포나루에서 내렸다. 그런데 그들이 내린 이포나루는 금사면의 남한강 가에 있는 이포나루가 아니다. 반대편에 있는 개군면의 이포나루

이포나루 터(경기도 여주시 금사면). 노산군 유배 일행은 반대편에 있는 개군면 이포나루에 내렸다.

이다. 즉 한양 방향으로 가는 배들이 주로 정박하던 나루였다. 노산군 유배 일행을 태운 배들은 그들을 내려준 후 한양으로 돌아갔다.

노산군 유배 일행이 이포나루에서 내린 것은 두 가지 이유가 있었다. 원래 그들은 흥원창 인근의 흥호나루까지 초마선을 타고 가서 그곳부터는 평저선을 이용해 청령포로 가려고 하였다. 왜냐하면 흥호나루 앞을 흐르는 남한강은 초마선 맨 아랫부분이 바닥의 진흙이나 돌 등에 닿지 않고 운항할 수 있을 만큼 강물이 넉넉하였기 때문이다. 이후부터는 평저선만 운항할 수 있었다. 하지만 당시는 극심한 가뭄으로 강물이 줄어든 탓에 이포나루까지만 초마선이 운항할 수 있었다. 따라서 그들은 이포나루에서 내릴 수밖에 없었다. 또 다른 이유는 여주에서 세조가 보내준 물건을 받아야 했고 그가 그들을 위해 특별히 준비한 행사도 있었기 때문이다.

노산군 유배 일행은 여주의 보제원에서 하룻밤을 묵었다. 이포나루는 조포나루 그리고 지금의 서울시에 있었던 마포나루·광나루와 함께 조선시대 4대 나루 중 하나였다. 조포나루는 신륵사 앞에 있는 나루로 이포나루와는 비교적 가까이 있었다. 그리고 이포나루와 조포나루 사이의, 지금의 경기도 여주시 대신면에는 신륵사를 유명사찰 반열에 올려놓은 나옹화상[28]의 호를 딴 보제원이라는 원이 있었다. 노산군 유배 일행은 보제원에서 나흘째 밤을 보냈다.

5) 유배 여정 5일째(6월 26일, 이포나루 → 서원리 원골)

경기도 여주시 대신면에는 노산군 유배 관련 설화가 4개나 있다. 노산군 유배 일행은 대신면에 있던 보제원에서 하룻밤을 묵고 다음 날 동북쪽 육로를 따라 걸어갔다. 특정한 도로를 기준으로 말하자면, 지금의 광주·원주고속도로를 따라간 듯한 느낌이 든다. 현재 대신면에는 19개의 이里가 있다. 그중 광주·원주고속도로가 지나가는 이는 양촌리·보통리·율촌리·무촌리·장풍리·상구리 등이다. 양촌리가 가장 서쪽에 있고, 상구리가 가장 동쪽에 있다. 그중 노산군 유배설화를 품고 있는 이는 보통리·무촌리·옥촌리·상구리이다. 따라서 광주·원주고속도로가 지나가는 6개의 이 가운데 4개 이에 노산군 유배설화가 있다. 이런 사실은 노산군 유배 일행이 여주를 지나갔음을 확실하게 보여준다. 이후에는 상구리와 접한 북내면 주암리에도 설화가 나타난다.

보통리에는 측은지심을 자극하는 설화가 중첩되어 나타난다. 보통리에는 '원통'이라고 불리는 작은 마을이 있다. 이 마을이 '원통'으로 불리는 것은 노산군이 그곳을 거쳐 귀양 가는 것을 보고 사람들이 원통하게 생각해서 그렇게 불렀다고 한다. 또 다른 설화는 보통리 인근에 있는 고달사 관련 설화로, 절을 짓는 데 헌신한 고달이라는 인물에 얽힌 것이다. 그는 불사 과정에서 가난하게 사는 어머니와 아내, 딸을 잃었다고 한다. 특히 그의 아내 달여는 남편을 찾아왔지만 만나지 못한 채 보통리에서 원통하게 죽었기 때문에 마을 이름을 '원통'이라고 불렀다는 것이다. 2개의 설화는 전설이다. 하지만 전자는 세조의 악행을 기록하려는 성향이 강하고, 후자는 사찰연기설화이다.

  노산군 유배 일행이 지나간 곳에는 새로운 지명이 만들어지기도 하였다. 유배 일행은 보통리를 거쳐 무촌리를 밟았다. 1914년 행정구역이 개편되기 전, 무촌리는 대송면 지역으로 '거치다리'라고 불렸다. 그 후 여러 가지 이유로 무촌리라고 부르게 되었다. 한글학회에서 펴낸 『한국지명총람』에서는 이 지역이 나무가 울창했기 때문에 거치라리나 무촌으로 불리게 되었다고 한다.[29] '거치다리'라는 지명은 대신리와 가까운 양평군 지평면 무왕리에도 있다. 무왕리의 '거치다리'라는 지명 역시 '무촌'으로 불렸음을 알 수 있다.[30] 그런데 여주시 무촌리는 '거치라리'라고도 불린다. 그렇게 불리는 것은 노산군이 영월로 유배 갈 때 이곳을 거쳐서 갔기 때문이라고 한다. 하지만 '거치다리'가 '거치라리'로 음운변이가 있었을 개연성도 배제할 수 없다. 그럼에도 '거치라리'가 노산군의 유배 길로 인식되는 것은 노산군 유배 일행이 이 부근을 지나갔기 때문일 것이다. 이렇듯 노산군 유배 일행은 무촌리를 거쳐 동쪽으로 계속 나아가서 옥촌리에 들

어섰다. 현재 옥촌3리에는 '행치골'과 '행치'라는 지명이 있다. '행치골'은 '행치' 아래 있는 마을이라는 의미로 받아들일 수 있다. '행치'에 쓰인 '치'는 고개를 의미한다.[31] 또 '행'은 한자로 '行'이나 '幸'을 의미한다고 추정된다. 흔히 왕의 행차를 '행행行幸' 또는 '행행幸行'이라고 부른다.[32] 따라서 왕과 선왕의 위치에 있었던 노산군이 넘었던 고개라는 의미에서 '행치行峙' 또는 '행치幸峙'라고 불렸을 개연성이 높다.[33]

상구리에는 노산군의 유배가 무더위 속에 이루어졌음을 느끼게 하는 설화가 있다. 노산군 유배 일행은 행치를 넘어 장풍리를 거쳐 상구리로 접어들었다. 상구리에는 바위틈에서 물이 솟아나오는 우물이 있다. 우물은 인근 마을의 식수와 농수로 쓰였다.[34] 노산군 유배 일행은 이곳에서 물을 마셨다. 따라서 '왕이 물을 마신 우물'이라는 뜻의 '어수정御水井'이라는 이름을 갖게 되었다. 이 설화는 당시가 여름이었음을 확인시키고, 노산군의 유배 여정이 무척 힘들었음을 강조하기에 충분하다. 즉 무더위에 시달리는 고통과 그 고통을 해소시키는 우물을 대비함으로써 노산군에 대한

어수정(경기도 여주시 대신면 블루헤런 골프장 내). 노산군 유배 일행이 이곳에서 물을 마셨다는 설화가 있다.

동정심을 갖게 한다. 나아가 세조에 대한 분노감을 더욱 짙게 만들기도 한다. 현재 어수정은 골프장 안에 갇혀 있다. 어수정 인근에는 조선 제17대 왕 효종의 여섯 번째 딸 숙경공주와 남편 원몽린의 합장묘가 있다.

목을 축인 노산군 유배 일행은 또 다른 행치를 넘었다. 그들은 어수정에서 갈증을 해소한 후 지친 발걸음을 다시 동쪽으로 옮겼다. 그리고 또 다시 고개를 넘었다. 이 고개를 넘으면 지금의 북내면 상교리이다. 이 고개에는 아직도 눈으로 확인 가능한 옛길의 흔적이 남아 있다. 상교리로 들어선 노산군 유배 일행은 고달이 창건설화에 등장하는 고달사 인근을 지나갔다. 당시 고달사는 지금처럼 폐사된 상태가 아니었다. 고달사 인근을 지난 노산군 유배 일행은 얼마 안 가서 다시 고개를 넘었다. 이 고개 역시 행치이다. 물론 여주시에 있는 모든 행치가 노산군이 넘어가자마자 행치라고 불리지는 않았다. 우리나라에서 고개를 '치'로 쓰기 시작한 것은 조선시대 말로 알려지기 때문이다. 따라서 당시는 그냥 '임금님이 넘어간 고개' 정도로 쓰였을 것이다. 그 후 한자화되어 '행치'로 쓰였다.

노산군 유배 일행은 두 번째 행치에서 그리 멀지 않은 곳에 있는 원에서 하룻밤 묵었다. 보제원을 출발하여 동쪽을 향해 직선거리로 약 12km에 달하는 거리를 걸어 도착한 곳은 지금의 여주시 북내면 서원리 원골에 있던 원이다. 원의 건축물은 지금의 광주·원주고속도로의 상행선 쪽에 붙어 있었다. 원골의 북쪽은 경기도 양평군 지평면이고 동쪽은 양평군 양동면이다. 그리고 남쪽에는 여주의 신륵사가 있다. 원 아래로는 관동로가 지나가고 있었다. 따라서 한양에서 걸어서 3일 정도면 도착할 수 있었다. 그리고 그곳에서 2일 정도만 더 걸으면 최종 목적지인 강원도 영월 청령포에 도착할 수 있었다.

노산군 유배 일행이 서원리로 온 것은 세조의 지시 때문이었다. 노산군

원 터(경기도 여주시 북내면 서원리). 광주·원주고속도로 공사 당시 모습

이 유배를 떠나기 위해 창덕궁을 나오던 날, 세조는 승정원에 다음과 같은 지시를 내렸다. 비가 올 때 머리에 쓰는 유롱과 어깨에 걸쳐 둘러 입는 사의 각 한 벌, 모직물로 만든 적삼 두 벌을 노산군에게, 유롱 10벌을 시녀들에게 주도록 하였다. 그것도 일일이 직접 전하도록 하였다. 아울러 여러 고을이 잇달아 얼음을 바치도록 지시하였다.[35] 지시를 받은 승정원은 이를 경차관 조계팽에게 급히 글로 알렸다. 즉 조계팽으로 하여금 조정에서 보내주는 물품을 받아서 그들에게 직접 일일이 전하도록 시킨 것이다. 당시 조계팽은 강원도 원주에 있었다. 경차관은 특별한 일이 있을 때 지방에 파견되는 관리이다. 그런 사실을 확인시켜 주는 세조의 또 다른 지시가 있었다. 조계팽에게 그와 같은 내용의 지시를 내린 날 강원도 관찰사에게도 "경은 조계팽과 김자행의 말을 듣고, 아울러 교지를 살펴서 곡진하게 조치하도록 하라"고 하였다. 그러므로 한양과 원주 사이의 관동로 구간 중 가장 적당한 장소로 서원리를 택해서 조정에서 내려준 물품을 가져온 관리들과 노산군 유배 일행 그리고 조계팽 일행이 만나려 했던 것이다.

관동로 흔적. 서원리 원 터 인근에는 아직도 관동로 흔적이 남아 있다.

노산군 유배 일행은 서원리에서 몇 가지 극진한 대우를 받았다. 그들은 그곳에서 세조가 보내온 물건을 받았을 뿐 아니라 얼음물도 실컷 마시고 풍성하게 차려진 음식상도 받았다. 나아가 그가 보낸 내의로부터 건강검진을 받기도 했다. 세조가 노산군에게 이런 모습을 보인 것은 세종이 종친들을 대하던 모습을 보고 자랐기 때문이다. 그는 노산군뿐 아니라 유배 중인 다른 종친들에게도 이와 같은 모습을 보였다. 이런 상황을 만들려면 노산군의 유배 길 가운데 반드시 큰 길이 지나는 장소가 필요했다. 따라서 얼음을 비롯한 각종 음식이 녹거나 상하지 않게끔 가져올 수 있고, 내의 등이 오려면 관동로같이 잘 닦인 길이 인접한 서원리가 적격이었다. 얼음과 각종 음식은 조계팽이 원주에서 준비해가지고 관동로로 가져온 것이었다.

서원리에서 김자행은 조계팽을 따라 원주로 갔을 개연성이 높다. 조계팽은 세조에 의해 원종공신 2등에 책봉된 인물이다. 세조는 그에게 어느 정도 신뢰감을 가졌다고 할 수 있다.[36] 그래서 세조는 노산군이 유배 떠나

목빙고 흔적(충청남도 홍성군 홍성읍). 조선시대는 전국에 석빙고나 목빙고 등의 얼음창고를 만들어 얼음을 보관하였다.

기 전에 김자행에게 노산군과 관련된 여러 가지 특별한 지시를 은밀히 내렸을 것이다. 지시는 대체로 노산군에 대한 감시와 보호에 대한 것들이었으리라 추측한다. 그리고 그런 지시를 김자행을 통해서 조계팽과 강원도 관찰사에게 전했을 것으로 생각한다. 따라서 김자행은 서원리에서 조계팽과 함께 갔을 것이다. 그들은 서원리부터 관동로를 따라갔을 것으로 추정되므로 하루 안에 원주에 도착했을 것이다.

이날 세조는 노산군의 어머니 능을 파헤치도록 명령하였다. 세조가 그런 명령을 하도록 부추기는 신하들의 건의가 『조선왕조실록』에 나타나 있다.

"현덕왕후 권씨의 어미 아지와 그 동생 권자신이 모반하다가 주살誅殺을 당하였는데 그 아비 권전이 이미 추후하여 폐하여서 서인庶人으로 만들었으며 또 노산군이 종사에 죄를 지어 이미 군으로 강봉하였으나 그 어미는 아직도 명위名位를 보존하고 있으므로 마땅하지 않으니 청컨대 추후하여 폐하여서 서인으로 만들어 개장改葬하소서."37)

노산군의 외할머니 아지와 그녀의 아들이자, 노산군의 외삼촌인 권자신은 1년 전쯤 잔인한 방법으로 처형당했다. 그리고 노산군이 태어나던 해에 죽은 외할아버지 권전38)도 추증된 관작을 빼앗고 서인으로 만들었다. 이것도 모자라 이번에는 노산군을 낳자마자 죽은 어머니 현덕왕후 권씨도 서인으로 만들고 무덤마저 파헤치자고 건의한 것이다. 세조는 건의를 받아들여 형수였던 그녀의 무덤을 파헤치도록 했다. 백성은 이런 세조의 악행을 설화로 만들어 비난하였다.

현덕왕후 권씨의 무덤을 파헤치도록 한 세조의 행위는 원한·모성애·복수의 모티프를 수용한 설화를 창작하게끔 하였다. 노산군이나 세조를 소재로 다룬 소설·영화·연극·드라마 등에 등장하는 에피소드 중에는 그녀에 관한 설화가 반드시 들어간다. 그녀가 등장하는 에피소드에 스며든 정서는 원한·모성애·복수 등이다. 그녀는 세자빈 시절 노산군을 낳고 다음 날 죽었기 때문에 살아 있을 당시의 존재감을 부각시키기는 어렵다. 하지만 무덤이 파헤쳐지고, 노산군이 유배 가거나 죽게 되는 상황은 그녀의 개입을 기대하는 심리기제가 작동한다. 즉 현덕왕후 권씨가 노산군을 보호하고 세조를 응징할 것이라는 기대심리이다. 따라서 세조에게 일방적으로 당하는 가련한 노산군이나 끊임없이 악행을 저지르는 세조를 다룬 이야기 속에 등장하는 그녀의 행위는 그러한 모티프를 제공한다. 그리고 그것들은 하나로 결합되어 나타나는 양상을 보이기도 한다. 그렇게 창작된 설화들은 다음과 같다.

능은 예전에 안산 어느 마을에 있었고 재사齋社39)가 있었으며 앞으로 큰 바다에 임하였다. 정축년(현덕왕후 권씨의 무덤이 파헤쳐진 해) 가을에 재사에 있는 중이 밤중에 들으니 부인의 울음소리가 바다 가운데서 나더니 차츰 옮겨져서 산 아래에 그쳤다. 새벽에 가보니 옻칠한 관이 물가에 떠내려와 있었다. 중은 너무도 놀랍고 괴이쩍어 곧 풀을 베어 관을 덮고 바닷가 흙을 조금 덮어서 그 자취를 감추었다. 그 뒤 조수에 밀려온 모래가 쌓이고 쌓여 육지가 되었는데 몇 년 안 되어서 풀이 나고 언덕이 되었다. 본래 묘의 구역은 없고 흙이 높이 쌓인 곳이 관이 묻힌 데라고 한다.

- 『포초잡기』[40)]

능을 파헤치기 며칠 전 밤중에 부인의 울음소리가 능 안에서 나오는데 "내 집을 부수려 하니 나는 장차 어디 가서 의탁할꼬"였다. 그 소리가 마을 백성의 마음을 아프게 흔들었다. 얼마 후에 역마驛馬를 탄 사신이 갑자기 달려왔다. 언덕벌에 옮겨 묻었어도 영이靈異함을 매우 드러내서 예전 능이 있었던 터의 나무, 돌을 범하든지 마소를 풀어놓아 그 무덤자리를 짓밟으면 맑은 하늘이 갑자기 캄캄해지고 비바람이 불어 닥쳐므로 누구나 서로 경계하고 감히 가까이 가지 못하였다. 이 일의 본말을 눈으로 직접 목격하고 얘기해준 노인들이 있다.

- 『음애일기』[41)]

위의 두 이야기들은 현덕왕후 권씨가 품은 원한의 모티프를 수용한 설화들이다.

하룻밤에 세조가 꿈을 꾸었는데 현덕왕후가 대우 분노하여 "네가 죄 없는 내 자식을 죽였으니 나도 네 자식을 죽이겠다. 너는 알아두어라" 하였다.

세조가 놀라 일어나니 갑자기 동궁(의경세자)이 죽었다는 기별이 들려왔다. 그 때문에 소릉을 파헤치는 변고가 있었다. 왕권을 빼앗긴 임금도 화가 땅속까지 미친 예를 보지 못하였는데 우리나라에는 정릉[42]·소릉 두 왕비의 능이 변을 당하였다.

-『축수편』[43]

이 이야기는 모성애와 복수 모티프가 결합되어 나타난 설화이다. 여기서 나타나는 상황은 사실과 다르다. 세조의 첫째 아들 의경세자는 노산군이 죽기 50여 일 전에 죽었다. 그럼에도 사회적 정서는 현덕왕후 권씨의 모성애를 통해 세조의 악행을 부각시키려고 의경세자를 피해자로 끌어들였다. 이러한 그녀의 모성애와 복수 모티프는 강한 전승력을 갖고 있다. 따라서 지금도 세조의 악행을 말할 때, 단골로 등장하는 에피소드이다.

6) 유배 여정 6일째 (6월 27일, 서원리 원골 → 흥원창)

노산군 유배 일행이 다음으로 가는 길은 이미 정해진 것이나 마찬가지였다. 27일 노산군 유배 일행은 원 근처에 있는 까치바위를 뒤로한 채 신륵사 방향으로 갔다. 까치바위는 서원리 원골 언덕 서북쪽에 있다. 관동로를 따라 원주 방향으로 가는 사람들의 눈에 잘 띄었기 때문에 이정표 역할을 하기도 했다. 특히 뉘엿뉘엿 해가 저물 때 햇빛을 받으면 자태가 확연히 눈에 들어왔다. 이 바위를 멀리하고 노산군 유배 일행은 남쪽으로 발걸음을 옮겼다. 세조의 호의 때문에 끊어진 예정된 유배 길을 다시 연결하기 위해서 수로가 있는 남한강 쪽으로 간 것이다.

세조는 노산군의 유배 길이 가급적 멀어지는 것을 원했다. 앞서 밝혔듯

까치바위(경기도 여주시 북내면 서원리). 까치바위는 관동로를 따라 원주 방향으로 가는 사람들에게 이정표 역할을 하였다.

이 노산군의 유배 길은 관동로와 평구로의 일부 구간을 이용하면 5일 안에 강원도 영월의 청령포에 도착할 수 있다. 그럼에도 세조가 수로를 고집한 이유는 노산군 유배 일행의 노출을 꺼린 것뿐 아니라 노산군을 중죄인으로 인식하도록 하기 위함이었다. 여기에는 유배형의 거리가 영향을 미쳤다. 태조 이성계는 즉위교서에서 공사公私에 관련된 모든 범죄 판결은 명나라 형법서인 '대명률'을 적용하는 것을 원칙으로 한다고 발표하였다. 하지만 '대명률' 중에는 조선 실정에 맞지 않는 것들도 있었다. 대표적인 것이 유배형의 이수里數라고 할 수 있다. 대명률에 규정된 유배형은 장 100대를 치고 2,000리, 2,500리, 3,000리 밖으로 보내도록 하였다. 하지만 중국에 비해 작은 나라인 조선에서는 한양에서 가장 먼 함경도 경원부까지도 2,000리가 안 되었다. 그런 사실이 『태종실록』에 나타난다.

  대명률에 3천 리 유형의 죄는 … 본국의 지경地境이 유流 3천 리에 차지 못하는데 … 본국 경내의 이수로 계산하면 가장 먼 경원부가 1천6백80리

니…[44)]

　따라서 조선 실정에 맞게 3,000리 유형은 1,680리(함경도 경원부 기준)로, 2,500리 유형은 1,230리(경상도 동래현 기준)로, 2,000리 유형은 1,065리(경상도 축산도 기준)로 바꿨다. 그 후 세종 대에 이르러서 그 조항을 다시 고쳤다. 즉 죄인을 유배시킬 곳을 심사하고 결정할 때, 한양·개성·경기지역에서 3,000리 유배형을 보내려면 경상·전라·평안·함길도 안에서 900리 밖에 있는 바닷가의 여러 고을로, 2,500리 유배형을 보내려면 경상·전라·평안·함길도 안에서 750리 밖에 있는 여러 고을로, 2,000리 유배형을 보내려면 경상·전라·평안·함길도 안에서 600리 밖에 있는 여러 고을로 보내도록 한 것이다. 따라서 이 기준으로 하면, 노산군을 강원도 영월로 유배 보내는 것은 규범을 어긴 것이다. 세조의 주장에 따르면, 노산군은 반역죄를 범했다. 그렇기 때문에 사형을 면하더라도 적어도 3,000리 유형을 보냈어야 한다. 최소 2,000리 유형을 보내더라도 경상·전라·평안·함길도 안에서 600리 밖에 있는 여러 고을로 보냈어야 했다. 이런 식으로 규범을 어긴 것은 비단 노산군뿐이 아니다. 안평대군을 강화도로 유배 보낸 것이나 금성대군을 순흥으로 유배 보낸 것도 같은 행태이다. 하지만 이홍위를 제거한 후 백성에게 그가 큰 죄를 지은 것처럼 인식시키기 위해 가급적 오랜 시간 유배 길을 가도록 할 필요가 있었다.

　노산군 유배 일행은 금당천을 따라 다시 한강변으로 나아갔다. 까치바위 아래는 금당천이 흐른다. 이 하천은 양평군 지제면 무왕리 모라치고개 인근에서 시작되어 까치바위 아래를 흘러 신륵사 동쪽 지역에 이르러 남한강과 합류한다. 금당천과 인접한 지역은 충적평야가 형성되어 있다. 따라서 남한강까지 가는 길은 시원스레 탁 트여 있다. 이 지역은 노산군을 사랑하던 할아버지 세종과 증조할아버지 태종도 왔던 곳이다. 『조선왕조실록』은 다음과 같이 그러한 사실을 확인해주고 있다.

두 임금이 연로沿路에서 매사냥을 관람하고 안장역 앞 냇가에서 점심을 먹었는데 조치가 두 임금을 맞아서 알현하였다. 어가가 여흥[45] 금당천가에 도착하여 잤는데…[46]

여흥 팔대숲(八代藪)에서 점심을 먹는데 술을 차리니 효령대군 이보·우의정 이원 등이 모시었다. 거가가 원주 금당천에 이르개…[47]

첫 번째 기사는 태종이 세종과 함께 한양을 떠나 며칠 동안 가졌던 군사훈련을 겸한 사냥대회 중 금당천가에서 잠을 잤다는 것이다. '여흥 금당천가'라고 한 것으로 봐서 까치바위에서 그리 멀지 않은 금당천가를 말하는 것이다. 즉 금당천 상류지역이다. 두 번째 기사도 첫 번째 기사와 마찬가지 상황에서 금당천에 이른 것이다. 하지만 '원주 금당천'이라고 한 것으로 봐서 남한강과 가까운 금당천 하류에 간 것으로 추정된다. 당시 금당천 하류가 흐르던 지역 인근인 강천면은 원주목牧에 속했다. 이때 세종은 손자가 둘째 아들에 의해 왕위를 빼앗기고 유배를 가느라 이곳을 지나치리라고는 상상도 못 했을 것이다. 이런 사연을 간직한 금당천가는 쉽게 길이 만들어지는 곳이다. 하천이 상류로부터 운반해온 모래, 자갈 등과 같은 물질이 쌓여서 자연제방이 형성되기 때문이다.[48] 따라서 노산군 유배 일행은 자연제방을 따라서 신륵사가 멀리 보이는 남한강변까지 왔다. 직선으로 약 11km 정도 거리였다. 비교적 평평한 길을 지나왔다.

이날 노산군 유배 일행의 최종 목적지는 흥원창[49]이었다. 그들이 흥원창을 가려고 한 이유는 처음 의도대로 수로를 이용해 청령포로 가려고 했기 때문이다. 흥원창은 세금으로 거둬들인 곡식·면포·특산물 등을 보관하던 대규모 창고이기 때문에 가을과 봄에는 사람들로 들끓었다. 즉 가을에는 세금으로 납부하는 물품들을 흥원창으로 가져오느라 사람들과 우마차들이 몰려들었다. 봄에는 그것들을 한양으로 운반하는 배에 싣느라 부산스러웠다. 당시 한양에서 가까운 흥원창 같은 조창은 2월부터 4월까지, 한양에서 먼 조창은 5월까지 운송을 끝내도록 되어 있었다. 따라서 노산군 유배 일행이 흥원창으로 가려고 한 시기는 창고가 텅 비고 한산했기 때문에 그들은 그곳에서 숙식을 해결할 수 있었다.

노산군 유배 일행은 남한강변에서 동남쪽을 향해 발걸음을 옮기자 지금의 경기도 여주시 강천면 이호리로 들어섰다. 마을 앞에는 배(梨)처럼 생긴 바위가 있고, 밑으로 강물이 흐르기 때문에 배미·이암·이호(梨湖)로 불렸다. 이호리에는 건너편의 여주읍 연양리를 연결해주는 배들이 주로 이용하는 배미나루(이호나루)가 있었다. 이 나루 앞을 흐르는 강물은 물살이 빨랐다. 따라서 배는 강변을 타고 약간 상류로 올라갔다가 건너편 나루를 향해 비스듬히 내려가는 식으로

운행했다. 강물이 마르지 않았을 때 그곳에서 배가 하강하는 것은 쉬워도 소강은 쉽지 않았다. 어득해가 인솔하는 노산군 유배 일행은 배미나루에 도착했다. 이때 어득해는 그곳에서 배로 이동하려는 생각을 순간적으로 했을 수 있다. 하지만 그곳에 있는 작은 평저선 몇 척을 보고는 이내 생각을 접었을 것이다. 그들은 그곳에서 남한강을 등진 채 동남쪽의 간매리로 이동했다.

어득해는 간매리에서 유배 길 선택을 놓고 잠시나마 고민했다. 간매리와 남쪽으로 접한 지역은 현재 영동고속도로가 지나는 적금리이다. 적금리 남쪽으로는 남한강과 섬강이 합류하는 지역인 강천리가 있다. 따라서 강천리 동쪽은 강원도 원주시이고, 남쪽은 충북 충주시가 된다. 더구나 강천리 남쪽 끝자락에는 강원도 원주시 부론면이 있던 흥원창이 손에 닿을 듯 가까이 있었다. 그런 탓에 강천리에는 간매리에서 흥원창을 오가는 지름길이 생길 수밖에 없었다. 아울러 그 길은 평창·영월·정선 등지에 사는 사람들이 흥원창까지 와서 섬강을 건너 한양, 즉 서울[50]로 갈 때 애용하였다. 그래서 그곳을 '서울나들이'로 부르기도 했다. 따라서 그날 흥원창에서 좀 더 여유롭게 휴식을 취하기 위하여 어득해도 노산군 유배 일

남한강과 금당천 합수지점

행을 서울나들이 쪽으로 유도하려 했을 개연성도 있다.

　노산군 유배 일행이 서울나들이 길을 이용하기에는 여러 가지 부적합한 요인들이 있었다. 서울나들이에는 자산(해발 245m)이라는 야트막한 산이 있다. 이 산은 섬강 쪽으로 단애가 형성되어 있다. 그래서 섬강과 접한 지역은 거의 절벽이나 마찬가지라고 할 수 있다. 하지만 기암절벽이 섬강과 어우러져 멋진 경관을 연출하기도 한다. 자연지리학적으로 봤을 때, 강천리 쪽이 공격사면[51]이다. 따라서 강천리 쪽은 강물이 깊을 뿐 아니라 접근성도 취약하였다. 노산군이 탄 가마가 지나가려면 적어도 폭이 3m 정도 되는 길이 필요했기 때문이다. 그러므로 가마 탄 노산군이나 말을 탄 어득해 등이 그곳으로 접근하기 불가능했다. 더구나 그곳에는 섬강을 건너려는 사람들을 기다리는 나룻배 한두 척만이 있었을 것이다. 결국 어득해는 간매리에 있는 고개를 넘어가기로 했다. 그럼으로써 또 하나의 행치가 만들어졌다.

　강천면 간매리 행치도 다른 지역의 행치가 보여주는 모습을 갖고 있다. 노산군 유배 일행이 이전에 넘었던 대신면 옥촌3리 행치와 북내면 상교리 행치는 인근에 '원통', '거치라리', '어수정' 등 유배와 관련된 설화를 품은 지명들이 몰려 있다. 또 인근에는 옛길의 흔적도 남아 있다. 이런 점에서 그 2개의 행치가 노산군이 넘었던 고개라는 확신을 갖게 한다.[52] 하지만 간매리 행치는 그것들과 뚝 떨어져 홀로 있다. 그럼에도 간매리 행치도 옥촌3리 행치와 같은 모습을 보이기도 한다. 즉 노산군이 여주지역에서 처음으로 넘었던 옥촌3리 행치 인근에 '행치골'이 있고 간매리 행치 인근에도 '행치들'이 있다. 이 2개의 지명은 노산군 유배 일행이 행치를 넘어가기 전에 나타난다. 마치 노산군 유배 일행이 넘어간 고개 전에 등장함으로써 인근에 행치가 있음을 미리 알려주는 역할을 하는 듯하다.

노산군 유배 일행을 노출시키지 않으려는 의도는 간매리 행치를 넘은 직후의 노정에서도 확인된다. 노산군 유배 일행은 간매리 행치를 넘어 부평리를 거쳐 지금의 강원도 원주시 문막읍 대둔리로 갔다. 부평리와 대둔리는 서로 닿아 있고 두 지역 남쪽으로는 섬강이 흐른다. 섬강은 원주를 흐르는 원주천을 비롯하여 강원도 횡성이나 경기도 양평 등에서 흘러오는 여러 개의 물줄기를 품고 남한강으로 들어간다. 섬강이 남한강 품으로 들어가는 곳은 앞서 언급한 서울나들이 지점이다. 따라서 섬강이 남한강과 합류하기 직전 거치는 지역 북쪽에 부평리와 대둔리가 있다. 또 부평리와 대둔리 건너편, 즉 섬강 남쪽 지역에는 강원도 원주시 부론면 흥호리와 문막읍 후용리가 있다. 따라서 부평리·대둔리·흥호리·후용리 지역은 섬강에 의해 운반된 모래나 진흙 등으로 이루어진 충적평야로 아주 넓은 개활지를 형성하고 있다. 농사에 의존하 살던 시절에는 사람들이 모여들 만한 곳이었다. 이곳에 노산군 유배 일행이 도착했다. 만약 당시 그들이 북쪽의 섬강변을 따라 동쪽으로 조금만 더 갔더라면, 지금의 원주

노산군 유배 일행이 넘어간 행치(경기도 여주시 강천면 간매리)

시 지정면 안창리에 있었던 안창역에 도착했을 것이다. 그러면 안창역이 속한 평구도를 따라 좀 더 편안하고 여유롭게 이틀 후에는 청령포에 도착했을 것이다. 그런데 그들은 그 길을 택하지 않았다. 노산군 유배 일행을 많은 사람들에게 노출시키지 않으려는 속셈 때문이었다.

  노산군 유배 일행이 간매리 행치를 넘어 흥원창으로 갈 수 있던 길은 두 개였다. 하나는 부평리에서 섬강을 건너는 것이었고, 다른 하나는 대둔리에서 섬강을 건너는 것이었다. 여주시 강천면 부평리와 건너편 원주시 부론면 흥호리 사이를 지나는 섬강은 흥호리 쪽 일부에 공격사면을, 부평리 쪽에는 활주사면[53]을 만들어놓았다. 따라서 흥호리 쪽 강가의 일부는 야산의 절벽이고, 부평리 쪽 강가는 넓은 모래밭이다. 만약 부평리에서 강을 건넌다면 흥호리 쪽 야산 끝자락에 난 좁은 길을 따라 흥원창 쪽으로 가야 했다. 이럴 경우 대둔리에서 강을 건너는 것보다는 좀 더 빨리 흥원창에 도착할 수 있었다. 하지만 가마를 탄 노산군이 그 길을 지나가는 것은 불가능했다. 앞서 언급한 강천리의 서울나들이와 유사한 상황이었던 것이다. 반면 대둔리 지역을 흐르는 섬강을 건넌다면 그런 문제가 발생하지 않는다. 즉 대둔리와 건너편의 후용리는 다 충적평야이다. 따라서 노산군이 탄 가마 등이 지나가는 데 아무런 문제가 없었다.

  노산군 유배 일행은 걸어서 섬강을 건넜을 것으로 추정된다. 섬강은 공격사면이 있는 곳을 제외하고는 수심이 깊지 않은 편이다. 더구나 노산군이 유배 가던 당시는 극심한 가뭄이 닥쳤기 때문에 대둔리 지역을 흐르는 섬강 수심은 아주 얕았을 것으로 추측된다. 덕분에 노산군 유배 일행은 걸어서 섬강을 건널 수 있었다. 이런 주장을 뒷받침할 만한 사실이 『조선왕조실록』에도 나온다.

지난 정월 15일에 원주의 섬강 물이 줄어서 그 깊이가 겨우 발의 복사뼈를 지날 정도였는데 잠깐 후에 다시 불었으므로 감사가 장계[54]로 알려왔다.[55]

한겨울 섬강 수심은 발의 복사뼈 정도 깊이라는 보고가 올라온 것이다. 4월부터 기우제 이야기가 나올 정도로 극심한 가뭄을 겪던 당시의 섬강 수심은 한겨울 수심과 별 차이가 없었을 것으로 추측된다. 그러므로 노산군 유배 일행은 걸어서 섬강을 건널 수 있었다. 이때 노산군은 가마를 타고, 어득해를 비롯해 높은 벼슬아치들은 말을 타고 강을 건넜을 것이다. 이렇게 섬강을 건넌 노산군 유배 일행은 후용리를 거쳐 노림 쪽으로 갔다.

노림은 노산군과 관련이 없다. 노산군 유배 일행은 노림을 지나갔다. 노림은 노산군 유배 일행이 쉬어간 장소였기 대문에 붙여진 이름이라는 이야기가 있다. 즉 상왕에서 노산군魯山君으로 강봉된 작위에 쓰인 '노魯'자와 노림魯林에 쓰인 '노魯' 자가 같기 때문에 이런 식으로 생각한 것 같다. 하지만 이것은 우연의 일치라고 할 수 있다. 노림이 형성된 시기는 알 수 없다. 단지 한백겸이 노국에서 가져온 느티나무를 심어서 노림이 되었다는 이야기만 전해질 뿐이다. 이렇듯 노림 관련 이야기의 한가운데 한백겸이 있다. 한백겸은 제13대 왕 명종 대부터 제15대 왕 광해군 대까지의 인물이다. 따라서 한백겸이 느티나무를 심어서 노림이 형성되었다면 노산군이 유배 갈 당시에 노림은 없었다. 그 후 형성된 것이다. 이런 식의 논리로 볼 때, 노림과 노산군은 관련이 없고 그곳은 단지 마을 숲이라고 할 수 있다. 따라서 노림은 마을 사람들에게 자신들이 노림에 속해 있다는 소속감과 유대감 그리고 정체성을 심어준 공간이었다고 할 수 있다.

노산군 유배 일행은 흥원창에 도착하였다. 노림리를 지난 노산군 유배 일행은 흥호리 창말에 도착하였다. 창말은 대체로 창고터를 말한다. 따라서 창말이라는 지명은 전국에 산재해 있다. 흥호리 창말에는 흥원창이 있었다. 그들은 서원리를 출발해서 구간별 직선거리를 합쳐봤을 때 약 27km가 넘을 듯한 길을 왔다. 흥원창은 남한강과 섬강이 합수하는 지점에 설치된 수운창이었다. 지금의 흥호2리 창말은 강변과는 좀 떨어진 지역이다. 그러나 당시 흥원창은 강변 가까이 접해 있었다. 그 사이 지형에 변화가 있었음을 알 수 있다. 흥원창은 강원 중·남부지역뿐 아니라 울진·평해 등 경상도(당시 경상좌도) 북부 일부지역의 세곡도 받아들였다. 따라서 강원도 중·남부 및 지금의 경상북도 북부 일부지역 길들 가운데는 흥원창으로 향하는 길이 있었음을 추론할 수 있다.

이날 한양에서는 금성대군과 관련된 일이 전해져 어수선했다. 경상도 관노 이동이 찾아와, 금성대군이 유배지에서 몰래 젊은 무리들과 결탁하여 반역을 꾀한다고 하였다. 그러면서 증거로 자신에게 준 명주 띠를 제

흥원창 터(강원도 원주시 부론면 흥호리)

시하기도 했다. 그 말을 들은 세조는 신하들을 지금의 경상북도 순흥·예천·안동 등지로 내려 보내 금성대군 및 그와 관련된 인물들을 심문하도록 하였다. 또 순흥에 있던 금성대군과 아내 그리고 자식들을 한양으로 데려오도록 하였다. 그러면서도 내의에게 약을 가지고 가서 그들을 돌보게 하였을 뿐 아니라 그들이 지나는 고을에는 술과 안주를 갖춰 대접하도록 지시하였다. 그가 유배지를 순흥으로 옮긴 지 정확히 1년째 되는 날이었다. 세조는 다음 날 순흥부사에게 금성대군이 있는 곳에 왕이 내린 술·철에 따라 나는 물품·채소·과일을 적당하게 마련하여 주라고도 하였다. 역모를 꾸민 인물을 대하는 태도로 보기 어렵다. 특히 안평대군에게 한 행태와 너무 큰 차이를 보였다. 아울러 한남군을 비롯한 다른 종친의 유배지에 대한 감시를 철저히 하도록 하였다

당시 금성대군이 노산군을 자신의 유배지로 데려오려는 계획을 세웠다는 이야기가 있다. 제22대 왕 정조의 시문집 『홍재전서』에 금성대군과 관련된 다음과 같은 내용의 글이 실렸다. 금성대군이 영월로 유배 온 노산군을 지금의 경상북도 영주시 죽령 이남 지역으로 데리고 온다는 계획을 세웠다는 것이다. 그리고 그 지역을 지배하려는 뜻을 갖고 세력을 키

조선시대 흥원창 모습

우기 위해 금정자와 산호영 같은 호사스러운 물건을 관리들에게 주었다는 것이다. 하지만 이 이야기는 금성대군의 성향을 비롯하여 당시의 여러 가지 정황으로 미루어볼 때, 심하게 부풀려졌다고 할 수 있다.

노산군 유배 일행은 흥원창에서 밤을 보냈다. 흥원창 같은 조창들은 당시 하나의 관청으로 색전·초공·수수 등과 같은 관리들이 머물기 위한 기본적 시설이 갖추어져 있었다. 노산군이 유배 가던 시기에 그런 시설은 비어 있었다. 즉 그 시기는 조창들이 세곡을 수납하거나 운송하지 않던 때였다. 그런 탓에 흥원창이 있는 고을 수령의 지시를 받는 고직(창고를 돌보며 출납을 맡아본 관리) 2명이 창고를 지키고 있었을 뿐이다. 따라서 흥원창은 60여 명이 넘는 노산군 유배 일행을 맞이할 만한 넉넉한 공간이 있었다. 이곳에서 그들은 처음으로 모두 함께 모여 5일간의 유배 여정에 지친 정신과 육체를 달래며 편히 잠을 청할 수 있었다.

7) 유배 여정 7일째(6월 28일, 흥원창에서 대기)

흥원창 인근의 흥호나루는 남한강을 운항하는 배들이 홀로 갈 수 있는 단선單船운항 한계선이다. 모든 강은 상류로 올라갈수록 지류의 수가 줄어들기 때문에 강물도 줄어들기 마련이다. 예를 들어, 남한강 물줄기 중 양평군 지역을 흐르는 수계水系에 속하는 지류는 흑천을 포함해서 13개나 된다. 그러므로 아주 단순하게 따져볼 때 여주지역을 흐르는 남한강물은 양평군 지역으로 흘러 들어오는 양만큼 줄어든다. 또 여주지역을 흐르는 수계에 속하는 지류도 섬강-섬강은 강원도 원주시와 경계를 이루기 때문에 여주시에 포함시킬 경우-을 포함하여 13개가 된다. 따라서 흥호나루는 북한강과의 합수지점부터 26개의 지류가 줄어든 곳에 위치해 있다.

이런 흥호나루까지가 남한강에서 평저선이 홀로 운항할 수 있는 한계선이다. 흥호나루를 지나 더 상류지역으로 가려면 여러 척의 배들이 몰려다녀야 했다.

흥호나루부터는 3척 이상의 배가 선단船團을 구성해 올라가야 했다. 배가 선단을 구성하게끔 한 것은 여울[56]이다. 배가 강물을 역류해서 올라갈 때 여울을 지나가는 것은 커다란 고역이었다. 여울을 만나면 배에 타고 있던 사람들이 내려서 배의 앞부분을 끈으로 뒤어 끌어당기고 뒤에서는 밀었다. 이 방법을 사용하기 위해서는 배가 상류로 거슬러 올라갈 때, 보통 한 척에 3~5명이 탄 배를 3~5척 정도 모아서 하나의 선단을 구성했다. 그리고 여울을 만나면 각각의 배에 타고 있던 2명이 내려 배의 앞부분을 끈으로 묶어 끌어당겼다. 동시에 나머지 사람들은 다른 배에 탔던 사람들과 힘을 합쳐 뒤에서 배를 밀어 끌어올렸다. 일반적으로 7~8명이 달라붙으면 큰 배 한 척을 끌어올릴 수 있었다. 여울과 배의 크기에 따라 달라질 수 있지만, 한 척의 배가 여울 하나를 통과하는 데 한나절 정도 걸렸다. 그래서 하나의 선단에 속한 모든 배들이 하나의 여울을 통과하는 데 무려 2~3일이 걸렸다. 이렇게 선단을 구성하

유배 여정 7일째

는 곳은 흥호나루부터이다. 여기서 충청도 충주지역까지는 3척 이상이 선단을 구성해 올라간 것이다.[57]

어득해는 일부 군사들을 데리고 충주지역의 목계나루로 가서 형편을 살펴보았다. 이포나루에서 하선했을 때와 걸어서 섬강을 건너면서 수로로 청령포를 갈 수 있을까 하고 우려했던 그는 군사 일부를 데리고 목계나루로 갔다. 노산군 유배 일행을 그곳까지 육로로 유도한 다음 그곳부터 수로를 이용할 수 있을지 알아보기 위함이었다. 이런 그의 태도는 세조의 지시를 충실히 따르려는 것이었다. 노산군은 홍득경의 보호를 받으며 흥원창에 머물렀다. 목계나루는 흥호나루 상류지역에 있었던 나루로 수로로는 약 23km 정도 떨어져 있었다. 어득해 일행은 길잡이를 앞세워 '대현소로'[58]를 이용해 말을 타고 그곳으로 갔다. 만약 배를 타고 갔다면 도착하는 데만도 하루 종일 걸렸을 것이다. 당시 목계나루에서 멀리 떨어지지 않은 곳에 세곡 200석을 실을 수 있는 평저선 20척을 보유한 덕흥창이 있었다.

목계나루 터(충청북도 충주시 엄정면)

목계나루의 예전 모습

　가뭄으로 바닥을 드러낸 목계나루 주변의 남한강을 본 어득해 일행은 낭패감을 감출 수 없었다. 그들은 강바닥이 다 드러날 정도로 물이 말랐던 목계나루 주변의 남한강을 보았다. 더구나 강바닥

조운선. 당시 목계나루 인근 덕흥창에는 바닥이 평평한 평저선인 조운선이 20척 있었다.

에서 배불뚝이처럼 불쑥 솟아오른 목계나루 주변의 막흐레기 여울은 그들에게 한숨이 나오게 하였다. 흐르는 물이 많을 때는 물살이 세기로 유명하지만 가뭄을 겪던 당시의 막흐레기 여울은 가치 일부러 설치한 바리게이트처럼 보였다. 나아가 주변에 살고 있는 들패[59]는 그들의 계획을 듣고 냉소를 보냈다.[60] 더구나 목계나루에서 영월까지는 수로로 150여km나 더 가야 했다. 따라서 어득해는 남한강 물줄기를 타고 청령포로 가는 것을 포기하고 육로를 통해서 유배 여정을 이끌기로 작정했다.

⋯ 8) 유배 여정 8일째(6월 29일, 흥원창 → 뱃자)

　노산군 유배 일행은 결국 뱃길을 포기하고 남한강가의 길을 따라 육로로 유배 여정을 다시 시작했다. 이날은 6월 29일(양력 7월 20일)로 6월의 마지

막 날이었으며, 무더위가 최고조에 달하던 시기였다.[61] 더구나 극심한 가뭄으로 대지는 열기로 달궈져 있었고 길가의 잡초들은 축 늘어진 채 누렇게 타들어가고 있었다. 60명이 넘는 유배 일행은 흥원창을 나서서 강원도 영월을 향해 무더위로 압도당한 길을 걸었다. 그들은 지금의 '견훤로'와 비슷한 위치에 있었던 남한강가의 길을 따라 남쪽으로 걸었다. 이 길은 강 가까이에 있는 야트막한 산들을 끼고 형성되었다. 당시 영월 서북부지역에서 흥원창으로 세곡을 싣고 오던 우마차뿐 아니라 영월이나 충청도 동북부지역 사람들이 경기도 동부지역으로 가기 위해 이용하던 길이었다.

　노산군 유배 일행은 부론면에 설화를 만들어놓았다. 그들이 흥원창이 있던 흥호리를 벗어나면서 바로 접한 지역이 법천리이다. 그들은 많은 측은지심의 시선을 받으며 법천리를 지나 정산리 남한강변길을 따라 단강리로 들어섰다. 정산리와 단강리는 법천리 남쪽에 있는 지역이다. 그곳에 이르기까지 약 10km 정도 걸어야 했다. 따가운 뙤약볕이 내려쬐는 음력 6월에 그 거리를 걷는 것은 고역이었다. 따라서 그들은 단강리의 한 느티

나무 그늘에서 뙤약볕을 피하기로 하였다. 그 장소가 바로 '단정端亭'[62]이다. 이를 목격한 사람들의 입이 가만 있을 리 없었다. 그래서 다음과 같은 설화를 만들어놓았다.

노산군이 영월로 유배를 갈 때 여주에서 뱃길로 부론면 단강리의 단정동에 이르러 허기에 갈증까지 겹쳐서 견딜 수가 없었다. 아무리 유배 길이라고는 하나 호송하는 나졸들의 처사가 너무나도 혹독하여 지나는 길에 음식을 바치는 백성까지도 저지하였다. 더위에 땀 냄새는 나고 이것이 뭉쳐져 종기가 되어 가지고 고름이 흘러도 나졸들은 약을 쓰지 못하게 하였다. 그러다가 이 느티나무[63] 아래에서 잠시 쉬어가게 되었는데 목이 말랐지만 나졸들은 모른 체하고 있었다. 이때 노산군의 행차란 것을 안 동리사람들이 하나둘씩 모여 길가에 부복하였고 한 노파가 샘물을 떠다 바쳤다. 이곳에서 한참을 쉬고 난 일행은 또 멀고 먼 영월을 향해 떠났고 노산군은 영월서 죽음을 당했다. 이러한 연고로 이곳 사람들은 동리 느티나무 밑에서나마 잠깐 쉬어간 단종(노산군)을 내내 잊지 못하고 있었다. 그 후 느티나무 밑 바위에는 정자가 하나 세워졌고 정자 이름을 단정이라고 했다.[64]

위에 묘사된 노산군의 모습은 너무 처참하다. 그리고 나졸들의 행태는 너무 잔인하다. 이런 묘사는 약자의 처지에 있던 노산군과 세조의 명령에 따르는 군사들의 모습을 대비함으로써 세조의 악행을 부각시키려 하고 있다. 또 '한 노파가 샘물을 떠다 바쳤다'는 대목은 백성이 세조의 악행에 저항하고 있음을 상징적으로 드러낸다. 나아가 '그 후 느티나무 밑 바위에는 정자가 하나 세워졌고 정자 이름을 단정이라고 했다'는 대목은 이런 사실을 후세에 알리겠다는 의도의 표출이다. 이 설화는 '역사의 심판자는

단정(강원도 원주시 부론면). 노산군 유배 일행이 이 느티나무 아래서 뙤약볕을 피했다는 설화가 있다.

민심'이라는 모티프를 수용하고 있다. 또 사람들의 기억을 하나의 나무에 묶어놓으려는 의도로 창작되었다고 할 수 있다. 아무튼 단정에 얽힌 설화가 사람들에 의해서 꾸며낸 이야기라 할지라도 이 지역이 노산군의 유배 길이었음을 알려준다.

　단정을 떠난 노산군 유배 일행은 뱃재를 향해 자연제방을 따라 갔다. 그들은 남한강과 합류하는 단강천 · 황산천 · 운남천이 만들어준 충적지에 난 길을 따라 갔다. 그 길은 지금의 부귀로(부론면에서 귀래교차로까지)와 운남길(귀래교차로에서 뱃재까지)에 해당된다. 이 지역에도 그들이 앞서 걸었던 금당천가처럼 일정한 높이가 연속적으로 이어지는 자연제방이 형성되어 있었다. 따라서 노산군 유배 일행은 제방을 따라 뱃재를 향해 걸었다. 이 구간에서 가마를 멘 군사들의 고통은 이루 말할 수 없었다. 울퉁불퉁한 자갈길을 그대로 걷자니 가마가 심하게 흔들려 안에 있는 노산군이 힘들어할 것 같아 큰 스트레스를 받았음은 물론 이마에서 흘러내리는 땀 때문에 눈을 뜨기도 어려웠다. 노산군 역시 이동식 사우나에 들어앉은 셈이었다.

남한강과 단강천 합수지점

　노산군 유배 일행은 비교적 완만하게 경사진 길을 걸어 뱃재에 올랐다. 우리는 산속으로 들어갈 때 대체로 계곡의 하천 옆으로 나 있는 길을 통해 가게 된다. 골짜기라고도 불리는 이런 계곡은 산을 이루는 바위나 돌, 흙 등이 빗물이나 냇물, 바람 등에 깎여 나가서 형성된 것이다. 이런 현상을 '침식작용'이라 부르고 침식작용으로 형성된 골짜기를 '침식곡'이라고 부른다. 아무리 지대가 높은 지역일지라도 침식곡이 넓은 경우, 대체로 하천 옆으로 충적지가 형성되어 있다. 그리고 충적지를 따라 길이 만들어진다. 그런 길은 평야에 나 있는 길을 걷는 것과 별반 차이가 없다. 원주를 지나가는 노산군 유배 길 가운데도 침식곡에 나 있는 길에 속하는 구간들이 있다. 그중 하나가 지금의 원주시 귀래면 운남리와 충북 제천시 백운면 화당리의 경계에 있는 뱃재이다. 그들은 부론면 용암리와 주포리를 거쳐 귀래면 운남리에 도착했다. 그리고 운남천가의 길을 따라 비교적 정상 부분만 급한 경사를 이루는 뱃재에 올랐다.

　사람들은 노산군이 당한 일을 뱃재라는 지명을 이용해 새겨두려고 하였다. '뱃재'란 '절하는 고개'라는 의미이다. 노산군이 유배 가던 중에 이

고개에 올랐고, 당시 그를 배웅하던 마을 사람들이 큰절을 해 이 같은 이름이 붙었다는 설화가 있다.[65] 앞서 말한 배알미동 지명설화와 유사한 내용이다. 뱃재는 당시 흥원창 쪽과 영월 쪽을 오가는 지름길의 길목에 있었다. 따라서 뱃재는 사람들의 발걸음으로 땅바닥이 윤기가 날 정도로 다져졌을 것이다. 그런 사실은 뱃재 동쪽 바로 아래 있는 '주막거리'라는 지명을 통해서 유추할 수 있다. 지금은 한적한 산골마을이지만, 예전에는 뱃재를 오르내리던 객들이 국밥과 술 한 잔으로 허기를 채우며 잠시 머물던 곳이었다. 비록 노산군이 유배 가던 시기에 우리가 알고 있는 주막다운 주막들이 없었다 하더라도 유사한 형태의 영업을 하던 집들이 있었을 것이다.[66] 사람들은 이렇게 고개 이름에 노산군의 유배 이야기를 묻어 두었다.

노산군은 뱃재 인근에서 하룻밤을 보냈다. 노산군이 흥원창을 떠나 뱃재에 도달하기까지 구간별 직선거리를 추산하면 대략 30여km는 될 것이다. 남자들만 왔다면 좀 더 걸을 수 있었겠지만 여자들도 10명이나 동행했고 더구나 남자들은 4명씩 교대로 가마를 메고 다녔다. 따라서 더 이

뱃재. 강원도 원주시 귀래면 운남리와 충청북도 제천시 백운면 화당리 경계에 있다.

상 걷는 것은 무리였다. 그런 그들이 머물 수 있는 조건이 갖춰진 곳이 바로 뱃재 인근이었다. 뱃재 인근의 주막거리에는 여럿이 잠잘 수 있는 환경이 조성되어 있었기 때문이다. 이런 결정은 그들이 뱃재에 도착한 후 내린 것이 아닐 것이다. 길잡이와 동행한 어득해의 선발대가 수집한 정보에 기초한 판단이거나 원주감영으로 갔던 김자행 측이 사전 조치를 취해준 것을 따랐을 수 있다.

9) 유배 여정 9일째 (7월 1일, 뱃재 → 공순원)

뱃재를 넘은 노산군 유배 일행은 운학재를 향해 걸음을 재촉하였다. 뱃재를 넘으면 지금의 충북 제천시 백운면 화당리이다. 화당리도 화당천이 만든 충적평야 지대이다. 따라서 이곳도 화당천을 따라 자연제방이 만들어지고 사람들의 발걸음에 의해 자연제방은 길로 만들어졌다. 그 길은 인근 거주자들은 물론이거니와 강원도 영월 북서부지역에서 홍원창으로 세곡을 싣고 오던 우마차뿐 아니라 영월이나 원주 동남부지역, 또는 충청도 제천지역 사람들이 경기도 동부지역이나 한양을 오고 가기 위해 거쳐갔던 지역이기도 하다. 즉 사람들은 그곳을 거쳐 홍원창 인근의 '서울나들이'에서 섬강을 건너 경기도 동부지역이나 한양으로 갔다. 그리고 지금의 경상북도 울진·평해 등에 살던 사람들도 그 길을 이용했다. 그런 주장을 뒷받침해줄 만한 기사가 『조선왕조실록』에 있다.

이 앞서 본도 제읍諸邑의 전세를 횡성·원주·영월·평창·정선·강릉·삼척·울진·평해 등 고을은 원주의 홍원창에 납입하고…[67]

즉 영월·평창·정선·강릉·삼척뿐 아니라 지금의 경북 울진이나 평해에 사는 사람들도 세금을 내러 흥원창을 오고 가면서 그 길을 지나다녔다. 지금은 옛길의 흔적조차 없지만 당시는 사람들의 발걸음이 끊이지 않았던 곳이다. 노산군 유배 일행은 그 길을 따라가다 운학재를 향해 난 길로 들어섰다. 운학재까지 가려면 지금의 도곡리, 덕동리와 운학리를 지나야 했고 그 과정에서 운학천변을 밟아야 했다.

운학재를 넘어간 노산군 유배 일행은 평구도로 진입하기 위해 걸었다. 운학재를 넘으면 지금의 강원도 원주시 신림면 구학리이다. 그리고 용암리를 거치면 신림리로 들어가게 된다. 이 지역들도 가운데로 구학천이 흐르는 충적평야 지대이다. 신림리에는 원주에서 영월로 이어지는 평구도가 지나고 있었을 뿐 아니라 신림역[68]이 있었다. 평구도 중 원주지역에 있었던 역은 안창역·유원역·단구역·신림역이다. 앞서 노산군 유배 일행이 섬강을 건너던 지역 가까이 있었던 안창역이 가장 북쪽에 있었고 신림역이 가장 남쪽에 있었다. 따라서 그들은 의도적으로 당시 강원감영(현재의 강원도청에 해당)이 자리 잡고 있었던 원주지역을 피해감으로써 사람들의 이목에서 벗어나려 한 것으로 비쳐질 수도 있었다. 그렇게 신림역 인근을

싸리치(강원도 원주시 신림면). 노산군 유배 일행이 넘어간 싸리치는 평구도상에 있었다.

지나가게 된 그들은 평구도를 밟으며 지금의 성남리와 황둔리 경계에 있는 싸리치를 넘었다. 그리고 싸리치 아래부터 흐르기 시작하는 황둔천을 따라 황둔리로 갔다. 지금 황둔리는 '찐빵마을'로 잘 알려져 있다. 또 황둔리와 송계리를 거쳐 솔치를 넘어 영월군 주천면으로 들어섰다.

 노산군 유배 일행은 영월로 들어서면서 물을 마신 흔적을 남겨놓았다. 원주 쪽에서 영월로 들어서면 처음 접하는 고개가 '솔치'다. 솔치에서 오른쪽으로 난 포장된 길로 들어가면 물미묘윌이 있다. 물미라는 지명도 노산군이 이곳에서 물을 마시고 갔다 해서 붙여진 것으로 알려져 있다. 물미공원 아래에는 '어음정御飮井'이라는 우물이 있다. 어음정은 '왕이 물을 마신 우물'이라는 뜻이다. 물론 여기서 왕은 노산군을 가리킨다. 따라서 어음정 설화는 앞서 밝힌 '어수정' 설화와 내용이 같을 뿐 아니라 우물 이름도 거의 같다고 할 수 있다. 나아가 두 지역은 똑같이 노산군을 '왕'으로 인식하고 있었다. 이런 모습은 아무리 세조가 자신의 왕위 찬탈을 합리화하려고 해도 백성은 받아들이지 않았음을 함축하고 있다.

어음정(강원도 영월군 주천면). 노산군 유배 일행이 물을 마시며 쉬어간 장소로 알려져 있다.

주천면 신일리에는 노산군이 유배 길의 마지막 밤을 지낸 곳이 있다. 어음정에서 물을 마신 노산군 유배 일행은 약 3km 정도 더 가서 주천면 신일리의 역골에 도착했다. 당시 신일리에는 평구도와 보안도[69] 소속의 신흥역이 있었다. 보안도란 당시 춘천에 있었던 보안역이 관할하던 도로다. 따라서 신흥역은 보안도를 따라 설치된 역으로, 보안역의 하위 역이었다. 그러므로 신흥역은 평구도와 보안도가 중첩된 도로에 설치된 역인 셈이다. 신흥역에서 평창의 약수역과 영월의 연평역 방향으로 길이 나뉜다. 그리고 신흥역 인근에는 공순원이라는 원이 있었다. 노산군 유배 일행은 이런 시설이 있는 신흥리 역골에서 유배 길의 마지막 밤을 보냈다. 그날은 7월 1일로, 구간별 직선거리를 추산해서 합했을 때 약 30km를 넘게 왔다. 숨을 헐떡거리며 온 것이다. 하지만 설화는 노산군이 공순원의 잠자리를 이용할 수 없었다고 한다. 관리들만 머물 수 있는 공순원에는 군으로 강봉된 이홍위가 들어갈 수 없었기 때문이라고 한다. 그래서 그는 역골의 주막에서 다른 나그네들과 함께 잠을 청할 수밖에 없었

공순원 터(강원도 영월군 주천면). 노산군 유배 일행이 유버 길의 마지막 밤을 지낸 곳으로 알려져 있다.

다고 한다.

노산군이 주막에서 잠을 청했다는 것은 측은지심을 자극하기 위해 꾸며진 이야기이다. 이홍위가 아무리 상왕에서 군으로 강봉되었다고 하더라도 사회적 위상은 대단히 높았다. 앞서 밝혔듯이 조선시대의 군은 왕가의 혈통을 가진 사람들이나 왕과 혼인으로 맺어진 집안사람들 또는 공신들에게 주었던 작위였기 때문이다. 따라서 그런 작위를 가진 그가 나라에서 운영하는 숙식시설에서 하룻밤 머무는 것을 거부당했다는 말은 설득력이 없다. 더구나 노산군 유배 일행을 인솔해갔던 인물은 고위관직의 어득해였다. 지금으로 치면 소장급 장성이다. 또 그들과 동행한 홍득경은 내시부 수장으로 어득해보다 더 고위직이었다. 지금으로 치면 장관급에 해당되는 인물이었다. 나아가 그들은 공무를 집행하고 있었다. 그러므로 공순원에서 잠자리를 제공하는 것은 당연하다. 그래서 공순원에서 잠자리 제공을 거부당한 노산군이 개인이 운영하는 주막에서 잠을 잤다는 것은 그에 대한 동정심을 유발하기 위해 꾸며낸 이야기라고 할 수 있다. 아니면 60명이 넘는 많은 인원을 수용할 수 없었던 공순원의 규모 때문에 일행 중 일부가 인근 민가에 머무른 것이 와전되었을 수 있다.

 노산군이 주막에서 잠을 청했다는 내용은 후세에 첨가된 이야기일 개연성도 있다. 조선시대 주막이 등장하기 시작한 것은 임진왜란 이후이다. 한양에서 부산에 이르는 간선로였던 영남대로(동래로) 주변에 있던 원들은 대부분 임진왜란 때 폐쇄되었다. 그리고 복구가 제대로 이루어지지 않았다. 그래서 원을 대체하는 주막들이 들어서기 시작한 것이다. 이런 주막들이 활성화된 것은 조선시대 후기이다. 장시의 발달, 농업 생산력과 이동인구 증가, 대동법 금납제, 나라 창고의 유통경제 편입, 금속화폐의 전국적인 유통 등 물물교환이 아닌 화폐로 물건을 거래하는 상황이 복합적으로 작용해서 나타난 결과라고 할 수 있다.[70] 임진왜란은 노산군이 유배를 떠난 때로부터 약 130여 년 지나서 일어났다. 따라서 노산군 유배 일

주막에서 밤을 지내는 노산군 모습. 노산군에 대한 동정심을 유발하기 위한 설화를 형상화한 것이다. 하지만 당시 주막은 없었다.

행이 공순원에서 문전박대 당하고 주막에서 잤다는 이야기는 후세 사람들이 꾸며낸 이야기이다. 이런 식의 이야기가 만들어진 이유는 사람들에게 세조의 악행과 노산군의 비참한 처지를 강하게 인식시키려는 의도 때문이었다.

당시 주막이 존재했다 하더라도 환경은 열악했다. 우리가 연상하는 주막 모습은 대체로 TV 드라마 등을 통해서 얻은 정보에 기반을 둔다. 따라서 우리가 연상하는 주막은 이렇다.

주막 건물은 초가지붕을 얹은 황토집이다. 집 한 칸에는 부엌이 있다. 그곳에서 정갈하게 머리를 묶은 여인이 앞치마를 두르고 열심히 일을 한다. 집 앞마당에 있는 평상에서 음식을 먹거나 술을 마시던 사람들이 "주모!" 하고 부르면 그녀는 "네!"라고 외치며 쏜살같이 달려간다. 집의 다른 칸에 있는 방은 아주 깨끗하게 정리되어 있고 구석에는 단출한 이불과 요가 있다.

하지만 당시 주막에 대한 이런 이미지는 환상이라고 할 수 있다. 다음 글은 그런 환상을 깨줄 만한 내용을 묘사한다.

조선에는 비정규 여인숙과 정규 여인숙이 있다. 비정규 여인숙은 앞마당에 여물간이 있어 사람은 물론 동물에게도 편의를 제공한다는 점을 빼고는 길가에서 흔히 보는 오두막이나 다를 바가 없었다. 읍이나 큰 마을의 정규 여인숙은 웅덩이와 흙더미가 많은 지저분한 뜰이 대부분을 차지하며 낡은 출입문 사이로 한길과 통한다. 수척한 검은 돼지, 쓰레기장에서 어슬렁거리는 커다란 누렁이, 닭, 어린애들, 황소, 조랑말, 식객, 나그네의 짐 등이 분주한 상황을 연출해내고 있었다. … 여기저기 찢기고 더러운 창호지를 붙인 낮은 격자창을 지나면 하나의 방이 나타나는데 진흙 바닥은 닳고 닳은 갈대 멍석으로 뒤덮여져 있다. 그 위에 베개로 쓰이는 나무토막들이 나뒹굴고 있었다.[71]

이 글은 1894년부터 1897년까지 네 차례 조선을 방문한 영국 여성 I.B. 비숍이 쓴 것이다. 그녀가 여관이라고 칭한 것이 주막이다. 노산군이 유배를 떠난 시점부터 무려 450여 년이 지난 때의 주막 모습이다. 이때는 노산군이 유배를 떠날 당시보다 비교적 농업 생산력이 더 높았던 때이기도 하다. 따라서 백성의 삶이 그때보다 좀 더 낫지 않았을까 한다. 그럼에도 주막 환경은 열악했다.

노산군이 유배를 떠난 당시 원의 환경도 주막과 다를 바 없었다. 노산군이 유배 여정 중 묵었던 곳으로 전해지는 공순원 같은 원은 나라에서 운영하던 숙박시설이었다. 하지만 그런 원의 환경도 비숍이 묘사한 주막 환경과 별반 다르지 않았음을 알 수 있는 대목이 『조선왕조실록』에 나타난다.

호조에서 계하기를
"우리나라 큰길가에 있는 역원驛院은 길 다니는 나그네를 접대하기 위한 것으로서 본래부터 마땅히 수리 보완하여야 할 것인데 지금 각 고을의 수령들이 그 일에 마음을 쓰지 아니하여 원주院主[72]를 두지 않아 빈집이 되어 퇴락하게 만들거나 혹은 허다한 노역勞役을 시켜서 원주로 하여금 편안히 살 수 없게 만들며 혹은 대소大小 사신들이 길을 인도하고 횃불을 들게 하는 등의 일로 부당하게 침범하고 포학하게 하여 이들로 하여금 도망쳐 흩어지게 하니 길 가는 나그네는 유숙할 곳이 없게 되었으니 염려하지 않을 수 없습니다. 청하옵건대 지금부터는 각 고을의 관원으로 하여금 중(僧)이거나 양민(良民)이거나를 물론하고 선량한 자로 원주를 삼아 잡역과 길 인도 및 횃불 들기 등의 일을 면제하여 역원의 수리 보완과 행인을 편안히 접대하는 일에 전심하게 하고…"

하니 그대로 따랐다.[73]

호조에서 원의 운영에 관해 세종에게 건의한 내용이다. 이 내용에 따르면, 원이 있는 고을 수령들은 원 관리에 무관심하였다. 원주도 두지 않았을 뿐 아니라 설령 원주가 있다 하더라도 힘든 일이나 사신들에게 길을 안내하게 하고 그들을 위해 밤에 횃불을 들고 가게 하는 일 등에 동원되어 도망갔다. 그러므로 원이 빈집이 되어 쇠락한다는 것이다. 이런 기사는 노산군 유배 일행도 유배 여정 내내 열악한 환경에서 잠을 청할 수밖에 없었다는 것을 암시한다. 따라서 세조가 아무리 유배 여정에 있는 노산군을 배려했어도 한계가 있을 수밖에 없었다.

공순원에 얽힌 노산군 관련 설화는 한(恨)의 정서가 발현된 것으로도 볼 수 있다. 공순원에 얽힌 노산군 관련 설화에서 한은 사회적 약자로서 민초들의 가슴 깊숙이 박혀 있던 한이 노산군을 매개로 표현된 것일 수도 있다. 그의 유배 당시 부곡(部曲)이 공순원에서 멀지 않은 곳에 있었다. 지금의 무릉도원면사무소 소재지와 주천면 판운리에 있었던 것으로 추정된다.[74] 부곡은 신라 때부터 시작해서 조선 초기까지 존재했던 지방의 특수 행정구역이다. 이곳에는 노비나 천민과 유사한 차별을 받던 부곡민들이 거주하였다. 그들은 자신들이 품은 한의 감정을 노산군에 이입하려 했을 수 있다. 그들의 그런 심리기제가 작동하여 노산군 유배 일행이 공순원에서 문전박대 당하고 주막에서 잤다는 이야기로 창작되었을 수 있다.

··· **10) 유배 여정 10일째**(7월 2일, 공순원 → 청령포)

노산군이 영월에 남긴 세 번째 유배 길 흔적은 쉼터다. 노산군 유배 일행은 지금의 주천면 신일리 역골을 떠나 청령포로 향하는 마지막 유배 여정을 시작했다. 역골에서 청령포로 향하던 노산군 일행은 얼마 안 가서 갑자기 시야가 확 트이는 것을 느꼈다. 영월에서는 흔치 않은 평야지대가 나타났기 때문이다. 그들은 평야지대 가운데를 흐르는 주천강변의 자연 제방을 따라갔다. 그러자 얼마 안 되어 길을 끊어놓는 커다란 바위가 눈에 들어왔다. 깎아 세운 듯한 절벽을 만든 커다란 바위 아래로는 주천강 물이 흐르고 있었다. 커다란 바위는 주천강 옆에 있는 대덕산 줄기의 끝자락을 이루는 단애였다. 따라서 단애 너머 있는 바둑골 등으로 가려면 단애 위쪽으로 나 있는 좁은 길을 따라가야 했고, 영월읍으로 가려면 배를 타고 주천강을 건너야 했다. 당시는 가뭄이 심했기 때문에 배를 띄울 수 없었다. 그럼에도 단애 아래 강물은 깊었기 때문에 노산군 유배 일행은 서로 도와가며 조심스레 걸어서 강을 건너야 했다. 또 시녀들과 짐 보따리를 멘 군사들은 물이 얕은 곳을 찾아 강을 건너야 했다. 60명이 넘는 인원이 이런 식으로 강을 건너자니 먼저 건넌 사람들은 뒤에 건너오는 사람들을 기다려야 했다. 따라서 먼저 건넌 사람들은 쉬기 좋은 장소를 택하여 뒤에 건너오는 사람들의 도착을 기다렸다. 그 장소가 바로 쉼터이다. 이렇듯 쉼터는 일종의 대기 장소였다.

쉼터에도 앞서 말한 단정설화와 같은 내용의 설화가 있다. 창덕궁을 떠난 지 10여 일이 다 되어가는 유배 길에서 노산군은 상상도 해본 적이 없는 어려움을 겪었다. 그 과정에서 자신을 낳은 다음 날 돌아가신 어머니 현덕왕후 권씨, 12살 때 돌아가신 아버지 문종, 청계천 영도교에서 이별한 아내 정순왕후 송씨, 자신을 길러준 혜빈 양씨 등에 대한 생각이 가슴에 사무쳤을 것이다. 이런 정서가 백성의 가슴에 이입된 것이다. 따라서 백성도 가늠하기 어려울 만큼 가슴이 먹먹하고 콧등이 시큰했던 것이다. 이런 정서를 잘 묘사해주고 있는 것이 바로 쉼터가 품은 노산군 관련 설화이다. 노산군이 쉼터에 머물 때, 어느 노인이 물을 가져다 그에게 주었다고 한다. 노인이 건넨 물은 그를 품어주고 싶은 노인의 감정이 형상화된 것이다. 따라서 쉼터는 공간적 의미의 쉼터가 아니라 심리적 의미의 쉼터인 셈이다.

쉼터는 노산군이 극복할 수 없는 무력감을 느낀 곳이기도 하다. 노산군 일행이 쉼터에서 머무는 동안 괴나리봇짐을 멘 사람이 멀리 하나의 점처럼 나타나 점점 확대되더니 다시 점이 되어 사라지는 것을 목격하기도 하였다. 특히 자신이 지나온 길 쪽에서 점이 되어 사라지는 사람에게는 눈을 떼지 못했다. 거의 무의식 상태에서도 그쪽이 자신이 머물던 한양으로 되돌아가는 곳임을 인식하고 있었던 것이다. 하지만 그곳으로 돌아가야

노산군으로 강봉된 이홍위의 유배 생활 235

할 이유도 없었고 돌아갈 수도 없었다. 자신을 반가이 맞아줄 누구도 없을 것 같았다. 정순왕후 송씨도 자신과 같은 처지가 되었을 것이라는 생각을 떨칠 수 없었고 오직 권력을 탐하는 추악한 인간군상만 있을 것 같았다. 그들은 자신이 극복할 수 없는 인물들이기에 노산군은 삶에 관한 한 아무런 의지가 없었다. 그런 심정을 말해주듯 쉼터에는 그가 걸어온 길을 물끄러미 바라보는 노산군 동상이 서 있다.

노산군 유배 일행은 노산군이 왕임을 다시 한 번 확인시켜 주는 고개를 넘었다. 노산군 유배 일행은 쉼터를 떠나 동남쪽으로 나아갔다. 걸어서 약 30분 거리에 있는 고개를 넘으려 한 것이다. 고개를 넘기 전에는 주천강이 만들어준 평탄한 자연제방길을 따라 걸었다. 그 지역은 거안리(居安里)로 불리는 충적평야 지대이다. 노산군이 그곳에서 편히 쉬어갔다고 해서 '거안리'라고 부른다. 엄밀히 말하면 편히 쉰 곳이 아니라 편히 지나갔던 평지이다. 거안리를 거친 노산군 유배 일행은 지금의 주천면과 한반도면 경계에 있는 비교적 가파른 고개를 넘었다. 여기서 노산군은 일행 중

노산군상(강원도 영월군 주천면 쉼터공원). 노산군이 자신이 지나온 한양 쪽을 바라보며 서 있다. 멀리 대덕산 줄기 끝자락의 단애가 보인다.

한 명인 금부도사 왕방연에게 "무슨 고개가 이리도 험한가?"라고 물었다고 한다. 이에 왕방연은 "노산군께서 오르시니 이제부터는 군등치君登峙라고 하옵지요"라고 답했다고 한다. 이 이야기는 사실이 아니다. 왕방연은 노산군 유배 일행의 인솔자가 아니라 그에게 내린 사약을 들고 온 인물이다. 따라서 이 이야기는 노산군이 죽은 후 민초들에 의해 창작된 것이라고 할 수 있다. 그럼에도 이 이야기에는 노산군이 자신들의 왕이라는 분명한 메시지가 있다. 실제 군등치는 표지석보다 더 강 쪽이라는 주장도 있지만 여러 가지 정황을 고려할 때 표지석 있는 곳이 맞는 것 같다.

　우래실 마을 사람들은 군등치를 넘어온 노산군 일행을 눈물로 맞이하였다. 주천면 방향에서 군등치를 넘어가면 지금의 한반도면 신천리이다. 신천리 한반도면사무소 인근 마을은 '우래실' 또는 '명라곡鳴羅谷'이라고도 불린다. 우래실은 '울래실'이 변이된 것으로, 울쾌실은 노산군 유배 일행이 이곳을 지나갈 때 '울면서 지나간 마을'이라는 뜻이라고 한다. 즉 백성과 함께 울면서 지나간 마을이라는 뜻이다. 이 울래실이 시간이 지나면서

군등치(강원도 영월군 주천면). 노산군 유배 일행이 넘어간 고개로 알려져 있다.

우래실로 바뀐 것이라고 한다. 그리고 우래실을 한자식으로 바꿔 부르면 명라곡이 된다는 것이다. 그러나 우래실 설화는 후세 사람들에 의해 창작된 것이 아닌가 한다. 우래실이라는 지명은 이곳 외에도 충북 보은군 회인면 용곡리와 경북 김천시 남면 등에서도 나타난다. 우래실은 어떤 특성을 보여주던 마을에 붙던 이름 같다. 따라서 노산군의 유배에 관련된 이야기를 신천리 우래실이라는 지명에 꿰맞춰 창작한 것으로 볼 수도 있다. 즉 노산군에 관련된 슬픈 이야기를 후세 사람들에게 가급적 강하게 각인시키기 위한 의도에서 창작한 것으로 생각한다.

노산군 유배 길에 나타난 설화 내용은 마치 데칼코마니처럼 좌우 대칭을 이루어 나타기도 한다. 유배 가는 노산군에게 절하며 배웅했다는 배알미동과 뱃재, 측은지심이 발현하여 백성이 눈물을 흘렸다는 원통마을과 우래실, 갈증을 해소하였다는 어수정과 어음정, 노산군을 여전히 왕으로 인식하는 행치와 군등치 그리고 쉬는 동안 백성이 물을 갖다 주었다는 단정과 쉼터 등이 그 예이다. 이런 현상은 인간의 보편적 심성을 드러낸 것으로, 노산군에게 동정심을 갖고 보호해주려 하였으며, 세조를 거부하고 있었음을 보여준다.

방울재는 의심받는 노산군의 유배 노정기이다. 노정기란 여행한 길의 경로와 거리 등을 적은 기록이다. 따라서 노산군 유배 노정기란 없다. 그럼에도 후세 사람들은 노산군 유배 노정기를 만들어놓았다. 가장 선명하게 눈에 들어오는 노정기가 아마 지명일 것이다. 이러한 지명은 규범적 속성이 있어 사회적 합의 없이 함부로 만들거나 바꿀 수 없다. 따라서 지명에 대한 사람들의 신뢰도는 높은 편이고 지명이 설화를 수용한 경우, 대다수 사람들은 그 내용을 사실로 받아들이려 한다. 하지만 이런 믿음을 깨는 지명 중 하나가 '방울재'이다. 영월군에서 제시한 노산군 유배 행열은 군등치와 우래실을 거쳐 방울재에 이르는 것으로 되어 있다. 그리고 방울재에서 노산군이 타고 가던 말에 매달린 방울이 떨어졌다고 한다. 이러한 설화를 바탕으로 만들어진 지명이 방울재이다. 방울재는 영월읍으로 향하는 88번 지방도에 있다. 따라서 현재적 시각에서 봤을 때는 전혀 의문이 생길 수 없다. 하지만 인근의 다른 지명 및 지형, 인근지역에 오래 거주한 사람들의 진술을 바탕으로 했을 때는 의문이 생긴다.

방울재가 노산군의 유배 길이 아닐 수 있다는 증거는 여러 개 있다. 우선 사인교를 타고 갔을 개연성이 높기 때문에 말을 타고 방울재를 넘었다는 주장은 설득력이 약하다. 또 방울재에 도로가 만들어진 시기는 지금으로부터 약 50여 년 전후이다. 이전에는 방울재 인근의 뱃말을 거쳐 주천과 영월을 오갔다. 따라서 우래실에서 뱃말로 가려면 방울재로 가기 전에 절구지[75]라는 마을을 거쳐 언덕을 넘어야 한다. 언덕을 넘으면 평창강과 그 주변의 넓은 충적지인 광탄이 나타난다. 광탄에서 평창강을 건너면 뱃말이라는 마을이 있다. 뱃말이라는 지명은 마을에 나루터가 있었기 때문에 생긴 것이다. 그러므로 노산군 유배 행렬도 방울재를 넘지 않고 뱃말을 거쳐 덕상리 쪽으로 갔다. 따라서 노산군이 타고 가던 말에 매달린 방울이 고개를 넘던 중 떨어진 것이 사실이라면, 그 고개는 절구지에서 광탄으로 넘어가는 고개일 것이다. 또 88번 도로를 이용해 방울재를 넘어 영월읍 방향으로 가다 보면 평창강을 건너기 직전 당마루라는 지명이 나타난다. 당마루는 큰 느릅나무가 당목으로 서 있던 곳으로 나룻배를 건너는 사람들이 돌을 던지고 침을 뱉어 여행의 무사를 기원하였던 장소로 알려져 있다. 하지만 원래의 당마루는 뱃말 앞쪽에 있었다고 한다. 이런 여러 가지 근거를 토대로 유추해볼 때, 영월군에서 제시한 방울재는 노산군 유배 여정에는 들어가지 않는 곳이다.

영월의 노산군 유배 관련 설화에는 시간대를 알 수 있는 장소가 있다. 뱃말을 지난 노산군 유배 일행은 지금의 남면 북쌍리 배일치[76]에 올랐다. 해가 서쪽으로 넘어가던 때이다. 배일치에 오른 노산군은 석양을 향해 절을 했다고 한다. 따라서 '절하다'의 배拜, '해'를 의미하는 일日, '고개' 치峙를 써서 '배일치'라고 하였다. 이런 주장에 따르면, 그들이 배일치를 넘어간 시점은 오후 6시 이후로 생각해야 한다. 그가 왜 석양을 향해 절을 했는지에 대한 언급은 없다. 배일치는 노산군 유배 여정 중 마지막 고개이다. 이 여정에 동원된 사람들은 그곳이 유배 여정의 마지막 고개라는 것과 아울러 반환점 가까이 왔다는 것을 알고 내심 기뻤을지 모른다.

배일치가 품은 노산군 유배 관련 설화는 극적 효과를 노린 후세 사람들의 창작일 수 있다. 노산군 유배 일행 가운데는 특정지역마다 그 지역의 길잡이 역할을 한 인물이 있었을 것이다. 즉 특정지역 지리를 잘 아는 사람들이 길잡이 역할을 하기 위해 등장했다가 사라지고 하는 상황이 반복되었을 것이다. 따라서 그들에 의해 배일치가 유배 여정 중 마지막 고개

배일치(강원도 영월군 한반도면). 노산군이 석양을 향해 절을 했다는 설화가 있다.

라는 사실이 알려졌을 개연성이 있다. 그리고 그 이야기를 들은 사람들이 웅성거렸을 것이다. 웅성거림 속에는 유배 여정 내내 땡볕을 받으며 불로 달궈진 것 같은 대지를 걸었던 사람들의 기쁜 감정도 섞여 있었을 것이다. 노산군도 그들의 그런 감정을 느꼈을 것이다. 그러면서 그는 점점 더 불안해졌을 것이다. 이렇듯 배일치에는 양립할 수 없는 2개의 감정이 존재한다. 즉 지는 해에 해방의 감정과 절망의 감정이 동시에 이입된 것이다. 아울러 이런 모습을 사람들에게 연상시킴으로써 그에 대한 동정을 더욱 깊게 느끼도록 한 것이 배일치가 품은 설화일 수 있다. 그는 태양신을 숭배했던 인물도 아닐 테고, 한양에 있는 종묘를 향해서 자신이 처한 처지에 대한 감사의 뜻을 전했을 리도 없었기 때문이다.

배일치 설화는 노산군의 유배 여정에 관련된 일련의 이야기 가운데 카타르시스를 느끼게 하는 대목이다. 그곳은 자신의 유배 여정 가운데 마지막 고개라는 것을 그가 알고 있었음을 전제로 한다. 그렇기에 그는 가마에서 내려 석양을 향해 절을 한 것이다. 이렇듯 마지막 고개와 석양은 그의 불안한 심리를 증폭시키는 촉매제 역할을 하였다. 소설로 치면 절정과 같은 분위기를 자아내고 있다. 역사소설이라면 반전이 나타날 수 있는 장면이다. 즉 배일치에서 그가 누군가의 도움으로 도망을 가고, 힘을 길러 다시 왕권을 잡을 수 있는 터닝 포인트가 될 수 있는 곳이다. 하지만 그는 그대로 청령포로 들어갔다. 이 지점에서 그를 소재로 한 이야기의 카타르시스가 일어나는 것이다. 그를 소재로 한 이야기에서 카타르시스가 일어나는 것은 청령포도, 관풍헌도 아니다. 나아가 그가 나중에 사약을 마시고 죽는 장면도 아니다. 바로 배일치이다. 배일치는 이후 노산군이 맞이할 상황을 암시하고 있다.

옥녀봉은 사람으로 치면 '영자'만큼이나 흔한 봉우리 이름이다. 우리나라에 옥녀봉이란 지명이 없는 곳이 없다.[77] 심지어 경남 거제에는 네 곳에 있다. 이렇게 옥녀봉이 흔한 데는 이유가 있다. 대체로 옥녀봉으로 불리는 지형은 마을이 자리 잡고 있는 평지와 산지 사이에 있다. 그래서 쉽게 시야에 들어오는 경관적 특성이 있다. 옥녀봉이 마을 사람들의 바라는 바가 이루어지도록 비는 여성이나 여산신女山神으로 인식되기 때문이다. 이렇게 여성이나 여신이 중시되어 나타나는 것은 여성이 가진 속성, 즉 여성이 자식을 낳아 키우는 것이 마치 자연이 열매 맺고 번식하는 것과 같은 모습이라고 보기 때문이다.[78] 따라서 농사에서 풍요를 바랐던 사람들 입장에서는 가급적 가까이하고 싶었던 대상이 옥녀봉이었다. 그런 심리 기제가 작동하여 전국에 옥녀봉 인플레이션을 유발한 것이 아닌가 한다.

노산군 유배 여정에도 옥녀봉이 등장한다. 노산군 유배 일행은 배일치를 넘어 남면 북쌍리 갈골[79]을 거쳐 서강변에 이른다. 서강변에는 축소된 산봉우리 같은 지형이 있다. 이 지형 이름이 옥녀봉이다. 영월군이 제작해서 설치한 안내문에는 유배 가던 노산군이 이 지형을 보고 옥녀봉이라는 이름을 지었다고 한다. 즉 '모양이 동그랗고 두메산골의 수줍은 색시처럼 다소곳해 보이는 작은 산봉우리를 보니 아내 정순왕후 송씨의 어여

옥녀봉(강원도 영월군 남면). 노산군이 이름을 붙여주었다는 설화가 있다.

쁘고 정갈한 모습이 떠올라 옥녀봉이라 불렀다'는 것이다.[80]

 노산군의 유배 길에 등장하는 옥녀봉 설화는 '충절'이나 '명당'을 강조하기 위한 수단으로 후세 사람들이 차용한 것이다. 옥녀봉 설화는 몇 가지 유형이 있다. 첫째, 옥녀가 마을을 수호하거나 남성과 경쟁하는 여산신으로 등장한다. 둘째, 옥녀가 혼사장애[81]나 효녀로서 고난을 겪는 인간 역할을 한다. 이 과정에서 충忠・효孝・열烈・우애友愛 등의 덕목이 나타난다. 셋째, 옥녀가 배경 역할을 한다. 이 경우 그녀의 모습은 명당 형국이 되거나 지명 유래가 된다. 그래서 지형의 생김새나 산세를 옥녀로 표현하여, 옥녀봉이 있는 지역은 부귀영화를 누리거나 자손이 번창하는 풍수지리적 명당이라고 인식하였다.[82] 따라서 노산군이 그곳을 옥녀봉이라 불렀다는 설화는 마을 사람들이 기획한 홍보물에 그를 출연시킨 셈이다. 이를테면 노산군이 마을의 CF 모델이 된 것이다. 또 충・효・열・우애의 아이콘인 옥녀에 노산군의 설화를 섞음으로 자신들의 왕은 노산군이라는 것을 함축한다고 하겠다.

 노산군 유배 여정의 종착지는 청령포이다. 노산군 유배 행렬은 옥녀봉을 지나 청령포로 왔다. 그들이 옥녀봉에서 청령포까지 온 구간은 지금의 남면 북쌍리 문개실과 쇠목을 거쳐 광천리로 가는 길이다. 광천리에 청령포가 있다. 문개실과 쇠목 등의 마을은 서강을 기준으로 했을 때 서쪽에 위치한 지역이다. 맞은편에는 영월읍 방절리가 있다. 방절리 쪽 강가는 절벽이고, 남면의 북쌍리와 광천리 쪽 강가는 넓은 모래밭이다. 그래서 노산군 유배 일행은 남면 쪽을 택해서 왔다. 그 과정에서 청령포로 진입하기 바로 직전 서강 지류를 만나게 된다. 그곳부터 청령포까지는 공격사면으로 이루어진 절벽이다. 하지만 당시 가뭄으로 강바닥이 다 드러날 정도였기 때문에 별 어려움 없이 걸어서 청령포에 도착했다. 이날은 약

36km 정도를 걸었다.

　세조가 노산군이 청령포에 도착한 사실을 안 날은 7월 5일이었다. 이날 세조는 좀 어수선한 내용의 보고를 받은 것을 포함해서 관직을 내리는 등 정무처리에 비교적 바쁜 시간을 보냈다. 그 와중에 노산군과 관련해서 강원도 관찰사에게 다음과 같은 지시를 내렸다.

　"노산군의 일상 용도에 쓰는 비용은 그의 하고자 하는 대로 따라서 곡진하게 지급하고 만약 아뢰고자 하는 일이 있거든 본 고을에 고하도록 허락하고, 막아서 지체시키지 말도록 하라. 또 듣건대 거주하는 곳에 우물이 없다고 하니 급히 우물을 파도록 하라."[83]

　『조선왕조실록』 기사를 통해 추론할 수 있는 것은 세조는 노산군이 청령포에 도착한 것을 7월 5일 알았다는 것이다. 인간의 생명을 유지하는 데 아주 중요한 요소는 물이다. 그럼에도 그런 환경이 갖춰지지 않았다는 사실을 안 그는 보고를 받자마자 그 자리에서 지시했던 것이다. 따라

노산군 유배 여정의 종착지인 청령포

서 이러한 지시를 내리기 바로 직전 노산군이 청령포에 도착했음을 안 것이다.

　노산군의 청령포 도착을 보고한 인물은 전령이었다. 당시 청령포에서 한양으로 가는 길은 몇 가지 있었다. 그중 육로를 통해 가장 빨리 한양으로 가는 방법은 평구도[84] 와 관동로를 연계해서 이용하는 것이었다. 즉 전령은 청령포 인근의 양연역으로 가서 말을 타고 연평역 · 신흥역 · 신림역 · 단구역 · 유원역 · 안창역을 거치는 평구도를 따라간 후 관동로로 들어섰다. 이 길을 따라 걸어서 한양으로 간다면 약 5일 정도 걸렸다. 말을 타고 달려간다면 그 반 정도도 안 걸렸다. 노산군 유배에 극도의 관심을 갖고 있었던 세조에게는 그가 청령포에 도착한 사실을 최대한 빨리 알릴 필요가 있었기 때문에 소수의 전령만 말을 타고 떠난 것이다. 더구나 당시 노산군을 호송했던 사람들은 무더위와 싸우며 청령포로 가느라고 무척 지쳐 있었다. 그래서 그들이 노산군을 청령포에 데려다주고 그날로 다시 한양으로 출발하기에는 무리였다. 그들은 인근에서 1~2일 정도 휴식을 취하고 한양을 향해 걸었을 것이다. 그사이 특급공문서를 든 전령이 노산군의 청령포 도착을 알렸을 것으로 생각한다. 이렇듯 노산군은 7월 2일 땅거미가 질 무렵 청령포에 도착하였고 전령은 7월 3일 이후 한양으로 출발했다.

··· 11) 청령포에서의 유배 생활

　청령포는 아름다움과 슬픔이라는 두 개의 이미지가 뒤섞여 있다. 영월을 대표하는 강은 동강과 서강이다. 동강은 사람들 입에 자주 오르내리는 강이지만, 서강은 상대적으로 지명도가 낮다. 우리 귀에 익숙한 한반도 지형 인근부터 시작하는 서강은 영월읍 쪽으로 굽이 흘러가면서 많은 절경을 만들어놓았다. 절경 가운데 하나가 청령포이다. 따라서 서강은 노산군 유배 여정의 일부 구간에서 동행하고 있었다. 만약 서강 물줄기가 청령포 뒷산에 힘을 더 가했다면 청령포는 섬이 되었을 정도로 얼굴에 난 뾰루지처럼 돌출된 모습이다. 이런 배산임수 지형은 풍수지리를 모르는 사람들이라 할지라도 군침을 흘릴 만한 곳이다. 그런 인간의 욕망을 자극할 만한 지형이어서인지, 노산군의 슬픈 삶을 확인하고 싶어서인지는 몰라도 청령포는 사람들의 발길이 끊이지 않고 있다.

청령포를 절해고도처럼 표현하는 것은 과장이다. 단종(노산군)과 관련해서 청령포를 말할 때, 거의 모든 사람들이 마치 청령포는 어떤 사람도 빠져나올 수 없는 절해고도처럼 말한다. 그래서 가보지 않은 사람들은 청령포를 마치 영화 '빠삐용'에 나오는 외딴 섬같이 생각할 수 있다. 삼면으로 서강이 흘러 물이 많이 흐르는 경우에는 웬만큼 수영을 잘하지 않는 한 강을 건너기 쉽지 않다. 하지만 뒤쪽은 산이기 때문에 마음만 먹으면 얼마든지 벗어날 수 있다. 그럼에도 청령포를 마치 빠져나올 수 없는 섬처럼 묘사하는 것은 세조에 대한 분노와 노산군에 대한 동정심을 유발하기 위한 것으로 볼 수 있다.

청령포의 정서는 그리움이다. 청령포 곳곳에서 피어나는 설화는 노산군의 인간에 대한 그리움이다. 청령포에는 노산군과 직접 관련이 있는 단종어소, 노산대, 망향탑, 관음송 등이 있다. 그중 노산대는 해 질 무렵 노산군이 한양을 바라보며 시름에 잠겼다고 전하는 곳이다. 노산대는 청령포 북쪽 지점에 있는 단애로, 청령포에서 한양 방향에 있다. 노산대 인근에 있는 망향탑은 노산군이 한양에 남겨진 아내 정순왕후 송씨를 생각하며 쌓은 돌탑이라고 전한다. 그리고 수령이 600년 정도 되는 관음송은 노산군의 유배 생활을 지켜본 존재이다. 소나무에 관음송이라는 명칭을 붙여준 것은 가슴 아픈 노산군의 생활을 보고(觀), 그가 오열하는 것을 들었기(音) 때문이라고 한다. 노산군은 두 갈래로 나누어진 관음송 가지 사이에 걸터앉아 있곤 했다고 한다. 이렇듯 청령포에 묻혀 있는 대다수 설화는 노산군의 인간에

노산군은 두 갈래로 나누어진 관음송 가지 사이에 걸터앉아 있곤 했다고 한다.

대한 그리움이나 고독을 이야기하고 있다. 부모 없는 어린 그에게 주어진 왕이라는 사회적 지위를 탐했던 자들은 그를 고립무원의 공간으로 밀어 넣었다. 따라서 그는 그곳에서 자신을 따뜻하게 대해준 인간들에 대한 그리움, 자신을 그곳으로 밀어 넣은 인간들에 대한 공포심 그리고 자신의 의지와 무관하게 이리저리 끌려다녀야 하는 상황을 벗어날 수 없는 무력감 속에 어찌할 바를 몰랐던 것이다.

··· 12) 관풍헌에서의 유배 생활

조선시대에는 지방에도 왕이 내려와 있음을 알려주는 상징물이 있었다. 고려나 조선시대에는 객사客舍[85]라는 건물이 있었다. 객사란 지방의 군과 현에 설치하여 외국 사신이나 다른 지역에서 온 관리를 대접하고 묵게 하던 숙소였다. 객사는 3개의 건축물이 서로 붙어 있도록 지어졌다. 가운데 있는 건물은 정당·정사·주사·본사 등으로 불리고 지붕이 양옆

의 건물보다 높았다. 양옆에 있는 건축물들은 좌익실, 우익실 등으로 불렸다. 따라서 객사는 솟을대문을 확대한 모습이다. 정당은 숙소용 건축물이 아니라 전패殿牌와 궐패闕牌(황제를 상징하는 것으로 고종 때부터 지방 객사의 전패는 궐패로 바뀜)가 봉안되었던 곳이다. 전패란 나무에 왕을 상징하는 '전殿' 자를 새긴 것이다. 옛날에 신하들이 왕을 '전하殿下'라고 부를 때 쓰던 '전' 자와 같은 글자다. 전하란 '전각 아래'라는 말로, 전각 아래에 엎드리거나 서서 우러른다는 뜻이다. 이렇게 객사 정당에 전패와 궐패를 봉안하는 것은 지방에서도 왕이나 황제의 시책을 충실히 시행하고 있다는 것을 상징하는 것이었다. 객사에는 중앙관리들의 접대를 위해 누각과 정자를 세우기도 했다. 그리고 고을 수령은 매달 초하루와 보름에 한양의 대궐을 향해 예를 올렸다. 달을 보면서 임금이 있는 대궐을 향해 절을 올리는 이 의례를 '향망궐배向望闕拜'라고 불렀다.

영월에도 '관풍헌'으로 불리는 객사가 있다. 이 건물은 조선 초기에 지어진 것으로 다른 지역의 객사 건물과 같은 형태다. 하지만 이 건물은 '영월객사'라고 부르지 않는다. 우익실 명칭이었던 관풍헌으로 불린다. 관풍헌은 조선 후기 정조 때 영월부사에 의해 대규모 중수가 이루어졌다.

노산군이 유배 가던 해는 기상이변이 속출하여 심한 가뭄과 홍수가 겹쳐 일어났다. 노산군이 유배 길에 오른 지 22일 후인 7월 15일에는 전라도·경상도에 가뭄이 심하고 전라도의 벼가 다 말라버렸다는 보고가 있었다. 하지만 그로부터 20여 일 후에는 한밤중에 큰 비가 왔다. 따라서 물가에 사는 백성을 잘 보살피라는 왕명도 있었다. 5일 후에는 8도 관찰사에게 구황救荒[86]이 급하니 수령관을 보내어 문안하지 말라는 왕명을 내릴 정도로 또다시 가뭄이 심해졌다. 하지만 3일 후에는 함길도에 장맛비가 계속되니 기청제와 길일에 제사할 것을 예조가 건의하였다. 기청제란 비

관풍헌(강원도 영월군 영월읍). 홍수 때문에 노산군은 청령포에서 관풍헌으로 거처를 옮겼다.

가 멎기를 빌던 제사로 나라에서 주관하였다. 그런데 장맛비가 멈추고 20여 일 지나자 이조는 구황을 위해 경상·전라·충청도의 수령 중 임기를 채운 수령은 다음 해까지 유임시켜 줄 것을 건의하였다. 기근 때문에 고통받는 백성을 돕는 일에 지속성을 갖도록 하려는 것이었다. 이때는 어느덧 여름이 지나고 초가을도 중반을 넘기고 있던 무렵이었다. 노산군이 유배를 떠난 후 이렇게 가뭄과 홍수가 번갈아 나타나 백성이 심한 고통을 당하고 있었다.

노산군은 홍수 때문에 청령포에서 관풍헌으로 거처를 옮겼다. 홍수로 청령포가 물에 잠기자 노산군은 청령포로부터 멀찌감치 떨어져 있는 관풍헌으로 거처를 옮겼다. 멀찌감치라고 해봐야 약 1시간 정도 걸으면 도달할 수 있는 곳이다. 더구나 청령포는 물론 앞 지역인 방절리 일대는 서강 물줄기가 곡류하여 흐르는 낮은 지대이다. 그러므로 그곳보다 높은 지대인 관풍헌으로 옮겼다는 이야기는 설득력이 있다. 당시 관풍헌은 불과 2년여 전만 해도 노산군을 상징하는 전패가 봉안되어 있던 곳이다. 전패를 훔치거나 훼손하는 자는 대역죄에 해당되어 본인은 물론 일가족까지 처형되었고, 그 고을은 10년간 이웃 고을에 병합되었을 뿐 아니라 수령이 파면될 정도로 보관 및 관리가 매우 엄격하였다. 더구나 영월로 출장와 영월객사에 머물던 다른 지역 관리들은 동지나 설 그리고 노산군의 생일날 관풍헌에서 관원들과 함께 배례까지 하였다. 그런 곳에 노산군이 객으로 들어간 것이다.

노산군은 자신의 감정을 소쩍새에 이입시켰다. 홍수를 피해 청령포에서 관풍헌으로 거처를 옮긴 그는 신세를 한탄하는 글을 남겼다. 그 글이 '자규시'와 '자규사'이다.

자규시

원한 맺힌 새가 한 번 제궁을 나온 후
외로운 몸의 한 그림자가 푸른 산중에 있네
밤마다 선잠조차 이룰 수 없고
깊은 한은 해마다 다하지 않네
소리 그친 새벽 봉우리엔 남은 달빛 밝은데
피뿌린 봄 골짜기엔 떨어진 꽃잎이 붉네[87]
하늘은 귀먹어 오히려 슬픈 하소연을 듣지 못하는데
어찌하여 근심 어린 내 귀만 유독 밝은가

자규사

달 밝은 밤 두견이[88] 우는데
근심 품고 누대 앞에 기대었네

네가 슬피 우니 나는 듣기가 괴롭구나
네 울음소리가 없다면 나도 근심이 없으련만
세상의 괴로운 사람들이여
부디 춘삼월 두견이 우는 누대에 오르지 말게나[89]

    두 시의 제목에 쓰인 '자규子規'는 새의 이름이다. 자규는 흔히 두견새, 접동새, 소쩍새, 불여귀, 귀촉도, 망제혼, 두우 등으로 불리며 문학작품이나 노래 가사에 많이 등장한다. 하지만 이 가운데는 두견새와 소쩍새처럼 서로 다른 속성과 양립할 수 없는 정서를 가진 새들도 있다. 따라서 자규를 말할 때는 그것이 어떤 새를 지칭하는지 확실하게 규정할 필요가 있다. 노산군은 밤이 되면 구슬피 우는 자규, 즉 소쩍새가 자신이 처한 상황과 정서에 잘 어울린다고 생각했다. 밤에 애처로운 정서를 자아내는 울음소리를 내기 때문이다. 따라서 '자규사'의 '두견이'는 두견새가 아닌 소쩍새를 의미한다고 볼 수 있다. 두견새는 주로 낮에 울며, 울음이 명랑, 경쾌하고 싱그럽기 때문에 노산군이 처한 상황이나 정서와는 다른 분위기를 만들기 때문이다.

    자규는 노산군이 품은 한恨의 이미지이다. 소쩍새를 가리키는 자규는 울음소리가 구슬퍼서 한이나 슬픔의 정서를 불러일으키는 소재로 쓰인다. 그 한에는 권력을 빼앗긴 자의 한도 포함된다. 중국 설화에 따르면, 중국 촉나라에도 노산군과 비슷한 처지를 겪은 두우라는 천신天神이 있었다. 두우 천신은 인간을 사랑하여 인간 세상에 내려와 농사짓는 법을 가르쳤다. 그는 사람들의 신망을 얻어 촉나라의 왕이 되었고 망제望帝라 불렸다. 하지만 촉나라는 위나라에 망하고 그는 도망 다니며 복위를 꿈꾸었지만, 뜻을 이루지 못한 채 죽어 넋이 두견杜鵑이 되었다고 한다. 여기서

자규루(관풍헌 내). 노산군은 관풍헌에서 지내면서 자규루에 자주 올랐다고 한다.

말하는 두견도 두견새가 아니라 소쩍새이다. 두견이 소쩍새의 한자 이름이기 때문이다.[90] 따라서 '자규시'와 '자규사'에 나오는 자규도 왕위를 빼앗긴 노산군이 품은 한을 형상화한 것으로 볼 수 있다. 그러므로 '자규시'와 '자규사'는 노산군이 직접 지은 글이 아닐 수 있다는 생각이 든다. 즉 노산군을 두우의 입장과 같다고 본 누군가에 의해서 후세에 창작된 것일 수 있다.[91]

··· **13) 노산군을 죽이도록 명분을 제공한 금성대군 역모설**

노산군이 외로움과 공포 속에 유배 생활하는 동안 조정은 금성대군 일로 어수선하였다. 앞서 밝혔듯이 노산군이 유배를 떠난 지 6일째 되는 날, 안동의 사내 종이 순흥에 있는 금성대군이 역모를 꾀한다고 세조에게 알렸다. 5일 후 순흥부사 이보흠도 금성대군이 역모를 꾀한다고 보고하였다. 그러자 세조는 신하들을 순흥으로 보내 금성대군 및 그와 내통한 인물들을 심문하도록 하였다. 한편으로 신하들에게 그를 잘 타이르도록 부탁하면서 그에 대한 서운함을 토로하였다. 또 금성대군은 항상 정서가 불안정할 뿐 아니라 말과 행동이 거칠기 때문에 정상인처럼 대할 수 없다고도 하였다. 따라서 그가 하는 짓에 대해서는 '그저 웃지요' 하는 식으로 대할 수밖에 없다면서 그의 일을 가볍게 생각하기도 했다.

신하들은 순흥지역을 초토화하도록 세조를 부추겼다. 금성대군 일을 가볍게 생각하던 세조는 태도를 바꿔서 자세히 알려고 하였을 뿐 아니라 강경하게 대처하였다. 그와 같은 태도 변화는 신하들이 부추겼기 때문이다. 금성대군이 맨 처음 삭녕으로 유배를 떠나게 된 것도 무사들과 어울려 역모를 꾀했다는 신하들의 억지 주장을 세조가 받아들였기 때문이다. 즉 신하들의 주장을 받아들인 세조가 노산군으로 하여금 금성대군을 유배 보내도록 압력을 넣었던 것이다. 하지만 세조는 왕이 되자 금성대군의 유배지를 한양에서 가까운 경기도 광주로 옮겨주면서 음식물이나 생활용품 등을 후하게 주기도 하였다. 그러나 한순간 유배지를 순흥으로 바꿔버렸다. 세조는 금성대군에게 동조했다고 의심되는 지방의 하급관리 중재 등 17명을 능지처사하고 순흥부를 쪼개서 기천 등 다른 지역에 나누어주었다. 그런 과정에서 순흥지역은 처참한 상황을 겪었다.『노릉지』는 "순흥부를 혁파하여 기천·영천·봉화에 나누어 붙였다. 순흥에 사는 사람들이 말에 연루되어 도륙을 당하니 죽계竹溪[92]의 물이 모두 붉어졌다"라고 묘사하고 있다. 금성대군에게 동조했다고 의심되는 순흥 사람들을 모조리 죽이고 시신을 죽계천에 버려 천이 피로 물들었다는 것이다.[93]

금성대군은 역모를 꾀할 위인이 못 되었다. 세조도 지적했듯이 금성대군은 말과 행동이 거칠고 뜬구름 잡으려는 듯한 모습을 보여준 인물이다. 그래서 그의 주변으로 사람들이 모여든 것은 그가 그들에게 선물 등을 주며 환심을 사도록 했기 때문이다. 금성대군에게 동조했다는 의심을 받고 처형당한 사람들조차 뇌물을 받았다는 사실이 그런 주장을 가능하게 한다. 더구나 그들 대다수는 지방의 하급관리들이었다. 이런 사실로 미뤄볼 때, 그의 주변에는 역모를 꾀할 만한 인물도 없었을 뿐 아니라 조건도 갖추어지지 않았다. 단지 금성대군의 허세에 마지못해 응하는 척하다 화를 당한 사람들이 대다수였던 것이다. 신숙주의 말에서도 그런 주장을 뒷받침할 만한 근거를 찾을 수 있다. 세조가 그들의 형을 정하도록 신하들에게 요구했을 때, 신숙주는 "성상(세조를 지칭)의 뜻이 어찌 많이 사람을 죽이겠는가? 마땅히 정상을 살펴 죄를 정해야 한다"고 하였다. 이로 인해 많은 사람들이 처벌을 피할 수 있었다고 사관은 말했다. "이때 죄를 범한 자는 무지한 소민小民이 많았다"고도 하였다. 이렇듯 세조나 신숙주 둘 다 그들이 역모를 꾀할 만한 위인들이 아니라는 것을 잘 알고 있었다.94)

금성대군이 역모를 꾀했다는 주장은 한명회 등의 조작에 의한 것이었다. 그러한 근거를 다음과 같은 사실에서 유추할 수 있다. 첫째, 그의 역모 사실이 드러나는 과정이 너무 비상식적이었다. 둘째, 역모 사실을 보

금성대군 신단(경상북도 영주시 순흥면). 금성대군 등을 추모하기 위하여 만든 제단이다.

고받은 세조의 태도는 계유정난 당시와 너무 차이가 났다. 셋째, 노산군의 유배지와 금성대군의 유배지 선정은 훗날을 계획한 것이었다.

금성대군의 역모가 드러나는 과정이 너무 허술하였다. 정사와 야사는 대체로 다음과 같이 밝히고 있다. 그는 순흥부사 이보흠을 포함한 지역 인물들과 결탁하여 노산군을 복위시킬 계획을 세웠다. 그리고 그 계획을 사람들에게 알리려는 글을 이보흠에게 쓰도록 하였다. 이때 벽장 속에서 몰래 엿듣던 사내종이 금성대군의 시녀와 짜고 글을 훔쳐가지고 한양으로 도망갔다. 이를 안 기천현감이 그들을 쫓아가 그것을 빼앗아 조정에 알렸다는 것이다. 이런 식의 상황은 계유정난이나 송현수의 역모가 드러나는 과정과 유사하였다. 따라서 앞서의 사건들이 조작되었듯 이 사건도 조작된 것으로 볼 수 있다.

금성대군의 일을 보고받은 세조의 대응 태도는 계유정난이나 노산군 복위운동을 수습하는 과정에서 보인 모습과 큰 차이를 보인다. 그는 계유정난이 일어난 날 노산군으로 하여금 안평대군을 체포해 강화도로 유배 보내고 8일 만에 독약을 먹여 죽이도록 하였다. 또 노산군 복위운동이 발각되어 성삼문 등을 심문할 때는 세조 자신이 직접 하였을 뿐 아니라 참여자들을 잔인한 방법으로 처형하였다. 하지만 금성대군 경우에는 정4품의 소윤少尹 윤자를 순흥으로 보내 심문토록 하였다. 나아가 환관을 보내 금성대군과 그의 가족을 한양으로 데려오도록 하거나 내의에게 그들을 돌보게 하였다. 이렇게 상충되는 임무를 띤 소윤과 환관을 같은 날 보낸 것은 이해하기 어렵다. 또 그들이 지나오는 고을에는 술과 안주를 갖춰 대접하도록 지시하기도 하였다. 이것 또한 역모를 꾀했다는 인물을 대하는 태도와는 너무 동떨어져 있었다.

청령포와 순흥은 세조와 측근들이 파놓은 함정이었다. 순흥과 청령포는 직선거리로 약 50여km 정도 떨어져 있다. 따라서 평구도를 이용해 말을 타고 순흥에서 청령포로 간다면 하루 안에 도달할 수 있었다. 그래서 금성대군이 정말 반란을 일으킬 만한 능력이 있었다면 노산군을 절대로 청령포로 유배 보낼 수 없었다. 그러므로 노산군을 순흥 가까이 유배 보낸 것은 의도적으로 금성대군을 자극하려 한 것이다. 그렇게 함으로써 금성대군이 역모를 꾀한다는 꼬투리가 잡힐 경우 노산군과 얽어서 둘 다 죽이려는 의도가 있었다. 이런 주장을 뒷받침해줄 만한 사실 중 하나가 이보흠에 관련된 이야기이다. 그는 집현전 출신 인물로 문종의 총애를 받았다. 세조는 그를 순흥으로 발령내었다. 그리고 그곳으로 금성대군마저 유배 보냈다. 따라서 이보흠은 금성대군을 감시해야 할 임무를 수행해야 하지만 정서적으로는 오히려 강하게 결속할 수밖에 없었다. 세조와 최측근들은 바로 이 점을 노렸다. 즉 노산군이 자신들 가까이 온 것을 알고 금성대군과 이보흠 등이 꼬투리 잡힐 만한 반응이라도 보이면 역모로 몰아 그들은 물론 노산군까지 다 죽이려 했던 것이다.

세조 측근들은 금성대군의 행위를 명분 삼아 노산군을 죽이도록 건의하였다. 그해 9월 신숙주·정인지 등이 노산군·금성대군과 관련하여 다음과 같은 주장을 한 것이 『조선왕조실록』에 실려 있다.

"이유는 현저하게 대역을 범하였으니 결단코 용서할 수 없습니다. 또 지난해 이개 등이 노산군을 명분으로 내세우고 거사하려 하였는데 이제 유도 또한 노산군을 끼고 난역을 일으키려 하였으니 노산군도 역시 편히 살게 할 수 없습니다."[95]

이 말은 신숙주가 세조에게 건의한 내용이다. 그 가운데 "노산군도 역시 편히 살게 할 수 없습니다"라는 대목은 그를 죽이라는 것이다. 여기서 신숙주의 뻔뻔함과 사악함을 느낄 수 있다. 뒤를 이어 정인지도 노산군을 죽이도록 건의하였다. 그는 7개월 전에도 노산군을 한양도성 밖으로 내쫓자고 건의했던 인물이다. 신숙주와 정인지 등은 아무리 능력이 뛰어나고 당시 여러모로 국가에 기여한 바가 있을지라도 도덕적으로 용서받을 수 없는 짓을 했다. 당시 노산군은 삭풍이 불어대는 밤의 광야에 발가벗고 홀로 서 있는 형국이었다. 적어도 인仁을 중시하는 유학이념이 지향하는 것이 무엇인지 알 만한 그들이 짐승만도 못한 짓을 한 것이다. 야사도 그들의 악행과 인물됨을 다음과 같이 기록하고 있다.

수상 정인지가 백관을 거느리고 노산을 제거하자고 청하였는데 사람들이 지금까지 분하게 여긴다.

- 『대동운옥』

그 죄를 논한다면 정인지가 으뜸이 되고 신숙주가 다음이다.

- 『죽창한화』

말하는 자가 이르기를 "정인지가 곧은 절개는 있다" 하여 『필원잡기』 같은 데서는 그 사람됨을 대단히 칭찬하였으나 노산이 상왕으로 별궁에 있을 때 정인지가 소를 올려 청하기를 "일찍 노산 죽이기를 도모하여 후환을 막자" 하였다. 조금 있다 영월로 옮기게 하고 뒤이어 처형을 행하였으니 참으로 간흉의 우두머리라 하겠다.

- 『축수록』[96]

신숙주와 정인지 같은 인물들은 유학을 출세 수단으로 삼았다. 조선이 택한 교양 내용은 유교적 질서다. 조선 개국 주도자 머릿속에는 유교적 지식이 넘쳤다. 따라서 그들은 당연히 자신들의 머릿속에 깔아놓은 유교적 프로그램대로 행동하고 국가도 운영하려 했다. 그 프로그램이 지향하는 덕목 중 최고는 '인'이다. 따라서 '인'이 유교의 모든 사상을 통제하는 기본 프로그램이라면, 여타 공자 사상은 인을 바탕으로 하는 응용 프로그램에 불과하다. 구체적인 사례를 '예禮'와 연결시켜 보았을 때, 극기복례克己復禮 정신이 나타난다. 극기복례란 욕망이나 거짓된 마음 등을 자신의 의지로 억제하고 예의에 어그러지지 않도록 행동하는 것이다. 그러면 인에 도달한다는 것이다. 이러한 유교 사상은 조선 전 시기를 지배하는 이데올로기이자, 문화의 바탕이며, 교양의 패러다임이었다. 따라서 유학을 단지 출세 수단으로 삼지 않고 진지하게 받아들인 진정한 선비들은 당연히 정제되지 않은 욕망에 사로잡히지 않았을 것이다. 그럼에도 여러 가지 유교적 관습과 규범을 파괴하고 욕망에 따라 행동한 세조와 추종자들은 유학을 단지 출세 수단으로만 삼은 것이다. 나아가 그들은 유학 내용 중 자신들에게 유리한 면만을 백성에게 강요하고 그것을 내세워 자신들의 기득권을 견고하게 다졌다.

14) 노산군의 죽음

노산군이 숨을 거둔 정확한 날짜와 상황은 알려져 있지 않다. 1457년 10월 21일(양력 11월 7일) 자 『세조실록』 기사에 의하면, 그가 자살하였다고 한다. 영월로 유배를 떠난 지 약 4개월 정도 되었을 때이다. 하지만 『세조실록』의 기록은 합리적 의심의 눈초리를 받을 여지가 많다. 우선 그가 자살한 날짜를 정확히 밝히고 있지 않다. 나아가 그날 기록에는 대규모 조회에서 여러 부서의 신하들이 노산군과 금성대군 등의 처벌을 건의하였지만 세조는 답을 피한 것으로 나와 있다. 여기에 덧붙여 신하들과 마찬가지로 그들의 처벌을 주장하는 양녕대군과 정인지 등의 상소 역시 소개하고 있다. 이에 세조는 금성대군에게는 사약을 내려 죽도록 하고 송현수는 교수형에 처하도록 했다고 하였다. 그래서 노산군이 이를 듣고 스스로 목매어 자살하였다는 것이었다. 이렇게 그들의 죽음을 시차 개념 없이 기록한 것은 그 일들이 철저히 베일에 가려져 사초史草조차 없었기 때문이 아닌가 한다.

세조는 자식의 죽음을 이용해 노산군을 죽였다는 합리적 의심의 눈초리를 피할 수 없다. 의경세자는 9월 2일 사망해서 11월 24일 장례를 치렀다. 그리고 장례를 치르기 한 달 전인 10월 21일, 노산군과 송현수 그리고 금성대군이 죽었다는 사실을 밝혔다. 따라서 그들은 거의 모든 신하들이 의경세자의 묫자리를 찾기 위해 동분서주하던 때 죽임을 당하였다. 즉 세조에게 동정여론이 형성되고 신하들도 그의 슬픔을 조금이나마 달래줄 만한 좋은 묫자리를 찾아주려고 여념이 없던 시기에 그들이 죽임을 당한 것이다. 나아가 그러한 동정여론은 다른 동정여론을 잠재울 만큼 강력한 것이어서, 그 시기만큼은 노산군과 송현수 그리고 금성대군의 죽음에 대한 동정여론을 압도할 수 있었던 것이다. 또 설령 그들의 죽음에 대한 동정여론이 형성되었다 하더라도 그러한 여론을 지속적으로 환기시킬 만한 상황이 조성될 수도 없었다. 즉 대다수 신하들의 관심이 의경세자 묫자리에만 모아져 있었기 때문에 그들의 죽음은 관심도가 낮아질 수밖에 없었다. 세조는 이 점을 이용한 것이다.

세조는 노산군을 죽인 것을 합리화하기 위해 종친도 이용하였다. 노산군이 죽었음을 알리는 『조선왕조실록』 기사가 등장하기 이전 5일 중 무려 4일 동안이나 종친과 신하들은 노산군의 처벌을 집중적으로 끈질기게 요구하였다. 대표적인 인물이 큰할아버지 양녕대군이다. 그때 양녕대군은 64세였고, 노산군은 17세였다. 그런 양녕대군이 홀로 남겨진 손자를 처벌하는 데 앞장선 것이었다. 하지만 양녕대군 등의 행태는 세조의 공작에 말려든 것이었다. 여러 가지 상황을 미루어 짐작할 때, 양녕대군 등이 노산군의 처벌을 요구할 당시 그는 이미 죽어 있었다. 노산군을 죽이라는 세조의 명령을 받은 신하들이 사약을 들고 영월로 가서 그를 죽이고 한양으로 돌아오는 데는 아무리 빨라도 4~5일은 걸렸을 것이다. 따라서 노산군이 죽었음을 알린 날부터 최소한 2~3일 전에 이미 그는 죽임을 당했다 (『병자록』에서는 10월 24일 오후 5시에서 7시 사이에 죽임을 당한 것으로 말하고 있다.). 그럼에도 그를 죽인 명분을 만들기 위해 세조는 그를 죽이라고 성화를 부리도록 종친을 부추긴 것이었다.

노산군이 어떻게 죽었는지에 관한 단초를 제공하는 것은 야사이다. 앞서 언급하였듯이 노산군의 죽음에 관한 것을 정사에서 찾기 어렵다. 사실 확인만 가능한 정도다. 따라서 그의 죽음에 관련된 이야기 대다수는 다음과 같이 야사를 중심으로 이루어졌다.

금부도사 왕방연이 사약을 받들고 영월에 이르러 감히 들어가지 못하고 머뭇거리고 있으니 나장羅將[97]이 시각이 늦어진다고 발을 굴렀다. 도사가 하는 수없이 들어가 뜰 가운데 엎드려 있으니 단종이 익선관과 곤룡포를 갖추고 나와서 온 까닭을 물었으나 도사가 대답을 못 하였다. 통인通引[98] 하나가 항상 노산을 모시고 있었는데 스스로 할 것을 자청하고 활줄에 긴 노끈을 이어서 앉은 좌석 뒤의 창문으로 그 끈을 잡아당겼다. 그때 단종의 나이 17세였다. 통인이 미처 문 밖으로 나오지 못하고 아홉 구멍에서 피가 흘러 즉사하였다. 시녀와 시종들이 다투어 고을 동강에 몸을 던져 죽어서 둥둥 뜬 시체가 강에 가득하였고 이날에 뇌우雷雨가 크게 일어나 지척에서도 사람과 물건을 분별할 수 없고 맹렬한 바람이 나무를 쓰러뜨리고 검은 안개가 공중에 가득 깔려 밤이 지나도록 걷히지 않았다.

- 『병자록』[99]

이렇듯 야사에 따르면 노산군은 자살한 것이 아니라 타살된 것이다. 여러 정황을 살펴보면 노산군은 세조가 보낸 사약을 받아 마시고 숨을 거두었다. 그런 추측을 가능케 하는 단서를 『조선왕조실록』에서 찾아볼 수 있다. 앞서 언급하였듯이 노산군이 유배를 떠난 후 한동안 그에 대한 이야기가 자취를 감춘다. 그러다 3개월 정도 지나서 신숙주·정인지 등이 그를 처벌하자고 건의하였다. 이때 세조는 이미 노산군을 죽이기로 작정하고, 사약을 쓰기로 하였던 것이었다. 자식이 죽어서 경황이 없었을 상황에서도, 세조는 측근들과 함께 노산군을 죽이기 위한 구체적 시나리오를 짜고 있었던 것이다. 금부도사 왕방연의 시도 그런 주장을 뒷받침해주고 있다. 그는 한양으로 돌아가면서 다음과 같은 시를 지었다고 한다.

천리 머나먼 길에 고운님 여의옵고,
내 마음 둘 데 없어 말을 내려 냇가에 앉았더니,
저 물도 나와 같아서 울면서 흘러가도다.

여기서 '고운 님'은 노산군을 지칭한다. 죽은 노산군을 뒤로하고 한양으로 돌아가자니 마음이 너무 아프다는 것이다. 그리고 밤에 흐르는 냇가의 물도 자신의 그런 마음을 아는 양, 울면서 흘러간다는 것이다. 다른 야사도 노산군이 세조에 의해 죽임을 당한 것으로 말하고 있다.

사기에 말하기를 "노산이 영월에서 금성군의 실패를 듣고 자진하였다" 하였는데 이것은 당시의 여우나 쥐 같은 놈들의 간악하고 아첨하는 붓장난이다. 후일에 실록을 편수한 자들이 모두 당시에 세조를 종용慫慂하던 자들이다. …

- 『음애일기』 100)

노산군이 자살했다는 말은 얼토당토않다는 것이다. 노산군을 죽이도록 세조를 설득한 인물들에 의해 이런 식의 말이 『조선왕조실록』에 실리게 됐다는 것이다. 이렇듯 세조는 『조선왕조실록』의 신뢰성에 먹칠을 하였다.

노산군의 죽음을 묘사한 다음 설화는 그에 대한 동정심과 세조에 대한 억누를 수 없는 분노를 자아내게 한다.

노산이 해를 입자 명하여 강물에 던졌는데 옥체가 둥둥 떠서 빙빙 돌아다니다가 다시 돌아오곤 하는데 가냘프고 고운 열 손가락이 수면에 떠 있었다. 아전 이름은 잊었으나 그 아전이 집에 노모를 위하여 만들어두었던 칠한 관이 있어서 가만히 옥체를 거두어 염하여 장사 지냈는데 얼마 안 되어 소릉의 변이 있어 다시 파서 물에 던지라고 명령하였다. 아전이 차마 파지 못하고 파는 척하고 도로 묻었다.

- 『아성잡설』·『축수록』 101)

'고운 열 손가락이 수면에 떠 있었다'는 등의 묘사를 통해서 노산군에 대한 동정을, '강물에 던졌는데 옥체가 둥둥 떠서 빙빙 돌아다니다가…' 라는 묘사를 통해서는 세조에 대한 분노의 감정을 강하게 유발하고 있다. 나아가 노산군의 어머니 현덕왕후 권씨의 분노를 드러내는 '소릉의 변'을 연계시킴으로써 세조에 대한 분노의 감정을 더욱더 강하게 유발시키고 있다.

노산이 영월에서 죽으매 관과 염습을 갖추지 못하고 거적으로 초빈[102]을 하였다. 하루는 젊은 중이 와서 슬피 울고 스스로 말하기를 "이름을 통하고 구휼[103]을 받은 정분이 있다" 하며 며칠을 묵다가 하루 저녁에 시체를 지고 도망하였다. 혹자는 말하기를 "산골에서 불태웠다" 하고 혹자는 말하기를 "강에 던졌다" 하여 지금의 무덤은 빈탕이요 가묘라 하니 두 말 중에 어떤 것이 옳은지 알 수 없다. 점필재佔畢齋[104]의 글로 본다면 강에 던졌다는 말이 틀림없다. 그러면 중은 호승胡僧[105] 양련楊璉의 무리로서 간신들의 지휘를 받은 자인가. 영원히 한이 그치랴. 혼이 지금까지도 떠돌아다닐 것이니 참으로 슬프다.

-『송와잡기』[106]

여기서도 노산군에 대한 동정과 세조에 대한 분노를 억누를 수 없게 한다. 나아가 세조의 측근들로 형성된 훈구파와 정치적으로 대척점에 있었던 점필재 김종직을 등장시킴으로써 그런 주장에 대한 신뢰성을 더하려는 모습을 보이기도 한다.

세조는 일괄타결 방식으로 노산군·금성대군·송현수를 죽였다. 앞서 밝혔듯이 그들은 비슷한 시기에 함께 죽음을 당했다. 하지만 이런 상황은 이미 계획된 것이었다. 즉 한명회 등의 기획에 따라 금성대군을 먼저 순흥으로 유배 보내고 노산군과 송현수를 떼어놓음과 동시에 노산군을 순흥 가까이 유배 보냄으로써 금성대군을 자극하려 한 것이었다. 하지만 금성대군은 그들이 기대했던 정도의 반응을 보이지 않았다. 그러자 세조와 최측근들은 금성대군이 역모를 꾀했다고 조작하고 종친과 다른 신하들을 부추겨 그를 죽이라고 요구하도록 한 것이었다. 이에 세조는 그들의 요구를 거부하는 척하면서 암묵적 동의를 하였던 것이다. 그러면서 노산군과 금성대군 그리고 송현수를 죽일 기회만 엿보고 있었다. 그런 와중에 의경세자가 죽어 조정이 어수선하였다. 이때를 틈타 그들을 한꺼번에 죽인 것이다. 결국 의경세자의 죽음은 세조와 측근들에게 그들을 죽일 수 있는 기회로 작용한 셈이고 세조의 추악성을 다시 한 번 확인할 수 있는 계기를 주었다.

15) 노산군의 주검을 지킨 엄흥도

노산군의 죽음을 마무리한 인물은 엄흥도이다. 노산군이 영월에서 유배 생활을 하던 당시 엄흥도는 영월의 호장戶長이었다. 당시 호장으로 불리는 인물은 엄흥도 외에 은퇴한 안일호장安逸戶長과 매년 정월 초하룻날 왕에게 인사하러 가는 정조호장正朝戶長도 있었다. 하지만 그들에게 행정실무는 주어지지 않았다. 엄흥도만 토착세력의 대표자로서 지배행위나 마찬가지인 업무수행을 하고 있었던 것이다. 호장의 주된 업무는 백성이 사는 집을 파악하여 세금을 매기고 거둬들이는 일이다. 또 호적戶籍[107] 및 군적軍籍[108] 작성을 토대로 요역徭役[109]과 군역軍役[110]의 동원도 전담하였다.[111] 따라서 그는 영월군수나 금부도사 왕방연의 지시를 받아 백성을 동원하여 노산군의 장례를 지내야 하는 위치에 있었다. 즉 엄흥도가 노산군의 장례를 지내는 것은 그의 공무였다. "노산군이 이를 듣고 또한 스스로 목매어서 졸卒하니, 예로써 장사 지냈다"라는 『조선왕조실록』 기사가 그러한 추론을 가능케 한다. 하지만 야사는 그의 행위를 순수한 충절에서 비롯된 용기 있는 행위로 받아들이고 있다. 그런 내용은 다음과 같다.

> 호장 엄흥도가 옥거리(獄街)[112]에 왕래하며 통곡하면서 관을 갖추어 이튿날 아전[113]과 백성을 거느리고 군 북쪽 5리 되는 동을지冬乙旨에 무덤을 만들어서 장사 지냈다 한다. 이때 흥도의 족당[114]들이 화가 있을까 두려워서 다투어 말리매 흥도가 말하기를 "옳은 일을 하고 해를 당하는 것은 내가 달게 생각하는 바라" 하였다.
>
> — 『영남야언』·『병자록』[115]

'이튿날 아전과 백성을 거느리고 군 북쪽 5리 되는 동을지에 무덤을 만들어 장사 지냈다 한다'라는 말에서 알 수 있듯이, 엄흥도는 부하들과 백성을 동원할 수 있는 위치에 있었다. 하지만 뒤에 나오는 '이때 흥도의 족당들이 화가 있을까 두려워서 다투어 말리매'라는 말은 그의 행위를 미화하기 위해 설정된 상황이라고 할 수 있다. 그리고 "옳은 일을 하고 해를 당하는 것은 내가 달게 생각하는 바라"는 말은 그의 용기를 강조하기 위해 창작된 말이라고 할 수 있다. 그럼에도 노산군의 죽음을 마무리한 인물이 엄흥도였음은 틀림없다.

엄흥도가 신변의 위협을 무릅쓰고 노산군의 장례를 치렀다는 주장도 전혀 배제할 수 없다. 당시 정조호장은 매년 정월 초하룻날 예물을 갖추어 왕에게 절을 하던 '원단숙배元旦肅拜'라는 의식에 참여하였다. 이런 의식

엄흥도 묘(강원도 영월군 영월읍)

은 조선 후기까지 이어졌다.[116] 따라서 엄흥도는 정조호장이 한양을 왕래하면서 접한 당시의 살벌한 사회적 분위기를 익히 들었을 것이다. 이런 와중에 노산군이 죽고 그의 시신을 처리하는 데 있어 관리들도 어찌할 바를 모르고 난감해했을 수도 있다. 특히 노산군 묘를 어디에 써야 할지가 관건이었을 것이다. 그의 묘를 개인이 소유하거나 관리하는 땅에 쓸 경우 그만큼 땅의 사용에 제한을 받을 뿐 아니라 역적을 비호한다는 따가운 눈총을 받을 수 있기 때문에 대부분 사람들이 그 문제에 소극적이었을 수 있었다. 나아가 그 일에 적극적으로 개입할 경우 후손들의 안위도 걱정되는 상황이었다. 이 상황에서 엄흥도가 선뜻 선산인 동을지산을 내준 것이다. 이런 과단성과 용기 있는 모습 때문에 후세 사람들이 그를 충절의 상징으로 만들었을 수 있다.

엄흥도는 후세 사람들이 노산군의 제사를 지내주도록 토대를 만들어준 인물이다. 호장은 전통적 권위를 바탕으로 고을 내의 각종 제사를 주관하였다. 영월에서는 엄흥도가 노산군의 장례를 치른 이래 조선 후기까지도 매년 중하(仲夏)[117]마다 호장이 노산군의 제사를 지냈다.[118] 그러한 사실은 조선 후기 문신 이유원의 문집인 『임하필기』에서 확인할 수 있다. 내용은 다음과 같다.

영월의 관사 뒤 신당에는 노산군이 숨을 거두자마자 흙으로 빚은 그의 상이 있었다. 선비 아내들이 그를 높이 받들어 매년 5월이 되면 많은 제사음식을 갖추고 호장이 제관이 되어 나흘 동안이나 제사를 지냈다. 이런 일을 하는 것은 분수에 넘치는 짓이지만 무려 400년 동안이나 이어지고 있다. 그런데도 원주 강원감영에서는 이에 대한 적절한 조치를 취하지 않은 채 수수방관하고 있다.[119]

이렇듯 종묘에서조차 노산군의 제사를 지내지 않을 때도 영월에서는 매년 무려 4일 동안 그의 제사를 지내고 있었다. 엄흥도의 덕이라고 할 수 있다. 그는 호장 위치에 있으면서 계속 노산군의 제사를 지냈을 뿐 아니라 후손이나 후임자들에게도 뒤를 이어 노산군에게 제사 지내주도록 부탁했으리라 생각한다. 그 덕에 그는 오늘날까지 영월의 스타로 군림하고 있다.

노산군과 엄흥도상(강원도 영월군 영월읍 충의공 엄흥도 기념관 내). 엄흥도가 노산군의 주검을 지키는 모습을 형상화했다.

16) 영월 낙화암에 새겨진 충절

노산군의 죽음은 영월을 정절의 이미지로 표상화한 설화를 창작하게 하였다. 정절이란 '여자의 곧은 절개'를 의미한다. 따라서 정절이란 일방의 성에만 쓸 수 있는 단어로 인식할 수 있다. 또 절개는 '신념, 신의 따위를 굽히지 아니하고 굳게 지키는 꿋꿋한 태도'를 말한다. 그러므로 정절의 의미는 확장성을 갖기도 한다. 즉 가치관, 인생관, 세계관 등에 따라 일관된 삶의 태도를 갖는 것이 정절의 의미이다. 이렇게 따지고 보면, 조선 사회를 뒤흔든 어우동[120]도 자신의 가치관이나 인생관에 따라 행동한 여인이라고 할 수 있다. 하지만 우리 사회는 그녀를 정절과는 너무 거리가 먼 여인으로 몰아세우고 있다. 이런 것은 조선시대에 평가된 그녀의 행위가 세월이 흘러도 변화되지 않았음을 의미한다. 즉 과거에 규정된 언어의 의미가 지금까지 고수되고 있는 모습일 수 있다. 그럼에도 정절의 보편적 개념이 확장되어 쓰이는 것 중 하나가 불사이군不事二君[121]이

영월 낙화암 주변(강원도 영월군 영월읍). 노산군이 숨지자 궁녀, 궁비, 관비, 무녀, 시녀, 시종 등이 이곳에서 몸을 던져 숨졌다고 한다.

라고 할 수 있다. 즉 왕위를 억지로 빼앗고 새로운 왕이 된 자를 섬기지 않는다는 의미이다. 영월의 낙화암은 노산군이 죽은 후, 그곳에서 동강으로 몸을 던진 여인들이 바위에 정절의 이미지를 각인시켜 놓은 곳이다. 즉 권력을 찬탈하고 노산군을 죽인 세조를 거부하는 상징적 의미가 있는 곳이다.

영월 낙화암 설화는 부여 낙화암 설화의 축소판이다. 청령포를 휘감아 돌아 나오는 서강은 동쪽 방향으로 조금 더 흘러가 동강과 만나 남한강을 이룬다. 이 지점에서 동강을 따라 상류 방향으로 조금 더 가면, 웃통이 벗겨진 맨살의 남성 가슴처럼 생긴 바위 절벽이 왼쪽에 있다. 이 부근에 영월 낙화암이 있다. 노산군이 관풍헌에서 사약을 받고 숨지자 그의 안위를 근심하며 내려와 있던 궁녀, 궁비, 관비, 무녀들이 이곳에서 동강으로 몸을 던져 숨졌다고 한다. 이런 설화의 대표작이 충남 부여 낙화암 설화라고 할 수 있다. 부여 낙화암은 백제가 신라와 당나라의 연합군에 의해 멸망함으로써 등장하게 될 새로운 왕에 대한 거부감을 표시한 상징적 의미가 있다. 왜곡되었다는 주장도 있지만, 이때 3천여 명의 궁녀들이 낙화암에서 뛰어내렸다는 이야기는 삼척동자도 안다. 이 설화는 불사이군으로 확장된 정절의 가치를 역사적 사건을 통해 부각시키려는 의도가 숨어 있다. 이런 모습이 영월 낙화암 설화에도 나타난다. 그녀들의 불사이군 가치는 충절로 표현되어 현재도 매년 한식날 영월 장릉의 배식단에서 그녀들에 대한 배향이 이루어진다.

17) 노산군을 불행으로 몰고 간 세종의 처첩 및 적서 차별 태도

세조는 노산군을 첩의 자식으로 인식하고 있었을 개연성이 있다. 앞서 밝혔듯이 세종은 문종에게 자식이 생기지 않자 세자의 첩인 승휘를 셋이나 들였다. 그들 가운데 승휘 권씨가 나중에 세자빈으로 간택되어 노산군을 낳은 것이다. 따라서 승휘 권씨가 왕비가 된 후에도 그녀가 첩 출신이라는 관념을 버리지 못했다면, 그녀는 첩이라는 시선의 굴레에서 벗어날 수 없었을 것이다. 따라서 그녀가 세자빈이 된 후에도 당시 사대부를 중심으로 뿌리내리고 있던 유교적 종법사상 논리에 빠진 사람들은 그녀를 첩으로 인식하고 있었을 수 있다. 그런 인물 중 한 명이 세조가 아닐까 한다. 그래서 노산군을 만만하게 생각하고 부담 없이 왕위를 빼앗을 수 있었던 것이다. 그런데 이런 상황을 만든 것이 세종이었다.

세종은 승휘 권씨를 세 번째 며느리로 간택하면서 적서 차별이나 처첩 차별의 사고를 드러냈다. 그런 모습이 『조선왕조실록』에 나타난다.

"내 의사로서는 첩을 아내로 만드는 일은 옛날 사람의 경계한 바인데 더군다나 우리 조종의 가법에도 또한 이런 예가 없었던 까닭으로 그 일을 중대하게 여겨 윤허하지 않았으나…"[122]

세종이 세 번째 큰며느리 승휘 권씨를 간택할 때 그의 입에서 나온 말이다. 여기서 세종의 처첩 차별에 대한 사고가 드러난다. 더구나 대상이 노산군의 어머니 승휘 권씨였다. 이 말이 세조의 귀에 안 들어갔을 리 없다. 이 말을 들은 세조는 노산군을 볼 때마다 그가 첩의 자식이라는 눈초리를 보냈을 수 있다. 그래서 세조는 노산군을 만만하게 생각했을 수 있다. 이렇듯 세조는 세종의 적서 차별이나 처첩 차별을 목격하며 살아온 인물이었다.

세종은 서자[123]들이 직계존속에 대한 제사를 지내는 것도 막은 인물이다. 세종은 백성의 서자들이 자신의 조상들에게 제사 지내는 것도 못마땅해했다. 그런 사실을 『조선왕조실록』 기사에서 확인할 수 있다.

세종이 왕위에 오른 지 6년째 되던 해 직계 종친이 아닌 사람들이 사적으로 태조와 태종의 제삿날에 수륙재를 지내고 있었다. 그들은 삼공신으로 불리는 인물들로 조선 개국에 공을 세운 개국공신, 태종의 제1차 및 2차의 왕자의 난에 공을 세운 정사 및 좌명공신들이었다. 그보다는 못하지만 공신으로 책봉된 원종공신들뿐 아니라 태종과 함께 과거에 붙은 태종의 동갑내기들과 태조나 태종 앞에서 치른 과거시험에 붙은 합격자들도 있었다. 이들은 태조와 태종의 제삿날을 이용해서 삼공신들처럼 자신들의 공을 다시 드러내보고자 하거나 자신들을 과시하려고 하였다. 따라서 세종은 신하들이 의논해서 옳고 그름을 따져보라고 지시하였다. 이에 신하들은 태조와 태종의 제사를 자신들 방식대로 지내고, 이런저런 명분을 대며 태조와 태종의 제사를 지내주려는 것을 차단하려는 몇 가지 근거를 제시하였다. 그중에는 맏이 아닌 자손에서 갈라져 나간 사람들이나 본부인이 아닌 여자가 낳은 자식들이 조상 제사에 참여할 수 없음을 들어 다른 사람들이 사적으로 태조와 태종에게 제사 지내는 것을 막도록 건의한 것도 있었다. 즉 태조와 태종의 정비가 낳은 자식들만 그들의 제사를 지내줄 것을 건의한 것이다. 세종은 신하들의 건의를 따랐다.[124]

세종은 서자들에게 심한 고립감을 심어주었다. 앞서 소개한 내용처럼 백성의 서자들이 태조나 태종에게 제사 지내는 것을 못마땅해한 세종의 태도는 당연히 그들이 가계를 계승하지 못하도록 할 뿐 아니라 조상의 제사에도 차별받을 수 있음을 의미한다. 당시 가계 계승의 핵심 요소는 조상 제사를 물려받는 것이었다. 따라서 조상 제사를 물려받았거나 차별 없이 참석할 수 있는 인물들은 한 가계에서 영향력이 있음을 상징하는 것이었다. 이런 이유로 당시 적장자들은 가계 안에서 특별한 대우를 받았다. 반면 조상 제사를 물려받을 수 없거나 차별받는 서자들은 조상들도 외면한 존재라는 사회적 인식을 갖도록 하였던 것이다.

세종의 적서 차별에 왕가 혈통은 예외였다. 태조 이성계와 후궁 찬덕 주씨 사이에 태어난 의령옹주의 아들 이선이라는 인물이 있었다. 세종과 고종사촌인 그는 과거를 거치지 않고도 고위 관직에 올라 있었다. 그런 그가 과거시험 응시원서를 냈다. 그러자 사간원에서 서자 출신인 그가 과거시험에 응시하는 것을 막아달라는 상소를 올렸다. 그런데 세종은 상소 내용을 이해할 수 없다는 뉘앙스로 말하며 신하들에게 상소 내용을 되물었다. 이에 우헌납 이사증이 "적서의 구분은 바로잡지 않을 수 없습니다"라고 말했다. 이 말을 들은 세종은 "간원들이 이선을 서얼이라 하여 과거 응시를 정지시키라고 주청하였다. 임금의 자손을 서얼이라 일컬어 벼슬길을 닫아 막으려고 하였으니, 그들의 정상과 사유를 추국하여 아뢰라"며 버럭 화를 냈다. 얼핏 이 대목을 접하면 세종은 진정한 휴머니스트로 비춰질 수 있다. 하지만 이사증과 세종의 말을 살짝 새겨들으면 세종이 다른 서자들의 과거시험 응시를 제한하고 있었음을 느낄 수 있다. 여기서 세종이 왜 그렇게 행동했는지 알 수 있다. 자신의 친할아버지와 이선의 외할아버지가 같은 인물이라는 것이다.

세종의 적서를 차별하려는 태도와 적장자에게 왕위를 물려주려는 의지는 동일한 심리기제이다. 세종은 적자만 인간적 대우를 받는 사회를 만들려고 했다. 따라서 서자들은 아무리 능력이 있어도 자신들의 능력을 발휘하는 데 제약이 따랐기 때문에 그들의 삶은 수치심, 한탄, 무기력 등으로 황폐해질 수밖에 없었다. 당시 많은 첩들은 그런 자식들을 생산해내는 존재에 불과했다. 그런 그녀들에게도 삶의 희망이 있을 리 없었다. 그런데도 당시 사회구조는 서자들을 양산해내고 있었다. 당시 사대부들은 대체로 2~3명의 첩을 두고 있었다. 서자가 적자보다 2~3배 더 많았을 수도 있다는 의미이다. 이런 상황에서 적자들은 아무런 노력 없이 사회적 이득을 보게 된다. 예컨대 과거시험도 서자들은 제외한 채 그들끼리만 보면 된다. 그럼으로써 그들은 사회적 위상이 높아짐과 동시에 점점 더 많은 피지배층을 갖게 된다. 나아가 피지배층들은 국가가 권위를 보증한 그들에게 거의 무조건적인 복종과 한없는 부러움을 보내게 된다. 이런 논리는 적장자인 왕에게도 통하였다. 신하들은 적장자인 왕을 하늘이 내린 인물로 인식하게 된다. 그러므로 적장자 왕위 계승은 유교적 전통을 확립하는 것이기도 하지만 기저에는 적서 차별 논리가 있는 것이다.[125]

세종의 적서 차별 정책은 태종의 정책을 계승하고 자신의 왕권을 강화하기 위한 프레임이었다. 적서 차별 정책은 당시 조선이 받아들인 유교(성리학)의 핵심 사상 중 하나인 종법적 사회질서를 추구하는 과정에서 파생된 것이었다. 종법은 주나라 때 만들어진 제도로, 아버지를 중심으로 혈

세종의 적서 차별 태도와 적장자에게 왕위를 계승시키려는 의지는 동일한 심리기제이다.

노산군으로 강봉된 이홍위의 유배 생활 **273**

족을 유지하기 위해 적장자 상속제를 내세운다. 따라서 적장자에게 제사 및 재산상속의 우선권이 주어지고 가부장제와 가문이 형성될 수밖에 없었다. 이러한 종법적 질서는 가족 윤리로만 작용하지 않고 확대되어 사회와 국가의 안정을 위한 이념적 도구로도 작동한다. 즉 한 가족 안에서는 아버지에게 절대 복종해야 하듯, 한 가문 안에서 대종大宗[126)]에게, 한 국가 안에서는 왕에게 절대 복종함으로써 사회와 국가가 안정을 이룰 수 있다는 것이다. 따라서 적서 차별 정책 이면에는 왕권 강화 속셈이 있었다. 그러므로 태종은 종법제도를 실현하기 위해 당시 만연되어 있던 중혼重婚 풍조를 막고 정식 아내와 첩을 구별하여 그들의 아들 중 적서를 구분하려고 시도하였고 이것이 세종에게 이어진 것이었다. 하지만 주나라의 종법은 단지 적장자 계통과 그렇지 않은 계통을 구별하려는 것이지 적서를 차별하려는 것은 아니었다. 결국 적서 차별은 종법이 조선에서 태종과 세종에 의해 왜곡된 형태라고 할 수 있다. 세종의 적서 차별 모습을 극명하게 보여주는 사례가 앞서 언급한 이맹종의 일이다. 세종은 아버지 태종을 정점으로 하는 가계만을 정통으로 보았기 때문에 사촌형 이맹종을 특별한 이유 없이 죽였다.

적서 차별에 반기를 든 사대부들도 있었다. 조선 중기 사대부 이언적·이율곡·김집 등이 그

삼봉 정도전상(충북 단양군 매포읍 도담삼봉 앞). 서자로 알려진 정도전이 세종 대 이후 태어났더라면 그의 능력은 빛을 발하지 못했을 것이다. 이렇듯 세종의 적서 차별 정책은 국가 경쟁력을 스스로 약화시켰다.

들이다. 이언적은 조상으로부터 물려받은 재산은 적자에게 주고 자신이 일군 재산은 서자에게 주었다. 적자가 없었던 이율곡은 서자가 대를 잇도록 하였다. 김집은 대종의 종가에 서자만 있을 경우 양자를 들이지 말고 서자가 조상 제사를 지내도록 해야 한다고 주장했다. 즉 조선에서 왜곡된 종법을 원래의 취지대로 바꾸려는 것이었다. 그들의 따뜻한 가슴은 세종이 냉철한 머리를 가진 정치가였음을 알려주고 있다.

노산군의 비극은 시대가 강요하는 순서대로 자식을 낳지 않은 데도 있다. 역사에서 '만약'이라는 말은 필요하지 않다고 하지만, 만약 세종이 문종과 세조의 태어나는 순서를 바꿨다면 우리나라 왕실 역사상 가장 비극적인 일은 일어나지 않았을 것이다. 즉 세조는 맏아들이 되어 시대가 요구하는 왕위의 적장자 승계를 통해 무난히 즉위했을 것이다. 반면 문종은 둘째 아들이 되어 권력을 멀리하고 학문에만 몰두했을 것이다. 안평대군은 불필요한 오해를 사지 않고 자유분방한 삶을 살면서 예술에 심취했을 것이다. 또 금성대군은 가끔 세조에게 핀잔을 들으면서도 자유분방한 삶을 살았을 것이다. 그들이 기질대로 살았다면 그들도 행복했고 아버지 세종도 흐뭇해했을 것이다. 그런데 문제는 그들을 세상에 내보내는 순서가 문제를 일으킨 것이다. 따라서 노산군의 비극은 시대가 강요하는 순서를 조작한 신의 얄궂은 장난인지 모른다. 아니면 잘 정해진 순서가 신의 실수로 뒤바뀐 것인지도 모르겠다.

04 단종의 비애 세종의 눈물

단종이 된 이홍위

　　이홍위는 죽은 후 240여 년 지나서 다시 왕이 되었다. 아울러 단종이라는 묘호廟號[1]와 장릉이라는 능호陵號[2]를 얻었다. 과정은 크게 두 단계로 구분할 수 있다. 즉 후세 왕들과 대다수 신하들로부터 복위를 거부당하던 16~17세기, 후세 왕들과 신하들이 복위를 수용하던 18세기 및 이후 시기로 나눌 수 있다. 16세기에는 조선에 새로운 기운을 몰고 온 사림파가 본격적으로 중앙정계에 데뷔하였다. 이들은 학문적으로는 같은 뿌리이지만 기득권 세력화되어 있는 훈구파와 대척점에 있었다. 이런 사림파가 16세기에 중앙정계에 데뷔하였으니 두 집단 간 싸움은 예정된 것이었다. 공평하고 바른 도리를 강조하는 사림파가 중앙정계에 진출하자, 이홍위를 거들다 죽임을 당한 사육신 이야기를 슬쩍슬쩍 꺼냈다. 하지만 16~17세기에는 철저히 거부당하였다. 여기에는 일부 사림파 신하들도 포함된다.[3] 그러다 18세기에 들어서서 사육신 복권과 이홍위 복위가 이루어졌다. 이면에는 그것을 인정해줌으로써 왕권을 강화하려는 의도가 숨어 있었다.

··· 1) 사육신과 이홍위를 철저히 거부한 예종 대

　왕권에 대한 정통성이 약한 세조는 훈구파가 형성되는 토양을 만들었다. 이홍위에게 왕위를 강제로 빼앗은 세조는 왕권에 대한 정통성이 부족했다. 그런 그가 택할 수밖에 없었던 것은 측근들을 내세워 왕권을 강화하는 것이었다. 측근들도 『경국대전』 같은 법전을 편찬하는 등 세조의 왕권 강화를 적극적으로 도왔다.[4] 나아가 그들은 세조의 신임을 등에 업고 중앙권력을 독점했을 뿐 아니라 지방 관리들과 손을 잡고 대규모 토지를 차지하는 등 부를 축적해나갔다. 그렇다고 세조가 그들과 권력을 나눈 것은 아니다. 그는 의정부서사제를 폐지하고 6조직계제를 부활시키면서 권력을 강화하였다. 하지만 세조는 왕위를 둘째 아들에게 물려주기 직전 원상제院相制[5]를 실시하였다. 이 제도는 신숙주·한명회·구치관 같은 최측근들이 승정원에서 국정을 지휘하게끔 한 것에서 비롯되었다. 결국 왕의 권력을 신하들과 나눠갖게 된 것이다. 이것은 6조직계제를 부활하면서까지 왕권을 강화하려던 세조의 의도가 실패했음을 의미한다. 원상제는 세조의 공신세력이 예종과 성종 대를 거치며 자신들의 토대를 굳히는 토양을 만들어주기도 했다.

　예종 대에도 사육신을 역신이나 난신으로 못 박으려는 모습을 보였다. 세조에게 왕위를 물려받았을 때 예종[6]은 19살이었다. 이때는 조선이 서서히 훈구파의 나라로 가는 시기였다. 즉 신숙주·한명회·구치관 등 중요 관직에 있었던 고위관리들이 승정원에서 그를 보좌하면서 국정을 운영하였다. 원상이라 불리던 그들은 세조를 도와 계유정난을 일으켰고, 사육신과 정치적으로 대척점에 있었으며, 이홍위를 죽이는 데 앞장선 인물들이다. 따라서 이들은 사육신을 역신이나 난신으로 규정해야 자신들의 행위가 정당화될 수 있었다. 다음은 그들의 그런 모습을 확인시켜 주는 『조선왕조실록』 기사이다.

"노산군이 선위禪位[7]하여 세조가 즉위하였으니 즉위한 해를 기년紀年[8]으로 하는 것이 마땅하고 또 병자년의 난에 성삼문·박팽년·성승 등이 모두 역모의 혐의를 품었었는데 지금 『무정보감』에는 그 일을 기록하지 않았으니 청컨대 기록하도록 하소서."[9]

이홍위가 죽임을 당한 지 12년이 지난 후, 조선 초부터 예종 때까지 일어난 국내의 정변과 전쟁, 외침 사건의 전말을 기록한 『무정보감』[10] 교정을 끝낸 신숙주가 한 말이다. 책의 내용상 성삼문 등이 주도한 이홍위 복위운동을 역모 사건으로 몰아 다뤘어야 했음에도 책에 그 사건이나 그들에 대한 언급이 없어서 불만을 표시한 것이다. 이렇듯 훈구세력의 형성기인 예종 대에는 성삼문 등을 더욱더 반역자로 옭아매려는 경향이 있었다. 이런 상황은 성삼문 등과 직접 접했던 인물들이 국정의 요직을 꿰차고 있었기 때문이다.

··· 2) 정치적 홀로서기를 통해 송현수의 역모죄 굴레를 벗겨준 성종

성종 대에는 이홍위와 결부되는 이야기가 살짝 고개를 들기도 했다. 왕위에 오른 지 7년째 되던 해, 성종은 원상들을 물리치고 직접 국정운영을 시작하였다.[11] 이런 원상제 폐지 주장은 이전부터 정인지·송극창 같은 일부 신하들에 의해 제기되고 있었다. 더구나 이 시기에는 성종의 할머니 정희왕후 윤씨도 국정에서 손을 떼었다. 또 1년 전쯤 신숙주도 죽었다.

따라서 이런 일을 포함한 여러 가지 이유로 이전보다 훈구파의 결속력이나 힘이 약화되어 있었다. 이러한 정치적 상황에서 남효온이 상소를 통해 소릉 문제를 언급하였다. 하지만 성종과 신하들의 반응은 냉담하였을 뿐 아니라 그를 처벌하자는 주장까지 나왔다. 이렇듯 성종 대에도 이홍위와 결부되는 이야기조차 금기사항이었다. 그럴 만한 것이 성종의 할아버지가 세조이고 할머니가 정희왕후 윤씨이다. 당시 세조는 죽었지만 정희왕후 윤씨는 살아 있었다. 그러니 성종이 세조가 한 일을 뒤집는 것은 할머니 앞에서 할아버지 행위가 잘못되었음을 인정하는 꼴이었다.[12]

성종 대 훈구파의 권력독점과 부정부패는 사림이 중앙정계로 들어오는 계기를 만들어주었다. 성종은 세조의 공신들을 물려받았을 뿐 아니라 자신도 공신을 책봉하였다.[13] 따라서 공신들이 차고 넘쳤다. 이들은 중앙권력을 독점했을 뿐 아니라 지방 관리들과 손잡고 대규모 토지를 차지하는 등 부를 축적해나갔다. 따라서 백성의 삶은 형편없었다. 남효온의 친구로 효령대군의 증손자 이심원[14]은 상소를 통허서 그런 사실을 잘 드러내 주었다. 즉 백성 가운데 80~90%는 훈구파 등 부유층이 소유한 노비들이고, 그들은 잘 먹고 잘산다고 하였다. 반면 일반 백성은 10~20%에 불과할 뿐 아니라 빈곤한 생활을 한다고 하였다. 또 관청에 속한 노비들도 빈곤하기는 마찬가지라고 하였다. 이렇듯 훈구파에게 부의 쏠림이 심했다. 이런 상황에서 성종은 김종직 등 사림파를 등용하여 그들을 견제하려고 하였다.

남효온의 주장은 사림파의 주장을 대변하는 것이었다. 김종직은 한순간 성종의 눈에 들어 벼락출세를 한 인물이 아니다. 세조 대에 과거시험에 합격해서 관리의 길을 걷기 시작했다. 그는 한때 지방관 생활을 하기도 하였다. 이 시기에 그는 김굉필이나 정여창 등 훗날 사림파를 대표하는 학자들과 학문적 인연을 맺었다. 남효온 역시 그와 학문적 인연을 맺었다. 따라서 남효온이 『육신전』을 통해 성삼문 등의 행적을 밝히려고 한 것은 사림 시각에서의 '역사 바로 세우기'였다. 엄밀히 말하면 사림파의 훈구파에 대한 비판이라는 정치적 의도가 작용한 것이다.

성종은 국정운영에서 홀로서기를 하면서 이홍위와 관련되어 처벌받았던 이들의 후손들을 보호해주기도 했다. 그들 중 성종과 신하들의 입에 가장 많이 오르내린 인물은 이홍위의 처남이자 송현수의 아들 송거였다. 내용은 다음과 같다. 송거가 과거시험에 응시하길 청하자 성종이 허락하였다. 당시 그는 성종을 호위하던 내금위에 속해 있었다. 그러자 신하들이 그를 내금위에서 내쫓고 시험을 보지 못하게 해달라고 요구하였지만 성종은 거절하였다. 신하들의 반발이 이어지자 성종은 "송거는 이미 내금위가 되어 벌써 벼슬길에 올랐으니 과거에 응시한들 무엇이 해롭겠는가?"라며 응수하였다. 하지만 신하들은 계속 이 문제에 집착하였다. 이 와중에 송거는 무과에 합격하여 선전관이 되었다. 이에 신하들은 그가 선전관에 임명된 것에 부당함을 토로하였다. 송거 관련 논쟁은 무려 8년이나 끌었다. 신하들도 끈질기지만 성종 역시 끈질겼다. 나아가 황보인의 외손外孫 홍자아・채석경과 유성원의 조카 유계분, 성삼문의 손자사위 유집 등도 관리로 등용되었다. 또 이홍위의 매형 정종의 아들 정미수와 송거의 사촌 송영도 관리로 등용되었다.

성종은 송현수 등의 반역죄가 조작되었다는 것을 어느 정도 눈치채고 있었다. 송거와 관련된 문제로 성종과 신하들이 설전을 벌일 때, 성종은 송현수의 죄명을 말해보라는 식으로 대응했다. 그리고 경연 중에 "송현수는 난신이라고 할 수 없다. 만약 참으로 난신이라면 그의 자손을 내가 어떻게 관대하게 용서할 수 있겠는가?"라며 할아버지 세조가 송현수에게 죄를 뒤집어씌웠음을 간접적으로 시인하였다. 그래도 신하들은 송현수는 난신이 맞다며, 송거가 과거를 못 보게 하고 내쫓아야 한다는 주장을 반복하며 뜻을 굽히지 않았다. 성종도 끄떡하지 않으며 "송현수가 비록 반역하였다고는 하지만, 다만 교형에 처해졌고 처자에게는 미치지 아니하였으니, 이는 실로 대역大逆은 아니다. 내가 어찌 사사로운가?"라며 맞섰다. 그럼에도 신하들 역시 태도를 바꾸지 않았다. 그러자 "송거의 일은 단지 말만 하지 말고 전례를 두루 상고하여 아뢰도록 하라"고도 하였다. 신하들은 이런 성종의 태도에 답답해하면서 계속 자신들의 뜻을 펼쳤다. 이에 성종은 세조가 송현수를 처벌할 때 송거를 잡아갔지만 나중에 풀어줬다는 이야기까지 했다. 이렇듯 시간이 흐름에 따라 이홍위와 관련되어 처벌받은 인물들에 대한 인식이 바뀌고 있음을 알 수 있다.

3) 사육신의 절의를 인정하고 최초로 이홍위 묘에 제사를 지낸 중종

중종 대부터는 꽁꽁 얼어붙은 물의 표면이 살짝 녹듯이 성삼문 등에 대한 인식이 약간 바뀌었다. 서울 강남에 아버지 성종과 함께 잠들어 있는 중종을 떠올리면 '중종반정'과 '조광조'가 연상된다. 중종반정은 신하들이 중종의 배다른 형인 연산군[15]을 쫓아내고 그를 왕으로 앉힌 쿠데타였다. 이로 인해 연산군도 이홍위처럼 왕에서 군으로 강봉되었다.[16] 중종반정 이후 스포트라이트를 받기 시작한 인물은 조광조이다. 앞서 말했듯이 스승 김굉필은 김종직과 학문적으로 연결된다. 그러므로 조광조도 학문적으로 김종직과 자연스럽게 연결된다. 이런 식으로 따진다면 그는 남효온과도 학문적 뿌리가 같다고 할 수 있다. 따라서 중앙정계에 조광조가 등단한 것은 훈구파와 강한 충돌을 예고하는 것이었다.[17] 그는 조지서사지(종6품)라는 직책을 얻고 중앙정계에 데뷔하여 3년 만에 사헌부대사헌(종2품)까지 초고속 승진하였다. 더구나 그가 얻은 직책들은 주로 중종을 밀착 보필하는 자리였다. 이 시기 이후로 성삼문 등에 대한 인식 변화가 있었다. 예컨대 조광조가 관직에 들어서기 1년 전만 해도 신하들은 "장령 박호는 인물이 대간과 시종에 합당하나, 난신 성삼문의 외손이니 갈으소서"라고 하였다. 하지만 그가 관직에 들어선 지 2년이 지난 후 신하들의 입에서 다음과 같은 말이 나온 것이 『조선왕조실록』에 나타난다.

"… 근래 성삼문·박팽년이 노산군을 복위시키려 꾀하였으니 그 죄는 주벌誅罰[18]해야 하나 그 절의는 주벌할 수 없는데 이제까지 난신으로 기록되어 있으니 임금으로서 정대하고 공평한 마음에 어그러집니다. 중흥中興하여 창업創業한 임금은 인심과 천명이 돌아감에 따라 난폭한 자를 제거하는 것이지만 또한 으레 그 절의를 숭장崇獎[19]하여 후세에 권할 일로 삼는 것은 뒤를 이은 임금으로서 도타이 장려할 일입니다."[20]

성삼문 등이 이홍위 복위를 꾀한 것은 잘못이지만 절의만은 인정하고 그들의 그런 모습을 널리 알려서 모범으로 삼도록 해야 한다는 것이다. 이에 대하여 중종은 "절의를 숭상하여 근본을 배양하면 될 것이다. 성삼문·박팽년 등의 일은 대신에게 물어야 하겠으나…"라며 절의를 숭상해야 하는 것은 인정하였지만, 성삼문·박팽년 등의 일에 관해서는 즉답을 피했다. 이렇듯 성삼문 등의 이름만 나와도 이를 가는 소리가 들리던 조정의 모습은 사라졌다. 이후에도 맥을 같이하는 말들이 몇 번 더 오갔다. 이렇게 중종의 조정에서 성삼문 같은 인물들에 대한 인식변화가 온 것은 조정이 사림파 신하들로 잠식되고 있었음을 의미한다. 하지만 훈구파의 벽은 여전히 높았다.

중종은 이홍위 묘에 최초로 제사를 지낸 왕이다. 앞서 소개한 상황이 벌어지기 약 9개월 전 중종은 이홍위 묘에 관리를 보내 제사 지내고 묘를 보수하도록 했다. 이때 이홍위와 연산군의 제사가 끊어지지 않도록 그들의 후손을 들이자는 의견이 신하들 사이에 표출되기도 했다. 즉 이홍위는 원래 자식 없이 죽었고, 연산군의 아들들은 모두 중종반정 직후 죽임을 당했기 때문에 수양아들을 들여야 한다는 것이었다. 하지만 중종은 그 일이 쉽지 않음을 들어 나라에서 그들의 제사를 지내주도록 하였다. 20여 일 지난 후 우승지 신상을 이홍위 묘에 보내 제사를 지내주었을 뿐 아니라 묘지기(墓直)들까지 두도록 했다. 이때 묘를 지키기 위해 수호군을 두었다는 이야기도 있다. 하지만 이러한 과정을 지켜보던 사관은 이 일을 '사림들의 간사한 의논'으로 치부하였다. 그 후 이홍위 묘에 제사 지내는 것은 중단되었고 묘도 방치되었다. 더구나 3년 후에는 기묘사화가 일어나 조광조는 훈구파로부터 조정에서 쫓겨났다. 그 후 중종은 정순왕후 송씨

중종은 이홍위 묘에 최초로 제사를 지냈을 뿐 아니라 묘지기들도 두었다.

가 죽자 대군부인의 예로 장례를 지내게 했다. 따라서 중종은 군으로 강봉된 이홍위를 암묵적으로나마 최초로 대군으로 인정한 셈이다.

... 4) 사육신을 부정했지만 이홍위 묘에 제사를 지낸 선조

선조 대는 훈구파가 사라지고 사림파가 조정을 채우기 시작하였다. 선조라는 묘호를 떠올리면 연상되는 것은 임진왜란과 사림파 분열이다. 그를 임진왜란 배경 속에 집어넣으면 여지없는 최악의 군주가 된다. 신립 장군이 지금의 충북 충주에서 왜군에게 패했다는 이야기를 듣자마자 한양도성을 버리고 줄행랑쳤다. 나아가 한양과 개성에 이어 평양마저 함락되자 중국 요동으로 망명하려고도 하였다.[21] 경연에 적극적이었고, 읽지 않은 제자백가서諸子百家書가 없었다는 그가 한 행태라고 믿어지지 않는다. 그에게 학문은 그저 정신적 유희를 즐기는 수단에 불과한 것이었는지 모르겠다. 그는 사림파 신하들 편을 들어주고 훈구파 신하들을 혼내줌으로써 사림파가 기를 펼 수 있도록 해줬다. 심지어 중종 대 죽은 조광조에게 벼슬을 높여줄 정도로 열렬한 사림 팬이었다. 그런 분위기를 타고 기묘사화 이후 폐족으로 살아가던 사림 쪽 사람들이 다시 중앙정계로 몰려들었다. 훈구파의 탄압을 이겨낸 사림파가 결국 중앙정계를 장악한 것이다. 그러다 보니 그들끼리도 편 가르기가 시작되었다.[22] 이때부터 조선이 훈구파의 나라에서 사림파의 나라로 넘어가면서, 그들끼리의 끊임없는 설전이 시작되었다. '진보는 분열로 망한다'는 말을 셀프 증명한 것이다.

선조 대에는 신하가 왕의 면전에서 성삼문 등이 계획한 이홍위 복위운동은 반역이 아니라고 주장하였다. 『조선왕조실록』에 그런 모습이 묘사되어 있다.

대승大升이 아뢰기를

"병자년에 성삼문의 일이 발각되었습니다. 그 의도는 상왕을 복위하려는 것이었으나 세조는 난을 일으키려는 것으로 생각하였고 일이 발각된 후에 상왕이 그 일에 참여해 알았다 하여 상왕을 영월로 옮긴 것입니다"

하였다. 상이 이르기를

"평상시에는 궐내에 있었는가?"

하니 기대승이 아뢰기를

"경복궁에 있었다 하나 영월로 옮겨가 있었고 그때 정인지가 영의정이 되어 백관을 거느리고 처치處置하기를 청하니 세조는 물정物情에 구애되어 허락하셨습니다. 이에 금부도사를 보내어 영월에서 사약賜藥하였으니 그 공사公事가 지금도 금부禁府[23)]에 남아 있습니다. 당시 영월 사람이 그 일을 기록하여 간직해둔 것이 있었는데 김취문이 관찰사로 있을 때 또한 그것을 보았다고 합니다. 성삼문의 난에 상왕이 그 모의에 참여하였는데 변이 종사宗社[24)]에 관계되어 입으로는 말할 수 없는 중대한 일이라 이것으로 죄목罪目을 삼았다고 합니다. 처치하기를 청함은 전사前史에 없었던 일인데 감히 하였습니다. 정인지는 비록 한때 명상名相이라 일컬어졌으나 지금은 모두 상서롭지 못한 사람으로 여깁니다. 지금 그때의 의논을 인용하려고 하기 때문에 공론公論이 격발한 것입니다."[25)]

위 내용은 우부승지로서 시독관[26)]을 겸하던 기대승과 선조가 석강[27)] 중 나눈 대화이다. 여기서 기대승은 선조에게 성삼문 등이 주도한 이홍위 복위운동에 대해 설명하고 있다. 설명은 대체로 우리에게 알려진 것과 거의 같다. 이를 통해서 성삼문 등이 이홍위 복위를 도모하다 실패하고 죽은 일의 전말이 선조 때 이미 정리되어 있었음을 알 수 있다. 또 기대승 같은 사림파 신하는 성삼문 등의 행위가 반역이 아니었을 뿐 아니라 그들을 반역자로 규정한 것은 세조의 논리라고 선조에게 밝혔다. 나아가 세조는 이홍위가 그 일을 알았다는 이유를 들어 그를 유배 보낸 후 정인지 등의 꾐에 빠져 그를 죽이게 되었다고도 하였다. 아울러 훈구파인 정인지에 대한 인식공격도 빠뜨리지 않았다.

선조 대는 폐위된 왕에 대한 예를 지키려는 의도에서 이홍위 묘에도 제사를 지냈다. 사림파 신하들은 선조에게 이홍위 묘에 제사 지내주도록 건의하였다. 선조는 건의를 받아들였다. 이때 건의는 이홍위의 제사만을 위한 것은 아니었다. 연산군의 묘도 포함되어 있었다. 따라서 선조의 수락은 정치적 의미를 배제하고, 선왕이었던 그들에게 순수한 예를 갖추려는 것이었다. 그는 이홍위 무덤에 있는 나무들이 훼손되는 것을 막도록 해주기도 했다.

현장학습 결과도 성삼문 등의 복권과 이홍위 복위를 촉구하는 데 한몫했다. 1541년(중종 36년) 박충원이 영월군수로 부임했다.[28] 당시 그의 의연한 행동에 관한 일화가 전해지기도 한다. 그의 아들 박계현이 선조에게 『육신전』을 읽어보도록 권하는 모습이 『조선왕조실록』에 기록되어 있다.

"성삼문은 참으로 충신입니다. 『육신전』은 곧 남효온이 지은 것이니 상께서 가져다 보시면 상세한 것을 알 수 있을 것입니다."[29]

이런 것은 박충원이 영월군수로 부임했을 때, 영월에 널리 퍼져 있는 성삼문 등과 이홍위에 관련된 이야기를 들었기 때문에 가능했다. 당시 영월은 성삼문과 이홍위 등에 관련된 유일한 자료보관소 역할을 하고 있었다. 따라서 현장학습을 한 자신의 아버지로부터 성삼문 등과 이홍위에 관한 생생한 정보를 얻은 박계현이 선조에게 『육신전』을 읽어보도록 권한 것이다. 이런 행위가 성삼문이나 이홍위 등에 대한 선조의 인식을 바꿀 수는 없었을지라도 그에게 『육신전』이 사실을 근거로 쓴 책이라는 정도는 확인시켜 줄 수 있었다.

선조는 조선판 분서焚書를 시도하려고 하였다. 그는 『육신전』이 자신의 선조를 모욕하는 것으로 받아들이고 모두 찾아내어 불태우겠다고 하였다. 나아가 그 책에 대해서 말하는 사람들도 처벌하겠다는 말을 했다. 나중에 영의정 홍섬이 사육신의 충절을 선조가 납득하도록 잘 말함으로써 그의 분노도 가라앉았다. 이런 홍섬의 모습에 대하여 사관은 '몹시 간절하여 듣는 이가 측은하게 여겼으며, 상(선조를 지칭함)도 노여움을 거두고 중지하였다'고 기록하였다.

선조는 남효온과 성삼문 등에 대한 반감을 거두어들이지 않았다. 선조는 『육신전』을 읽고 "이제 이른바 『육신전』을 보니 매우 놀랍다. 내가 처음에는 이와 같을 줄은 생각지도 못하고 아랫사람이 잘못한 것이려니 여겼었는데, 직접 그 글을 보니 춥지 않은데도 떨린다"고 하였다. 그러면서 세조의 치적을 치켜세우며 남효온이 세조를 욕되게 했다는 식의 말을 하였다. 그리고 남효온을 '조선왕조의 죄인'이라고도 하였다. 아울러 『육신전』의 신뢰성에 의문을 제기하는 말을 한 사실이 다음과 같이 『조선왕조실록』에 나온다.

"… 기록된 내용 가운데 노산군에 대해 언급하면서 신유년에 출생하여 계유년까지 그의 나이가 13세인데도 16세로 기록하였으며, 광묘(세조를 지칭함)께서 임신년에 사은사로 중국에 갔었는데 여기에는 부음訃音을 가지고 중국에 갔다고 기록하였다. 또 하위지가 계유년에 조복朝服을 벗고 선산善山으로 물러가 있었는데 광묘께서 즉위하여 교서敎書로 불렀기 때문에 왔다고 하였다. 하위지가 갑술년에 집현전에서 글을 올린 것은 무엇인가? 이와 같은 것이 한둘이 아니다. …"[30]

선조의 지적은 맞다. 이를 통해 그의 글 읽는 자세가 제대로 갖추어져 있었음은 물론 지식도 남달랐음을 알 수 있다. 분명 선조는 역사 지식이 남효온보다 한 수 위였다. 그리고 이어지는 다음과 같은 말에서 그의 가치관이나 인생관을 엿볼 수도 있다.

"또 한 가지 논할 것이 있다. 저 육신이 충신인가? 충신이라면 어째서 수선受禪[31]하는 날 쾌히 죽지 않았으며, 또 어째서 신발을 신고 떠나가서 서산西山에서 고사리를 캐먹지 않았단 말인가? 이미 몸을 맡겨 임금으로 섬기고서 또 시해弑害하려 했으니 이는 예양豫讓[32]이 매우 부끄럽게 여긴 것이다. 그런데도 저 육신은 무릎을 꿇고 아조를 섬기다가 필부匹夫의 꾀를 도모하여 자객刺客의 술책을 부림으로써 만에 하나 요행을 바랐고, 그 일이 실패한 뒤에는 이에 의사義士로 자처하였으니, 마음과 행동이 어긋난 것이라고 할 만하다. 그런데 열장부烈丈夫라고 할 수 있겠는가?"[33]

성삼문 등이 충신이라면, 이홍위가 세조에게 왕위를 물려주던 날 왜 자결하지 않았으며, 백이와 숙제처럼 산속에 들어가서 고사리를 캐어 먹다 죽지 않았는가라며 사육신에게 냉소적 태도를 보였다. 또 세조를 왕으로 인정하면서 살아가다 그를 죽이려 한 것은 중국 전국시대의 예양과 같은 인물에 비하면 너무 부끄러운 짓이라고 비난하였다. 나아가 저잣거리에 돌아다니는 인물처럼, 한쪽으로는 세조를 섬기는 척하면서 그를 죽이려

한 것은 요행을 바라고 한 짓이라는 것이었다. 즉 성공하면 대박을 터트릴 수 있다는 기대감을 갖고 한 행동이라는 것이다. 그러고도 실패한 뒤에는 의사로 자처했다는 것이다. 한 마디로 말하면, 사육신의 행동은 너무 천박하고 구질구질하다는 것이었다. 그런데 이렇게 떠들어대던 그가 16년 후 벌어진 임진왜란 때 왜 백성을 버리고 뒤도 돌아보지 않은 채 줄행랑을 쳤는지 묻고 싶다. 더구나 나라를 구한 의병들에게는 눈길도 주지 않았으면서, 함께 도망 다닌 신하들에게는 공신 작위를 준 그의 행동을 어떻게 이해해야 할지 모르겠다.

선조는 『육신전』 내용의 확산을 막기 위해 백성에게 재갈을 물리려 하였다. 그는 『육신전』에 대해 서로 이야기하는 자가 있으면 엄한 처벌을 내리겠다는 태도를 보였다. 이런 태도는 세조가 성삼문 등에게 한 행위가 부당하고 잔인하였음을 간접적으로 인정한 것이다. 즉 조상이 한 행위에 대하여 후손으로서 부끄러움을 느끼고 감추려 한 것으로 볼 수 있다. 따라서 『육신전』을 금서로 만들어 세조의 악행에 관련된 말이 더 이상 퍼져나가지 않도록 하겠다는 것이다. 그러자 신하들은 다음과 같이 답변하였다.

"이 글의 잘못된 점과 사실에 어긋나는 것이 진실로 성유聖諭[34]와 같더라도 여염閭閻 사이에 드물게 있는 책이며 또 세월이 오래되어 점차 없어져 가는 끝인데 만약 수색하는 일을 시행한다면 반드시 큰 소란이 일어나서 끝내는 이익 됨이 없게 될 것입니다. 또 이 요망스러운 책을 진실로 식견이 있는 사람이라면 누가 감히 서로 이야기하겠습니까? 이 책에 대해서 이야기하는 것을 금한다는 법이 일단 내리게 되면 풍속이 각박한 이런 때에 고알告訐[35]하는 길이 이로부터 열리게 되고 무고誣告하는 폐단도 또한 우려하지 않을 수 없습니다. 중외의 사람들이 이런 일이 있었다는 것을 보고 들으면 마땅히 조심하고 두려워하여 금령禁令을 내리지 않아도 저절로 중지될 것입니다."[36)]

이처럼 신하들은 『육신전』을 일부러 폄하하면서까지 선조를 달래려 하였다. 만약 선조가 자신의 주장을 밀어붙이려 했다면 얼마든지 가능했을 것이다.

선조가 『육신전』 내용을 인정한다는 것은 자신의 권력도 정통성이 취약하다는 것을 스스로 드러내는 꼴이었다. 할아버지인 중종의 할아버지가 세조이기 때문에 세조는 고조할아버지이다. 따라서 그가 『육신전』 내용을 인정하면 자신은 이홍위로부터 빼앗은 왕권을 물려받은 꼴이 된다. 그렇지 않아도 선조는 중종의 후궁 자식(덕흥대원군. 선조가 왕이 된 후 대원군에 추존됨)임에도 왕위를 물려받았기 때문에 왕위 정통성에 대한 콤플렉스를 갖고 있었다. 그런 그가 세조의 왕권에 대한 정통성을 문제 삼는 『육신전』 내용을 수용한다면, 왕권에 관한 한 그야말로 사면초가에 몰리게 되는 것이다.

신하들은 작전상 후퇴하며 『육신전』을 더 이상 강하게 거론하지 않으려 했다. 그들에게는 이미 4번에 걸쳐 곤욕을 치른 사화士禍에 대한 강한 트라우마가 있었다. 따라서 가급적 선조의 비위를 맞춰 일단 자신들의 입지를 공고히 하는 것이 우선이라 생각했다. 그런 사실은 "신들이 일찍이 『육신전』에 대해서 경연 석상에서 아뢴 자가 있다는 것을 듣고 마음이 매우 불안하였습니다"라고 한 말에서도 알 수 있다. 자신들의 의견도 통일되어 있지 않다는 것을 보여주는 척하면서 일단 작전상 후퇴하겠다는 것이다. 그들이 이런 태도를 보인 것은 사림정치의 실현이라는 대의를 위해서는 왕이 자신들의 정치관에 동조하도록 하는 것이 우선이라는 셈법이 작용했기 때문이다. 즉 사육신 이야기를 꺼내 긁어 부스럼을 만드는 것보다 자신들의 정치적 입지를 굳히는 것이 더 시급하다고 생각한 것이다. 이런 저런 이유에서 볼 때, 성삼문 등의 복권에 관련된 이야기는 선조 대에서도 더 이상 진전이 불가능한 상황이었다. 하지만 그들이 왕에게 『육신전』까지 거론함으로써, 자신들은 성삼문 등의 행위가 정당하다고 생각한다는 것을 왕이 눈치채도록 해주었다. 결국 선조 대에 성삼문 등에 대한 복권 문제는 더 이상 진전되지 못한 채 임진왜란을 맞이하였다. 그의 아들 광해군은 신하들의 건의에 따라 이홍위와 아내 정순왕후 송씨의 제사를 지내주도록 그들의 묘가 있는 지역 수령에게 지시한 일도 있다.

5) 사육신 배향이 건의된 효종 대

효종 대에 다시 성삼문 등의 복권 문제가 고개를 들었다. 효종이라는 묘호를 생각하면 떠오르는 것은 뭐니 뭐니 해도 북벌계획北伐計劃과 송시열이다. 18살 때인 대군시절, 그는 형 소현세자와 함께 볼모로 청나라에 끌려갔다. 그곳에서 소현세자와 함께 명나라와 청나라가 벌이는 전쟁터를 강제로 따라다녀야 했다. 그러다 8년 만인 1645년(인조 23년)에 돌아와 세자로 책봉되었다. 먼저 돌아왔던 소현세자가 갑자기 죽었기 때문이다. 그리고 4년 뒤 왕이 되었다. 그의 집권기 중 가장 큰 화두는 '북벌'이었다. 하지만 이것은 그의 복수심에서 나온 것이라기보다 왕권을 강화하기 위한 의도가 더 크게 작용했다. 즉 취약한 왕위계승의 정통성을 가진 그는 북벌을 내세워 군사력을 강화하고 그것을 통해 강력한 왕권을 확립하려고 했기 때문이다.[37] 따라서 그는 당시 사대부들에게 가장 큰 영향력이 있었던 송시열을 끌어들여 자신의 목적을 이루는 데 지지를 받으려고 하였다. 그렇지만 송시열은 오히려 효종의 왕권 강화를 견제하였을 뿐 아니라 자신들의 세력 강화를 위한 기반을 구축하였다.[38] 이런 상황에서 사육신 이야기가 나왔다. 효종이 왕위에 오른 지 3년째 되던 해 판서를 지낸 조경이 상소를 통해 그들을 표창해주도록 건의하였다.

효종 대에는 성삼문·박팽년 등에 대한 제한적 배향이 건의되기도 하였다. 사육신에 대한 표창이 건의된 후로도 찬선 송준길이 경연 중에 성삼문 등에 대한 이야기를 또 꺼냈다. 내용은 다음과 같다. 성삼문·박팽년 등은 명나라의 방효유와 같은 인물이라고 하였다. 방효유는 한때 죄인 취급받았지만 몇 십 년이 지난 후 그의 문집 간행은 물론 사당에서도 배향하도록 하였다는 것이다. 따라서 성삼문·박팽년 등도 이미 세워진 서원이나 사당에서 배향이라도 허락해달라는 것이었다. 그의 의도는 임진왜란·정유재란·정묘호란·병자호란 등의 전란을 거치면서 붕괴된 백성의 윤리의식을 함양하고 이를 통해 사회 재건을 도모하려는 것이었다.[39] 그래서 지금의 충남 논산지역이나 대전시 지역에 있는 서원이나 사당만이라도 한정해서 배향하도록 해달라고 하였다. 효종은 결정을 신하[40]들에게 미뤘다. 그리고 반대론자들의 뜻에 따랐다. 그들 대부분은 송준길과 정치적 정서가 다른 인물들이었다.[41] 사림파의 분열 탓에 성삼문·박팽년 등에 대한 배향이 저지된 것이었다. 당리당략에 사림파의 초심은 실종되었다.

16~17세기에는 개인 차원에서 성삼문 등과 이홍위에 관한 이야기들이 생산되었다. 신하들이 성삼문 등의 복권을 건의하기 위해서 선조에게 들이민 책이 『육신전』이었다. 앞서 밝힌 대로 당시 이 책은 그에게 큰 충격을 주었다. 이 책이 만들어진 시기는 성종 대로 추정하고 있다. 그 후로도 16세기 이후에 들어서 사육신이나 이홍위를 소재로 한 책들이 여러 권 만들어졌다. 그중 대표적인 것이 『육선생유고』와 『노릉지』이다. 『육선

생유고』는 효종 대인 1658년에 만들어졌다. 이 책은 박팽년의 7대손인 박숭고가 사육신의 시문을 모아 편집하고, 충청도 관찰사 이경억이 간행하였다. 여기서 육선생은 사육신을 말한다. 따라서 남효온이 제한한 인적 범위를 토대로 한 것이다. 그 뒤 1663년(현종 4년) 윤순거가 『노릉지』를 편찬하였다. 그는 인조 때 영월군수로 부임하였다. 당시 관아에 있던 『노릉록』을 참고하여 장릉에 관한 책 『노릉지』를 쓴 것이다.[42] 그 후 숙종 때, 박팽년의 9대손인 박경여와 권화가 『노릉지』를 증보해 『장릉지』 4권을 만들었다.

6) 이홍위 무덤을 왕실 종친 무덤 수준으로 대우한 현종

현종은 이홍위 무덤을 왕실 종친이나 왕비 부모 무덤 수준으로 대우하였다. 왕과 왕비 무덤인 능에는 능참봉이라 불리는 종9품 관리가 있었는데 능참봉은 능의 수복방에서 숙직하며 능에 소속된 사람들을 이끌며 능을 관리했다. 그리고 왕실 종친이나 왕비 부모 같은 외척의 무덤에는 수묘군을 두어 관리하게 하였다. 그러므로 무덤에 수묘군을 둔다는 것은 그 무덤이 왕실 종친이나 왕비 부모 수준으로 대우한다는 것이다. 이홍위 무덤도 장릉이라는 능호를 받기 전에 그런 대우를 받았다. 현종 1년 때 강원감사 이후산이 영월에 살고 있는 노비 약간 명을 이홍위 묘지기로 둘 것을 청했지만 받아들여지지 않았다. 8년이 지난 후 원양감사 정익은 이홍위 사우(祠宇)[43]의 참봉에게 급료로 쌀을 지급하고 순번을 정해서 숙직하도록 할 것과 수묘군을 두고 그들의 부역이나 세금 등을 면제해주도록 건의했다. 현종이 그의 건의를 받아들임으로써 이홍위 묘 관리는 국가가 하게 되었다. 하지만 정자각 등이 세워지지 않아 제사는 사우에서 지냈던 것으로 보인다.

7) 왕권 강화를 위해 사육신과 이홍위를 이용한 숙종

숙종이라는 묘호에서 가장 먼저 떠오르는 것은 장희빈이다. 우리나라 사람 가운데 아무리 역사에 관심 없는 사람일지라도 장희빈은 안다. 그녀에 관련된 이야기가 드라마나 영화 소재로 많이 쓰인 덕분이다. 그녀는 주로 악녀나 요부妖婦 등으로 각인되어 있다. 그녀는 친가와 외가 모두 역관 집안이었기 때문에 부유한 환경에서 성장한 것으로 알려졌다. 하지만 그녀의 혈통을 폄하시킬 만한 이야기가 『조선왕조실록』에 나타난다. 그녀의 어머니는 좌의정 조사석의 처갓집 종이었는데 조사석이 젊었을 때, 그와 사통私通한 사이였다고 한다. 그녀는 결혼한 후에도 때때로 조사석의 집에 오갔었다고 한다. 친정에 대하여 이러쿵저러쿵 말이 많은 장희빈은 궁녀가 되어 숙종의 눈에 들었다. 그러나 그녀는 시어머니 명성왕후 김씨에 의해 쫓겨나기도 했다. 명성왕후 김씨가 죽자 숙종은 다시 그녀를 가까이하면서 아들까지 낳았다. 그 아들이 뒷날 숙종의 왕위를 물려받은 경종이다. 그래서 그녀는 빈嬪[44)]에 책봉되었다.

장희빈에 대한 숙종의 애증에 따라 붕당들의 위치도 바뀌었다. 장희빈의 아들을 원자로 책봉할 때, 송시열 등은 원자 책봉이 아직 이르다고 반대했다.[45)] 이 일로 송시열은 제주도로 유배되었다가 한양으로 압송되던 중 지금의 전북 정읍에서 사약을 마시고 죽었다. 장희빈에게 눈엣가시 같은 인물들이 사라지고, 숙종의 계비 인현왕후 민씨마저 폐비가 되자 장희빈은 왕비가 되었다. 그러나 몇 년 후 숙종은 인현왕후 민씨를 다시 왕비로 들이고 그녀를 다시 빈으로 내려앉혔다.[46)] 하지만 그녀는 이를 받아들이지 않고 궁궐에 신당神堂을 차려놓고 인현왕후 민씨가 죽기를 기도했다. 이 일이 발각되어 그녀도 숙종이 내린 사약을 마시고 죽었다. 이렇듯 그녀의 궁궐에서의 삶은 그야말로 드라마틱했다. 드라마틱한 그녀의 삶에 따라 그녀를 옹호한 남인이나 배척한 서인 역시 춤을 추거나 비탄하였다. 즉 숙종이 그녀를 가까이하면 조정은 남인으로 채워지고 서인은 대대적 숙청을 당했다. 반면 숙종이 그녀를 멀리하면 조정은 서인으로 채워지고 남인이 대대적 숙청을 당하였다. 이렇듯 장희빈은 조정 신하들과 함께 권력의 롤러코스터를 탄 여인이었다. 이런 상황을 환국換局[47]이라고 한다.

숙종은 사육신 묘를 보살펴주는 것에 호의조 태도를 취했다. 다음은 『조선왕조실록』 기사로 숙종이 사육신 묘에 대하여 보여준 태도를 드러내 준다. 이 상황은 지금의 서울시 동작구 노량진동에서 한 대규모 군사훈련에 숙종이 참관하던 때였다.

허적[48]이 나아와 아뢰기를

"성삼문 등의 육신이 죽은 뒤 어떤 의사義士가 이 강의 남쪽 언덕에 시체를 거두어 묻고서 돌을 세워 표시를 하였으나 감히 그 이름은 쓰지 못하고 다만 모씨某氏의 묘라고만 써놓았는데 그 무덤이 지금은 모두 허물어졌습니다. 선왕께서 그 자손을 녹용錄用[49]하라고 명한 것은 대개 그 절의를 칭찬한 것입니다. 지금 임금의 행차가 바로 가까이 거둥하셨으니 특별히 봉식封殖[50]을 명하신다면 빛이 날 듯합니다"

하였다. 민희가 옳지 않다고 하니 허적이 다시 아뢰기를

"명 태종이 방효유 및 그의 종당宗黨 70여 명을 죽였으나 곧바로 그의 벼슬을 복직시키고 그의 묘를 세워주었으니 대개 절의는 군주로서 마땅히 포창해야 할 바이기 때문입니다"

하니 임금이 해당 관사에 명하여 봉식하게 하였다.[51]

허적이 말한 강은 한강이다. 그는 숙종에게 인근의 허물어진 사육신 묘를 잘 보살펴줄 것을 건의하였다. 이때는 경신환국(경신대출척)이 일어나기 전 해로 허적과 민희 등이 속한 남인이 득세하고 있었다. 그런 그들 간에도 사육신 복권에 대한 의견이 통일되어 있지 않다는 것을 알 수 있다. 따라서 허적의 건의는 그와 가까이 지낸 서인 송시열의 의중을 드러내 준 것이 아닌가 하는 생각도 든다. 이런 정치적 상황에서 숙종은 다수당인 남인보다는 오히려 소수당인 서인의 입장을 받아들인 것으로 볼 수 있다. 다음 해 경신환국이 일어나 서인이 득세하게 되었다.

신하들은 숙종에게 사육신의 복권이 이루어져야 할 근거를 제시하였다. 신하들이 사육신 묘를 잘 보살펴주기를 건의한 때로부터 약 1년 반 정도가 지난 후, 강화유수 이선은 다음과 같은 내용의 사육신 관련 상소를 하면서 그들을 복권해줄 것을 청했다. 그 내용이 『조선왕조실록』에 실려 있다.

"… 세조께서 비록 위태롭고 의심스러운 때를 당하였으므로 이들을 제거하지 않을 수 없었으나 사실은 그들의 지조를 아름답게 여겼습니다. 그래서 상시에 여러 신하에게 하교하시기를 '성삼문 등은 금세의 난신이나 후세의 충신이다' 하였고 … 삼가 열성의 남기신 뜻을 받들어 여러 신하의 죄명을 씻어주는 것은 성상께서 그 뜻을 계승하는 데 있지 않겠습니까?"[52]

성삼문 등을 죽인 세조도 그들의 지조를 높이 평가하였다는 것이다. 여기서 등장하는 '성삼문 등은 금세의 난신이나 후세의 충신이다'라는 말은 앞서 소개했듯이 인종 때 한주도 한 말로 그동안 사육신 복권이 거론될 때마다 왕이 세조에게 갖게 되는 부담감을 덜어줄 수 있었다. 나아가 신하들이 왕에게 사육신의 복권을 주장하는 논리적 근거로 제시되기도 하였다. 하지만 숙종은 이전 왕들도 그들의 죄를 용서한 적이 없다며 신하들의 주장을 받아들이려 하지 않았다. 그럼에도 신하들이 그들에게 경의를 표하는 행위는 막지 않을 것임을 밝힘으로써 이전 왕들보다 변화된 모습을 보여주었다. 나아가 이홍위 복위 문제에도 진전된 모습을 보여주었다. 다음은 그런 모습을 보여주는 『조선왕조실록』 기사이다.

"정비正妃가 탄생한 바는 모두 대군·공주라고 일컬으니 노산군도 당연히 대군으로 일컬어야 한다. 그것을 대신에게 의논하도록 하라"
하였다. 대신이 모두 타당하게 여기자 마침내 대군으로 추가하여 일컫도록 명하고 승지를 보내어 그의 묘에 치제致祭[53]하도록 하였다.[54]

이로써 이홍위는 왕, 상왕을 거쳐 군, 서인까지 내려갔다 대군으로 올라갔다. 왕으로 다시 가는 데 좀 더 가까워진 것이다. 또 신하들은 지시받은 대로 이홍위 묘를 찾아가 헐린 곳을 보수하고, 표석을 세우거나 위패를 고쳐 쓰는 등의 작업을 하였다. 그 후 예조좌랑 윤세초 같은 신하는 명나라 경태제의 예를 들며, 이홍위의 품계와 호칭을 원래대로 돌리자는 상소를 올렸지만 승정원으로부터 거부당했다. 그 뒤 다른 신하들 역시 같은 내용의 상소를 올리기도 하였다.

변덕스런 숙종의 모습이 사육신 복권에도 나타났다. 숙종은 1691년(숙종 17년) 9월 김포 장릉으로 행차했다. 김포 장릉은 숙종의 고조할아버지 추존왕 원종[55]의 묘이다. 그는 참배를 마치고 돌아오는 길에 노량진 한강변에서 군사훈련을 참관하였다. 이때 길가의 사육신 묘를 보았다. 그는 신하들로 하여금 그들에게 제사 지내도록 하였을 뿐 아니라 이홍위 묘에도 제사 지내도록 했다. 신하들이 사육신은 아직 복권되지 않았다고 하자 그들은 명나라의 충신 방효유 같은 인물이라고 하며 즉시 복권시키도록 했다. 나아가 사육신을 배향하는 사당에 편액을 내리도록 하였다. 전광석화 같은 결정을 내린 것이다. 10여 년 전 사육신이 방효유와 다르다고 주장한 태도와 너무 차이가 난다. 따라서 얼떨떨해진 신하들이 오히려 좀 더 신중하게 결정하도록 권하기도 했다. 그러자 다른 것은 보류하고 이홍위 제사만을 지내도록 지시하였다.

숙종에 의해 사육신 복권이 이루어졌다. 숙종이 김포 장릉을 다녀오던 도중 노량진의 사육신 묘를 지나치면서 한 여러 가지 조치는 그로부터 3개월 후 확정되었다. 즉 240여 년 만에 사육신 복권이 공식적으로 이루어진 것이다. 숙종은 해당 부서에 특별히 지시하여 사육신을 복권시키도록 하고, 신하들로 하여금 그들에게 제사 지내도록 하였다. 사당의 편액을 민절愍節이라 하고, 비망기備忘記[56]를 내렸는데『조선왕조실록』에 그 내용이 실려 있다.

나라에서 먼저 힘쓸 것은 본디 절의를 숭장하는 것보다 큰 것이 없고 신하가 가장 하기 어려운 것도 절의에 죽는 것보다 큰 것이 없다. 저 육신이 어찌 천명과 인심이 거스를 수 없는 것인 줄 몰랐겠는가마는 그 마음이 섬기는 바에는 죽어도 뉘우침이 없었으니 이것은 참으로 사람이 능히 하기 어려운 것이어서 그 충절이 수백 년 뒤에도 늠름凜凜하여 방효유·경청[57]과 견주어 논할 수 있을 것이다. 마침 선왕의 능에 일이 있어서 연輦이 그 무덤 옆을 지남에 따라 내 마음에 더욱 느낀 것이 있었다. 아! 어버이를 위하는 것은 숨기는 법인데 어찌 이 의리를 모르랴마는 당세에는 난신이나 후세에는 충신이라는 분부에 성의聖意가 있었으니 오늘의 이 일은 실로 세조의 유의遺意를 잇고 세조의 성덕盛德을 빛내는 것이다.[58]

숙종의 김포 장릉 참배가 사육신 복권에 대한 방아쇠 역할을 한 셈이다. 그리고 숙종이 이런 결정을 내리도록 조건을 만족시킨 것은 이선이 올린 사육신에 관련된 상소문의 한 구절인, '성삼문 등은 금세의 난신이나 후세의 충신이다'라는 말이었다. 결국 이 말은 숙종에게 부담을 덜어주었을 뿐 아니라 명분도 주었다.

숙종의 사육신 복권은 고도의 정치 행위였다. 숙종이 사육신 복권에 대한 신하들의 건의를 받아들이기까지 10여 년 이상 걸렸다. 이렇게 된 데는 그럴 만한 여건이 성숙되었을 뿐 아니라 숙종의 정치적 계산도 깔려 있었다. 첫째, 앞선 왕들보다 좀 더 오랜 세월이 흘렀다. 따라서 숙종이 세조가 왕위를 찬탈했다는 것을 인정하더라도 왕권에 대한 정통성 시비가 크게 문제될 것이 없었다. 즉 이전 왕들에 비해 왕권의 정통성 시비에서 비교적 자유로웠다. 둘째, 오랜 시간이 경과하는 과정에서 사육신을 복권시켜야 한다는 사회적 분위기가 팽배해졌다. 따라서 싫든 좋든 반드시 이 문제에 손을 댈 수밖에 없는 상황이었다. 셋째, 사육신 복권이 이루어져야 할 근거가 제시되었기 때문에 복권에 큰 부담감을 느끼지 않아도 되었다. 즉 세조가 스스로 '성삼문 등은 후세의 충신'이라고 한 말에서, 자신 같은 후세의 왕들은 사육신 복권에 큰 부담을 느낄 필요가 없다는 의식이 작용한 것이다. 넷째, 왕과 신하 사이에서 지켜야 할 직분과 의리인 '군신분의君臣分義'의 통치 패러다임을 확립하기 위해서이다. 즉 숙종 자신이 단행한 환국을 정당화하고 왕권을 강화하려면 사육신의 충절의식을 이용할 필요가 있었다. 왕에게 절대 복종하는 것이 신하의 도리라는 것을 강하게 인식시킴으로써 경신환국이나 기사환국 같은 통치행위에 정당성을 부여하고 왕권을 강화시킬 수 있었던 것이다.

사육신 복권은 이홍위 복위의 징검다리 역할을 했다. 사육신 복권이 이루어진 지 7년 후 현감을 지냈던 신규가 장문의 상소를 올렸다. 상소에서 그는 이홍위 복위의 당위성과 논리적 근거를 제시하였다. 다음은 『조선왕조실록』에서 소개하고 있는 논리적 근거이다.

신이 삼가 살피건대 옛날 우리 세조혜장대왕은 하늘이 내신 성군으로서 하청河淸의 운運[59]을 만나 화란禍亂을 평정하니 천명과 인심이 돌아갔습니다. 노산군께서는 어린 나이에 보위寶位[60]에 올랐으나 자신의 능력이 부족함을 인정하시고 하늘의 명에 응하고 사람의 뜻에 따라 요堯임금이 순舜임금에게 선위한 것을 본받아 별궁으로 물러나 상왕이라고 일컬었습니다. 그때 세조께서는 겸허하게 이를 사양하였으나 받아들여지지 아니하여 종팽宗祊[61]의 부탁에 의하여 하는 수 없이 왕위에 오르게 되었습니다. 그러나 그 화목하고 겸허하게 사양하신 미덕은 요·순(唐虞)의 훌륭함과 맞먹는데 그 선위를 받은 교서를 살펴보면 또한 만세에 할 말이 있습니다. 그러나 불행히도 육신의 변變이 뜻밖에 나오게 되었으며 권람과 정인지 등이 은밀히 보좌한 논의가 또 따라서 이를 격동시켜 세조께서 상왕을 보호하려는 은혜로 하여금 유종의 미를 거둘 수 없게 했으니 육신의 복위 계획은 다만 노산군에게 해를 끼치게 되었으므로 충신·의사의 감회가 지금까지 가시지 않고 있다는 것은 성상께서 환히 알고 계시어 이미 이해하실 것으로 생각됩니다. …[62]

우선 세조를 한껏 띄워주는 글로 시작하고 있다. 예의를 갖추고 숙종의 비위를 건드리지 않으려는 속셈이다. 뒤이어 권람이나 정인지 등이 세조를 잘못 보필해 이홍위를 보호할 수 없었으며, 사육신이 시도한 복위운동도 이홍위를 불행하게 만들었다고 하였다. 이홍위의 폐위와 죽음을 권람이나 정인지 등의 탓으로 돌렸다. 따라서 숙종이 이홍위를 복위시키는 것에 선왕들을 의식할 필요가 없다는 논리적 근거를 제시하였다. 일종의 정치적 변통론變通論을 제시한 것이다. 나아가 이홍위 복위가 당연히 이루어져야 하는 것에 대하여 다음과 같이 말했다. 연산군이나 광해군 같은 인물들은 제정신으로 살아간 사람들이 아니므로 왕이 아니라 군으로 불려도 당연하지만, 이홍위의 경우는 다르다고 하였다. 즉 연산군과 광해군은 왕의 자리에서 쫓겨났지만, 이홍위는 스스로 세조에게 왕위를 물려주었다는 것이다. 또 이전에도 이런저런 이유로 최고 권력자 자리에서 물러난 사람들이 있었지만 그들에게 주어졌던 호칭을 깎아내렸다는 말을 듣지 못했다는 것이다. 따라서 이홍위도 다시 왕으로 불려야 한다는 것이다. 그러면서 다음과 같이 다소 애처롭고 서정적인 글로 숙종의 감성에 호소하려는 모습을 보여주려고도 하였다.

… 아! 저 옛 임금을 위하여 절의에 죽은 육신은 이미 성상께서 정포해주시는 아름다운 은혜를 받았는데, 더구나 그 육신의 옛 임금으로서 그 모의도 알지 못하였으며, 일찍이 그 덕에 하자도 없었는데도 오히려 편안히 죽지도 못하였고, 제사 때에 왕례王禮를 쓰지 않는 것은 아마도 전하의 부족한 처사가 아니겠습니까? 시대가 바뀌고 일이 지나가 언덕은 이미 평평해졌고 쑥대가 우거지고 풀이 무성하여 여우와 토끼들이 뛰어다니며, 봄바람의 두견새 소리는 시인들의 싯귀에 들어가며 보리밥 한식절寒食節에는 시골 늙은이들의 탄식 소리를 되삼키게 하고 있습니다. …[63)]

사육신은 복권되었음에도 정작 그들이 섬기던 이홍위의 복위가 이루어지지 않은 것이 안타깝다는 것이다. 더구나 이홍위는 자신도 잘 알지 못했던 사육신의 일에 휘말린 것이고, 덕망을 잃은 것도 아닌데 비참하게 죽었다는 것이다. 그러면서 죽어서도 나라 차원의 제사도 못 받고 있다고 하였다.

신규의 상소를 접한 숙종은 신중한 태도를 보였다. 그는 신하들에게 의견을 물어보았다. 그러자 이구동성으로 "일이 지극히 중대한 데 관계되므로 감히 경솔하게 의논할 수 없습니다. 청컨대 널리 물어 상의해서 조처하게 하소서"라는 반응을 보였다. 숙종도 그들의 견해에 따르기로 하였다. 그 역시 이홍위 복위 문제에 큰 부담감을 갖고 있었음을 느낄 수 있다. 그가 두려워한 것은 혼자 결정했을 때 올 수 있는 후폭풍이었을 것이다. 따라서 신하들의 의견은 그로서는 일종의 책임분담으로 작용하는 것이었다.

예조참의 이덕성은 이홍위 복위 문제 해결을 위한 합리적 방법을 제시하였다. 신규의 상소를 접한 지 20여 일 후 그는 다음과 같은 건의를 하였다. 사안이 매우 중대한 만큼 조정 신하는 물론 지방관과 관직을 그만두고 시골에 내려가 살고 있는 사람들에게도 의견을 물어보라고 하였다. 그의 상소는 숙종의 마음을 편안하게 해주었다. 3일 후, 숙종은 종친과 문무백관 등 491명을 대궐에 모아놓고 이홍위 복위 문제를 논하였다. 이들은 대체로 이홍위 복위에 호의적이었다. 이홍위 복위가 어렵다고 보는 사람들도 근본 취지에는 동의하지만 앞의 왕들이 시행하지 않았기 때문에 좀 더 신중해야 한다는 태도를 취했다. 그러면서 회의실에서 각자의 견해를 담은 글을 쓴 다음 봉해서 숙종에게 바쳤다.

숙종은 과단성 있게 이홍위 복위를 밀어붙였다. 다음 날 정언 김창직은 상소를 통해서 이홍위 복위 문제를 신중하게 처리할 것을 건의하였다. 내용은 다음과 같다. 이홍위를 복위시키는 일은 이전 왕들도 감히 손을 대지 못했을 정도로 큰일이므로 신중에 신중을 거듭해야 한다는 것이다. 따라서 신하들에게 유사한 사례를 찾아보게 하는 등 좀 더 살펴본 후 다시 한 번 상의해서 결정을 내리는 것이 좋다고 하였다. 하지만 숙종은 이 말을 듣지 않았다.

이홍위는 241년 만에 다시 왕이 되었다. 숙종이 종친과 문무백관 등 491명을 대궐에 모아놓고 의견을 취합한 다음 날, 이홍위는 빼앗겼던 왕위를 다시 찾았다. 숨을 거둔 지 241년 만의 일이다. 이날 숙종이 내린 비망기를 『조선왕조실록』을 통해 읽어볼 수 있다.

… 아! 신도神道와 인정人情은 서로 그렇게 먼 것이 아니니 하늘에 계신 조종祖宗의 영령이 명명冥冥한 가운데서 열락悅樂하여 이렇게 서로 감동할 이치가 있었던 것인가? 소원疏遠한 신하로서 지극히 중대한 일을 거론하게 되었으니 이는 천년에 한 번 있는 일이라고 할 수 있는 것인데 그 일을 끝내 시행하지 않는다면 또다시 어느 때를 기다리겠는가? 아! 천자天子나 왕가王家의 처사處事[64]는 필부와는 같지 않다. 그러므로 혹 판단에 의해 결정하고 논의에 구애받지 않는 경우도 옛부터 있었으니 진실로 시행할 수 있는 일이라면 어찌 반드시 의심할 필요가 있겠는가? 예관禮官으로 하여금 속히 성대한 의식을 시행하도록 하라. …[65]

이렇듯 문구는 왕이 즉위하는 분위기를 자아내고 있다. 이 글을 읽고 나면 곧바로 팡파르가 울려 퍼질 것 같다. 아주 거창해서 읽는 사람들을 압도할 만하다. 때에 맞춰 일을 잘 처리했다는 자화자찬도 눈에 들어온다. 아무튼 이홍위가 의관을 갖추고 즉위식장에 입장하는 모습을 연상케 한다.

이홍위 복위도 군신분의의 통치 패러다임을 통해 왕권을 강화시키려는 의도로 추진된 것이었다. 숙종이 사육신을 복권시킨 것은 그들의 절의로 둘러싸인 이홍위 복위를 전제로 한 것이다. 하지만 숙종은 그의 복위도 정치적으로 이용하였다. 사육신 복권 때와 마찬가지로 그의 복위에도 군신분의의 통치 패러다임이 작용하였다. 즉 신하들은 사육신처럼 자신을 절대적으로 섬겨야 한다는 메시지를 준 것이다. 이런 것은 특히 숙종에게 몹시 간절했던 패러다임이었다. 툭 하면 왕비를 갈아치우고, 툭 하면 붕당을 갈아 치우는 변덕스러운 행동에 신하들은 속으로 그를 경멸했을 수 있다. 숙종도 그런 것을 눈치채고 있었으리라 생각한다. 그래서 그는 신하들은 어떤 경우에도 충성해야 한다는 군신분의의 통치 패러다임의 실제 사례를 보여줄 필요가 있었다. 결국 숙종은 왕권 강화 의도를 숨기기 위한 현란한 포장지로 사육신 복권과 이홍위 복위를 이용한 것이었다. 이홍위는 군으로 추락한 3명의 왕 중 그나마 복위시킬 만한 명분이 있었기에 왕위를 되찾을 수 있었다. 그렇지 못한 연산군이나 광해군은 조선이 없어질 때까지 '군'으로 남았다.

이홍위는 단종이 되었다. 241년 만에 대군을 거쳐 왕이 되고 10여 일 후 단종端宗이라는 묘호를 받았다. 왕이 된 지 5일 후에는 조정에서 그의 복위를 위한 절차를 논하는 모임도 있었다. 숙종은 이홍위와 그의 아내의 시호와 묘호 그리고 능호를 내렸다. 다음은 『조선왕조실록』에서 소개하는 내용이다.

… 노산대군의 시호를 추상追上하여 '순정안장경순대왕純定安莊景順大王'이라

하였는데, 중정정수中正精粹함을 순純이라 하고, 대려자인大慮慈仁을 정定이라 하고, 화합을 좋아하고 다투지 않음을 안安이라 하고, 올바른 것을 실천하여 뜻이 화和한 것을 장壯이라 하고, 의義로 말미암아 구제하는 것을 경景이라 하고, 자애롭고 화목하여 두루 복종하는 것을 순順이라 한다 하였다. 묘호는 단종이라 하니, 예禮를 지키고 의義를 잡음을 단端이라 한다. 능호는 장릉莊陵이라 하였다.[66)]

순정안장경순대왕에 쓰인 글자 중 맨 앞에 쓰인 '순'이 담고 있는 뜻은 중정정수中正精粹와 중정화수中正和粹 두 개가 있는데, 그중 중정정수를 택했다는 것이다. 중정정수는 '마음이 바르고 정신이 순수하다'는 의미이고 중정화수는 '마음이 바르고 온화하며 순수하다'는 의미이다. 또 두 번째 글자 '정'이 담고 있는 뜻도 여러 개이지만 그중에서 '나라를 크게 걱정하며 백성에게 인자하다'는 대려자인大慮慈仁을 택한 것이다. 세 번째 글자 '안'은 호화부쟁好和不爭을, 네 번째 글자 '장'은 이정지화履正志和를, 다섯 번째 글자 '경'은 유의이제由義而濟를, 여섯 번째 글자 '순'은 자화편복慈和遍服을 택한 것이다. 따라서 이홍위의 시호가 품은 정서는 대체로 온화하다고 할 수 있다. 묘호인 단종에 쓰인 시자諡字 '단'은 수예집의守禮執義를 택한 것이다. 이렇게 해서 이홍위는 이름보다 단종으로 불리게 되었으며 무덤은 장릉으로 불리게 되었다.

... 8) 영월 장릉을 조성한 숙종

조선시대 능역은 대체로 정형화되어 있다. 진입 공간, 제향 공간, 전이 공간, 능침 공간으로 나뉜다. 진입 공간에는 금천교 · 홍살문 · 배위가 있다. 금천교는 조그만 개울 위에 세워진 돌다리로 그곳을 건너면 왕과 왕비의 혼령이 머무는 신성한 공간으로 들어간다는 것을 알려준다. 금천교를 건너자마자 접하게 되는 홍살문은 왕과 왕비가 머무는 공간을 보호한다는 의미가 있다고 생각한다. 따라서 홍살문의 안쪽은 신성한 공간임을 의미한다. 홍살문 왼쪽에는 배위拜位가 있다. 왕이 제사를 지내러 왔을 때, 홍살문에서 가마에서 내린 후 배위에서 절을 한다.[67] 이곳까지를 능에서는 속세로 본다. 제향 공간에는 참도 · 정자각 · 수라간 · 수복방이 있다. 참도는 홍살문과 정자각 사이에 난 두 개의 길로 박석으로 포장되어 있다. 그중 약간 높고 넓은 왼쪽 길은 제관이 향과 축문을 들고 가는 향로香路이고 오른쪽 길은 왕이 다니는 어로御路이다. 정자각은 능의 중심 건축물로 제향 장소이다. 또 제향 공간에는 제사에 사용할 음식을 준비하는 수라간과 능을 관리하거나 제물을 준비하는 사람들이 지내던 수복방이 참도를 중심으로 좌우에 있다. 전이 공간은 능의 주인을 알려주는 비석과 그것을 보호하는 비각, 축문을 태우는 예감과 능이 자리 잡고 있는 산의 산신에게 제사를 지내는 산신석이 있다. 능침 공간은 능의 핵심 공간으로

장릉의 능침 공간(강원도 영월군 영월읍). 단릉인 장릉이 지금과 같은 형태로 조성된 것은 숙종 대이다.

봉분이 있는 곳이다.

　영월 장릉의 능침 공간은 다른 능에 비해 소박하다. 일반적으로 능침 공간은 인위적으로 조성되었기 때문에 완만하게 경사진 언덕으로 이루어져 있다. 그리고 하계·중계·상계로 나뉘어, 하계에는 봉분을 지키는 무인석과 석마(돌로 만든 말의 상) 한 쌍이 있고, 중계에는 능 주인의 명을 받드는 문인석과 석마 한 쌍 그리고 장명등 등이 있다. 상계에는 봉분을 중심으로 혼이 쉬는 공간인 혼유석(상석)이 봉분 앞에 있고, 혼유석 좌우로 8각 기둥의 망주석이 하나씩 있다. 또 난간석이 봉분 바깥쪽을 둘러싸고 있다. 난간석 안쪽의 봉분 밑부분에는 병풍석이 봉분을 둘러싸고 있다. 봉분 주위로는 석호(돌로 만든 호랑이상)와 석양(돌로 만든 양의 상)이 봉분을 둘러싸, 능침 공간의 밖을 지켜보는 형상으로 봉분을 보호하고 있다. 봉분은 곡장이라는 나지막한 담장이 둘러싸고 있다. 곡장은 무덤이 있는 땅의 기운이 빠져나가는 것을 막기 위한 구조물이다. 이렇듯 조선시대 왕릉은 궁궐보다는 규모가 작지만 상징적인 의미에서 왕이 살아 있을 때 생활했던 궁궐을 옮겨 놓은 것과 같다. 하지만 영월 장릉은 무인석도 없을뿐더러 석물도 왜소하

장릉은 능침 공간이 산등성이에 있고 그 아래 진입 공간과 제향 공간이 있다.

면서 간단한 편이다. 또 병풍석과 난간석이 없고, 혼유석 앞에는 사각지붕형의 장명등[68]이 있다.

단종 무덤을 지금과 같은 형태의 능으로 조성하는 논의가 시작된 것은 숙종 대이다. 숙종은 이홍위를 복위시킨 지 5일 후 복위에 관련된 절차를 논의하였다. 이때 영월 장릉의 조성에 관한 언급도 있었다. 영월 장릉의 조성모델로 정종과 정안왕후의 능인 후릉[69]을 따르도록 지시하였다. 후릉 석물이 가장 단출하기 때문이었다. 또 판중추부사 최석정의 건의로 무인석[70]은 설치하지 않기로 하였다. 이것은 이성계의 비 신덕왕후 강씨 무덤인 정릉[71] 및 덕종(의경세자를 추존)과 소혜왕후 한씨 무덤인 경릉[72]을 모델로 삼은 것이었다. 따라서 영월 장릉은 여러 개 능을 모델로 삼아서 짜깁기한 형식이다. 이렇듯 영월 장릉이 소박하지만 왕족 무덤 형식을 갖추게 된 것은 단종 사후 241년이나 지나서였다. 다음 해 영월은 군에서 부로 승격되어 영월도호부가 되었다.

영월 장릉은 능의 조성절차도 없었던 능이다. 왕이나 왕비의 숨이 끊어지면 주변에 있던 사람들이 곡을 한다. 그 상황에서 환관은 왕이 평소 입

단종문화제 중 장릉에서 열리는 국장재현 행사

던 웃옷을 가지고 그들이 숨을 거둔 건물 지붕으로 올라간다. 왼손으로 웃옷의 옷깃을 잡고 오른손으로 웃옷의 허리 브분을 잡은 채 북쪽을 향해 '상위복上位復'을 세 번 외친다(왕비의 경우는 '중공복'이라 외침). '상위복'은 '상감은 돌아오소서'의 뜻이다. 이것은 육신을 떠난 혼이 다시 돌아오기를 바라는 초혼의식이다. 이렇게 외치고 난 직후 옷을 지붕 아래로 던진다. 그러면 밑에서 대기하던 다른 환관이 받아 안으로 들어가 그들의 몸 위에 덮는다. 그런 후 5일 동안 살아나기를 기다린다. 그래도 살아나지 않으면 입관 준비를 시작한다. 이로부터 왕조의 위엄과 권위를 나타내기 위해 무려 5개월이나 소요되는 국장이 시작된다. 이 고·정에서 시신의 부패를 막기 위해 동빙고와 서빙고의 얼음을 사용했다. 나아가 왕이나 왕비가 숨을 거둔 날 '국장도감'·'빈전도감'·'산릉도감'·'혼전도감'·'부묘도감' 등의 임시기구가 설치되어 장례를 주관한다. 국장도감은 장례를 총괄, 빈전도감은 시신 관리, 산릉도감은 능에 관련된 토목이나 건축공사 담당, 혼전도감은 종묘에 입향할 때까지 신위를 봉안하는 혼전을 관리, 부묘도감은 혼전에 있던 신주의 종묘 봉안을 주관하였다. 하지만 영월 장릉은 단종을

단종문화제 중 장릉에서 열리는 국장재현 행사. 『국장도감의궤』 등을 참조해서 재현한다.

강제 폐위시키고 몰래 죽임으로써 이러한 국장 절차나 능의 조성 절차가 이루어질 수 없었다.

영월 장릉이 조선시대 다른 능에 비해 소박한 것은 정치적 해석 영향과 조성 초기의 능 형식을 따르려는 의도가 없었기 때문이다. 공식적으로 중종 때 처음 단종 묘를 확인하고, 선조 때 약간이나마 보수가 이루어졌다. 숙종 때 석물을 정비하고, 영조 때 이르러 제향 공간을 마련하였다. 이런 일련의 과정에서, 초기에는 능을 조성하려는 생각이 없었다고 볼 수 있다. 단지 인지상정상 예를 갖춰 제사만 지내려 하였다. 그런 제사도 정기적으로 이루어지지 않았다. 짧게는 수년 길게는 수십 년에 한 번씩 이루어졌다. 더구나 능을 조성한다는 것은 단종을 왕으로 인정하는 것이다. 그러면 단종에게 행한 세조의 행위가 왕위 찬탈이었음을 인정하는 것이 된다. 그럴 경우 세조의 후손으로서 왕위를 물려받은 왕들은 왕권에 대한 정통성을 취약하게 만든다. 이러한 정치적 해석이 작용한 탓에 단종 묘에 손을 댈 수 없었다. 하지만 그런 단종의 묘도 사육신 복권과 단종 복위에 한몫했다. 조선 초·중기 영월군수로 재임한 뜻있는 군수들이 단종의 묘를 확인하고 사육신 복권과 단종 복위에 관한 여론을 환기시켰기 때문이다. 또 능호를 부여했음에도 묘를 왕이나 왕비 묘 수준이 아닌 세자 묘(경릉) 수준에 맞추려고 한 탓에 영월 장릉은 다른 능에 비해 소박하다.

... 9) 영월 장릉의 특징

영월 장릉은 일반적인 조선시대 왕릉 구조와 많은 차이가 있다. 영월 장릉에는 금천교가 없다. 또 홍살문이 정자각과 일직선상에 위치하고 있지 않다. 홍살문이 정자각의 동남쪽 방향에 있기 때문에 참도가 세 번이나 90도로 구부러져 있다. 또 능침 공간과 정자각도 일직선상에 있지 않다. 봉분의 전면은 동쪽을 향하고, 정자각 전면은 남쪽을 향하고 있다. 능침 공간도 인위적으로 조성된 경사가 완만한 언덕이 아니라 자연적으로 형성된 경사가 아주 급한 산등성이다. 앞서 소개했듯이, 능침 공간은 다른 능에 비해 허전할 정도로 석물이 빈약하다.

영월 장릉은 다른 능에서 볼 수 없는 건축물이나 시설물들이 있다. 우선 엄흥도정려각이 있다.[73] 엄흥도정려각은 엄흥도의 충절을 기리기 위한 비석이 있는 건축물이다. 또 단종을 위해 목숨을 잃거나 절의를 지킨 인물들의 이름이나 작위가 적힌 4개의 위패가 봉안된 장판옥이 있다.[74] 장판옥은 3칸 방으로 이루어져 있다. 가운데 칸에는 33명의 이름과 작위가 적힌 충신위忠臣位가 있다. 왼쪽 칸에는 186명의 이름이 적힌 조사위朝士位가 있다. 그리고 오른쪽 칸에는 44명의 환관군노 이름이 적힌 환관군노위宦官軍奴位와 6명의 여성 이름이 적힌 여인위女人位가 함께 있다.[75] 장판옥 앞쪽으로 다른 능에서 볼 수 없는 배식단配食壇이라는 시설물이 있다. '배

엄흥도정려각(영월 장릉 내)

장판옥(영월 장릉 내)

배식단(영월 장릉 내)

식'이란 '배향'의 다른 말로, 배식단이란 '추앙받는 사람들의 제사를 지내는 시설물'이 된다. 배식단은 제22대 왕 정조가 만들어준 것으로, 이곳에서 제사를 지내주는 인물들도 정조 때 선정되어 장판옥의 위패에 올라 있는 268인이다. 매년 한식날 단종제향 후 배식단에서 제사를 지낼 때, 제관들은 장판옥에 있는 위패를 그곳으로 옮겨놓고 위패를 향해 절한다. 배식단은 높낮이 차이가 있는 4개의 단으로 이루어져 있다. 독립적이고 제일 높은 단인 정단正壇에는 충신위가 올라간다. 정단 옆에 있는 별단別壇에서 제일 높은 가운데 단에는 조사위가 올라간다. 조사위가 올라가는 단의 좌측에 있는 북별단北別壇에는 환관군노위가 올라간다. 그리고 우측에 있는 남별단南別壇에는 여인위가 올라간다.

영월 장릉에는 왕위를 빼앗기고 죽은 단종의 분하고 억울한 넋을 위로하는 여인들의 설화가 녹아든 정자가 있다. 영월 장릉 입구에 들어서면, 오른쪽에 배견정拜鵑亭이라는 아담한 정자가 있다. 여기 쓰인 '견鵑' 자가 '두견이' 견 자다. 정자 이름은 영월 등강하류 낙화암에서 순절한 궁녀들의 넋이 두견새가 되어 영월 장릉을 찾아와 울며 절한다는 설화에 따라 붙여진 것이다. 따라서 이 이야기는 장판옥의 여인위와 관련이 있는 원혼冤魂설화[76]이다. 여기서 두견새는 왕위를 빼앗기고 죽은 왕의 원혼에 비유된다. 그러므로 궁녀들은 자신들의 한을 풀어달라는 것이 아니다. 단종의 한을 풀어달라는 것이다. 이런 이야기 구조는 충절의 가치에 초점을 두고 불교의 환생 논리에 입각하여 창작된 것으로, 단종의 죽

배견정(영월 장릉 내)

배견암(영월 장릉 내)

음과 충신들의 모습을 세상에 알려야 한다는 일종의 의무감이 작동한 결과물이다. 정자는 박기정이 1792년(정조 16년)에 처음 건립하였다. 배견정 가까이에는 그가 '배견암拜鵑岩'이라고 새긴 바위가 있다. 지금은 매립됐지만 배견정 앞에는 연못이 있었고, 연못가에는 하마비下馬碑가 있었다고 한다.

영월 장릉에는 '아랑설화'[77)]의 짝퉁설화가 존재하는 비석이 있다. 영월 장릉에는 단종의 묘를 찾아낸 사연이 기록되어 있는 박충원의 낙촌기적비駱村紀績碑가 있다. 낙촌은 박충원의 호이다. 또 비석을 보호하는 낙촌비각도 있다. 이 또한 다른 능에 없는 건축물이다. 낙촌기적비 내용은 대체로 다음과 같다.

단종이 영월로 유배되어 사약을 마시고 숨을 거두었다. 엄흥도가 단종의 시신을 남몰래 장사 지내주었기에 그의 묘조차 알 길이 없었다. 이 후 고을에 군수가 부임하면 원인 모르게 죽었는데, 그 수가 3명에 이르렀다. 중종 36년 박충원이 군수로 부임하자 많은 관리들이 그에게 피신할 것을 권하였

낙촌비각(영월 장릉 내)

다. 하지만 그는 죽는 것은 하늘의 뜻이라 하고 의관을 차려입고서 불을 밝힌 채 단정히 앉아 있었다. 그러던 중 그는 비몽사몽간에 왕명을 받들고 왔다는 세 사람에게 끌려갔다. 그가 끌려간 숲속에는 어린 왕을 여섯 신하가 둘러서 모시고 있었다. 왕은 그를 처형할 것을 명하였지만 그들 중 한 명이 살려두자고 해서 죽음을 모면하였다. 잠에서 깬 박충원은 꿈속의 일이 단종과 연관되어 있음을 깨닫고 엄흥도의 후손을 앞세워 단종 묘를 찾은 후 묘를 보수하고 제사를 올렸다. 그 후부터 군수가 부임 초에 죽는 일이 없었다고 한다.

　설화 구조는 억울하게 죽은 단종의 묘를 박충원을 통해서 찾게 됨으로써, 신임 군수가 죽어가는 것을 막게 되었다는 것이다. 따라서 억울하게 죽은 아랑이 신임 부사를 통해서 자신을 죽인 범인을 찾게 되고, 이후로는 다른 신임 부사가 죽는 것을 막게 되었다는 아랑설화의 이야기 구조와 거의 같다. 이 두 개의 이야기 구조에는 제3의 인물이 등장한다. 낙촌기적비에는 박충원이, 아랑설화에서는 신임 부사가 된다. 그러므로 이 설화는 6년간 영월군수로 재직한 박충원이라는 실존인물을 매개로 하여 단종의 억울한 죽음을 알리려는 의도뿐 아니라 그의 의연한 행동을 부각시키려는 의도도 있다. 그가 관직에 발을 들여놓기 전 우승지 신상이 중종의 지시로 방치되었던 단종의 묘를 찾아내 제사를 지낸 것은 앞서 밝힌 바 있다. 당시 신상은 "묘는 영월군 서쪽 5리 길 곁에 있는데 높이가 겨우 두 자쯤 되고, 여러 무덤이 곁에 총총했으나…"라는 보고를 울면서 하였다. 약 25년이 지난 후 박충원은 영월군수로 부임하였다. 그러므로 낙촌기적비 내용은 그를 미화하기 위하여 신상이 한 일을 차용한 것으로 볼 수 있다. 그의 아들 박계현이 선조에게 『육신전』을 읽어보도록 권했다는 사실은 앞서 밝힌 바 있다.

영월 장릉에는 조선의 다른 능에서는 찾아볼 수 없는 샘이 있다. 일반적으로 능의 재실에는 우물이 있다. 제사에 쓰는 음식물을 재실에서 준비하기 때문이다. 그래서 능의 재실 역할을 하는 종묘의 전사청에도 우물이 있다. 이 역시 왕실 제사에 쓰는 음식물을 준비할 때 사용하는 우물이다. 그러므로 대체로 능의 제향 공간에는 우물을 조성하지 않는다. 하지만 영월 장릉에는 제향 공간에 '영천靈泉'이라는 샘이 있다. 영천은 영월 장릉에서 제사 지낼 때 쓰는 제정祭井이다. 정조 때, 사육신의 한 사람인 박팽년의 후손 박기정이 영월부사[78]로 재직한 적이 있다. 그는 영월부사로 부임하기 전 대축大祝 자격으로 영월 장릉 배식단에서 제사에 참여한 적이 있다. 대축이란 종묘나 문묘 제향 때 초헌관이 술을 따르면 신위 옆에서 축문을 읽는 사람을 말한다. 이런 일을 포함한 여러 가지 이유가 작용하여 그가 영월부사로 부임하게 된 것이다. 그런 그가 조정에 알리고 제정으로 사용했던 샘이 영천이다. 샘가에 서 있는 비석의 영천이란 글씨도 박기

영천(영월 장릉 내)

정이 쓴 것이다. 영천은 평소에는 물이 잘 솟아나지 않다가 한식 제사 때가 되면 넘쳤다고 한다. 따라서 '신령한 샘'이란 뜻의 영천이란 이름을 얻었다.[79] 앞서 소개했듯이 박기정은 배견정을 세우고 '배견암'이라는 글자를 바위에 새겼다.

··· 10) 이홍위를 영월로 떠나보낸 뒤 정순왕후의 삶

단종의 아내 정순왕후는 단종보다 61년을 더 살았다. 그녀가 그를 마지막으로 본 것은 그가 유배를 떠나던 날이었다. 다음은 그녀가 단종과 함께 복위되고 시호와 능호를 받는 내용을 알려주는 『조선왕조실록』 기사이다.

부인의 시호諡號를 '정순定順'이라 하니, 순행純行하여 어그러짐이 없음을 정定이라 하고, 이치에 화합하는 것을 순順이라 한다 하였다. 휘호徽號를 단량

제경端良齊敬이라 하니, 예를 지키고 의를 붙잡는 것을 단端이라 하고, 중심中心으로 일을 공경하는 것을 양良이라 하고, 마음을 잡아 능히 엄정할 수 있음을 제齊라 하고, 밤낮으로 공경하고 삼감을 경敬이라 한다 하였다. 능호는 '사릉思陵'이라 하였다.[80]

그녀는 부인으로 강봉되어 있었다. 영도교에서 단종과 이별한 후 그녀의 삶은 그와 아버지에 대한 그리움으로 가득 찼을 것이다.

정순왕후 송씨는 시녀들과 함께 궁핍한 생활을 한 것으로 회자되었다. 그녀는 영월로 유배 간 단종을 기다리며 3명의 시녀와 함께 지금의 서울시 종로구 숭인동에 있었던 정업원淨業院[81]에서 생활하였다고 한다. 그녀의 삶은 대체로 다음과 같이 전해진다.

사릉[82]이 정업원에 출가할 때에 시녀 세 사람이 동시에 머리를 깎았는데, 승명僧名은 희안·지심·계지였다. 한 사람은 옆에서 모셨고 두 사람은 동냥을 하여 땔감과 양식을 공급하였는데…

-『해평가전』[83]

시녀 중 2명이 동냥을 해서 땔감과 먹을 것을 마련했지만 궁핍한 생활은 더 심해졌다고 한다. 나아가 이런 이야기를 바탕으로 그녀가 그곳에서 명주를 짜서 댕기, 저고리 깃, 옷고름 등을 만들어 시장에 내다 팔아 생계를 꾸려갔다는 이야기로 전개된다. 그 과정에서 그녀가 정업원에서 서북쪽으로 수백 미터 떨어진 바위 밑 샘물에 명주를 담근 적이 있는데 그것이 자주색으로 물이 들었다고 한다. 따라서 이 샘을 '자주동샘'[84]이라고 부른다.

자주동샘(서울시 종로구 창신동)

정순왕후 송씨는 동네 아낙네들의 적극적인 도움을 받으며 살았다고 한다. 그녀의 궁핍한 생활을 보다 못한 동네 아낙네들이 먹을 것을 그녀가 사는 집의 사립문 위로 던져놓고 갔다고 한다. 이런 이야기를 들은 세조는 아낙네들이 정업원 근처에 얼씬도 못하게 했다고 하였다. 이런 조치에 맞서서 그녀들은 새로운 방법을 모색했다고 한다. 즉 정업원에서 그리 멀지 않은, 정순왕후 송씨가 단종과 이별했던 영도교 근처에 채소 파는 시장을 만들었다고 한다. 아울러 이곳에는 남자들이 올 수 없도록 했다고도 한다. 그래서 이곳을 '여인시장'으로 불렀다고 한다.

후세 사람들은 정순왕후 송씨의 힘든 생활상을 통해서 세조의 악행을 부각시키려 하였다. 그녀가 정업원에 들어가 생활했다 하더라도 당시 정업원은 창덕궁 인근에 있었다. 따라서 정순왕후 송씨가 자주동샘을 이용했다는 이야기나 동네 아낙네들이 그녀를 위해 여인시장에서 채소를 팔았다는 등의 이야기는 사실과 상당한 거리가 있다. 그녀의 힘든 생활상을 이야기함으로써 왕위 찬탈을 한 세조의 행위를 부각시키려 한 것이었다.

여인시장 터(서울시 종로구 숭인동)

　정순왕후 송씨는 숭인동의 정업원 인근에서 매일 아침저녁으로 영월을 바라보았다고 한다. 숭인동 정업원의 동남쪽 방향으로 작은 봉우리가 있다. 지금은 그곳에 '동망봉 어린이공원'이 있다. 봉우리에 올라가면 동남쪽 방향이 확 트여 영월 쪽이 잘 보인다. 그녀는 이곳에서 단종이 살아 있을 때는 무사하기를 빌었고 죽은 뒤에는 명복을 빌었다.
　앞서 소개한 정순왕후 송씨에 관련된 일부 설화는 사실과 다르다. 다음은 그런 주장을 뒷받침해주는 이야기이다. 제21대 왕 영조가 손자 정조와 함께 정순왕후 송씨가 살았던 숭인동 정업원 터에 가서 절을 하였다. 그리고 단종의 누나 경혜공주의 후손 정운유에게 정순왕후 송씨가 언제 이곳에서 살았는지 물었다. 그는 정확히 모른다고 답했다. 그러면서 정순왕후 송씨에 대한 이야기를 이어갔다. 단종을 죽일 당시 세조가 정순왕후 송씨에게 한양도성 안에 집을 지어주려고 했지만 그녀가 원하는 곳은 흥인지문 밖 동쪽이 보이는 곳이었다고 한다. 그래서 세조는 건축자재를 주어 정업원 터에 집을 짓게 하였다고 하였다. 집에는 사당과 제사음식을 만들던 숙설청이 있었다. 따라서 그녀는 집에서 단종의 제사를 지냈다.

정업원 터(서울시 종로구 숭인동)

당시 단종의 위패가 종묘에 봉안되지 않아 나라에서 그의 제사를 지내주지 않았기 때문이다. 또 그녀는 시누이 경혜공주의 아들 정미수를 양아들로 삼은 후 시누이 집안(정미수 친가, 즉 정종의 집안을 말함)에 가서 살기도 했다고 하였다. 그녀가 그곳으로 가기 전에는 '정업원 즈지 노산군 부인'으로 불렸지만 불교신자는 아니었다고 하였다.

영조는 숭인동 정업원 터에 비석을 세워 표시하고 선대 왕들에게도 이 사실을 알렸다. 그는 정운유를 만나기 전에 이미 정업원 터에 관한 이야기를 들었다. 그래서 그곳에 비석을 세우도록 한 것이다. 비석이 세워지자 선대 왕들의 초상화를 봉안한 창덕궁의 진전眞殿에서 선대 왕들에게 이 사실을 고하고 정업원 터로 가서 비각을 둘러본 후 절을 하였다. 이때 정운유를 만난 것이다. 영조는 비각 앞에서 4번 절한 다음 정순왕후 송씨의 영령이 반드시 이곳에 왔을 것이라고 했다. 또 정업원과 마주 보는 봉우리 바위에 '동망봉東望峰'이라는 글자를 새기도록 직접 글을 써주기도 했다. 이곳은 정순왕후 송씨가 올라가서 영월 쪽을 바라보던 곳이다.

정순왕후 송씨는 한때 동망봉 인근에서 살았을 것으로 추정된다. 원래 정업원은 고려와 조선시대에 있었던 여승들의 사찰이었다. 그리고 고려시대 정업원은 개성에, 조선시대 정업원은 한양에 있었다. 정업원의 여승들은 대체로 권세 있는 집안이나 왕족 출신들이었고, 주지는 왕족 출신이었다. 정순왕후 송씨 역시 일원이 될 조건을 갖추고 있었다. 이런 이유로 단종과 헤어져 홀로 된 그녀가 정업원에 들어갔을 것이란 추측이 가능하다. 하지만 '세조가 그녀에게 한양도성 안에 집을 지어주려고 했지만 그녀가 원하는 곳은 흥인지문 밖 동쪽이 보이는 곳이었다'는 말에서 그녀가 정업원에 들어가지 않았음을 알 수 있다. 더구나 연산군 때까지 정업원은 창덕궁 인근에 있었기 때문에 당시의 정업원은 그녀가 원하는 지역에 있지도 않았다. 따라서 그녀는 동망봉 인근에 집을 짓고 살면서 단종이 떠나간 영월을 바라보며 살았을 것으로 추정된다. 그런 탓에 동망봉 인근에 그녀에 관련된 설화가 많이 생성된 것으로 볼 수 있다. 그녀는 나이가 들자 양아들 정미수 집안으로 들어가 살았다. 그러므로 영조가 비석을 세운 자리는 정순왕후 송씨가 한때 살았던 집으로, 그녀가 정미수 집안으로 들어간 다음에는 왕들이 죽은 후 궁궐을 나온 후궁들이 거처하던

동망봉(서울시 종로구 숭인동)

곳으로 바뀌었을 개연성이 있다. 이런 측면에서는 그곳이 정업원이었다고 할 수 있다.

정순왕후 송씨는 설화 내용과 달리 비교적 평안한 삶을 살았다. 세조는 그녀의 남편과 친정아버지를 죽였다. 그럼에도 세조는 그녀에게 집을 지어주는 등 호의를 베풀었다. 세조의 아내 정희왕후 윤씨도 대왕대비 시절까지 그녀에게 각별한 관심을 보여주었다. 그런 내용이 『조선왕조실록』에 나온다.

대왕대비가 전지하기를

"노산군의 처 송씨에게 그 친속親屬들로 하여금 의식을 공급하여 살 바를 잃지 말게 하고…"[85]

이렇듯 그녀는 정순왕후 송씨가 궁핍하게 생활하지 않도록 입을 것과 먹을 것을 잘 챙겨주라고 하였다. 이런 모습을 보인 것은 불교 의존적 삶을 살던 그들이 불교적 가치관에 영향을 받았다고 생각할 여지가 있다. 즉 일말의 불교적 깨달음을 얻은 그들이 그녀를 보살펴줌으로써 단종을 죽이고 왕위를 빼앗은 것에 대한 업보를 덜고 영혼을 피안의 세계에 머물게 하고픈 몸부림이었을 수 있다. 그녀는 단종과 이별한 후 82세로 세상을 떠날 때까지 세조·예종·성종·연산군·중종 다섯 왕이 나라를 다스리는 것을 보면서 비교적 평안한 삶을 산 것 같다. 그녀는 노비가 되지 않았고, 궁핍한 생활을 하지도 않았다. 단지 단종과 아버지에 대한 그리움 그리고 고독 속에서 살아간 것이다. 하지만 그녀의 뒤에는 정미수가 있었다.

정순왕후 송씨의 단종에 대한 그리움은 평생 수그러들지 않았다. 그녀는 숨을 거두기 3년 전 자신의 노비와 재산을 정미수의 아내(양(養)며느리)에게 주는 것을 허락해달라고 하였다. 그런 사실을 『조선왕조실록』에서 확인할 수 있다.

노산군 부인 송씨가 상언上言하여 자기의 노비와 재산과 집을 정미수의 아내에게 주기를 청하였다. 정원이 이어서 아뢰기를
"노산군 부인이 정미수를 시양자侍養子로 삼았는데, 정미수는 이미 죽고 또 후사가 없습니다. 정미수의 아내가 죽게 되면 노산군에게 제사 지내줄 사람이 없어져서 제사가 끊어질 것이니 매우 참담합니다. …"[86)]

당시 정미수는 제사를 지내줄 아들도 없이 죽었던 것이다. 따라서 단종의 제사도 끊기게 되었다. 정순왕후 송씨는 이런 것을 우려하였다. 즉 단종에 대한 그리움이 수그러들지 않았음을 보여주는 것이다.
정순왕후 송씨의 묘는 정미수 집안의 묘역에 조성되었다. 단종의 묘가 영월의 개인 묘역(엄흥도 선산)에 조성되었듯 정순왕후 송씨의 묘도 그녀의 시누이 시댁 묘역에 만들어졌다. 즉 정미수 집안의 묘역에 만들어졌으니 양아들 집안의 묘역에 만들어진 것이다. 그런 사실도 『조선왕조실록』에서 확인할 수 있다.

… 정순왕후가 장수를 누려 나라의 동쪽 교외에서 살다가 승하한 후에 고故 찬성 정미수의 선산에 장사 지냈었다. 그래서 정씨들이 대대로 그 제사를 받들어 이에 정중휘의 이름을 방제傍題한 것이니, 정중휘는 곧 정미수의 후손이요, 정미수의 어머니 경혜공주는 단종대왕의 누이가 되기 때문이다. …[87)]

단종 묘에 처음 수묘군을 두었던 현종 때 그녀의 묘에도 수묘군을 두었을 뿐 아니라 제사에 필요한 비용을 충당하기 위해 토지가 지급되기도 했다. 하지만 묘가 민가와 뒤섞이지 않도록 사당을 세워달라는 건의는 받아들여지지 않았다. 광해군 때 신하들 입에서 그녀의 묘가 "나무꾼과 소 먹이는 자들이 맘대로 들어가고 향화香火가 단절되어 자손이 있는 천민만도 못하니…"라는 말이 나올 정도였다. 그녀의 무덤인 사릉은 경기도 남양주시에 있다.

단종의 후궁들도 비참한 삶을 살지 않았다. 앞서 밝혔듯이 단종의 후궁은 숙의 김씨와 숙의 권씨 두 명이었다. 숙의 김씨는 김사우의 딸이었고, 숙의 권씨는 권완의 딸이었다. 단종이 유배 떠나기 직전, 그녀들의 아버지들은 관직에서 물러나라는 신하들의 요구를 여러 번 받았다. 특히 김사우는 무관으로 군사를 관장하고 있었기 때문에 물러나게 해야 한다고 신하들은 주장하였다. 결국 그들은 쫓겨나거나 죽임을 당하였다. 그 후 권완의 딸 숙의 권씨는 단종이 숨을 거둔 지 7년 만에 노비에서 풀려났다. 김사우의 딸 숙의 김씨는 지금의 충북 충주에서 살다가 죽었다. 단종이

사릉. 단종의 왕비 정순왕후 송씨 무덤으로 경기도 남양주시 진건읍에 있다.

정순왕후 송씨 추모제향 행사가 동망봉에서 열리고 있다.

숨을 거둔 지 68년 후의 일이다. 정순왕후 송씨보다 4년을 더 살았다. 그녀는 살아 있을 때 나라로부터 해마다 쌀과 소금 등의 물자를 받았다.

11) 죽은 뒤 더 고달팠던 현덕왕후

세조는 현덕왕후 권씨 죽음도 왕위 찬탈을 합리화하기 위해 이용했다. 그녀는 세종의 두터운 총애를 받았다. 그녀가 숨지던 날 세종은 두세 번 그녀를 보러 갔다. 그녀가 숨지자 세종은 밥도 먹지 않았다. 신하들이 그녀의 장례를 원경왕후 민씨와 정소공주의 예를 참작해 정해달라고 하자, 원경왕후 민씨보다는 내리고 정소공주보다는 높이라고 하였다. 원경왕후 민씨는 세종의 어머니이고, 정소공주는 세종의 큰딸이다. 이 대목에서 세종이 얼마나 현덕왕후 권씨를 좋아했는지 알 수 있다. 세종은 그녀의 장례가 끝난 후에도 고기를 먹지 않았다. 따라서 신하들이 그에게 고기를 먹도록 권했지만 거부할 정도였다. 하지만 단종이 유배를 떠나고 5일 후 세조의 신하들은 기다렸다는 듯 현덕왕후 권씨의 작위를 폐하고 서인으로 만들라는 건의를 하였다. 세조는 그들의 건의를 받아들였다. 후속조치로 종묘에서 그녀의 신주와 장신구를 빼버리기도 했다. 그들의 표면적 논리는 역모를 꾸민 단종을 낳은 어머니에게 책임을 묻겠다는 것이다. 하지만 그들의 속셈은 다른 데 있었다. 문종이 죽고, 단종을 죽이고, 그녀의 무덤조차 없애버리면, 세조의 왕위는 단종으로부터 빼앗은 것이 아니라 세종으로부터 직접 물려받은 것으로 인식될 수 있기 때문이다.

현덕왕후 권씨 무덤은 처음에 소릉이라는 능호를 받았다. 그녀는 양원으로 있을 때 빈으로 책봉되었다. 그리고 빈 품계에 '현덕'이라는 호를 받아 현덕빈顯德嬪으로 불렸다. 문종이 즉위한 후에는 이전 호칭을 그대로 사용하여 현덕왕후가 되었다. 또 그녀의 신주神主가 종묘에 봉안되기 전까지 있었던 혼전魂殿[88]을 경희전景禧殿[89]이라고 불렀다. 그녀가 숨을 거둔 후 무덤이 조성되기까지 40여 일이 걸렸다. 능은 한양도성에서 멀리 떨어진 지금의 안산시 단원구 목내동에 있는 와리산에 조성되었다. 당시 왕이 한양에서 그곳까지 다녀오는 데 3일 정도 걸렸다. 그러나 단종이 왕위에 있었을 때, 비로소 능에 석물을 설치했다는 것을 통해서 소릉이 얼마나 초라했는지 알 수 있다. 단종이 영월로 유배 간 때부터 복위된 중종 때까지 소릉은 끊임없이 회자되었다. 그런데 회자된 내용은 대부분 죽은 현덕왕후 권씨가 좋아할 리 없는 것들이었다.

소릉은 조정의 뜨거운 감자로 인식되기도 하였다. 성종이 왕위에 오르자 소릉에 관련된 이야기가 수면 위로 떠오르기 시작하였다. 이야기를 처음으로 꺼낸 인물은 앞서 밝혔듯이 남효온이었다. 7년 뒤 연산군 때, 충청도도사 김일손은 26가지 내용을 상소하는 아주 긴 글을 올렸다. 그중 맨 마지막 내용이 현덕왕후 권씨 복위에 관한 것이다. 그는 그녀가 세자빈 때 숨졌으므로 단종 때의 일과 연계시키는 것은 무리가 있다는 주장을 펼쳤다. 하지만 이 일은 3년 후 일어난 무오사화 때 그를 궁지로 몰아넣는 꼬투리 중 하나로 작용하였다. 다음은 그런 상황을 보여주는『조선왕조실록』기사이다.

"전번에 상소하여 소릉을 복구하자고 청한 것은 무엇 때문이냐?"

하니 일손이 아뢰기를

"신이 성종조에 출신하였으니 소릉에 무슨 정이 있으리까. 다만『국조보감』을 보니 조종祖宗께서 왕씨王氏를 끊지 아니하고 또 숭의전을 지어 그 제사를 받들게 하였으며, 정몽주의 자손까지 또한 그 수령首領을 보전하게 하였으니 이는 모두가 조정의 미덕으로써 당연히 만세에 전해야 할 것입니다. 임금의 덕은 인정仁政보다 더한 것이 없으므로 소릉을 복구하기를 청한 것은 군상君上으로 하여금 어진 정사를 행하시게 하려는 것입니다"

하였다. 전교하기를

"그 권씨의 일을 쓸 적에 반드시 함께 의논한 사람이 있을 것이니 말하라"

하니 일손이 아뢰기를

"국가에서 사관史官을 설치한 것은 사史의 일을 소중히 여겼기 때문이므로 신이 직무에 이바지하고자 감히 쓴 것입니다. 그러하오나 이같이 중한 일을 어찌 감히 사람들과 의논하겠습니까. 신은 이미 본심을 다 털어놓았으니 신은 청컨대 혼자 죽겠습니다."[90]

김일손은 자신이 세조 때 관리가 되지 않았기 때문에 현덕왕후 권씨와는 아무런 상관이 없다는 것이다. 하지만 이전 왕들은 고려시대 왕들도 존중해주고 숭의전을 지어 그들에 대한 제사도 지내준다고 하였다. 그렇기 때문에 조선 개국에 반대한 정몽주 같은 인물의 가문도 살아남았다는 것이다. 이런 일은 조정의 미덕으로 후세에 길이 전해야 할 일이라는 것이다. 따라서 그런 차원에서 현덕왕후 권씨의 복위를 건의하였다는 것이다. 하지만 연산군은 김일손이 사림파와 작당하여 한 이야기로 의심하였다. 현덕왕후 권씨 복위는 세조 왕위의 정통성을 부인하는 것이기 때문에 연산군의 왕위 정통성도 부인될 수밖에 없었다. 연산군의 증조할아버지가 세조이기 때문이다.

현덕왕후 권씨 복위는 정치적 타협의 산물이었다. 중종 8년에 그녀의 복위가 이루어졌다. 그동안 사림파 신하들을 중심으로 현덕왕후 권씨 복위에 대한 논의가 이어져왔다. 하지만 왕들의 반응은 아주 소극적이었다. 이유는 단 하나였다. 자신들의 왕권이 손상 입을 것이 두려웠던 것이다. 세조 이후 중종 때까지 왕들은 세조의 핏줄을 이어받은 인물들이다. 그들이 세조가 저지른 현덕왕후 권씨의 폐위가 잘못된 일임을 인정할 경우, 자신들의 왕위에 대한 정통성도 상실하게 된다. 그리고 그들의 주변에는 세조가 왕위를 찬탈하는 데 적극 협조해서 기득권층이 된 훈구파가 있었다. 하지만 중종 대에 이르러서는 훈구파의 우두머리 격인 신숙주·한명회·정인지 같은 인물들도 사라지고 조정에 새로운 기운을 불어넣을 필요성도 감지되었다. 새로운 기운을 불어넣을 것으로 기대되는 인물들은 현덕왕후 권씨의 복위를 끈질기게 주장한 사림파 신하들이었다. 따라서 중종은 못 이기는 체하면서 그들의 주장을 수용하였다. 그런 모습이 『조선왕조실록』에 잘 드러나 있다.

"이제 소릉을 추복하자는 의논을 보니 모두 정의情義에 합당하다. 나도 처음부터 추복함이 인정에 합당하다는 것을 알지 못한 것은 아니다. 그러나 그

사이에 어찌 비경非輕[91]한 일이 없으랴! 나라의 대사는 임금이 독단할 수 없는 것이다. 반드시 뭇 신하들에게 물어 여망이 일치한 뒤에 택함이 또한 옳지 않으랴! 이 일은 사체事體[92]에 매우 관계되는 것인데, 국사를 도모하는 대신이 부질없는 계책으로 추복하자는 의논을 드렸으랴! 고묘하는 사연은 예관으로 하여금 깊이 헤아려 예에 맞도록 해서 추복하는 것이 옳으리라."[93]

당시는 반정反正 때 중종을 왕위로 추대한 인물들도 사라져 중종도 그들의 눈치를 볼 필요가 없었다.[94] 그는 이때부터 본격적인 정치 개혁에 착수하였다. 아울러 사림파 우두머리 격인 조광조를 끌어들이려 하였다.

소릉을 옮기기 위한 작업이 본격적으로 이루어졌다. 소릉은 세조에 의해 와리산에서 바닷가로 옮겨졌다. 신하들이 소릉을 돌아보고 와서, 그곳이 풍수지리상 적합하지 않으므로 그대로 쓰는 것은 부당하다는 보고를 하였다. 보고받은 다음 날 중종은 현덕왕후 권씨의 복위에 대한 교서를 내렸다. 그로부터 한 달 후 왕이 신하들과 능을 옮기는 절차에 관해 의논하였다. 이 과정에서 세조가 형수 현덕왕후 권씨 무덤을 얼마나 함부로 다루었는지 알 수 있는 『조선왕조실록』 기사가 있다.

"듣건대 소릉은 원래 내재궁內梓宮[95]만으로 장례하고 또 천장遷葬[96]할 때에 회삼물灰三物[97]로 다지지도 않았다 하니 필시 관도 없고 해골만 있을 것입니다. 무릇 천장하는 사람들이 해골이 있으면 해골만 거두어 장례하였으니 이 예에 의하여 행함이 어떠하리까? 그러나 해골도 없다면 어떻게 처리하리까? 대저 신도神道는 다 허虛를 상징함이니 만약 해골이 없으면 혼魂을 모셔 염장斂葬[98]함이 어떠하리까?"

하니 전교하기를

"멀리서 헤아려서는 아니 되니 가서 보고 잘하라"
하였다.[99]

소릉은 문종이 있는 동구릉[100]의 현릉으로 이장되었다. 남편과 사별한 지 72년 만에 남편 곁으로 돌아온 것이다. 그렇게 많은 이야기를 생산해 내던 소릉은 사라지고 현릉으로 합쳐졌다. 현릉은 동원이강릉으로 문종과 현덕왕후 권씨의 봉분이 서로 다른 언덕 위에 따로 조성되어 있다. 정자각에서 능을 바라보았을 때 왼쪽 언덕 봉분이 문종, 오른쪽 언덕 봉분이 현덕왕후 권씨 무덤이다. 따라서 홍살문을 비롯하여 정자각·비각 등을 하나씩만 만들어놓았다. 그런데 이 과정에서 역겨운 일도 벌어졌다. 중종이 현덕왕후 권씨 복위를 선언한 날, 영의정을 지냈던 유순은 세조의 뒤를 이은 왕들이 있는데도 어찌 현덕왕후 권씨의 일을 거론할 수 있느냐며 반대 입장을 표명하였다. 그런 그가 이날은 그녀를 찬양하고, 그녀의 신주를 종묘에 봉안하고 이장한 것에 대한 찬사를 보내는 만사挽詞[101]를 지어 사람들의 빈축을 샀다.

현릉(경기도 구리시 인창동 동구릉 내). 문종과 현덕왕후 권씨 무덤으로 동원이강릉이다.

이홍위와 현덕왕후 권씨 복위를 비롯해 사육신 복권이 이루어진 것은 역사의 복원력을 확인시켜 준 것이다. 세조의 강한 욕망은 거침없었다. 그래서 형제들을 죽여가면서 조카의 왕위를 찬탈하였다. 그러고는 조카와 권자신·송현수 같은 친인척들까지 죽였다. 그것도 모자라 형수인 현덕왕후 권씨 무덤까지 파헤쳤다. 그런 광기 어린 눈에 성삼문 같은 사육신의 목숨이 들어올 리 없었다. 광기로 가득 찬 욕망 앞에 그들의 목숨은 어물전 생선 위를 날아다니는 파리 목숨 같았다. 그의 행태 이면에는 자신이 연출한 추악한 장면을 잘라내어 숨기고 자신과 세종을 바로 연결시키려는 의도가 자리 잡고 있었다. 그런 사실은 『세조실록』 총서에도 나타난다는 것을 앞서 언급한 바 있다. 더구나 주변에는 그의 욕망을 이용하여 자신들의 욕구를 채우려는 인물들이 들러붙어 있었다. 따라서 그때의 역사는 그들이 서 있는 쪽으로 기울어지면서 그들의 실체가 가려져버렸다. 하지만 시간이 지나감에 따라 인간의 도리가 작용하여 역사는 수평을 유지할 수 있었고 한때 물속에 잠겨 있던 그들의 실체가 드러났다. 이때 작용한 인간의 도리 가운데 민초들의 보편적 심성이 자리 잡고 있었다. 이와 유사한 상황은 인간이 존재하는 한 앞으로도 계속 이어질 것이다.

단종의 비애 세종의 눈물　05

신(神)이 된 이홍위

단종 유배는 영월 사람들에게 의식변화의 쓰나미를 몰고 왔다. 『세종실록지리지』가 만들어질 당시 영월군은 324호에 611명이 살았다. 예나 지금이나 영월군 인구는 아주 적은 편이다. 당시 한양의 호수가 17,015호였으니 한양의 약 1/53에 불과한 셈이다. 영월의 인구가 적은 이유는 산지가 많고 평야지대가 적기 때문이다. 조선 후기 이중환이 지은 인문지리지 『택리지』는 영월을 자급자족하고 은자들이 살기 좋은 곳으로 표현하고 있다. 이런 표현은 영월이 지형적으로 외부와 왕래하기 어렵지만 세파를 피하여 살기 좋다는 뜻으로 받아들여진다. 그런 정서를 바탕으로 영월이 십승지의 한 곳으로 지목되기도 하였다. 이런 영월에 나라의 주인으로 여겼던 단종이 유배 온 것이다. 한 왕조가 수백 년을 지배해도 왕이 단 한 번도 찾아올 가능성이 거의 없던 땅에 왕의 자리에 있었던 존재가 왔으니 얼마나 놀랄 만한 상황이 벌어진 것인가? 그런데 그런 상황이 '성은이 망극할' 일이 아니었다는 데 문제가 있다. 오히려 600여 명의 지역민들이 전왕에 대한 '측은지심'을 가져야 할 판이었다. 이런 상황은 영월 사람들에게 두 가지 의식변화를 가져왔을 것으로 추측한다. 한 가지는 자신들이 감히 쳐다볼 수조차 없는 존재도 삶의 방식에는 자신들과 큰 차이가 없다는 것을 느꼈을 것이다. 다른 하나는, 경우 없는 짓거리는 무지몽매한 자신들만의 문제인 줄 알았는데 신과 같은 인간들 사이에서도 벌어진다는 것을 느꼈을 것이다. 이러한 의식의 변화는 은둔의 땅 영월을 발칵 뒤집어놓았다.

단종 유배는 영월에 이분법적 사고를 잉태하였다. 단종이 유배 올 당시 영월은 영월 엄씨와 영월 신씨 등이 주축이 된 씨족사회 정서가 지배하고 있었을 것이다. 따라서 서로 의지하며 신뢰하고 살았기 때문에 누구를 증오하거나 경멸할 지경에 이르는 일이 벌어질 개연성은 낮았다. 서로 의지하거나 신뢰하고 살았기 때문이다. 그래서 엄흥도가 단종의 주검을 수습하는 데 큰 어려움이 없었을 것으로 생각한다. 하지만 단종의 모습을 지켜본 그들은 세조가 얼마나 경우 없는 잔인한 행동을 한 것인가를 느끼고 그와 추종자들에 대하여 극도의 증오심과 경멸감을 가질 수밖에 없었다. 그들은 그동안 가져보지 않았던 인간에 대한 이분법적 사고를 하게 된 것이다. 즉 이 세상에는 선한 인간과 악한 인간이 공존한다는 사실을 깨달은 것이다.

영월 사람들에게 수백 년간 사랑받는 사람들이 있다. 영월 사람들은 세조는 물론 조력자나 추종자들에게 수백 년간 증오와 경멸의 감정을 표출하고 있다. 하지만 단종의 충신들에게는 수백 년간 끝없는 존경심과 사랑을 보내고 있다. 누구의 강요에 의한 것이 아니다. 단지 영월 사람들의 가슴에서 우러난 것이다. 따라서 '충절'은 영월을 지배하는 정서로 자리 잡았다. 그리고 수백 년간 변치 않는 영월의 충절 정서에는 충절을 행동화한 사육신 같은 인물들이 존재한다. 그들은 영월 사람들로부터 짝사랑을 받고 있다. 영월 사람들은 아무런 반응이 없는 짝사랑을 수백 년이나 이어 오고 있다. 나아가 자신들이 짝사랑한 사육신이 짝사랑한 단종을 신으로 만들어주었다.

영월 사람들은 단종을 태백산신으로 만들었다. 단종은 영월 서북쪽에서 들어와 중간에 머물다 동남쪽으로 나갔다. 즉 영월로 유배 오면서 지금의 주천면, 한반도면을 거쳐 남면에 있는 청령포로 들어왔다. 그리고 영월읍에서 생물학적 존재로서의 삶을 마감하였다. 하지만 영월 사람들은 그를 부활시켜 중동면과 상동읍을 거쳐 태백산으로 보내주었다. 그를 부활시킨 것은 위대한 신도 아니고, 무소불위의 권력자도 아니다. 영월의 민초들이었다. 단종을 영월로 보낸 인물이 세조라면 영월에서 단종을 내보내준 인물은 영월 사람들이었다. 단종은 영월을 떠나 태백산으로 들어갔다. 그리고 산신山神이 되었다. 영월을 떠난 단종은 지금도 영원한 삶을 누리며 영월 사람들과 소통하고 있다.

영월 사람들은 태백산을 영산靈山으로 인식한다. 태백산은 태백시와 영월군의 경계에 있다. 최고봉인 장군봉은 1,567m로 인근 산들 중 제일 높다. 산 정상에는 예로부터 하늘에 제사를 지내던 천제단天祭壇이 있어 매년 개천절에 천제를 지낸다. 『삼국유사』에 "태초에 하늘나라 환인의 아들인 환웅천황이 태백산 신단수 아래로 내려와 신시神市를 열어 우리 민족의 터전을 잡았다"는 기록을 근거로 천제단에서 하늘에 제사를 지내는 것 같다. 여기서 말하는 태백산이 태백시에 있는 태백산을 말하는 것이냐 아니냐를 놓고 갑론을박하는 것은 사실이다. 하지만 태백산 인근 사람들은 태백시에 있는 태백산을 환웅이 내려온 곳으로 믿고 있다. 따라서 영월 사람들도 영산으로 인식하고 있다. 그래서 이 영산으로 단종을 보낸 것이다.

단종이 태백산으로 가는 모습은 늠름하였다. 그가 청령포로 들어올 당시는 공포와 좌절감 그리고 무력감에 짓눌린 초췌한 어린 왕의 모습이었다. 따라서 보는 이들의 가슴을 후벼팠다. 하지만 그가 태백산으로 가는 모습은 그것과는 큰 차이를 보인다. 그는 노란 곤룡포를 입고 머리에는 검은 익선관을 쓴 채 허리를 꼿꼿이 세우고 백마를 타고 갔다. 더 이상 불안에 떠는 초췌한 모습의 소년 왕이 아니었다. 모든 백성을 가슴으로 품을 만큼 늠름한 모습이었다. 그런 모습으로 태백산을 향하던 길가에는 단종의 이야기가 짙게 뿌려져 있다.

단종은 태백산으로 가는 길에 충신을 만났다. 영월군 중동면 화원리에서 녹전으로 넘어가는 길에 수라리재가 있다. 단종이 태백산으로 향하는 노정에서 가장 많이 회자되는 고개이다. 수라리재 인근에 추익한이 살고 있었다. 그는 태종 때 문과에 급제하여 홍문관부수찬 · 호조좌랑 · 호조정랑 등을 역임하였다. 세종 때 한성부윤을 끝으로 벼슬에서 물러나 강원도로 낙향하였다. 그는 맛이 좋은 머루 · 다래를 유배 중인 단종에게 갖다 바쳤다. 그러던 어느 날, 여느 날처럼 단종에게 산머루를 진상하려고 영월읍 쪽으로 가던 중, 곤룡포와 익선관 차림에 백마를 타고 동쪽을 향해 가는 단종을 만나게 되었다. 추익한은 황망히 읍하고 땅에 꿇어앉아 "대왕마마께서 어디로 행차하시나이까?"

추익한 신도비(강원도 영월군 중동면 수라리재)

이홍위가 태백산으로 가는 모습. 추익한이 이홍위에게 산머루를 진상하고 있다.

하고 물었다. 그러자 단종은 "태백산으로 가는 길이오. 그것은 처소에 갖다 두시오"라는 말을 남긴 뒤 홀연히 사라졌다. 기이하다고 생각한 그는 급히 단종 처소로 갔다. 하지만 단종은 이미 숨을 거두었다. 그는 방금 전 만났던 것이 단종의 혼령이 분명하다 생각하고 단종의 뒤를 따라 목숨을 끊었다고 한다. 세상 사람들은 단종의 시신을 거둔 엄흥도와 더불어 '살아생전 추충신秋忠臣이요, 죽어서는 엄충신嚴忠臣'이라고 일컬었다고 한다. 물론 이것은 전설이다. 그러나 여기에는 민초들이 전하려는 충절의 메시지가 담겨 있다.[1]

단종을 태백산신으로 만든 민초들의 모습은 조선의 일부 권력층과 지식층에 대한 저항이기도 하다. 교활하고 잔인하며 반인륜적인 모습을 보인 세조와 주변 인물들은 자신들의 탐욕을 위해 정변을 일으키고 단종도 죽였다. 그리고 성상聖上이니 공신이니 운운하고 서로 치켜세우면서 그들만의 이너 서클을 만들었다. 자신들의 패악질에 대한 언급을 금기시하고 비행을 눈감아주면서 견고하게 기득권 세력화한 것이다. 하지만 역사는

태백산으로 가는 이홍위를 배웅했다고 전해지는 소나무

반전이 있게 마련이다. 영원할 것 같던 그들도 세월을 타고 하나둘 자취를 감추고 남은 자들도 결국 새로운 정치세력에 의해 사라졌다. 명분 없는 쿠데타로 성립한 권력을 명분을 중시하는 사림이 가만 놔둘 리 없었다. 그러나 사림이 역사 전면에 부상하기까지는 까막눈이 민초들이 세조와 추종자들에게 저항하고 있었다. 그런 저항 모습은 단종의 화려한 부활로 표현되었다. 먹물 먹은 사림은 까막눈이 민초들을 따라 단종과 사육신 등을 복위와 복권시키는 데 앞장섰다. 그리고 이리저리 머리 굴리며 손익 계산한 왕들 중 유리하게 이용할 수 있다고 생각한 왕에 의해 복위와 복권이 이루어졌다. 결국 단종의 부활은 까막눈이 민초들이 역사의 주인임을 말해주고 있다. 단종과 문종 그리고 세종은 그들에게 한없이 고마움의 눈물을 흘렸다. 하지만 문종과 세종의 눈물에는 회한의 눈물도 섞여 있었다. 특히 세종의 뺨에는 더 뜨거운 회한의 눈물이 흘러내렸다.

| 각 주 해 설 |

1. 원손에서 세자가 되기까지 이홍위의 삶

1) 주자성리학의 정통론에 근본하고 있는 종법사상은 고려 말 주자성리학 도입과 함께 수용되었다고 볼 수 있다.(장미영, 2007,『조선전기 종법의 수용과 일부일처제의 강화』, 경남대학교 교육대학원 석사학위논문, 30쪽)
2) '종친'이라는 말에는 크게 두 가지의 뜻이 있다. 하나는 '전주 이씨 종친회'처럼 같은 성(姓)을 가진 친족을 가리키는 의미이다. 다른 하나는 왕처럼 세습적으로 나라를 다스리는 최고 지위에 있는 인물의 남성 친족 중 왕과 같은 성을 공유하는 부계(父系) 친족을 말한다.(김선민, 2017,『조선 초기 종친의 정치 바제 법제화』, 연세대학교 대학원 석사학위논문, 1쪽) 여기서는 후자의 경우를 말한다
3) 글의 요지는, 부왕은 그토록 많은 후궁을 거느리고 있으면서 자신의 첩 문제에 대해서 그리 민감하냐는 것이다. 한나라 고조도 재물과 여자를 탐했지만 천하를 평정하였다는 것이다. 그러면서 앞으로는 부왕의 마음에 들 만한 새사람이 되지 않겠다고도 했다. 이에 대하여 태종은 신하들에게 그 글을 보이면서 "세자가 여러 날 동안 불효하였으나 집안의 부끄러움을 바깥에 드러낼 수 없어서, 항상 잘못을 덮어두고자 하였다. 다만 직접 잘못을 말하여 뉘우치고 깨닫기를 바랐는데, 이제 도리어 원망하는 마음을 가지고 싫어함이 이와 같은 지경에 이르렀다. 어찌 감히 숨기겠는가?"라고 하며 세자에 대한 절망감을 드러냈다.
4) 지금의 면적 개념으로 말하자면, 1결은 10마지기쯤 된다. 1마지기는 대체로 약 200평 정도이다. 그러므로 1결은 약 2,000평 정도이다. 따라서 10결이면 약 20,000평 정도가 된다. 미터법으로 환산하면 1마지기는 약 661㎡이므로 10결이면 약 66,000㎡이다.
5) "이제 전함(戰艦)을 두는 것을 폐지하고 육지만을 지키고자 한다"라고 말할 정도로 세종은 즉위 초에 군사적 식견이 부족하였다.(『세종실록』권4, 1년 5월 14일(무오))
6) 『세종실록』권4, 1년 5월 14일(무오)
7) 유재리, 2008,『세종의 왕권확립과정 연구』, 숙명여자대학교 대학원 박사학위논문, 25쪽
8) 상왕이 주상의 효성을 칭찬하며 자주 말하기를 "왕위를 물려준 이후로 내가 더욱 높아졌다"고 하면서, 서로 창화(唱和)하여 매우 즐거워하였다.(『세종실록』권2, 즉위년 11월 8일(갑인))
9) 세종이 즉위하던 해 그의 장인 심온은 영의정부사에 임명되어 고명사은사로 명나라에 가게 되었다. 그가 떠나던 날 많은 사람들이 앞다퉈 그를 배웅했다. 그들 중 대다수

는 새로운 권력자에게 줄을 대려는 사람들이었다. 이런 상황을 보고받은 태종은 불편한 심기를 드러내었다. 더구나 이때 병조좌랑 안헌오가 "강상인·심증(심온의 동생, 세종의 처삼촌)·박습이 일전에 사적인 자리에서 말하기를 '요사이 호령이 두 곳(태종과 세종)에서 나오는데, 한 곳에서 나오는 것만 같지 못하다'고 말한 바 있다"고 무고하였다. 이 무고에 등장하는 강상인은 태종의 신임을 받아 병조의 일을 총괄하였던 인물이다. 그런 그가 태종의 기대와 달리 병조의 일을 태종에게 보고하지 않고 세종에게만 보고하였을 뿐 아니라 동생을 불법적으로 벼슬에 앉히기도 하였다. 강상인은 이런저런 이유로 태종에게 미움을 받고 처벌까지 받았다. 그럼에도 또 태종의 심기를 건드릴 만한 말을 한 것으로 보고된 것이다. 이에 태종은 자신과 세종을 이간시키려 했다는 죄명으로 그를 거열형에 처했다. 이 사건을 '강상인의 옥'이라고 한다.

10) 제1차 왕자의 난은 '방원의 난', '방석의 난', '무인정사(戊寅定社)' 또는 '정도전의 난'이라고도 불린다. 사건 개요는 다음과 같다. 태조 이성계는 첫 번째 부인 신의왕후 한씨와의 사이에 아들 6명, 딸 2명을 두었다. 하지만 그녀는 조선이 건국되기 10개월 전에 죽었다. 따라서 신의왕후는 나중에 추존된 칭호이다. 그녀의 뒤를 이어 신덕왕후 강씨가 이성계의 왕비가 되었다. 그들 사이에는 2명의 아들과 1명의 딸이 있었다. 이성계는 신덕왕후 강씨와 정도전 등의 뜻을 좇아 그녀의 둘째 아들 의안대군(이방석)을 건국하던 해에 세자로 책봉하였다. 이에 신의왕후 한씨 소생 아들들, 특히 이방원(뒷날의 태종)과 그의 추종자들의 불만이 대단했다. 더구나 그는 정도전이 추진했던 국정운영방식에 따라, 자신이 보유하고 있는 군사마저 다 없애야 될 상황이었다. 그는 나라를 세우는 데 엄청난 공을 세운 자신을 내동댕이치려 한다는 생각에 치를 떨었다. 결국 그는 이방석이 세자가 된 지 6년 후인 1398년(태조 7년)에 이방석을 세자의 자리에서 내려놓았다. 그리고 귀양 보내는 도중에 살해하였다. 이때 이방석의 형 이방번(무안대군)도 함께 죽였다. 아울러 정도전도 죽였다. 신덕왕후 강씨는 이런 상황을 안 보려고 했는지는 몰라도 이 사건이 일어나기 2년 전에 숨을 거두었다.

11) 제2차 왕자의 난은 '방간의 난' 또는 '박포의 난'이라고도 한다. 사건 개요는 다음과 같다. 태조 이성계는 제1차 왕자의 난에서 신덕왕후 강씨와의 사이에서 낳은 이방석과 이방번 그리고 딸 경순공주의 남편 이제까지 잃었다. 크게 상심한 이성계는 제1차 왕자의 난이 일어난 다음 달 왕위를 세자 이방과(영안군, 뒷날의 정종)에게 물려주었다.(『태조실록』 권15, 7년 9월 5일(정축)) 이방과는 신의왕후 한씨의 둘째 아들로 이방원의 동복형이었다. 제1차 왕자의 난이 성공한 뒤 사람들이 그를 세자로 옹립하려고 하였지만 그는 "당초부터 의리를 수립하여 나라를 세워서 오늘날의 일까지 이르게 된 것은 모두 정안군(이방원, 뒷날의 태종)의 공로이니, 내가 세자가 될 수 없다"라고 하며 뒤로 한 걸음 물러서기도 했다. 하지만 사람들의 뜻을 받아들이고 이성계의 승낙을 받아 세자가 되었다. 이때 이성계는 세자 자리에서 내려오게 된 이방석에게 "너에

게는 편리하게 되었다"라는 말을 하였다.(『태조실록』 권14, 7년 8월 26일(기사)) 정종은 세자가 된 지 10여 일 만에 왕위에 올랐다. 왕위에 오른 정종은 도읍을 다시 개경으로 삼았다. 그러나 왕위에 오르고 2년 정도 흐른 후 둘째 동생이자 이방원의 바로 윗형 이방간(회안대군)이 제1차 왕자의 난에 큰 공을 시웠던 박포와 함께 반란을 일으켰다. 박포는 자신의 공로에 비해 대우가 너무 빈약하다고 불만을 품고 있었다. 이 과정에서 방간의 군대는 패하여 방간이 유배되었으며, 박포는 처형되었다. 난이 평정되자 정종은 이방원을 세제(世弟)로 삼았고, 같은 해 11월에 이방원에게 왕위를 물려주었다.(『정종실록』 권6, 2년 11월 11일(신미))

12) 태종이 원경왕후 민씨의 몸종(뒷날의 효빈 김씨)을 은신시켰다. 이 사실을 안 원경왕후 민씨가 그녀와 갓난아이(뒷날의 경녕군)를 죽이려 했지만 실패한 사건이다. 경녕군의 이름이 비(裶)이므로 이 사건을 '왕자 비에게 참혹한 고통을 준 사건'이라고 해서 '왕자 이비의 참고사건'이라고 부른다. 이때 살아남은 경녕군은 우애가 돈독하고 학문에 밝아 양녕대군·효령대군·충녕대군에게 글을 가르치기도 했으며, 태종·세종·문종·단종·세조의 5대조에 걸쳐서 적극적으로 왕실과 국정에 협조하였다. 결국 원경왕후 민씨에게는 고마운 인물이었다.

13) 당시 조선은 명나라와 사대관계를 유지하고 있었기 때문에 왕으로 즉위하려면 명나라 황제의 승인을 받아야 했다. 이런 것을 고명(誥命)이라고 한다. 하지만 고명은 형식적인 것에 불과하고 실제적으로는 즉위한 다음에 추인하였다. 세종도 명나라로부터 고명을 받았기 때문에 조정은 명나라에 감사의 뜻을 전하기 위한 고명사은사를 보내야 했다.

14) 경연은 한나라 때 유학자들이 황제에게 오경을 강의한 데서 비롯되었다. 우리나라에는 고려 예종 때 경연이 처음 도입되었으나 당시에는 활성화되지 못했다. 이유는 불교가 당시 사람들의 정신세계를 지배하고 있었기 때문이다.

15) 박민아, 2007, 『세종의 경연운영방식을 통해서 본 교육지도성 연구』, 전남대학교 교육대학원 석사학위논문, 20쪽

16) 이홍위의 왕위 복위를 위한 세조 제거 거사를 성삼문 등 집현전 학사 출신들이 주도했다. 이에 세조는 집현전을 폐지하였다. 그리고 예문관(藝文館)에서 그 기능을 맡게 하였다. 하지만 예문관은 집현전의 기능을 부분적으로 수행했을 뿐이다. 이후 성종 때, 옛 집현전의 직제를 예문관에서 분리하여 홍문관에 이양함으로써 홍문관이 비로소 학술·언론기관의 위상을 갖추게 되었다. 세조 때 양성지의 건의에 따라 장서각(藏書閣)을 홍문관이라 하였으나 이때 홍문관은 장서(藏書)기관 역할만 하고 있었다. 이후 정조 때의 규장각이 집현전과 홍문관 역할을 하기도 했다.

17) 머리 좋고 권모술수에 능한 태종이 이런 방식을 선호하는 데는 나름대로 이유가 있었다. 만약 의정부가 6조의 보고를 직접 받고 6조에 직접 지시를 내리는 위치에 있게

되면 6조 우두머리들은 3정승의 눈치를 보고 그들 취향에 맞게 국정운영을 하게 될 여지가 있다. 이렇게 되면 의정부의 힘과 왕의 힘이 대등해진다. 하지만 강력한 왕권을 행사하고 싶은 왕은 이렇게 의정부의 권한이 커지는 것을 수수방관하고 있을 리 없다. 왕권을 강화하려는 왕은 6조를 통해 국정운영에 관련된 보고를 받으며 동시에 지시를 내리고 싶어 한다. 이런 형태의 국정운영방식을 '6조직계제'라고 한다. 반면 왕이 의정부를 통해 국정운영에 관련된 보고를 접하고 지시를 내리는 것을 '의정부서사제'라고 한다.

18) 임수미, 1999,『단종 대 정국동향』, 숙명여자대학교 대학원 석사학위논문, 7-9쪽
19) 오기수, 2011,「세종대왕의 조세사상과 공법(貢法) 연구 - 조세법 측면에서 - 」, 『세무학연구』, 28(1), 한국세무학회, 369쪽
20) 세종이 공법을 추진하던 시기에는 답험손실법이라는 제도를 통해 세곡을 거두어들였다. 이 제도는 관리가 직접 농지를 방문해 작황을 조사한 결과를 기초로 세율을 결정하는 방식이다. 즉 한 해의 작황을 관리가 직접 확인한 후 작황의 등급을 매기고 그에 따라 세율을 정하는 것이다. 이렇듯 답험손실법은 현실적이고, 합리적이며, 이상적인 전세제도(田稅制度)라고 할 수 있다. 예컨대 흉년이 들 경우, 농민의 부담은 상당히 줄어들 수 있다. 하지만 현실은 반대로 진행되고 있었다. 작황을 정하는 과정에서 각종 담합과 비리가 발생하고, 중간 수탈로 소규모로 농사를 짓는 사람들이 농사를 포기하게끔 하였다. 따라서 국가재정의 부족을 초래했다. 농사를 포기한 그들은 유랑민이 되어 떠돌이 삶을 살기도 했다. 반면 지주나 대규모로 농사를 짓던 세력들은 자신들의 토지를 대장에 올리지 않고 숨기거나 빼버림으로써 세곡을 제대로 안 낼 뿐더러 자신들에게 부과된 세곡조차도 소규모로 농사를 짓는 사람들에게 전가시키는 방법을 썼다.
21)『세종실록』권101, 25년 8월 5일(정해)
22) 세종의 둘째 아들로, 뒷날 제7대 왕인 세조의 대군시절 호칭이다. 그 후 수양대군으로 호칭이 바뀌었다. 진양대군 이전에는 진평대군·함평대군으로도 불렸다.
23) 결부법의 기본 단위에는 파(把)·속(束)·부(負)·결(結)이 있었다. 벼 같은 작물의 1파는 한 줌, 1속은 한 단, 1부는 한 짐, 1결은 100짐이다. 그리고 10파는 1속, 10속은 1부, 100부는 1결이다. 1결의 수확량은 토지면적에 관계없이 항상 같은 것이 원칙이다. 동일한 수확량에 대하여 동일한 조세를 부과하는 것이 한국 전통사회의 원칙이었기 때문에 결부는 조세 단위이기도 한 것이다. 그러나 1결의 면적은 토지 비옥도에 따라서 각각 다를 수밖에 없다.
24) 김선민, 앞의 논문, 12-18쪽
25) 3년상을 마치고 갈아입는 보통 옷이나 혼인식 때 신랑·신부가 입는 옷
26)『연려실기술』권2, 태종조 고사본말, 태종조의 명신

27) 문무관리가 이조·병조 등 인사 일을 맡아보던 관아의 대신이나 권문세가를 분주하게 찾아다니며 승진 운동을 하던 일을 못 하게 하는 것. '분경'이란 '분주히 쫓아다니며 이익을 추구함'이라는 분추경리(奔趨競利)의 준말이다.
28) 조선시대 왕이 승하한 후 중국으로부터 시호를 받기 전까지 부르던 임시 호칭으로, 여기서는 문종을 말한다.
29) 세종이 만든 새 문자의 명칭은 언문(諺文)이었고 훈민정음이라 부르기도 한다. 그러다 대한제국 시대에 국문(國文)으로 불렀다. 그러나 불과 20년도 못 되어 일제강점기를 맞게 되어 다시 언문으로 부르게 되었다. 그러나 언문이 이 글자를 폄훼하는 명칭이라 하여 몇몇 국어학자들이 1930년대 한글이란 명칭을 새로 만들어 사용하기 시작하였다.(정광, 2015,『한글의 발명』, 김영사, 파주, 40쪽)
30) 신라시대 사용한 향찰 표기법을 신라의 노래 '모죽지랑가'의 가사 일부를 예로 들며 살펴보면 다음과 같다. '모죽지랑가'의 첫 구절은 "去隱春皆理米"이다. 이 중 '去隱春'은 대체로 '간 봄'으로 해석한다. 즉 동사 '가'는 '去'로 적었고, 'ㄴ'에 해당되는 토를 '隱'으로 표기해서 읽을 때 그 음으로 읽었으므로, '去隱'은 '가 + ㄴ = 간'이 된 것이다. 또 '봄'은 실사이므로 한자의 뜻을 따서 '春'으로 적었다.(박영준 외, 2017,『우리말의 수수께끼』, 김영사, 파주, 69쪽) 이렇듯 우리는 한자의 모양, 소리, 뜻을 이용하여 우리 언어를 표기하는 방법을 개발하였다.
31) 다음은 '경주 남산신성비 비문'으로 초기 이두를 나타내고 있다. 진하게 표시되고 밑줄 친 한자 이(以)는 '-으로'를 나타내고, 죄교사(罪教事)와 문교령(聞教令)의 교(教)는 '-게 하다'의 사역을 나타낸다. 또 한문이 우리말 어순으로 쓰여 있다.
南山新城作節(남산신성을 지을 때)
如法**以**作後三年崩破者(만약 법으로 지은 뒤 3년에 붕파하면)
罪**教**事爲(죄 주실 일로 삼아)
聞**教**令誓事之(들으시게 하여 맹세시킬 일이니라)
이렇듯 이두는 한자를 빌려 쓰되 그중에는 우리말식 토나 어미도 들어 있다.(박영준 외, 앞의 책, 46-47쪽)
32) 사서삼경의 하나인『대학』에 나오는 '大學之道在明明德在親民在止於至善'이라는 글귀를 읽을 때, 우리는 '大學之道는 在明明德하고 在親民하고 在止於至善이니라' 하는 식으로 읽는다. 즉 토를 달아 끊어 읽는 것이다. 이런 토를 구결이라고 한다. 이렇듯 한문으로 된 경전을 우리말처럼 읽고 이해하고자 했던 조상들은 한문 경전에 몇 가지 부호와 글자를 써넣었다. 그 부호와 글자들은 해석의 순서이기도 했고 중간에 들어가는 조사이기도 했다. 독경의 흐름을 원활하게 하기 위해 삽입하는 조사를 통해 그리고 해석의 순서를 나타내는 부호들을 통해 조상들은 우리말로 된 책을 읽듯이 한문 경전을 읽어 나갔다. 이 부호와 글자들 또한 구결이라 부른다.(박영준 외, 앞

의 책, 77쪽)
33) 정광, 앞의 책, 60쪽
34) 박영준 외, 앞의 책, 45-92쪽
35) 사서(四書)는 유교 기본 경전인 『대학(大學)』·『논어(論語)』·『맹자(孟子)』·『중용(中庸)』을 일컬으며, 오경(五經)은 일반적으로 『시경(詩經)』·『서경(書經)』·『주역(周易)』·『예기(禮記)』·『춘추(春秋)』 등을 말한다.
36) 정광, 앞의 책, 17쪽. 원나라 이전의 한자음은 우리와 크게 다르지 않아 신라, 고려에서 배운 한문으로 의사소통이 가능했지만 원나라 이후 북방음이 중원(中原)의 공용어가 되면서 우리 한문과 중국어는 전혀 다른 언어가 되어버렸다.(정광, 앞의 책, 222쪽)
37) 이런 것을 동국정운(東國正韻)식 한자음이라고 부른다. 여기서 동국은 우리나라를 일컫는다.
38) 정음(正音)이란 명칭은 원래 한자음의 표준발음이란 뜻으로 속음(俗音)과 대조되는 말이다.(정광, 앞의 책, 38쪽)
39) 정광, 앞의 책, 176쪽
40) 정광, 앞의 책, 384쪽
41) '대학의 도는 밝은 덕을 밝힘에 있고, 백성을 사랑함에 있으며, 지극한 선(善)에 머무름에 있다'는 뜻이다.
42) '교착(膠着)'이라는 말은 '단단히 달라붙음'이라는 뜻이다. 따라서 교착어(첨가어나 부착어라고도 함)는 단어의 중심이 되는 형태소(形態素, 더 쪼개면 뜻을 잃어버리는 말의 단위로, 어근이라고도 함)에 접두사와 접미사를 비롯한 다른 형태소들이 덧붙어 단어가 구성되는 특징이 있다. 즉 '맨손'에서 '맨'은 접두사이고, 손은 형태소이다. '낱낱이'에서 '낱낱'은 형태소이고, '이'는 접미사이다. 하지만 '소고기'에서는 '소'도 형태소이고, '고기'도 형태소이다. 이렇듯 교착어는 어근과 접사, 어근과 어근의 결합으로 의미를 갖는다.
43) 고립어는 어형 변화나 접두사 또는 접미사 같은 접사 따위가 없다. 의미를 가진 개개의 단어가 문법적 변화를 나타내지 않으므로 하나하나가 모두 어근 같은 느낌을 준다. 따라서 문법적 관계가 격(格)의 형식에 의해서가 아니고, 단어가 놓이는 순서에 따라서 나타난다. 하지만 교착어에서는 어순이 그런 역할을 하지 않는다. 따라서 문장 안에서 단어들이 놓일 때, 단어들 간의 관련을 알려주는 별도의 형태를 요구하는 것이다.
44) 정광, 앞의 책, 184쪽
45) 몽골제국 제5대 칸으로 원나라 시조이다.
46) 원나라 당시, 지배층인 몽고인들은 중국을 다스리기 위해 한자를 학습하지 않으면

안 되었다. 이때 한자 학습에서 발음기호 역할을 한 것이 파스파 문자였다. 파스파 문자도 처음에는 그런 이유에서 만들어진 것이다. 원나라 황제는 몽고인들을 국정의 감독관으로 임명하여 파견하였는데, 이들을 '관(官)'이라 불렀다. 또 이들을 백성과 연결시켜 주는 한인들을 '리(吏)'라 불렀다. 원나라는 이렇게 '관리(官吏)'를 이용해서 백성을 지배하였다.(정광, 앞의 책, 82-106쪽)
47) 정광, 앞의 책, 30쪽
48) 『태조실록』 권6, 3년 11월 19일(을묘)
49) 정광, 앞의 책, 300쪽. 즉 개리 레드야드(Gari Ledyard) 미국 컬럼비아대학 교수와 주나스트(照那斯圖) 중국 사회과학원 연구원 등이 그런 주장을 하고 있으며, 이들은 심지어 한글의 글자 형태도 파스파 문자를 모방했다고 주장한다.
50) 한글이 비공개로 만들어진 이유는 다음과 같다고 본다. 첫째, 조선이 명나라 눈치를 봐야 했기 때문이다. 명나라는 몽고인들이 세운 원나라를 멸망시키고 건국되었다. 그 후 명나라는 원나라의 찌꺼기를 없애려고 파스파 문자를 흔적조차 남기지 않았다. 따라서 명나라의 눈치를 봐야 하는 조선이 파스파 문자를 참고하여 한글을 만든다는 사실을 공개할 수 없었다. 둘째, 새로운 문자를 만드는 과정에서 한자를 선호하는 사대부들의 저항을 피하려고 했기 때문이다.(정광, 앞의 책, 20-30쪽)
51) 정의공주는 세종의 둘째 딸로 안맹담과 결혼하였다. 안맹담의 본관이 죽산(竹山)이므로 그녀가 한글을 만드는 데 참여했다는 일화가 『죽산안씨대동보』에 실릴 수 있었던 것이다.
52) 정광, 앞의 책, 47쪽
53) 세종은 정비와 후궁을 합쳐서 부인이 10명, 자식이 22명이었다. 그들 중 아들이 18명이고 딸이 4명이었다. 부인 중 가장 많은 자식을 낳은 사람은 정비 소헌왕후 심씨였다. 그녀는 그들 중 절반에 가까운 10명의 자식을 낳았다. 그 가운데 8명이 아들이고, 2명이 딸이다. 즉 대군이 8명이고, 공주가 2명이었다.
54) 조선시대는 명나라 황제에게 바칠 물품을 마련하기 위해, 그것들을 마련해야 할 시기에 진헌색(進獻色)이라는 임시관청을 두었다. 진헌석이 준비하는 진헌물에는 말·소·송골매 등을 비롯하여 환관과 처녀들까지 들어 있였다. 그런데 처녀들의 경우, 처음에는 외모만 좋으면 아무 여자나 받아주었지만 나중에는 사대부가의 처녀들을 요구하였다. 이들을 '진헌녀(進獻女)'라고 부른다. 이런 즈 헌녀들을 세종이 직접 심사한 것이다. 진헌이라는 말은 왕에게 토산물을 바치는 것을 진상(進上)이라고 부르는 것과 구별하기 위해서 쓰인 말이다.
55) 시책은 톱풀을 말려서 만든 50개의 막대로, 점칠 때 쓰인다. 이것을 시초(蓍草)라고도 한다.
56) 가례색(嘉禮色)은 왕가(王家)에서 왕의 성혼이나 즉우, 또는 왕세자·왕세손의 성혼

이나 책봉 따위의 예식이 있을 때 임시로 두는 관청이다.
57) 『세종실록』권75, 18년 10월 26일(무자)
58) 중국 한대(漢代)의 여관(女官)으로 황후 다음임
59) 조선 초기 세종 때의 동궁내관제도에 의하면, 양원은 세자의 첩 중 양제(良娣)와 승휘(承徽) 사이에 있던 품계이다. 양원의 품계는 정3품이었다.
60) 뒷날의 경혜공주를 말함
61) 『세종실록』권75, 18년 12월 28일(기축)
62) 경복궁 근정전 남쪽에 위치한 문으로 근정전의 정문이다. 이층 구조로 왕이 이곳으로 출입하였다. 또 왕이 죽으면 세자가 이곳에서 즉위식을 가지는 경우도 있었다. 이홍위도 이곳에서 즉위식을 가졌다. 따라서 근정문은 출입문의 역할만을 하는 곳이 아니라 정치적 행사가 이루어지기도 했다.
63) 근정문은 왕이 조회를 받기도 하는 문이기 때문에 세자가 비록 동쪽에 앉아서 서쪽을 향해 조회를 받더라도 왕과 같은 대우를 한다는 것이다. 따라서 세자는 왕의 자식이지만 신하의 위치에 있다고 인식한 것이다.
64) 근정문 양옆으로 2개의 문이 있다. 우측(동쪽)에 있는 문이 일화문이고, 좌측(서쪽)에 있는 문이 월화문이다. 일화문으로는 문신이, 월화문으로는 무신이 출입하였다. 월화문 밖의 새문을 보루문이라고 하였다. 보루문은 현재 존재하지 않는다.
65) 경복궁 근정문 앞에 있는 다리로, 흥례문을 거쳐 근정전으로 들어가기 위해서는 반드시 이 다리를 건너야 한다.
66) 왕의 침전. 즉 왕이 잠자는 공간이다.
67) 『세종실록』권73, 18년 윤6월 28일(임진)
68) 『연려실기술』권4, 문종조 고사본말, 문종조의 명신
69) 신정(新正)·동지·입춘·삭망(朔望)·즉위·탄일(誕日) 및 기타 경축일에 왕세자·종친·백관(百官)·사객(使客) 등이 임금이나 왕비에게, 세자빈·내외명부(內外命婦) 등이 왕비·대비(大妃)에게 하례하는 의식
70) 문종은 부인이 10명이었다. 휘빈 김씨, 순빈 봉씨 그리고 세자빈 권씨 외에도 7명의 부인들이 더 있었다. 문종은 그녀들과의 사이에서 이홍위 외에 네 명의 자식을 더 두었다. 이홍위가 태어나기 8년 전, 세자빈 권씨는 첫딸을 낳았지만 한 살을 채우지 못하고 죽었다. 권씨가 세자빈으로 책봉되기 3년 전이었다. 당시 그녀는 승휘 위치에 있었다. 그 후 그는 둘째 딸을 낳았다. 그녀가 이홍위의 누나 경혜공주이다. 당시도 그녀는 세자빈이 되기 전이었다. 또 승휘 홍씨는 이홍위가 태어나던 해에 딸을 낳았다. 하지만 그녀가 난 딸은 4년 후 죽었다. 그리고 사칙 양씨와의 사이에 두 딸을 낳았다. 첫째 딸이 경숙옹주이고 둘째 딸은 2살 때 죽었다. 나아가 궁인 장씨와 소용 정씨와의 사이에서 각각 아들 하나씩을 얻었기 때문에 아들은 이홍위를 포함해 3명이

었다. 따라서 문종이 숨을 거둘 당시, 엄밀히 말해서 이홍위를 포함해 5명의 자식들이 있었던 것으로 볼 수 있다. 하지만 적자를 기준으로 할 때는 이홍위와 경혜공주 2명인 셈이다.

2. 조선 제6대 왕과 상왕으로서 이홍위의 삶

1) 우리 역사에서 존재감이 크게 부각되는 정조부터 시작해서 헌종을 말하자면, 다음과 같다. 정조의 아들(후궁 유비 박씨가 어머니)이 제23대 왕 순조이다. 순조의 큰아들이 효명세자이다. 그는 19살 때부터 순조 대신 정치를 했다. 거의 왕과 같은 권력을 행사했다. 그런 그가 3년 뒤에 죽었다. 그리고 그의 외아들 헌종이 8살 때 등극했다. 그런데 순조 때부터 유력한 가문이 정치를 주도하는 세도정치가 시작되었다. 이에 효명세자는 세도정치를 거부하고 왕권을 회복하려고 노력하였지만 뜻을 이루지 못하고 죽었다. 따라서 뒤를 이어 등극한 헌종은 세도정치에 휘둘릴 수밖에 없었다. 헌종의 할아버지가 순조이고, 증조할아버지가 정조이다.
2) 당시의 대간은 사헌부에 속한 대관과 사간원에 속한 간관으로 이루어졌다. 대간은 국정의 득실을 논하고, 왕과 관리의 과실을 비판하며 탄핵하고, 관리 임명과 법률 개편에 대한 동의권과 거부권을 행사하는 서경권(署經權)을 갖고 있었다.
3) 문관 인사권이 있는 이조(吏曹)와 무관 인사권이 있는 병조(兵曹)를 말한다.
4) 태종 대는 3망 방식을 수점(受點)이라고 하였다.
5) 고명은 왕이 임종 직전에 신하에게 뒷일을 부탁하며 남기는 말이다. 따라서 고명대신이란 왕으로부터 고명을 받은 신하를 말한다.
6) 교서의 '귀근 각처'는 대군들을 지칭함
7) 수찬은 홍문관의 정6품 관직으로, '신 수찬'이란 신숙주에게 관직명을 붙여 부른 것이다. 홍문관은 집현전을 폐지하고 그 기능 일부를 담당하기 위해 세조 때 설치한 기관이므로, 이홍위가 왕으로 있을 때는 수찬이라는 관직명을 사용할 수 없었다.
8) 나라나 공적인 일을 위해 개인적인 일은 잊어버리는 것
9) 『단종실록』 권2, 즉위년 8월 10일(경오)
10) 고명사은사 일행이 북경으로 출발하기 전, 집현전직제학 신숙주를 사헌집의로 삼았다. 이렇게 한 이유는 그를 사은사 서장관으로 삼기 위해서였다.
11) 『단종실록』 권4, 즉위년 10월 5일(계사)
12) 뒷날의 정희왕후
13) 『단종실록』 권4, 즉위년 10월 21일(기유)
14) 이사철은 고명사은사 임무를 수행하던 중 우참찬으로 관직이 바뀌었다.
15) 경덕궁은 개성 남문 밖 추동에 있던 태조의 잠저(왕이 되기 전 살던 집)로 본래 '추

동본궁(楸洞本宮)'이라 하였다. 본궁이란 원래 왕이 즉위하기 전 잠저로 거처하던 곳을 말한다. 뒷날 추동본궁은 태종이 중수하여 경덕궁으로 이름을 바꾸고 궁궐로 사용하였다. 경덕궁은 도읍을 한양으로 옮긴 뒤 한때 이궁의 기능을 하였다.(윤정, 2007, 『18세기 국왕의 '문치' 사상 연구』, 서울대학교 대학원 박사학위논문, 62쪽)

16) 세조가 한명회를 "나의 장자방이다"라고 한 말에서 추론할 수 있다.
17) 이런 과정을 지켜본 사관은 다음과 같은 평을 하였다. "무릇 문과(文科)의 등제(等第)의 고하(高下)는 시관(試官)이 그 사람의 성명을 보지 않고 먼저 글의 잘되고 못 된 것을 보고 그 등급을 정한 다음에 성명을 뜯어보는 것은 공도를 보이고자 함이었다. 권람의 일은 비록 임금의 지극한 공도(公道)에서 나왔으나 당시의 의논이 후일의 폐단이 있을까 두려워하였다."(『문종실록』권4, 즉위년 10월 12일(임오)) 즉 과거시험 문과의 등수를 정하는 것은 과거를 주관하는 관리들이 응시자의 이름을 보지 않은 채 답안지 내용만을 보고하는 것이다. 그런 후 이름을 뜯어보는 것이 올바른 이치라는 것이다. 하지만 권람의 일은 당시 여론을 따라 한 짓이지만 훗날 이런 일이 반복됨으로써 문제를 일으킬까 두렵다는 것이다.
18) 이홍위는 제6대 왕이 되었지만 수양대군의 왕위 찬탈로 상왕이 되었다. 그 후 노산군으로 강봉되어 유배를 떠났다. 따라서 노산은 이홍위의 또 다른 호칭이다.
19) 세종의 여덟 명의 적자(嫡子)를 말한다. 즉 문종 · 수양대군 · 안평대군 · 임영대군 · 광평대군 · 금성대군 · 평원대군 · 영응대군이다.
20) 『대동야승』동각잡기 상, 본조선원보록
21) 계유정난(癸酉靖難)은 '계유(癸酉)년에 일어난 어려움[難]을 편안하게 했다[靖]'는 뜻이다. 쿠데타의 이름을 이렇게 붙인 것은 쿠데타를 성공한 세조 측에 의한 것임을 알 수 있다.
22) 『단종실록』은 처음에 『노산군일기』로 편찬되었으며, 편찬 과정도 잘 알려지지 않고 있다. 세조가 왕이 되던 해, 문종 2년 이후의 『시정기(時政記)』를 편찬하기로 하였다.(『세조실록』권2, 1년 8월 27일 (경오)) 『시정기』는 역사 편찬 자료로 삼는 것이기 때문에 편찬하기로 한 『시정기』는 『단종실록』에 들어갈 내용이라고 할 수 있다. 그로부터 9년 후 세조는 신숙주 · 한명회 등에게 『정난일기(靖難日記)』를 편찬하도록 명령한다.(『세조실록』권34, 10년 10월 14일(갑오)) 따라서 이 내용이 『노산군일기』에 편입되었을 개연성이 높다. 나아가 『노산군일기』에는 당시 세조를 수양대군으로 불러야 했음에도 세조로 부른다. 즉 묘호(廟號)로 부른 것이다. 따라서 『노산군일기』는 세조가 죽은 뒤 완성된 것이 확실하다고 할 수 있다. 이렇게 세조는 우리가 가장 자랑스러워하는 『조선왕조실록』도 오염시킨 인물이다. 『노산군일기』는 단종 복위가 이루어진 숙종 대에 『단종대왕실록』으로 바뀌었다.
23) 『단종실록』권8, 1년 10월 10일(계사)

24) 『단종실록』 권8, 1년 10월 10일(계사)
25) 『대동야승』 동각잡기 상, 본조선원보록
26) 『단종실록』 권1, 즉위년 6월 30일(신묘)
27) 안평대군의 이름
28) 이런 주장의 주된 내용은 다음과 같다. 세종의 후궁으로 이홍위를 키워주었던 혜빈 양씨가 이홍위에게 넌지시 글을 올렸다. 그녀는 글을 통해 다음과 같은 사실을 고자질했다. 안평대군이 나라를 위태롭게 하는 일을 꾀하려고 무뢰배를 모으고 있다. 그는 책사인 이현로의 말을 듣고 지금의 서울시 종로구 부암동에 무계정사라는 정자를 지었다. 정자를 지은 이유는 그것이 깔고 앉아 있는 땅이 방룡소흥(旁龍所興)의 터라는 것이다. 즉 세종의 적장자(문종)가 아닌 방계 아들 중에서 임금이 일어나게 될 땅에 지었다는 것이다. 안평대군이 이홍위를 폐위시키고 자신의 아들을 왕으로 앉히려는 의도로 지었다는 것이다. 이런 것은 태종의 넷째 아들이자 세종의 동생인 성녕대군의 종이었던 김보명이 안평대군을 유혹해서 꾸민 일이라고 하였다. 그런데도 안평대군은 무계정사를 짓고 나서 "나는 번거롭고 속된 세상은 싫고 산수를 좋아한다"고 말하며 자신의 의도를 감추려고 하였다는 것이다. 나중에 김보명이 죽자, 안평대군의 계집종 약비가 수양대군의 아내(뒷날의 정희왕후 윤씨)에게 "잘 죽었다. 살았으면 매우 큰 죄를 지었을 것이다"라고 말했다는 것이다. 즉 그녀는 안평대군이 자신의 아들을 왕으로 앉히려는 의도를 갖고 있었고, 김보명이 안평대군을 부추겼다는 것을 세조 측에 일러바쳤다는 것이다. 여기서 사관은 "김종서가 매양 용(안평대군)에게 글을 보낼 때 '맹말(盟末, 맹세한 사람 가운데 끝자리 사람)'·맹로(盟老, 맹세한 사람 가운데 늙은 사람)'라고 자칭하고 동료로서 대하니, 용의 거짓된 명예가 이미 넘쳐서 임금의 자리[神器]를 엿보게 되었다. 이에 권세 있고 부유한 것을 가지고 사람을 멸시함이 아주 많았고, 참람(僭濫, 분수에 지나침)한 물건을 많이 만들어 착용하였으며, 계(契) 모임에서 시문을 지어서 등급을 매기고, 큰 인장(印章)을 만들어 찍었다"라고 기록하였다.(『단종실록』 권6, 1년 5월 19일(을해))
29) 이런 주장의 내용은 다음과 같다. 영의정 황보인의 사내아이 종이 계수라는 권람의 종과 함께 가죽으로 물건을 만드는 일을 함께하고 있었다. 그런데 황보인의 종이 계수에게, 황보인이 김종서 등과 이홍위를 폐위시키고 안평대군을 왕으로 추대하려고 한다는 말을 했다는 것이다. 안평대군이 황보인에게 어떻게 군사를 동원할지 묻자, 이홍위가 누나 집에서 옮겨갈 창덕궁을 수리하는 공사에 참여시킨다는 명분하에 군사를 동원시킨다는 식으로 대답하였다. 또 배를 띄워 한강의 마포로 군사를 데리고 올 것이라는 식의 이야기도 하였다는 것이다. 이 말을 자신의 종으로부터 들은 권람이 세조에게 일러바친 것이라고 한다.(『단종실록』 권7, 1년 9월 25일(무인)) 구성이 참으로 엉성하다.

30) 조충손이 평안도도사로 재직할 때, 안평대군이 해주 온천에 왔었다. 그때 안평대군이 말에서 떨어져 상처를 입었는데, 조충손이 정성을 다해 치료해주었다. 이것을 계기로 둘은 형제를 맺기로 한 것이다. 따라서 이 내용은 둘 사이의 모습을 과장한 것 같다.
31) 근거로 제시한 내용은 다음과 같다. 세종·문종 때 맹인(盲人) 지화가 안평대군은 왕이 될 운수라고 말하였고, 안평대군의 책사 이현로도 그가 왕이 될 팔자라 하였다는 것이다. 또 예언서에는 "성인(聖人)이 나와서 목멱정에 있는 물을 마신다" 운운하였는데, 백악 북쪽이 바로 그곳이어서 참으로 왕업을 일으킬 땅이니, 그곳에 살면 복을 받을 수 있다 하였다고 한다. 따라서 안평대군이 이를 믿고 그곳에 집을 짓고, 무계정사(武溪精舍)라 불렀다고 한다. 나아가 사람들에게 "내가 끝내 대군만 되고 말 사람이 아니다"라고 말하기도 하였다는 것이다.
32) 이 말은 안평대군이 이홍위를 폐위시키고 자신의 아들을 왕으로 앉히려는 의도를 갖고 있었다는 것으로 받아들일 수 있다.
33) 조맹부는 원나라의 화가이자 서예가이다. 자는 자앙(子昻), 호는 송설도인(松雪道人)이다. 당시의 대표적인 교양인으로 정치·경제·시서화에 넓은 지식을 가졌으며, 특히 서화에 뛰어났다. 송나라 태조 넷째 아들 진왕 덕방의 자손으로 태조의 11대 손자이다. 즉 황제의 핏줄이다. 또 풍모가 뛰어났을 뿐 아니라 언행이 바르고 깨끗했으며 불교와 도교의 심오한 뜻을 깨쳤던 인물로 알려져 있다.
34) 구약성서「창세기」에 나오는 아담과 하와의 맏아들로 하나님이 자신이 바친 제물은 받지 않고 동생 아벨이 바친 제물을 받자 시기하여 동생을 돌로 쳐서 죽였다. 따라서 그는 인류 최초의 살인자로 불리기도 한다.
35) 임금이나 2품 이상 문무백관과 부인들이 죽으면 나라에서 격에 맞게 치러주던 장례
36) 지금의 경기도 화성시
37) 지금의 경기도 여주시
38) 『운영전』은 창작 시기와 작자가 알려지지 않은 조선시대 소설이다. 내용은 안평대군이 지은 수성궁에서 문장과 시를 배우던 운영과 그곳을 방문한 김진사라는 인물이 조선의 봉건적 사회제도를 뛰어넘는 사랑을 추구하였지만 한계를 극복하지 못하고 자살한다는 것이다. 이 소설에서도 안평대군의 정체성을 보여주고 있다. 즉 그는 문학적 풍류를 즐기는 인물이었다.
39) 공신들에 대한 이런 포상 규정은 단종 대 처음으로 등장한 것은 아니다. 태조 대의 '개국공신', 정종 대의 '정사공신', 태종 대의 '좌명공신' 포상 규정에도 이미 나타나 있다. 그리고 자손들의 범죄를 눈감아주겠다는 것은 당연히 공신들의 범죄도 눈감아주겠다는 의미로 받아들일 수 있다.

40) 그런 추측을 하게끔 하는 '『단종실록』 1년, 11월 19일(신미)'의 기사가 있다. 그 기사에는 "대사헌 권준·좌사간 성삼문 등이 또 공신을 사양하였으나, 윤허하지 않았다"고 기록하고 있다. 또 '『연려실기술』 권4, 단종조 고사본말, 세조의 정난계유'에는 다음과 같은 내용이 실려 있다. "성삼문·박팽년은 집현전에서 궁을 숙위하였다 하여 공신의 호를 주니 성삼문이 그것을 부끄러워해서 밥맛을 잃었으며, 공신들이 윤번으로 연회를 열었지만 성삼문은 홀로 열지 아니하였다."
41) 훈구파는 원래 훈구공신(勳舊功臣)·훈구대신(勳舊大臣)같이 오랫동안 왕의 곁을 지키면서 공을 많이 세웠다는 의미를 지닌 일반 용어였다. 그리고 세조 대 이후로는 기성 집권 정치세력을 지칭하기 위해 쓰였다. 성종 대 후반부터는 사림파(士林派)와 대비되는 정치세력을 가리키는 용어로 쓰였다. 이렇게 훈구파니 사림파니 하는 것은 두 세력을 구분하기 위한 명칭에 불과한 것이지 사실 그들이 자신들을 그렇게 부르지는 않았다.
42) 회맹단은 청와대 본관 자리에만 있었던 것은 아니다. 청와대 본관 자리의 회맹단은 왕과 고위직 신하들이 회맹의식을 가졌던 장소였다. 반면 전북 고창군 흥덕면 용반리에 있는 남당 회맹단은 임진왜란 때 고창 지역 선비들이 의병을 일으키는 과정에서 회맹의식을 가졌던 장소였다.
43) 환관 엄자치와 전균이 받은 군(君) 작위는 왕의 서자(庶子), 왕비의 아버지 그리고 2품 이상의 종친들이나 받을 수 있는 것이었다. 이렇게 대군이나 군 작위를 주는 것을 봉군(封君)이라고 한다. 그러니 작위 근처에도 갈 수 없었던 대다수 사대부 신하들이 그들에게 품은 시기심이 어느 정도였을까는 쉽게 추측할 수 있다. 엄자치와 전균의 작위를 철회하라고 강력하게 주장한 인물 중에는 사육신의 한 명으로 '지조의 대명사'인 성삼문은 물론 그와 정치적 대척점에 있던 신숙주도 있었다. 따라서 엄자치와 전균에 대한 사대부들의 공격은 그들의 가치관이나 인생관을 압도할 만큼 강한 시기심이 작동한 것이었다. 나아가 당시 조선 사회가 얼마나 철저하게 기득권 세력에 의해 통제되고 있었는지 알 수 있게끔 한다.
44) 초요갱은 '초나라 미인처럼 가는 허리'라는 뜻이다. 세종의 아들들이 그녀와 염문을 퍼트렸다. 그런 사실이 『조선왕조실록』에 16번이나 나온다. 그들은 세종의 적자 평원대군, 서자 화의군과 계양군이다.
45) 궁인이나 나인이 병들면 옮겨가서 죽을 때까지 살던 집
46) 국가문서에 사용하는 임금의 도장
47) 여기서부터 수양대군을 세조로 칭한다. 세조라는 묘호는 그가 죽은 뒤 붙여진 호칭이지만, 그것이 조선 제7대 왕의 이름처럼 불리기 때문이다. 제7대 왕의 이름은 이유(李瑈)이다.
48) 세조의 왕위 찬탈을 강하게 거부하는 성삼문의 모습을 드러내는 이야기가 야사에

도 전한다. '『연려실기술』권4, 단종조 고사본말'에 다음과 같은 이야기가 실려 있다. 세조가 선위를 받을 때, 자기는 덕이 없다고 사양하니, 좌우에 따르는 신하들은 모두 실색하여 감히 한 마디도 내지 못하였다. 성삼문이 그때 예방승지로서 옥새를 안고 목 놓아 통곡하니, 세조가 바야흐로 부복하여 겸양하는 태도를 취하다가 머리를 들어 빤히 쳐다보았다. 이날 박팽년이 경회루 못에 임하여 빠져 죽으려 하매, 성삼문이 기어이 말리며 말하기를 "지금 왕위는 비록 옮겨졌으나 임금께서 아직 상왕으로 계시고 우리들이 살아 있으니 아직은 일을 도모할 수 있다. 다시 도모하다가 이루지 못하면 그때 죽어도 늦지 않다" 하매, 박팽년이 그 말을 따랐다. 더구나 권자신은 이홍위의 외삼촌이다.

49) 공신은 크게 배향공신과 훈봉공신으로 나눈다. 왕이 죽은 뒤 종묘에 왕의 위패를 봉안할 때, 생전에 왕에게 특히 충성하였거나 국가에 큰 공적을 세우고 죽은 신하들의 위패도 종묘에 봉안하였다. 이렇게 종묘에 위패가 봉안되는 신하를 배향공신이라고 한다. 훈봉공신은 대체로 훈공을 1~4등급으로 나누어 포상하는 공신이다. 그리고 훈봉공신은 다시 정공신과 원종공신으로 나뉜다. 원종공신은 정공신에 비하여 비교적 작은 공을 세운 공신을 의미한다.

50) 한양에 도착한 중국 사신이 임무를 수행하고 돌아갈 때까지 숙소인 태평관과 창덕궁 인정전에서 베풀던 공식연회가 여러 차례 있었다. 그중 하마연(下馬宴)은 사신이 도착한 당일에 태평관에서 왕이 직접 베풀던 연회였다. 이튿날 베푸는 잔치를 익일연(翼日宴), 닷새째 베푸는 잔치를 온짐연(溫斟宴), 말에 오르기 전에 베푸는 연회를 상마연(上馬宴)이라고 하였다.

51) 구성군으로도 불리는 그는 26세인 1466년(세조 12년) 무과에 급제하고, 이듬해 함경·강원·평안·황해의 4도병마도총사가 되어 이시애의 난을 평정하고 적개공신 1등이 되었다. 이후 오위도총관에 임명되었다 이듬해 영의정이 되기도 하였다. 하지만 1470년(성종 1년) 어린 성종을 몰아내고 왕이 되려 한다는 이유로 지금의 경상북도 영덕군으로 유배 가서 죽었다.

52) 『세조실록』권4, 2년 5월 24일(임진)

53) 『연려실기술』권5, 세조조 고사본말, 세조조의 상신

54) 『연려실기술』권5, 세조조 고사본말, 세조조의 상신

55) 세조는 중앙집권체제를 강화하기 위해 변방지역의 수령을 임명할 때 함길도 출신을 제한하고 한양 출신들로 대체시켰다. 그리고 그들에게 지역 유지들의 자치기구인 유향소(留鄕所)의 감독을 강화하게 하였다. 따라서 그들과 유향소는 큰 갈등을 빚게 되었다. 이런 때 회령부사를 지내다 어머니 상(喪)을 당하여 관직을 사퇴한 이시애가 고향 길주에 머물고 있었다. 그는 당시 지역 분위기에 편승해서 1467년(세조 13년) 5월에 반란을 일으켰다. 이것이 '이시애의 난'이다. 이 과정에서 그는 "방금 남도의 군

대가 바다와 육지로 쳐 올라와서 함길도 군인과 민간인 들을 다 죽이려 한다"고 지역감정을 유발시켜 세력을 키우기도 했다. 또 "병마절도사·강효문 등이 한양의 한명회·신숙주 등과 결탁하여 함길도 군대를 이끌고 한양으로 올라가서 모반하려 하여 민심이 흉흉하다"는 등의 모략 전술을 쓰기도 했다. 이에 세조가 속아 한명회·신숙주 등을 투옥시키는 일도 벌어졌다. 3개월에 걸쳐 일어난 난은 관군에 의해 평정되었다. 평정 과정에서 남이 장군이 스타로 떠오르기도 했다.

56) 문종과 현덕왕후 권씨 능. 경기도 구리시 동구릉 안에 있다. 하지만 당시 현덕왕후 권씨의 무덤은 경기도 안산에 있었다.
57) 『단종실록』권7, 1년 7월 28일(계미)
58) 『세조실록』권4, 2년 6월 2일(경자)
59) 그의 주장은 왕의 자문기구인 삼공(재상)은 왕에게 사물의 이치를 해설하고 토론하였으며, 삼고(삼공 다음 가는 세 벼슬로 소사(少師), 소부(少傅), 소보(少保)를 말한다.)는 삼공을 보좌하여 그 이치를 넓혔다는 것이다. 나아가 삼공과 삼고는 6조판서처럼 실무를 담당하지 않았지만 우두머리가 국정을 총괄했다는 것이었다. 그러니 주나라의 제도를 따라달라고 하였다.
60) 이조(吏曹)에 속한 관청으로 왕과 가족 등이 먹을 궁중 음식을 준비하였다. 나중에 사옹원(司饔院)으로 개칭되었다.
61) 2품 이상의 무반(武班) 두 사람이 큰 칼[雲劍]을 차고. 임금의 좌우에 서서 호위하는 임시 벼슬로 정식명칭은 별운검(別雲劍)이다.
62) 한명회나 권람 같은 세조의 측근을 말함
63) 『연려실기술』권4, 단종조 고사본말, 육신의 상왕 복위 모의
64) 조선시대 현행법·보통법으로 적용된 명나라의 기본 법전
65) 죄수의 몸을 머리·양팔·양다리·몸통 등 여섯 부분으로 찢어서 여러 지역에 보내 사람들이 보게끔 하는 형벌
66) 죄수의 팔과 다리를 각각 다른 수레에 매고 수레를 끌어서 몸을 찢어 죽이는 형벌. 머리·몸·팔·다리 여섯 부분으로 나뉜 시신은 각 도에 보내 백성이 보게 하였다.
67) 죄수의 목을 베어 높은 곳에 매달아놓던 처형
68) 죄인이 범죄 사실에 대해 진술하는 말로 공초(供招)라고도 함
69) 죄를 자백하고 복종함
70) 『추강집』권8, 속록, 전, 육신전
71) 왕자에게 젖을 먹일 때는 '유모'로 불렸지만 왕자가 왕이 되면 봉보부인으로 책봉되었다.
72) 내금위에 소속된 창고
73) 병기를 제조하고 무기를 조달하던 관청으로 지금의 서울시청사를 포함한 인근 지

역에 있었다.
74) 이기환, 2018, 『흔적의 역사』, 책문, 2018, 서울, 22-37쪽
75) 성삼문의 어머니와 유성원의 아내 이름이 같다.
76) 이홍위 누나 경혜공주의 아들로 이홍위의 조카이다. 이런 말이 나온 것은 당시 경혜공주가 처형을 당했거나 귀양을 보낸 것으로 보고 있었기 때문이라고 생각한다.
77) 『연려실기술』 권5, 세조조 고사본말, 세조조의 상신
78) 『세조실록』 권4, 2년 6월 2일(경자)
79) 주공(周公)은 주(周)나라 때 정치가로, 무왕(武王)의 친동생이다. 상(商)나라의 제후국에 불과하던 주나라는 무왕 때 상나라를 멸하고 중원의 새로운 지배자가 되었다. 이때 주공이 많은 공헌을 하였다. 또 무왕이 죽자 어린 조카 성왕(成王)을 보좌해 섭정하면서 각종 문물 제도와 예악(禮樂) 질서를 정비해 주나라를 반석에 올려놓기도 하였다. 공자가 존경해 마지않았던 인물로 유학자들에게는 성인(聖人)으로 여겨지고 있다.
80) 정출헌, 2020, 『남효온평전』, 한계레출판(주), 서울, 131쪽
81) 『육선생유고』 육선생유고 부록, 사실, 성선생사실
82) 성삼문은 전균에게 준 작위를 철회할 것을 청한 적이 있다.(『단종실록』 권9, 1년 11월 18일(경오))
83) 소나무와 잣나무. '겨울에도 변치 않는 푸름'은 굳은 절개를 상징한다.
84) 『연려실기술』 권4, 단종조 고사본말, 육신의 상왕 복위 모의. 『추강집』에서는 이 시를 성승의 시라고 한다.
85) 고려 말 대학자이며 정치가였던 이색은 포은 정몽주, 야은 길재(또는 도은 이숭인)와 함께 삼은(三隱)의 한 사람으로 불린다. 제자로는 정몽주 · 길재 · 이숭인 · 정도전 · 하륜 · 윤소종 · 권근 등이 있다. 그들 중 정몽주 · 길재 · 이숭인 등은 고려 왕조에 충절을 다하였다. 반면 정도전 · 하륜 · 윤소종 · 권근 등은 조선 왕조를 개창하는 데 참여하였다. 또 이색과 정몽주 · 길재의 학문을 계승한 김종직 · 변계량 등은 조선 초기 성리학의 주류를 이루었다.
86) 불에 달군 쇠로 사람의 몸을 지지는 것으로 낙형(烙刑)이라고도 한다.
87) '기러기 털'로 아주 가벼운 사물을 비유할 때 쓰이기도 한다.
88) 『추강집』 권8, 속록, 전, 육신전
89) 지금의 경북 구미시 선산읍
90) 『조선왕조실록』에서는 교서를 작성한 인물을 정인지 · 이계전 · 최항으로 말한다.
91) 사람을 기둥에 묶어 세우고 창으로 찔러 죽이는 형벌
92) 『육선생유고』 부록, 사실, 유선생사실
93) 상대편을 높여 이르는 말로 여기서는 세조를 지칭한다.

94) 글만 읽어 세상일에 서투른 선비를 비유적으로 이르는 말로 여기서는 성삼문 등을 지칭한다.
95) 『추강집』권8, 속록, 전, 육신전
96) 남효온은 이홍위가 즉위한 지 3년째 되던 해 태어났다. 그가 3살이 되던 해 세조 제거와 이홍위 복위를 위한 거사가 일어났다. 따라서 성삼문 등이 죽임을 당하던 시기에 그는 유아기를 거치고 있었다. 성년이 되자 어머니는 그의 등을 떠밀다시피 하여 과거 시험을 보도록 하였다. 27살 되던 해 생원시에 합격하여 부모에게 기쁨을 주었다. 하지만 그 뒤로는 더 이상 과거에 응시하지 않았다. 즉 관료가 되기 위한 문과에 도전하는 것을 포기하고 공인된 학자의 지위만 가지려 한 것이었다.
97) 정출헌, 앞의 책, 124쪽
98) 중시(重試)란 문무과에 급제하였지만 관직에 나가지 못한 사람이나 관직에 나갔지만 당하관(堂下官)인 현직 관료들을 대상으로 10년에 한 번씩 치른 시험이다. 중시 성적에 따라 관직이나 관품을 올려주었다.
99) 이전은 영풍군을 말한다. 그는 세종의 서자로 어머니는 혜빈 양씨이다. 혜빈 양씨는 이홍위를 키운 인물이다. 박팽년의 사위이기도 하다.
100) 품계(品階). 신하들의 계급
101) 『세조실록』권4, 2년 6월 8일(병오)
102) 상복을 입는 가까운 친척은 아니지만 한 집안
103) 『세조실록』권4, 2년 6월 8일(병오)
104) 국사편찬위원회에서는 여러 차례 논의한 끝에 1977년 김문기를 사육신의 한 사람으로 인정하고 서울 노량진에 있는 사육신 묘역에 그의 가묘를 조성하였다.
105) 조선시대에는 전라도에 속했다.
106) 이기환, 앞의 책, 27쪽
107) 『세조실록』권4, 2년 6월 13일(신해)
108) 왕실 간택에 참여하는 처녀나 동자는 대개 20~30명이었다. 그들 중 초간택에서 5~7명 정도 고르고, 재간택에서 다시 3명 정도 골랐다. 그리고 삼간택에서 최종 한 명을 낙점하였다.
109) 이홍위의 후궁 중 권완의 딸은 노비로 공신에게 주었지만 김사우의 딸은 그렇게 하지 않았던 것 같다. 그런 사실을 『조선왕조실록』에서 확인할 수 있다. 즉 "충청도 관찰사의 장계(狀啓)에 '노산군의 후궁 김씨가 충주에서 살다 죽었다'고 했는데, 김씨가 생존했을 때 해마다 쌀과 소금 등의 물건을 내렸고, 노산군 부인 송씨가 졸(卒)하였을 적에는 부의(賻儀)를 내리도록 했었으니, 이번에는 어떻게 해야 하리까?"(『중종실록』권53, 20년 2월 11일(경자))라는 기사 내용을 통해서 추측할 수 있다. 그리고 그녀는 정순왕후 송씨보다 더 오래 살았다. 후궁 김씨가 노비가 되지 않고 살아갈 수 있었던

것은 아버지 김사우 덕분이었을 것으로 생각된다. 김사우는 무신으로 여러 번 공을 세우고 병조판서에 오르기도 했으며, 신숙주 등 세조 측근들과 친했던 것으로 보인다.
110) 의경세자는 한확의 딸과 결혼하여 뒷날 월산대군과 성종이 되는 아들을 낳기도 하였다.

3. 노산군으로 강봉된 이홍위의 유배 생활

1) 또는 국구(國舅)라고도 불렀다. 나아가 부원군이나 국구는 정1품 공신에게 주던 작위이기도 하다.
2) 여기서부터 이홍위를 노산군으로 부른다.
3) 오항녕, 2016, 『조선의 힘-조선, 500년 문명의 역동성을 찾다』, (주)역사비평사, 고양, 303쪽
4) 지금의 강원도 영월군 영월읍 하송리, 팔괴리, 덕포리가 인접하는 지역으로 동강과 서강이 합쳐져 남한강이 시작되는 곳이다. 따라서 노산군이 유배된 청령포 인접지역이다.
5) 『동국지도』는 두 가지가 있다. 세조 때 양성지와 정척이 만든 것과 영조 때 정상기가 만든 것이 있다.
6) 시녀가 10명이었다는 것은 "… 시비(侍婢)에게 유롱(油籠) 10벌을 보내니…"(『세조실록』권8, 3년 6월 22일(갑인))라는 『조선왕조실록』기사를 통해 추론할 수 있다. 즉 시녀들에게 비가 오면 머리에 쓰는 유롱 10벌을 보낸다는 것이다.
7) 석척기우제란 도마뱀(석척, 蜥蜴)을 항아리에 넣고 행하던 기우제를 말한다. 항아리에 물을 담고 버들가지를 꺾어 꽂은 다음 도마뱀을 띄워놓게 하고 아이들에게 "도마뱀아, 도마뱀아, 구름을 일으키고 안개를 뿜어내라. 비가 착착 쏟아지면 너희들을 보내주마"라고 외치게 하였다. 이것은 도마뱀이 용과 비슷하기 때문에 용으로부터 비가 내리도록 하는 기운을 도마뱀을 통해서 얻을 수 있다고 믿은 것이다.
8) 『세조실록』권7, 3년 5월 18일(경진)
9) 민간에서 혼례 때 신부를 태우던 가마로, 앞뒤에 각각 두 사람씩 모두 네 사람이 메었다.
10) "… 동대문 밖 왕심평(往尋坪)에 큰 다리를 놓아 이름을 영도교(永渡橋)라 하였는데 모두 임금이 손수 어필로 써서 이름을 정한 것이다." 『용재총화』(『연려실기술』권16, 지리전고, 도성과 궁궐) 처음에는 왕심평대교로 불렸다.
11) 당시는 살곶이천이라고 하였다.
12) "중(승려) 하나가 일찍이 전관교(箭串橋)를 놓았는데, 많은 돌을 써서 큰 냇물에 걸쳐 다리를 만들었다. 이 다리는 길이가 3백여 보(步)나 되고 집과 같이 편안하여 다니

는 사람들이 평지를 다니는 것 같았으니 이것을 제반교(濟盤橋)라 하였다. …"『용재총화』(『연려실기술』 권16, 지리전고, 도성과 궁궐) 따라서 살곶이다리의 원래 이름이 제반교였음을 알 수 있다.
13) 이후 성종 때 완성된 것으로 알려진다.
14) 조선시대 군대를 사열하거나 출병할 때, 이곳에 왕이 머문다는 사실을 알리는 큰 기인 둑기(纛旗)를 세우고, 전쟁의 승리와 무사귀환을 바라며 지내는 제사인 둑제(纛祭)를 지낸 곳이라 하여 둑섬, 둑도라 불리었다. 이후 '뚝섬'으로 불리게 되었다. 살곶이벌이라는 말은 왕자의 난 이후 함흥에 칩거하던 태조 이성계가 한양으로 돌아온다는 소식에 태종이 뚝섬에서 그를 맞이했는데, 태종을 본 이성계는 화가 치밀어 그에게 화살을 쏘았다는 고사에 연유한 것이라고 한다.
15) 서울시 광진구 자양동 동남쪽 한강 연안에 있는 42.8m의 낮은 산 구릉
16) 새로 지은 정자
17) 낙천은 『역경(易經)』에 실린 '천명을 알아 즐기노니 걱정이 없네(樂天知命故不憂)'란 글귀에서 인용한 것이다.
18) 『세종실록』 권3, 1년 2월 21일(병신)
19) 신빈(愼嬪, 세종의 후궁 신빈 김씨를 말함)이 온양으로쿠터 돌아오니 세조가 종친과 더불어 화양정에서 맞이하였다.(『단종실록』 권11, 2년 4월 13일(갑오))
20) 한양에서 지금의 경북 울진군 평해읍에 이르는 길을 '평해로', '관동로' 또는 '관동대로'라고 부른다. 강릉을 지나는 이 길을 한양, 원주, 강릉을 각각 한 점으로 삼아 연결하면 역삼각형이 만들어진다. 이렇듯 이 길은 원주를 위해서 일부러 길을 돌아가게끔 한 흔적이 역력하다. 즉 '억지춘양'의 원조라고 할 수 있다. 또 평해로에는 8개의 지선이 있었다. 그 지선이 1차적으로 분기하는 곳은 평구(지금의 경기도 남양주시 삼패동), 지평(경기도 양평군), 원주, 방림(강원도 평창군)이었다. 그래서 원주에서는 평구도를 타고 남쪽 지역인 영월군 주천면이나 영월읍으로 오고 갈 수 있었다.
21) 조창이 처음 설치된 것은 고려시대였다. 10세기 말 지방제도를 확립하면서 이를 토대로 바닷가 또는 강변에 조창을 설치하고 세곡을 받아들였다. 따라서 바닷가에 설치되어 바닷길을 이용해 세곡을 운송하던 조창은 해운창(海運倉), 강변에 설치되어 강의 수로를 이용하던 조창은 수운창(水運倉) 또는 수참(水站)·강창(江倉)이라고 했다.
22) 최병문, 2004, 『조선시대 선박의 선형특성에 관한 연구』, 부경대학교 박사학위논문, 56-75쪽
23) 『동문선』 권63, 서, 상정상국서
24) 광미진이라고도 함
25) 남한강의 가항구간은 하구에서 영월까지 323km였다.(김종혁, 2001, 『조선후기

한강지역의 교통로와 시장』, 고려대학교 대학원 박사학위논문, 102쪽) 따라서 한강 하구에서 광나루까지 약 70km를 빼면 약 260km가 된다.
26) 도로 폭은 대로가 10~15m, 중로가 7~10m, 소로가 2~7m였다. 수레가 다니기 위해서는 5m, 네 명의 가마꾼이 메는 사인교(四人轎)가 다니기 위해서는 3m의 도로 폭이 필요했다. 대로는 26~36마리, 중로는 16~24마리, 소로는 4~12마리의 말을 준비해두었다.
27) 반대로 이포나루에서 배를 타고 한강 물줄기를 따라 내려가는 데는 약 하루 반나절 정도 걸린다. 즉 거슬러 올라가는 속도의 배가되는 셈이다. 강물을 거슬러 올라가는 데는 그만큼 물의 저항이 크다는 의미이다.
28) 보제존자(普濟尊者)는 나옹화상이 고려 공민왕의 왕사(王師)가 되어 왕으로부터 받은 호이다. 이렇듯 나옹화상은 당시 불교의 모든 종파를 장악할 만큼 불가에서 위상이 대단하였다. 조선을 건국한 이성계의 스승이 되는 무학도 그의 제자였다. 하지만 그는 우왕이 왕위에 오르자 추락했다. 우왕은 왕위에 오른 지 2년 되던 해 나옹화상에게 회암사를 떠나 밀양 영원사로 가라고 명한다. 회암사 중수에 국고를 쏟아 부은 것을 명분으로 한 명이었지만, 사실은 정치적 상황 변화에 따른 일종의 유배였다. 유배 여정 중 여주 신륵사에 도착하고 그곳에서 숨을 거두었다. 나이 57세였다. 당대 최고 고승인 그는 제자가 2천여 명에 달한 것으로 알려져 있다. 신륵사가 지금처럼 유명세를 탄 것은 나옹화상이 입적하자 제자들이 신륵사에 머물며 대대적인 불사를 했기 때문이다.
29) 무촌리(거치라리, 무촌), 1986, 『한국지명총람』 권18(경기편 · 하), 한글학회, 35쪽
30) 거치리(무촌), 1993, 『한국지명총람』 권17(경기편 · 상), 한글학회, 551쪽
31) 고개를 나타내는 '령(嶺)'은 큰 고개를 나타낼 때 많이 쓰이며, '현(峴)'은 '령'보다 작은 고개를 뜻한다. '치(峙)'는 조선 말 철종 12년(1861년)에 나온 김정호의 『대동여지도』에 그 예가 나타난다. 일제시대에 지명 접미어 '치'가 급격히 늘어난 것은 조선 말부터 '치'가 서서히 사용되기도 하였지만, '치'가 일본어 '峠(고개 상)'와 의미가 같아서 일제가 자국에서 사용하는 글자를 우리나라 지명에 마구 사용한 까닭이다. 그런데 현대에 와서 접미어 '치'가 급격히 줄고 한글화된 접미어 '고개' 또는 '재'가 늘어났다.(김양자, 1988, 『우리나라의 고개에 관한 지리적 연구』, 이화여자대학교 교육대학원 석사학위논문, 6쪽)
32) "여러 해 전 행행(行幸)하였을 때에는 여러 대군이 교대하여 충순당에 거처하였다." (『세종실록』 권124, 31년 6월 19일(정묘))
33) 전혀 다른 의미로 쓰인 듯한 행치들도 있다. 예를 들어 강원도 홍천군 서석면에도 행치(行峙)로 불리는 고개가 있다. 이 고개는 왕이 넘었던 고개와는 거리가 멀다. 학의

무덤이 있다고 해서 '학치'로 불리던 고개가 행치로 음운변이가 일어난 것으로 추측된다. 그리고 '행치'를 '행치(杏峙)'라고 '살구 행(杏)'을 쓸 경우, '살구나무가 많은 고개'의 의미가 될 수 있다. 하지만 옥촌리 행치는 여주에서 발견되는 여러 개의 행치 중 하나이고 그것들이 노산군의 유배 길로 추정되는 길에 연달아 있다는 점에서 '왕이 넘었던 고개'로 추정된다.

34) 어수물(어수정), 1986, 『한국지명총람』 권18(경기편·하), 한글학회, 36쪽
35) 조선시대에는 건국 초기부터 장빙제도(藏氷制度)가 있어 말기인 고종 때까지 이어졌다. 따라서 지방에도 석빙고를 축조하였다. 경주, 창녕, 청도 등에 있는 석빙고들이 대표적인 예이다.
36) 그가 수원부사로 있었을 때 그곳으로 유배 간 영풍군의 감시를 소홀히 한 이유로 그를 파직시킨 일은 있었다.(『세조실록』 권4, 2년 7월 28일(을미))
37) 『세조실록』 권8, 3년 6월 26일(무오)
38) 권전은 강원도 홍천군 내면 일대에서 마을 신으로 받아들여지고 있다.
39) 불교식 종교의식을 행하는 공간
40) 『연려실기술』 권4, 문종조 고사본말, 소릉(昭陵)의 폐위와 복위
41) 『연려실기술』 권4, 문종조 고사본말, 소릉의 폐위와 복위
42) 태조 이성계의 정비 신덕왕후 강씨의 무덤
43) 『연려실기술』 권4, 문종조 고사본말, 소릉의 폐위와 복위
44) 『태종실록』 권4, 2년 9월 3일(계미)
45) 지금의 경기도 여주시
46) 『세종실록』 권6, 1년 11월 10일(경술)
47) 『세종실록』 권11, 3년 2월 27일(경신)
48) 충적지에 길이 형성된 사례는 옛길에서도 잘 나타난다. 예를 들자면, 조선시대 김정호가 편찬한 『대동지지』에서 구획한 10대로에 속하는 봉화로(한양~경북 봉화군)가 지나는 경안천(경기도 광주시), 곤지암천(경기도 광주시), 복하천(경기도 이천시), 양화천(경기도 여주시), 청미천(충북 음성군) 등의 하천 충적지에 길이 나 있다. 이런 이유 때문에 봉화로는 평평하고 직선에 가까운 길로 조성된 것이다. 그런 사례는 평해로를 비롯한 다른 옛길에서도 찾아볼 수 있다. 또 평해로의 지선으로, 지금의 강원도 영월군 주천면에서부터 평창군 방림면까지 이어지는 옛길은 주천강과 평창강이 만들어 놓은 충적지를 따라 형성되었으며, 몇 개의 구릉지를 제외하고는 대체로 평탄한 길이었다. 이 길을 따라 강릉·삼척·울진·평해 등 영동지역뿐 아니라 영월·평창·정선 등지의 세곡이 흥원창을 향해 왔을 것으로 추정한다. 충적지에는 자연제방뿐 아니라 하안단구도 형성된다. 하안단구는 하천을 따라 길게, 바닥이 좁은 계단 모양으로 만들어진 지형이다. 그리고 자연제방에는 마을이 잘 형성되기도 한다.

49) 흥원창은 원주·평창·영월·정선·횡성 등 강원도 영서지방 남부 5개 지역과 강릉·삼척·울진·평해 등 영동지방 남부 4개 지역에서 세금으로 거둬들인 곡식·면포·특산물 등을 보관하던 곳이었다. 지금으로 치자면 세무서이자 대규모 물류창고라고 할 수 있다.
50) 당시 사람들도 한양을 서울로 불렀을 개연성이 높다. 왜냐하면 서울이라는 명칭은 『삼국사기』·『삼국유사』 같은 문헌에서 나타나는 서벌(徐伐)·서나벌(徐那伐)·서라벌(徐羅伐)·서야벌(徐耶伐) 등에서 비롯되어 변천된 것으로 추측한다. 따라서 이러한 칭호는 신라 초기 도읍지의 지명이자 국명을 나타내므로, '서울'은 수도(首都)의 의미로 변천된 것으로 볼 수 있다는 주장은 설득력이 있다.
51) 하천 물길 중 바닥이 물살에 의해 깎여나가는 쪽의 비탈을 말한다. 따라서 공격사면은 퇴적물이 적고 수심이 깊으며 절벽을 형성한다. 즉 깎아 세운 듯한 낭떠러지인 '단애'가 형성된다.
52) 간매리 행치에는 노산군 유배와 양립할 수 없을 것 같은 모티프를 수용한 또 하나의 설화가 존재한다. 즉 행치를 넘던 남매가 억수로 퍼붓는 소나기를 맞게 되고 그로 인해 비에 젖은 누나의 몸을 본 남동생은 이상한 감정에 사로잡혔다고 한다. 차마 누나 옆에 서 있을 수 없었던 남동생은 슬며시 바위 뒤로 돌아가 남근(男根)을 사정없이 돌로 쳐 정신을 잃고 죽는 일이 벌어졌다는 것이다. 따라서 그런 비극을 교훈 삼아 행동을 다스리라는 뜻에서 이들이 넘던 고개를 '행치(行治)'라 하였다 한다. 그런 것이 '행치(行峙)'라 불리기도 하고, 돌멩이로 비명에 갔다 하여 '동막골'이라고 불리기도 하였다는 것이다.(『여주시사』, 행치고개의 전설) 하지만 누나에게 근친상간적 성적 충동을 느낀 남동생이 죄의식 때문에 자살하였다는 이런 내용의 설화는 전국에 걸쳐 있다. 그리고 이런 설화는 고개뿐만 아니라 강이나 굴에도 존재한다. 등장인물도 누나와 남동생뿐 아니라 오빠와 여동생, 삼촌과 조카인 경우도 있다. 노산군을 유배 보낸 세조의 권력욕도 인간의 원초적 욕구라고 할 때, 행치가 품은 이런 설화도 어찌 보면 세조를 겨냥한 것이 아닐까 하는 생각도 든다.
53) 하천을 흐르는 물길에 의해 퇴적이 이루어지는 완만한 경사면으로 모래·자갈 등의 퇴적물이 쌓이는 부분을 말한다. 따라서 공격사면 반대편에 형성되는 경우가 많다.
54) 왕명을 받고 지방에 나가 있는 신하가 중요한 일을 왕에게 보고하던 일. 또는 그런 문서
55) 『숙종실록』 권9, 6년 2월 26일(병술)
56) 강바닥에는 세월이 흘러도 부서지지 않은 채 달라붙어 있는 돌이나 다른 데서 굴러온 돌들로 채워진 곳이 있다. 이런 곳을 여울이라고 한다. 즉 수면이 부서지면서 물이 흐르는 곳이다. 이런 곳은 갑자기 수심이 얕아지기 마련이다. 그러므로 배가 상류에서 하류로 내려가면서 여울을 지나갈 때는 급격히 속도가 붙고 요동친다. 뱃사공들

이나 떼꾼들에게 여울은 공포의 대상이었다. 이렇게 급류를 동반한 큰 여울은 물줄기가 심하게 휘어 있는 곳의 공격사면이 연달아 있을 때 각 공격사면 중간지점이나 지류와 합류하는 지점 등에 잘 형성된다. 이런 여울도 환경적 측면에서 볼 때는 좋은 점이 있다. 즉 여울에서 물줄기가 요동치는 과정에서 다른 곳에 비해 많은 양의 산소가 공급되기 때문에 유기물을 분해하는 미생물 활동을 촉진시켜 강물의 자정작용이 잘 이루어지기 때문이다.

57) 최일성, 2007,『역사적으로 본 가흥과 목계』, 충주문화원 학술발표 논문, 23쪽
58) 조선 인조 때 사신으로 일본을 방문하던 김세렴이 육로를 통해서 흥원창에서 목계로 이동한 기록이 나온다. 그가 쓴『해사록』에, 그의 일행은 흥원창으로 추정되는 곳에 도착한 다음 대현을 넘어 구래촌을 경유해서 목계로 간 기록을 남겼다. 따라서 노산군이 유배를 가던 시기에도 이 길은 존재했을 것으로 추정한다.
59) 끌패는 직업의 일종으로, 여울에서 배를 끌어 넘겨주고 품삯을 받아 먹고 사는 사람들을 말한다.
60) 목계나루가 있는 충주지역 이후부터는 5척 이상이 선단을 조직해 함께 여울을 헤치고 뱃골을 파내면서 거슬러 올라갔다.(최일성, 앞의 논문, 23-24쪽) 강물이 가장 적은 시기인 갈수기가 되면 물이 부족해 배가 강바닥에 닿아 나아가지 않게 된다. 예컨대 100섬을 실을 수 있는 배에 화물을 가득 실으면 배는 약 1~1.5m가량 물속으로 가라앉는다.(김종혁, 앞의 논문, 35쪽) 이럴 경우 수심이 1.5m 이하면 인위적으로 수심을 그보다 더 깊게 만들어야 배가 나아갈 수 있다. 이때 강바닥의 모래나 자갈 등을 파내서 수심을 깊게 만들었다. 이런 것을 '뱃골'이라고 한다. 따라서 충주지역부터는 최소 15명에서 최대 25명 정도 뱃사공들이 함께 여울을 넘고 뱃골을 만들며 배를 운항한 것이다. 그런데 문제는 당시 극심한 가뭄을 겪고 있었기 때문에 거의 모든 강바닥에 뱃골을 내며 가야 할 상황이었을 것이다.
61) 당시는 음력 6월 29일이 그달의 마지막 날이었다.
62) 예전에는 나그네들이 여정 중 쉴 수 있도록 중간중간 정자를 설치해 두었다. 10리 간격으로 설치한 정자는 장정(長亭)이라 부르고, 5리마다 설치한 정자는 단정(短亭)이라 불렀다.(정출헌, 앞의 책, 330-331쪽) 따라서 느산군 유배 일행이 뙤약볕을 피했다는 장소도 5리마다 설치된 단정일 개연성을 배제할 수 없다. 그리고 그들이 그곳을 거친 후 설화가 생산되고 '단' 자가 단종(노산군)의 묘호에서 따온 글자로 바뀌었을 가능성도 있다. 나아가 단정은 노산군 관련 설화 외에 2개의 설화가 더 있다. 그중 하나는 이미 15개의 정자를 지었던 정승을 지낸 사람이 단강리의 경관에 매혹되어 그곳에 또 정자를 지었다고 한다. 그러면서 그 정자를 자신이 지은 마지막 정자로 삼고, 정자의 이름에 끝 단(端) 자를 달아 단정이라 했다고 한다. 이 설화는 단강리의 경관이 아주 빼어나다는 것을 함축하고 있다. 다른 하나의 설화는 어떤 사람에 의하여

지형에 변화가 생기자 집안·고장·나라의 운수가 바뀌게 되었다는 단맥설화(斷脈說話)의 형태로 나타난다. 내용은 다음과 같다. 임진왜란 당시 조선의 원군으로 온 명나라 장수 이여송은 왜군을 막아 싸우기보다 조선 명산의 정기를 끊어놓기에 혈안이 되어있었다고 한다. 그런 그가 단강리 지역의 정기도 끊으려고 시도했지만 실패했다고 한다. 그래서 그곳에 '조선의 정기(精氣)를 끊으려(斷) 하였다'는 말로 쓰인 '단정(斷精)'이라는 말이 나오게 되었다는 식이다. 이 설화는 단강리가 풍수지리학적으로 명당임을 함축하고 있다.

63) 단정에 있는 느티나무 수령은 600년 정도 된다. 노산군이 1457년 유배를 떠난 것을 고려할 때, 당시에도 사람들에게 따가운 햇볕을 가려줄 만큼 컸을 것이다. 이 느티나무는 현재 폐교된 단강초등학교 안에 있다. 단강초등학교는 1933년 개교한 학교이다.
64) 원주시 부론면, 『단정』, www.wonju.go.kr/buron/index.do(2017년 5월 15일 검색)
65) 뱃재의 지명 유래는 노산군 관련 이야기 외에 2개 더 있다. 그중 하나는 신라 마지막 왕 경순왕이 뱃재의 충북 제천시 쪽에 이궁을 짓고 머물며 강원도 원주시에 있는 용화산 암벽에 미륵을 조각케 하였을 뿐 아니라 황산사에 종을 달고 매일 아침저녁으로 종을 치게 시켰다고 한다. 그리고 종소리가 나면 뱃재에 올라 미륵불을 향해서 절했다고 한다. 다른 하나는 뱃재 인근은 배나무가 많은 골짜기로서 '이현(梨峴)'이나 '이치(梨峙)'로 부르던 것이 훈독 중심의 지명인 '배치'가 된 것으로 추정된다는 것이다.
67) 『예종실록』 권3, 1년 1월 18일(계유)
68) 원주 신림IC 인근에 역골이라는 지명이 있다. 역골이란 '역(驛)'이 있는 골짜기'란 뜻으로 한자로 표기하면 역곡(驛谷)이다. 역골이나 역곡이라는 지명은 전국에 산재해 있다. 이유는 역이 공무를 집행하는 관리들에게 말을 제공하는 것은 물론 그 외 여러 가지 공무를 담당하였기 때문이다. 이런 역은 대략 30리마다 1개씩 설치하였다.
69) 조선시대 강원도 춘천의 보안역(保安驛)을 중심으로 한 역도(驛道)이다. 이러한 역도에는 여러 개의 역참이 소속되어 있었다. 역참은 역(驛)으로 불리기도 한다. 노산군이 유배 갈 시기는 보안도와 연결된 평구도 등 전국에 22개의 역도가 있었다. 또 역도들에 속한 역참(역)이 540여 개나 되었다. 역참은 관리들이 이동하거나 사신들이 왕래 때, 그들이 쉬도록 하고 말을 교체하는 장소였다. 이때 역참 관리들은 고위관리들이나 사신들을 멀리까지 나가서 마중하기도 했다. 이런 각각의 역참들이 속한 역도를 맡아서 주관하던 우두머리가 찰방(察訪)으로 종6품이었다. 보안도 찰방은 춘천의 보안역에서 근무하면서 보안도에 속한 29개의 역을 관리하였다. 따라서 보안역은 보안도의 중심역이었다. 하지만 나중에 중심역이 지금의 원주시에 있었던 단구역이 되었다. 단구역은 평구도에 속하는 역이기도 하다. 보안도의 관할범위는 춘천-홍천-횡

성-원주-강릉 방면, 원주-평창-정선-강릉 방면, 평창-영월-정선-강릉 방면으로 이어지는 역로였다. 따라서 노산군 유배 길에 속하거나 인근에 있었던 역으로는 지금의 원주시 신림면에 있었던 신림역, 영월군 주천면에 있었던 신흥역, 영월군 북면에 있었던 연평역, 영월군 남면에 있었던 양연역이라고 할 수 있다.
70) 조혁연, 2015, 『19세기 충주지역 주막의 연구』, 충북대학교 대학원 박사학위논문, 61쪽
71) I.B. 비숍, 신복룡 역, 2017, 『조선과 그 이웃 나라들』, 집문당, 파주, 124-125쪽
72) 역원(驛院)에서 숙직하며 지키는 벼슬아치
73) 『세종실록』 권30, 7년 11월 20일(을묘)
74) 엄명섭, 2013, 『조선초기 강원도 내 부곡제 역 연구』, 강원대학교 대학원 석사학위논문, 23쪽
75) 마을 모습이 곡식을 찧는 절구처럼 움푹하게 생겼다고 해서 붙여진 이름이다.
76) 원래 배일치는 지금보다 동쪽에 위치했던 것으로 알려져 있다.
77) 산림청이 2006년 10월부터 2007년 11월까지 국토지리원의 '자연지명' 자료를 기초로 확인한 결과, 우리나라 산은 4,400개인 것으로 집계되었다. 이 가운데 가장 많이 쓰인 산의 이름은 봉화산으로 47개였고, 다음으로는 국사봉 43개, 옥녀봉 39개 순으로 나타났다.(조수빈, 2011, 『옥녀설화 연구』, 경남대학교 대학원 석사학위논문, 10쪽) 하지만 이런 조사결과는 낮은 구릉성 산지에 있는 옥녀봉들을 외면한 것이라고 생각한다. 그런 것들을 포함하면 그 숫자는 몇 백 개가 될 수도 있다고 본다.
78) 강송아, 2012, 『지명으로 나타난 옥녀봉의 지형경관 특성과 장소성』, 전남대학교 교육대학원 석사학위논문, 22쪽
79) 칡넝쿨[葛]이 많아서 붙여진 지명이다. 일제시대 때 영월읍에서 주천면으로 가는 신작로가 개설되기 전까지는 갈골지역이 영월지역 교통의 요지 중 하나였다.
80) 이홍위가 특정한 지형에 이름을 붙여주었다는 설화는 옥녀봉뿐 아니라 경기도 시흥시 군자동에 있는 군자봉에서도 나타난다. 그가 지금의 안산시 단원구 목내동 와리산에 있었던 현덕왕후 권씨 묘를 참배하러 가는 길에 군자봉을 보고 지형이 마치 연꽃처럼 생겨 군자의 모습과 같다 하여 군자봉이라 불렀다는 이야기가 있다. 이를 통해 특정 인물에 관련된 설화는 그 인물의 행적과 관련되어 생산될 개연성이 높다는 것을 알 수 있다.
81) 혼인을 준비하는 과정에서 그것이 성사되지 못하게끔 하는 요인
82) 조수빈, 앞의 논문, 15-16쪽
83) 『세조실록』 권8, 3년 7월 5일(병인)
84) 노산군의 유배 길과 관련된 지역으로 범위를 한정해서 봤을 때 평구도는 평구역-양근-지평-원주-영월·평창 등으로 이어진다. 평구역은 지금의 경기도 남양주시 삼

패동에 있었다.
85) 객관(客館)이라고도 한다.
86) 흉년 등으로 인하여 굶주림에 빠진 빈민(貧民)을 구제하는 일
87) '피뿌린 봄 골짜기엔 떨어진 꽃잎이 붉네'라는 표현은 '진달래'를 지칭하는 것이다. 즉 중국의 '두우 설화'에 나타나는 두견새는 한으로 피를 토하며 울고, 또한 피를 다시 삼켜 목을 적셨는데 피맺힌 한이 땅에 떨어져 진달래 뿌리에 스며들어 진달래꽃이 붉어졌다고 한다. 그래서 진달래를 '두견화'라고도 한다.
88) '이화에 월백하고 은한이 삼경인제/일지춘심(一枝春心)을 자규야 알랴마는'이라는 이조년의 '다정가'는 고등학교 국어교과서에도 실린 작품이다. 따라서 우리 국민 중 많은 사람들은 비교적 '자규'라는 말에 익숙한 편이다. 그럼에도 자규가 정확히 어떤 새를 지칭하는지 명확하지 않다. '자규사'에서도 자규를 두견새로 번역하였듯이, 대체로 자규를 두견새로 인식하는 것 같다. 하지만 두견새는 뻐꾸기의 일종이라 주로 낮에 울며, 울음이 명랑, 경쾌하고 싱그럽게 구성지다. 반면 올빼미를 닮은 올빼미과의 소쩍새는 밤에만 우는 야행성 새로 울음소리가 구슬프게 느껴진다. 따라서 이조년의 '다정가'나 노산군의 '자규시'와 '자규사'에 나타나는 상황과 정서는 두견새와 어울리지 않고 소쩍새와 어울린다.
89) 기태완, 2012, 『꽃, 들여다보다』, 푸른지식, 서울, 121-122쪽
90) 소쩍새의 한자 이름은 촉제화두견(蜀帝化杜鵑)이다. 촉(蜀)나라 망제(望帝)의 원혼이 소쩍새가 되었다는 뜻이다. 따라서 두견(杜鵑)으로 불리기도 한다.
91) '자규사'의 '부디 춘삼월 두견이 우는 누대에 오르지 말게나' 같은 행은 이 시를 짓던 당시가 봄이라는 뉘앙스를 느끼게 한다. 더구나 '"춘삼월 자규루' 시와 날이 가물어서 비를 빈 두 가지 일로 참작하여 보면, 영월로 옮긴 것은 이미 정축년 봄 전에 있은 것이 분명하다"(『연려실기술』 권4, 단종조 고사본말, 육신의 상왕 복위 모의)는 말에서 나타나듯이, 춘삼월은 노산군의 유배시기에 나올 수 없다. 즉 춘삼월이라는 말이 나오려면 노산군이 유배 생활을 하던 시기가 1457년(정축년) 가을이 아니라 그해 봄 이전이었어야 한다는 주장이다. 따라서 '자규시'나 '자규사' 같은 글은 노산군이 직접 지은 것이 아니라 후세에 누군가에 의해 지어졌을 것이란 합리적 의심을 가질 만하다.
92) 경북 영주시 순흥면 덕현리에서 발원하여 창진동 서천으로 합류하는 하천이다. 소수서원 인근으로 흐르는 죽계천에는 '죽계제월교'라는 다리가 있다. '청다리'라고도 불리는 이 다리는 아이들을 놀릴 때 쓰는 '다리 밑에서 주워온 아이'라는 말이 생긴 곳이다. 즉 금성대군 일로 순흥 사람들이 몰살당하는 와중에 살아남은 아이들을 데려다 키우면서 '청다리 밑에서 주워온 아이'라는 말이 생기고, 그 말이 '다리 밑에서 주워온 아이'로 변했다는 것이다.
93) 이 사건을 정축지변(丁丑之變)이라고 한다. 당시 피로 물든 죽계천의 물은 10여 리

나 떨어진 피끝마을(지금의 경북 영주시 안정면 동촌1리)까지 가서 멈췄다고 한다. 또 정축지변 당시 죽은 원혼들이 밤마다 울어대자, 소수서원(백운동서원)을 세운 주세붕이 죽계천 바위에 그 원혼들을 달래기 위해 '경(敬)' 자를 새겼다고 한다. 그런 뒤에 원혼들의 울음소리가 그쳤다는 전설이 전해진다.

94) 세조의 다른 신하들도 금성대군이 역모를 꾀할 만현 능력이 없음을 인정하였다. "그(금성대군)가 순흥부에 있으면서 재물을 베풀어 사람을 모아 당여(黨與)가 또한 많았으나, 저들이 모두 오합지중(烏合之衆)이어서 종당에는 필시 자궤(自潰)하였지만 …"(『세조실록』 권9, 3년 10월 15일(을사))
95) 『세조실록』 권9, 3년 9월 10일(신미)
96) 『연려실기술』 권4, 단종조 고사본말, 금성의 옥사와 단종의 별세
97) 조선시대 때 죄인을 문초할 때 매를 때리거나 귀양을 보내는 죄인을 압송하는 일 등을 맡았던 하급관리
98) 조선시대 때 지방관서에 소속되어 잔심부름하던 하급관리. 경상도·전라도 등에서는 공생(貢生)으로, 황해도·함경도 등지에서는 연직(硯直)이라 불리기도 하였다.
99) 『연려실기술』 권4, 단종조 고사본말, 금성의 옥사와 단종의 별세
100) 『연려실기술』 권4, 단종조 고사본말, 금성의 옥사오·단종의 별세
101) 『연려실기술』 권4, 단종조 고사본말, 금성의 옥사오·단종의 별세
102) 장사 지내기 전에 시체를 방 안에 둘 수 없는 경우, 각을 바깥에 놓고 이엉 같은 것으로 덮어서 눈·비를 가리는 것
103) 재난을 당한 사람이나 빈민에게 금품을 주어 구제함
104) 조선 전기 성리학자 김종직의 호
105) 호국(胡國)의 중, 즉 외국 승려를 말함
106) 『연려실기술』 권4, 단종조 고사본말, 금성의 옥사와 단종의 별세
107) 호주(戶主)를 중심으로 그 집에 속하는 사람의 본적지, 성명, 생년월일 따위의 신분에 관한 사항을 기록한 공문서
108) 군인의 신분과 지위를 기록한 공문서
109) 국가가 토목 공사 등에 동원되는 백성의 노동력을 무상으로 징발하는 제도
110) 16세 이상 60세 이하의 건강하고 정상적인 남자가 군대에 가서 나라를 지키게 하는 제도
111) 이태경, 2018, 『조선초기 호장의 향촌지배와 그 변화』, 서울대학교 대학원 석사학위논문, 30쪽
112) 감옥이 있는 거리
113) 지방관청에 소속된 하급관리
114) 집안 사람들. 여기서는 영월 엄씨를 말함

115) 『연려실기술』 권4, 단종조 고사본말, 금성의 옥사와 단종의 별세
116) 이태경, 앞의 논문, 25쪽
117) 여름이 한창인 때라는 뜻으로, 음력 5월을 달리 이르는 말
118) 이태경, 앞의 논문, 27쪽
119) 『임하필기』 권28, 춘명일사, 영월의 신당
120) 사대부 아내였던 그녀는 성종 때 성적(性的) 스캔들로 사회적으로 물의를 일으키고 처형당했다.
121) 여기서 쓰인 '사(事)'는 '전념하다'라는 의미이다.
122) 『세종실록』 권75, 18년 12월 28일(기축)
123) 첩의 자식들 간에도 차별이 있었다. 양인 신분의 첩이 낳은 자식을 서자(庶子)로 부르고 천민 신분의 첩이 낳은 자식을 얼자(孽子)로 불렀다. 재산 상속도 서자는 적자 상속분의 1/7, 얼자는 1/10을 받았다.
124) 『세종실록』 권24, 6년 5월 15일(기축)
125) 서자 차별 정책은 서자 개인의 삶은 물론 국가에도 커다란 피해를 주었다. 광해군 때 계축옥사(癸丑獄事) 또는 칠서지옥(七庶之獄)으로 불리는 사건이 있었다. 이 사건은 사림 계열 사대부 중 대북파가 정권을 장악하기 위한 목적으로 박응서를 이용해서 단순 강도 사건을 역모 사건으로 조작한 것이다. 그런데 계축옥사의 원인을 제공한 박응서를 비롯한 7명은 모두 서자였다. 그중 박응서는 아버지가 영의정 박순이었으며 시문(詩文)에 능하고 학문이 깊은 쟁쟁한 문사였다. 나머지 사람들도 아버지가 높은 관직에 있었고 학문이 깊은 문사들이었지만 서자라는 이유로 벼슬길이 막혀 있었다. 그들은 신세를 한탄하며 세상을 증오하면서 살고 있었다. 즉 홍길동과 같은 처지였다. 그들이 모임을 만들었는데 모임 이름이 '강변칠우(江邊七友)'였다. 그들은 소양강 가에 무륜(無倫)이라는 정자를 짓고 옛날 중국의 죽림칠현(竹林七賢)을 자처하며 시와 술로 세월을 보내면서 생활이 궁핍해지면 도둑질도 서슴지 않았다. 그들이 저지른 악행 중 하나가 경북 문경과 충북 괴산 사이의 고개 조령에서 은상인(銀商人)을 죽이고 은 600~700냥을 강탈한 사건이다. 그들은 포도청에 체포되어 조사받던 중 대북파 이이첨 일파의 꾐에 빠지게 된다. 따라서 왕의 이복동생 영창대군을 옹립하기 위한 자금 조달을 위해 김제남이 시켜서 하였다는 허위 자백을 하게 한 것이다. 이로 인해 김제남은 왕이 내린 독약을 마시고 죽었다. 이렇게 서자 차별 정책은 서자들의 삶을 철저히 파괴하고 그들의 능력도 매장시켜 국가적 손실을 가져왔다.
126) 모든 것을 주종(主從) 관계에서 설명하려는 사고체계에서 생겨난 것이 종사상이며 이 종사상에서 종법제도도 출발하였다. 유교에서는 종사상으로 세계관, 인생관을 설명하고 있다. 즉 천(天)을 최고 절대적 존재로 삼고 시조를 종(宗)으로 삼아서 대종과 소종을 구분하였다.(이계열, 1985, 『유교에 있어서의 '종'에 관한 연구-종법사상을

중심으로-』, 성균관대학교 대학원 석사학위논문, 2쪽) 따라서 동성동본 일가 가운데 가장 큰 종가의 계통이 대종이 되고 그곳에서 갈려 나간 방계가 소종이 된다. 그러므로 왕의 적장자도 대종의 개념이 된다.

4. 단종이 된 이홍위

1) 왕이 죽으면 묘호와 시호를 갖게 된다. 묘호는 황제나 왕이 죽은 뒤 종묘에 신위를 봉안할 때 붙이는 호를 가리키며, 시호는 황제나 왕 또는 사대부들이 죽은 뒤 그의 공덕을 찬양하여 추증하는 호를 가리킨다. 따라서 조선시대의 왕들은 살아 있을 때 우리가 흔히 부르는 세종, 문종, 단종 등으로 불릴 것을 전혀 몰랐던 것이다.
2) 능의 이름
3) 그들이 사육신 복권과 이홍위 복위 자체를 거부한 것은 아니다. 단지 시기상조라고 보았던 것이다. 즉 당시 그것을 밀어붙이면 오히려 왕의 비위를 건드리게 되어 역효과가 난다고 생각했던 것이다. 그보다는 사림정치의 실현을 위해서 왕이 자신들의 정치관에 동조하도록 하는 것이 우선이라고 생각하였다.(이근호, 「16~18세기 '단종복위운동' 참여자의 복권 과정 연구」, 『사학연구』 83, 2006, 한국사학회, 128쪽)
4) 『경국대전』 편찬은 제도의 개혁을 상징하는 것이다. 세조가 제도개혁에 적극적이었던 것은 자신의 도덕적 약점을 극복하기 위한 것이다. 그는 왕위 찬탈과 현덕왕후 권씨의 무덤을 파헤치는 등의 일로 사실상 문종과 이홍위를 자신의 왕통에서 배제시켰다. 따라서 그는 세종이 남긴 뜻과 사업을 잘 받들어 계승할 필요가 있었던 것이다. 그렇게 함으로써 자신도 문종과 함께 세종이 남긴 뜻과 사업을 받았다는 것을 강조하게 되고, 아울러 이홍위를 배제한 왕통의 재정립도 가능함을 보여주는 것이다. 즉 세종에 대한 계술(繼述)을 적극적으로 내세운 것이다. 나아가 이홍위의 신하들이 자신에게 복종하는 것이 변절이 아니라는 논리 구성도 가능해진다.(윤정, 앞의 논문, 237-238쪽)
5) 원상제는 명나라 사신이 오자 신숙주·한명회·구치관 등에게 승정원에 나가 집무하게 한 것이 시초이다.(『세조실록』 권4, 14년 3월 20일(경진)) 세조가 원상제를 실시한 것은 공신들의 지지 없이 세자가 왕위를 수행할 수 없다고 생각했기 때문이다.
6) 예종은 세조의 둘째 아들이다. 어머니는 정희왕후 윤씨이고 아내는 한명회의 딸 장순왕후이다.
7) 왕이 죽음으로써 왕위가 다른 사람에게 가는 것이 아니라 왕이 살아서 다른 사람에게 왕위를 물려주는 것이다.
8) 일정한 기원으로부터 계산한 햇수
9) 『예종실록』 권6, 1년 7월 12일(계사)

10) 현재는 전하지 않으며 후편인 『속무정보감』이 전함
11) 『성종실록』 권67, 7년 5월 19일(신유)
12) 남효온의 태도를 '변통론(變通論)'이라 하고, 성종의 태도를 '법조종론(法祖宗論)'이라고도 한다. 즉 남효온의 태도는 선왕이 한 일이라도 경우에 따라서는 후대 왕들이 바꿀 필요가 있다는 것이다. 반면 성종의 태도는 선왕이 한 일은 후대 왕들이 바꿔서는 안 된다는 것이다.
13) 이런 과정에 아주 치졸한 모습도 나타났다. 공신을 책봉하는 데 있어서 공신을 선정하는 사람들과 공신으로 책봉된 사람들이 동일인이었던 경우도 있었다. 예를 들어 1471년(성종 2년)에 좌리공신(성종이 자신을 잘 보필하고 정치를 잘한 공으로 내린 공신)을 책봉할 때, 성종은 신숙주·한명회·정현조에게 공신을 선정하도록 지시했다. 그런데 그들 셋 다 좌리1등 공신으로 선정되었음은 물론이고 책봉까지 되었다.
14) 그는 다섯 번이나 왕에게 글을 올려 나라 다스리는 도리를 말하였다.
15) 성종의 첫 번째 아내는 한명회의 딸 공혜왕후 한씨이다. 그녀는 왕비로 책봉된 지 5년 후 자식 없이 죽었다. 당시 19살이었다. 그녀가 죽자 정희왕후 윤씨는 성종의 후궁이었던 숙의 윤씨를 왕비로 맞아들이도록 했다. 그녀가 연산군을 낳은 폐비 윤씨이다. 하지만 질투심이 많고 성종에게도 공손하지 못했던 그녀는 폐비가 되어 사약을 받고 죽었다. 그 후 성종은 또 다른 후궁이었던 숙의 윤씨를 왕비로 맞아들였다. 그녀가 중종의 어머니 정현왕후 윤씨이다. 따라서 연산군과 중종은 배다른 형제지간이다.
16) 군에서 다시 왕으로 복위한 인물은 노산군뿐이다. 왕에서 군으로 전락한 인물들은 파란만장한 삶을 살았다. 그들 중 단종인 노산군이 동정을 얻는 편이고, 연산군은 자업자득이라는 평을 듣고, 광해군은 논란의 여지가 많은 편이다. 즉 노산군은 세조의 권력욕에 희생당한 인물이라는 점에서는 큰 이의가 없는 듯하다. 우리에게 아주 익숙한 '흥청망청'이란 말까지 남길 정도로 방탕한 왕으로 인식되고 있는 연산군은 그의 행위가 가져온 필연의 결과라는 인식이 지배적이다. 그럼에도 자신의 출생 비밀을 알고 난 후 작동된 비정상적 심리기제 때문이라는 인식도 있다. 그런 면은 연산군에게도 동정의 눈길을 주기도 한다. 광해군의 전락은 많은 논란을 일으키고 있다. 광해군은 현실주의자로 실리적 측면의 '등거리 외교'를 추진해 임진왜란 이후 무너져가는 국가의 기강을 바로잡으려 했다는 것이 그에 대한 가장 대표적 긍정적 평가다. 반면 자신의 이복동생 어린 영창대군을 죽이는 등의 패륜적 행위는 부정적으로 평가한다. 이런 광해군의 평가는 우리나라 역사학자들 사이에 팽팽한 대립을 가져다주기도 한다. 이 3명 가운데 다시 왕의 작위를 받은 사람은 노산군이었던 단종이다. 그래서 그의 무덤은 능이 되었고 나머지 두 사람의 무덤은 묘로 남아 있다.
17) 하지만 그가 속한 사림파는 훈구파와의 충돌에서 패하였다. 이것이 '기묘사화(己卯士禍)'이다.

18) 죄인을 처벌함
19) 널리 권장함
20) 『중종실록』 권29, 12년 8월 5일(무신)
21) 그가 한 행위는 그가 한 국가의 최고 지도자였는가를 의심케 할 만한 것들이다. 조선시대 전 기간에 걸쳐 공신이 책봉된 것은 28회이다. 그중 5회가 선조 때 이루어졌다. 그만큼 그 시기는 사연도 많고 사탕발림도 많았다는 이야기이다. 그런데 정말 황당한 것은 임진왜란 때 선조가 줄행랑치면서 데리고 간 인물들 중 무려 86명을 공신으로 책봉했다. 반면 목숨 걸고 나라를 지킨 장수들은 이순신·원균·권율 등 불과 18명만 공신에 책봉되었다.
22) 시발점은 조정의 요직인 이조전랑 자리를 놓고 사림파가 동서로 분열한 사건이다. 이조전랑(이조의 정5품관으로, 인사를 담당하는 관직) 오건이 그 자리를 떠나면서 자신의 후임자로 김효원을 지명했다. 하지만 이조참의(이조의 정3품의 당상관) 심의겸(명종의 비 인순왕후의 동생)은 김효원이 이조전랑 자리에 오르는 것을 반대했다. 그 이유는 김효원이 명종 때 을사사화(왕위계승을 둘러싸그 외척 간 갈등으로 일어난 사건)를 일으킨 바 있는 윤원형의 집에 머무른 일이 있었다는 이유이다. 즉 김효원은 세력가들에게 아첨이나 하는 소인배 같은 인물이라고 생각한 것이다. 그럼에도 김효원은 전랑에 임명되었다. 그리고 그가 그 자리를 떠날 때, 사람들이 심의겸의 아우 심충겸을 그 자리에 추천했다. 이번에는 지명권을 가진 김효원이 이를 반대하였다. 이런 일로 인해 사림파의 분열이 일어나기 시작했다. 이때 김효원은 서울 동쪽인 낙산 밑의 건천동에 살았기 때문에 그를 지지하는 사람들을 동인(東人)이라 불렀고, 심의겸은 서울 서쪽인 정동에 살았기 때문에 그를 지지하는 사람들을 서인(西人)으로 부르게 되었다. 이후로 동인과 서인도 분열하였다. 동인은 남인과 북인으로 분열하였고, 서인은 노론과 소론으로 분열하였다. 또 북인은 대북과 소북으로 분열하였고, 노론은 시파와 벽파라는 새로운 기준에 의해 결집되었다. 이홍위 복위운동을 주도한 세력은 서인 계열 사대부들이었다. 광해군을 왕의 자리에서 쫓아낸 것도 서인 계열 사대부들이었다. 이후로 서인이 주도하는 세상이 되었기 때문에 광해군 복위는 불가능했다. 따라서 만약 훈구파가 조선시대 전 기간 득세했거나 사림파가 득세한 상황에서도 서인처럼 이홍위 복위를 적극적으로 추진하지 않았다면 그의 처지 역시 연산군이나 광해군과 같았을 여지도 있다.
23) 의금부를 말한다. 의금부는 왕의 명령에 따라 죄인을 신문하던 일을 하였다.
24) 종묘(宗廟)와 사직(社稷)으로 국가를 말한다.
25) 『선조실록』 권3, 2년 5월 21일(갑자)
26) 왕에게 경서(經書)를 강의하는 일을 맡아보던 정5품 문관
27) 왕이나 세자가 저녁에 신하들과 하는 그룹스터디를 달함

28) 영월 장릉에는 '문경공낙촌밀양박충원선생기적비(文景公駱村密陽朴忠元先生紀蹟碑)'가 있다. 문경공은 박충원의 시호, 낙촌은 호, 밀양은 본관이다. 기적비(紀蹟碑)란 특정한 사건이나 사업에 관련된 사실이나 자취 등에 관련된 내용을 글로 새겨 넣은 기록물이다. 따라서 내용을 달리하는 기적비는 전국 여러 곳에 세워져 있다. 낙촌 기적비는 박충원의 후손들에 의해 1974년 세워졌다. 그러므로 이홍위 관련 역사적 사건의 측면에서 봤을 때, 그 비는 최근에 세워졌다고 해도 무리가 없을 것 같다. 그런데 『조선왕조실록』은 박충원이 "임백령(林百齡)에게 미움을 받아 영월군수로 쫓겨났다"(『선조수정실록』 권15, 14년 2월 1일(을미))고 하였다.
29) 『선조수정실록』 권10, 9년 6월 1일(임술)
30) 『선조실록』 권10, 9년 6월 24일(을유)
31) 왕이 살아 있을 때 왕의 자리를 물려받는 것을 수선이라고 한다. 왕이 죽은 후에 다른 사람이 왕위를 계승하는 것을 '사위(嗣位)'라고 한다. 기존의 왕을 몰아내고 다른 사람들의 추대로 왕위에 오르는 것을 '반정(反正)'이라고 한다.
32) 예양은 전국시대 진(晉)나라 지백(智伯 : 이름은 요(瑤))의 신하였다. 지백은 조양자(趙襄子)를 치려다 조(趙)·한(韓)·위(魏)의 연합군에게 멸망하였다. 후에 그는 조양자가 지백의 두개골을 변기로 사용한다는 소문을 들었다. 이에 예양은 "선비는 자기를 알아주는 이를 위하여 죽는다"하면서 보복을 맹세한 뒤, 죄인으로 가장하여 조양자의 변소에 잠입하여 그를 죽이려다가 발각되었다. 하지만 조양자는 그를 의인(義人)이라 생각하고 석방하였다. 그는 다시 온몸에 옻칠을 하여 문둥이처럼 꾸미고, 숯을 삼켜서 벙어리가 된 상태에서 거지 행세를 하면서 다시 기회를 노렸다. 그러던 중, 조양자가 외출할 때 다리 밑에 숨었다가 그를 찔러 죽이려고 하였다. 하지만 말이 놀라는 바람에 다시 붙들렸다. 그러자 예양은 조양자에게 간청하여 그의 옷을 받아 칼로 3번 친 뒤, "지하에서 지백에게 보고하겠다"는 말을 남기고 태연히 칼로 자결하였다.
33) 『선조실록』 권10, 9년 6월 24일(을유)
34) 왕이 신하에게 내리는 글이나 타이르는 말을 높여 부르는 것
35) 남의 과실을 들춰내어 관청에 일러바침
36) 『선조실록』 권10, 9년 6월 24일(을유)
37) 인조는 맏아들이 14살 때, 그를 세자로 정해놓았다. 그가 소현세자이다. 하지만 그는 청나라에 볼모로 잡혀갔다 돌아온 직후인 24살 때 죽었다. 그러자 인조는 둘째 아들 봉림대군을 세자로 책봉하였다. 이때 소현세자의 아들 이석철을 원손(元孫)으로 정해놓은 상황이었다. 따라서 영의정 김류(金瑬) 등 신하들이 반발했다. 다음 해는 인조의 후궁 소용 조씨를 저주하고 왕의 음식에 독약을 넣었다는 혐의로 소현세자의 세자빈 강씨를 죽였다. 세자빈 강씨를 죽인 다음 해에는 소현세자의 세 아들을 모두 제주도로 유배 보냈다. 당시 12세와 8세였던 이석철과 이석린은 이듬해 그곳에서 죽

었다. 또 4세였던 이석견도 효종 때 유배에서 벗어날 수 있었다. 이런 인조의 행동은 그가 소현세자를 독살한 것이 아닌가 하는 의구심을 심어주기에 충분했다. 『조선왕조실록』에는 "세자는 본국에 돌아온 지 얼마 안 되어 병을 얻었고 병이 난 지 수일 만에 죽었는데, 온몸이 전부 검은빛이었고 이목구비의 일곱 구멍에서는 모두 선혈(鮮血)이 흘러나오므로, 검은 멱목(幎目)으로 그 얼굴 반쪽만 덮어놓았으나, 곁에 있는 사람도 얼굴빛을 분별할 수 없어서 마치 약물(藥物)에 중독되어 죽은 사람 같았다. 그런데 이 사실을 외인(外人)들은 아는 자가 없었고, 상도 알지 못하였다"(『인조실록』 권46, 23년 6월 27일(무인))라는 기사가 있다.

38) 안명진, 2002, 『17세기 북벌정책의 전개와 정치적 의미에 관한 연구』, 이화여자대학교 교육대학원 석사학위논문, 47쪽. 즉 송시열은 효종의 북벌정책에 참여함으로써 권력을 장악할 수 있었다. 그리고 그것을 바탕으로 사림정치를 실현하고자 한 것이었다.

39) 이근호, 앞의 논문, 130쪽

40) 이미 선조 때 훈구파가 축출되고 사림파가 국정을 장악하였으므로 앞으로는 예외적 경우 외에는 사림파로 칭하지 않고 신하로 칭한다.

41) 서인은 광해군을 왕의 자리에서 내쫓은 인조반정을 주도한 후 조정을 장악하였다. 하지만 서인 중에도 인조반정에 적극적으로 개입해서 공신이 된 그룹과 관망만 하던 그룹이 있었다. 전자를 흔히 공서(功西, 또는 勳西)라 불렀고, 후자를 청서(淸西)라 불렀다. 얼마 안 있어 공서는 노서(老西)와 소서(少西)로 또 갈라졌다. 정권을 잡자마자 이렇게 무섭게 분열한 서인은 인조 대 말에 이르러 원당(原黨)·낙당(洛黨)·산당(山黨)·한당(漢黨)으로 불리며 나뉘졌다. 원당과 낙당의 뿌리는 공서, 산당과 한당의 뿌리는 청서였다. 원당을 대표하는 인물은 원두표, 낙당을 대표하는 인물은 김자점, 산당을 대표하는 인물은 김집, 한당을 대표하는 인물은 신면이었다. 산당에는 송시열과 송준길이 포함되어 있었으며 대부분 충청도 연산·회덕 사람들이었다. 한당은 한강 이북에 거주하고 중앙정계와 유대를 맺으면서 왕실과도 인척 관계를 맺는 권력지향적 사람들이었으며, 김육과 김석주가 포함되어 있었다. 따라서 성삼문 등의 복권문제에 반대의견을 표한 김육은 한당, 원두표는 원당이었기에 산당 출신인 송준길과 다른 입장을 취한 것이다. 효종 대 송시열이 스승인 김장생과 김집을 중심으로 서인을 통합하였다. 김장생과 김집은 부자 관계로 둘 다 송시열과 송준길의 스승이다. 그리고 송시열과 송준길은 이종사촌지간이다. 하지만 서인은 숙종 때 다시 노론과 소론으로 분열되었고 강경파 송시열은 노론의 영수가 되었다. 이로써 노론·소론·남인·북인의 사색 정쟁이 전개되었다.

42) 책은 2권 1책으로 이루어졌다. 권1에는 이홍위의 출생부터 사망 후 1698년(숙종 24년) 복위될 때까지의 사실을 편년체(編年體)로 기록하고, 다음으로 분묘(墳墓) 관

리, 남효온의 단종 복호상소(復號上疏)·사묘(祠墓)·제축(祭祝)의 사실 등을 실었다. 권2에는 노릉을 소재로 한 시문을 수록하고, 부록으로 황보인·김종서·허후·사육신·정보·금성대군·생육신 등의 전기와 무오사화에 관한 기록을 실었다.
43) 사우는 선현을 제사하기 위한 제향 공간으로 사당과 비슷한 개념의 건축물이다.
44) 빈은 정1품 품계를 말한다. 따라서 장희빈이라는 명칭은 그녀의 이름 장옥정 중 성씨인 '장'에 '희'라는 호, 품계 '빈'을 연결해 부르는 것이다. 즉 장(성씨) + 희(호) + 빈(품계)인 것이다.
45) 원자란 세자로 책봉되기 이전 호칭이다. 그래서 이홍위처럼 적장자로 태어나면 태어나는 순간 원자가 된다. 하지만 숙종 대는 상황이 좀 복잡하였다. 숙종의 정비였던 인경왕후 김씨는 두 딸을 낳았지만 둘 다 일찍 죽었다. 또 그녀 자신도 천연두에 걸려 20세에 죽었다. 그러자 다음 해, 15살인 인현왕후 민씨가 숙종의 비로 간택되었다. 7년 후에는 장희빈이 경종을 낳았다. 숙종이 경종을 원자로 책봉하려 하자 당시 집권세력이던 서인들이 반대하였다. 즉 인현왕후 민씨가 아직 젊으니 그녀의 몸에서 후사가 나기를 기다렸다 적자로 왕위를 계승함이 옳다는 것이다. 당시 숙종은 29살이었고, 인현왕후는 23살이었다. 하지만 남인들은 숙종의 주장을 지지하였고, 숙종은 강력한 정치세력으로 성장한 서인을 견제하기 위해 남인을 등용하고, 장희빈이 낳은 경종을 원자로 책봉하였다. 이 일을 '기사환국(己巳換局)'이라고 한다. 즉 환국이란 왕이 붕당 사이의 균형을 깨고 조정 신하들을 교체하는 것이다. 인현왕후 민씨 집안은 서인이었고, 장희빈은 남인의 지지를 받았기 때문에 당시 그녀는 서인들의 견제를 받아 후궁 자리를 지키기도 어려운 상황이었다. 결국 기사환국은 인현왕후 민씨를 대표선수로 내세운 서인세력과 장희빈을 대표선수로 내세운 남인세력의 한 판 결투와 같은 양상이었다. 심판은 숙종이었다. 숙종이 장희빈에게 판정승을 내려줌으로써 서인은 폐족이 되었다. 어찌 보면 숙종은 자식을 놓고 장난을 친 셈이다. 그 일의 후폭풍으로 서인 대표 송시열은 사약을 마시고 죽었다.
46) 장희빈을 왕비로 올려놓은 지 5년 정도 흐르자, 숙종의 마음은 다시 폐비시킨 인현왕후 민씨에게로 돌아섰다. 이때 서인이 인현왕후 민씨 복위운동을 하였다. 숙종은 서인을 지지하여 남인을 실각시키고 서인을 등용했다. 이로 인해 인현왕후 민씨는 다시 왕비로 복위되었다. 이 사건을 '갑술환국(甲戌換局)'이라고 한다.
47) 앞서 여러 차례 밝혔지만 환국이란 왕이 붕당을 급작스럽게 교체하던 것을 말한다. 숙종은 붕당 교체를 이용해서 왕권을 강화하고자 하였기 때문에 그의 집권 시기에 3번의 환국이 일어났다. 이런 모습은 왕권이 신권보다 강하다는 것을 보여주는 것이며, 숙종의 변덕스런 성격도 한몫했다고 본다. 영조 재위기간에도 을사환국과 정미환국이 일어났다.
48) 허적은 경신환국을 일으킨 장본인이다. 1680년(숙종 6년) 허적은 할아버지 허잠

(許積)이 시호를 받게 되어 축하연을 베풀었다. 축하연을 베풀던 날 비가 왔다. 그때 숙종은 허적의 집에 유악(油幄 : 왕만 사용하던 기름 먹인 천막)을 보내주려고 하였다. 하지만 허적이 이미 가져가서 사용하고 있었다. 이를 안 숙종은 크게 노하고, 패초(牌招 : 나라에 급한 일이 있을 때 국왕이 신하를 불러들이는 데 사용하던 패)로 군권(軍權) 책임자들을 불러 서인에게 군권을 넘기는 전격적인 인사조치를 취했다. 이후 허적의 서자 견이 인조의 손자이며 인평대군의 서 아들 복창군·복선군·복평군 등과 함께 역모를 도모하였다는 것이 밝혀졌다. 이것을 '삼복의 변(三福之變)'이라고 부른다. 허견·복창군·복선군 등은 귀양 갔다가 다시 잡혀와 죽고, 허적은 처음에는 그 사실을 몰랐다고 하여 죽음을 면하였으나, 뒤에 못된 자식의 방패막이를 하였다 하여 죽임을 당하였다. 이로써 남인은 완전히 몰락하고 서인들이 득세하기 시작하였다. 이후 서인은 남인을 철저히 탄압하여 상호 견제와 비판이라는 붕당정치의 원칙을 외면하고 일당 전제화 정치를 하였다. 이를 '경신환국(庚申換局)'이라고 한다.

49) 임용이나 채용
50) 보살펴줌
51) 『숙종실록』 권8, 5년 9월 11일(계묘)
52) 『숙종실록』 권10, 6년 12월 22일(정미)
53) 국가에서 왕족이나 대신, 국가를 위하여 죽은 사람에게 제문과 제물을 갖추어 지내 주는 제사
54) 『숙종실록』 권12, 7년 7월 21일(임신)
55) 원종은 선조의 후궁 인빈 김씨의 셋째 아들로, 제16대 왕이 되는 능양군(인조)을 낳았다. 인조 때 왕으로 추존되었다.
56) 왕명을 전하는 문서
57) 경청(景淸)은 명나라 건문제의 충신이다. 그는 영락제가 조카 건문제의 황제 자리를 빼앗자, 복수하려고 마음먹었다. 그런 그는 영락제에게 자신이 복수하려던 사실을 털어놓았다. 이에 영락제는 그의 솔직함에 감탄하여 관직을 계속 유지하도록 하였다. 그럼에도 그는 복수심을 버리지 않고 칼을 품고 조회어 참석하였다가 붙잡혀 죽임을 당하였다. 이 역시 성삼문 등의 모습과 닮았다.
58) 『숙종실록』 권23, 17년 12월 6일(병술)
59) 중국 황하의 물이 맑아지면 성군이 나오게 된다는 고사로, 성군이 나오는 운수
60) 왕의 자리
61) 종묘(宗廟)
62) 『숙종실록』 권32, 24년 9월 30일(신축)
63) 『숙종실록』 권32, 24년 9월 30일(신축)
64) 일을 처리함. 또는 그런 처리

65) 『숙종실록』권32, 24년 10월 24일(을축)
66) 『숙종실록』권32, 24년 11월 6일(정축)
67) 배위는 판위 또는 어배석, 망릉위라고도 불린다. 왕은 이곳에서 네 번 절한다.
68) 묘역에 불을 밝혀 사악한 기운을 쫓는 등. 장명등은 조선시대 능 가운데 장릉에서 첫 선을 보였다. 따라서 장명등이 있는 능은 조선 후기에 조성된 것으로 볼 수 있다.
69) 정종과 아내 정안왕후의 쌍릉인 후릉은 황해북도 개풍군에 있다.
70) 능 앞에 세우는 무관 형상의 석상으로 갑주(甲冑, 갑옷과 투구)를 걸치고 검을 땅에 짚고 있는 모습이다. 반면 머리에 복건을 쓰고 손에는 홀(벼슬아치가 왕을 만날 때 손에 쥐던 물건)을 들고 있는 모습이 문인석이다.
71) 태조의 계비 신덕왕후 강씨의 능으로, 서울시 성북구 정릉동에 있다. 정릉은 조선왕조 최초의 왕비 무덤이다. 원래는 서울시 중구 정동, 지금의 영국대사관 자리에 있었다. 1409년 정릉동으로 이전해왔다. 정동이란 이름도 정릉이 그곳에 있었기에 붙여진 것이다.
72) 세조의 맏아들 의경세자(덕종으로 추존)와 아내 소혜왕후 한씨의 능이다. 경기도 고양시 덕양구 용두동에 있는 서오릉 중 하나이다.
73) 엄흥도정려각은 1726년(영조 2년)에 어명으로 세운 비각이다. 비석 전면에는 '조선충신 영월군호장 증자헌대부공조판서겸지의금부사오위도총관 증충의엄흥도지문'이라 쓰였다. 비석은 1833년(순조 33년)에 가필하여 같은 해에 또다시 증축하였으며 1876년(고종 13년)에 고종이 증시하기를 '충의'라 하여 1879년(고종 16년) 비석에 있는 것을 다시 고쳤다.
74) 원래 '배식단사'로 불리다 2008년부터 장판옥으로 불리고 있다.
75) 정조 때, 배식단에 배향할 인물의 수는 몇 번의 변경 과정을 거쳤다. 그런 후 최종적으로 268위로 결정되었다고 한다. 그리고 『장릉사보』에도 그대로 반영되었다고 한다.(엄태일, 「장릉 배식단에 모셔진 열위에 대한 고찰」, 『내성의 맥』 19, 2003, 영월문화원, 203-204쪽)
76) 분하고 억울하게 죽은 사람의 넋이 귀신이 되어 나타나는 이야기
77) 아랑설화의 표준형은 다음과 같다. 아랑은 부사로 부임하는 아버지를 따라 밀양에 갔다. 어느 날 고을 관아의 벼슬아치 밑에서 일을 보던 사람과 유모의 음모에 휘말려 영남루에 나갔다가 그에게 겁탈을 당하게 되었다. 그녀는 온 힘을 다해 저항하였지만 피살되어 시체는 강가 숲으로 던져졌다. 별안간 딸을 잃은 아버지는 관직을 사퇴하고 한양으로 돌아갔다. 그 뒤로 새로운 부사가 부임할 때마다 밤중에 귀신이 나타나 기절하여 죽고 말았다. 밀양부사로 가고자 하는 자가 없자 조정에서는 자원자를 구하여 내려보냈다. 신임 부사가 부임한 날 밤 갑자기 음산하고 싸늘한 바람이 불며 방문이 열리고, 산발한 채 가슴에서 피를 흘리는 여인이 목에 칼을 꽂은 채 나타났다. 그

여인은 아랑이었다. 그녀는 신임 부사에게 자신의 억울한 죽음을 호소하고 범인을 알려준다. 신임 부사는 이튿날로 범인을 잡아 처형하였다. 그 뒤 신임 부사가 변을 당하는 일이 없어졌다.

78) 영월은 1699년(숙종 25년)에 도호부로 승격되었기 때문에 박기정은 영월군수가 아니라 영월부사였다. 그 이유를 『조선왕조실록』에서 찾아볼 수 있다. "장릉의 헌관(獻官)은 의당 영월군수로 차정(差定)하여야 하느, 영월을 부사(府使)로 승격시켜 사체(事體)를 높이소서" 하니 임금이 모두 옳게 여겼다.(『숙종실록』 권33, 25년 2월 10일(경술)) 영월을 군에서 도호부로 승격시킨 것은 장릉에서 단종의 제사를 지낼 때 수령이 제관을 맡기 때문이다. 제관은 술잔을 올리는 순서에 따라 초헌관(初獻官)·아헌관(亞獻官)·종헌관(終獻官)으로 나뉘며, 초헌관은 제사에서 대표 격인 사람이 맡는다.

79) '영천(靈泉)'이란 이름을 가진 샘은 전국 여러 곳에 있다. 그리고 그 샘들이 가진 설화 내용도 유사하다. 따라서 영월 장릉의 영천설화도 그런 설화 내용을 차용한 것이라고 할 수 있다.

80) 『숙종실록』 권32, 24년 11월 6일(정축)

81) 정업원은 고려와 조선시대에 지금의 개성과 한양에 있었던 여승들의 사찰이다. 한양에 있었던 정업원 위치에 대하여는 도성 안에 있었다는 주장과 동대문 밖에 있었다는 주장이 있다. 『조선왕조실록』에도 시기에 따라 위치가 다르게 기록되어 있다. 예컨대 조선 전기에는 도성 안 창덕궁 옆에 있었던 것으로 기록하였다. 즉 "… 지금 창덕궁 담 밖의 정업원·성균관 등처에는 백 자 한계 안에 인가가 많으니…"(『연산군일기』 권23, 3년 5월 18일(기미))라는 기록이 있다. 반면 후기에는 도성 밖에 있었던 것으로 기록되어 있다. 즉 "임금이 정업원 옛터에 누각을 세우고 비석을 세우도록 명하고, '정업원구기(淨業院舊基)' 다섯 자를 써서 내렸다. 정업원은 흥인문(興仁門) 밖 산골짜기 가운데 있는데, 남쪽으로 동관왕묘(東關王廟)와 멀지 않았으며, 곧 연미정동(燕尾汀洞)으로 단종대왕의 왕후 송씨가 손위(遜位)한 후 거주하던 옛터이다"(『영조실록』 권117, 47년 8월 28일(병신))라는 기록이 있다.

82) 정순왕후 송씨의 능호이지만 여기서는 그녀를 지칭하는 말이다.

83) 『연려실기술』 권4, 단종조 고사본말, 복위하고 봉릉하다.

84) 자지동천(紫芝洞泉)이라고도 부른다. 즉 붉은 지초(芝草, 들풀의 일종) 골짜기의 샘물이라는 뜻이다.

85) 『성종실록』 권18, 3년 5월 23일(기미)

86) 『중종실록』 권34, 13년 7월 5일(임인)

87) 『숙종실록』 권32, 24년 11월 9일(경진)

88) 혼전은 왕이나 왕비의 장례를 마친 후 신위를 종묘어 봉안할 때까지 3년간 신위를

봉안하는 곳이다. 즉 능에서 왕이나 왕비의 장례를 끝낸 후 궁궐로 돌아와 혼전을 설치한다. 그리고 그곳에 신주를 봉안하고 3년상을 치른다. 3년이 지나면 신주는 땅에 묻고 새 신주를 만들어 종묘에 봉안한다. 이로써 모든 국장 절차가 끝난다. 그렇기 때문에 당시 궁궐에서 혼전은 반드시 필요한 공간이었다. 조선 전기에는 왕의 집무공간인 편전을 주로 빈전(殯殿)이나 혼전으로 사용했다. 빈전은 왕이나 왕비가 숨을 거둔 후 5개월 뒤 발인할 때까지 그들의 관을 두고 관리하던 곳이다.

89) 이런 것을 '혼전호(魂殿號)'라고 부른다.
90) 『연산군일기』 권30, 4년 7월 12일(병오)
91) 가볍지 않고 중대하다.
92) 일의 이치와 정황
93) 『중종실록』 권18, 8년 3월 3일(임신)
94) 박원종은 중종 5년, 유순정은 중종 7년, 성희안은 중종 8년, 신윤무는 중종 8년에 죽었다.
95) 왕이나 왕비를 장사 지낼 때 쓰는 관(棺). 관을 담는 곽(槨)은 외재궁(外梓宮)이라 하였다.
96) 이미 썼던 묘를 다시 파서 다른 곳으로 옮겨 장사하는 것. 여기서는 경기도 안산에서 바닷가로 옮긴 것을 가리킨다.
97) 회 · 가는 모래 · 황토 세 가지를 섞은 것
98) 시체를 매장함
99) 『중종실록』 권18, 8년 4월 13일(신해)
100) 9개 조선 왕릉으로 건원릉 · 현릉 · 목릉 · 휘릉 · 숭릉 · 혜릉 · 원릉 · 수릉 · 경릉을 말한다.
101) 죽은 이를 애도하며 지은 글

5. 신(神)이 된 이홍위

1) 지명과 관련되어 수라리재에는 또 다른 설화가 전승되고 있다. 고려 마지막 왕 공양왕이 삼척의 궁촌으로 유배될 때 이 고개에서 수라(왕이 먹는 음식)를 들었다 하여 '수라리재'라고 한다는 것이다. 공양왕은 태조 이성계에 의해서 원주군 부면 손위실에 유배되었으나 한양과 너무 가까운 곳이라 하여 고성군 간성읍 탑동리의 수타사로 옮겨졌다. 그러다 삼척군 궁촌으로 세 번째 유배되었다. 이 설화도 지리적인 측면을 고려할 때 미심쩍은 면이 많다. 하지만 지명에 관련된 설화로는 어느 정도 설득력이 있다.